河南工業大學年鉴（2018）

ALMANAC OF HENAN UNIVERSITY OF TECHNOLOGY

《河南工业大学年鉴（2018）》编委会 编

郑州大学出版社
郑 州

图书在版编目(CIP)数据

河南工业大学年鉴.2018/《河南工业大学年鉴.2018》编委会编.—郑州:郑州大学出版社,2018.12
ISBN 978-7-5645-4115-6

Ⅰ.①河…　Ⅱ.①河…　Ⅲ.①河南工业大学-2018-年鉴　Ⅳ.①G649.286.11-54

中国版本图书馆CIP数据核字(2018)第253045号

郑州大学出版社出版发行
郑州市大学路40号　　邮政编码:450052
出版人:张功员　　发行部电话:0371-66966070
全国新华书店经销
河南瑞之光印刷股份有限公司印制
开本:850 mm×1 168 mm　1/16
印张:15.75
字数:479千字　　彩页:8
版次:2018年12月第1版　　印次:2018年12月第1次印刷

书号:ISBN 978-7-5645-4115-6　　定价:98.00元

2017 月 1 月 14 日，河南省省委常委、省纪委书记任正晓来校指导工作

2017 年 5 月 26 日，教育部高等学校社会科学发展研究中心主任王炳林教授（二排中）、河南省委高校工委专职副书记郑邦山（二排左）莅临学校听评思想政治理论课

2017 年 **5** 月 **23** 日，国家粮食局副局长卢景波出席在学校举行的 **2017** 年全国粮食科技活动周科研机构会场活动，宣布科技周“三对接”活动开幕

2017 年 **6** 月 **13** 日，以河南省人大常委会教科文卫委员会副主任委员白建国（中）为组长的检查组来校检查调研科技成果转化工作

2017 年 11 月 15 日，河南省高校纪工委书记、省教育厅纪检组长李莉华一行来校调研指导工作

2017 年 10 月 27 日，共青团河南省委副书记王笃波（左二）出席在学校举行的河南高校共青团新媒体工作联盟成立大会暨河南手机报大学生版上线仪式

2017 年 11 月 2 日，中共河南省委高校工委专职委员陈垠亭，河南省学生体育总会主席、郑州轻工业学院党委书记俞海洛等出席在学校举行的河南省大学生“华光”体育活动第十六届足球锦标赛开幕式

2017 年 10 月 16 日，河南省粮食局党组成员、副局长刘大贵（中）出席在学校举行的 2017 年世界粮食日河南分会场系列活动启动仪式

2017 年 3 月 17 日，校党委书记戚世钧（右）到学校 2017 届毕业生双选会开幕现场视察

2017 年 3 月 30 日，学校校长张元（左）会见学校省级特聘教授、加拿大皇家科学院院士 Dennis R. Salahub 教授

2017 年 11 月 13–15 日，应国际谷物科技协会（ICC）官方邀请，学校校长卞科（右二）赴奥地利维也纳参加全谷物世界峰会，并出席国际谷物科技协会在维也纳市政厅隆重举行的研究院院士授予仪式

2017 年 6 月 11 日，学校常务副书记王玉斌在学校举行的 2017 年度中东南十省区“正大杯”双创营销大赛河南赛区决赛上致辞

2017 年 4 月 11 日，学校常务副校长赵豫林（前中）出席学校 2017 春季留学生暨全英授课土木工程本科专业开学典礼，该专业首批招收 20 名巴基斯坦学生

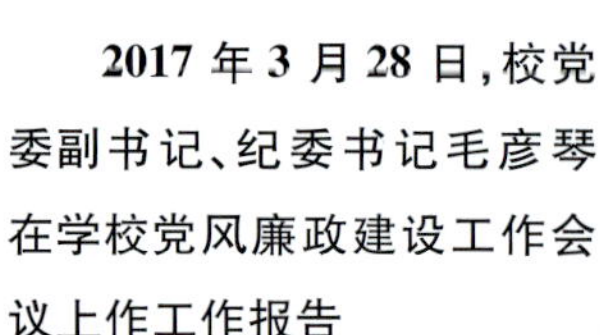

2017 年 3 月 28 日，校党委副书记、纪委书记毛彦琴在学校党风廉政建设工作会议上作工作报告

2017 年 4 月 22 日，学校副校长李利英（前左）出席学校“赵巧珠奖教奖学金”与“林少琼奖教奖学金”捐赠仪式

2017 年 5 月 8 日，学校副校长赵榴明（前中）出席在学校举行的宁夏粮食系统领导干部能力提升培训班开班典礼

2017 年 11 月 15 日，学校副校长陈复生（右）出席学校新闻与传播学院同河南影视集团校企合作签约仪式暨河南影视艺术中心分中心、河南影视艺术人才选拔基地揭牌仪式

2017 年 12 月 4–5 日，学校副校长李学雷（右五）到邓州市张村镇冠军村指导帮扶工作，并为“明德书屋”授牌

2017 年 12 月，中共河南省委组织部任命朱文学为河南工业大学副校长

2017 年 9 月 12 日，学校召开干部大会，宣布中共河南省委对学校领导班子调整的决定，张元任校党委书记，免去戚世钧校党委书记职务，卞科任校长、校党委副书记，赵榴明任河南农业大学党委副书记，李学雷任河南工业大学副校长

2017 年 **11** 月 **28** 日，河南省委宣讲团来校宣讲党的十九大精神

2017 年 **6** 月 **17** 日，学校 **2017** 年校园开放日暨高招咨询活动隆重举行

2017 年 **5** 月 **5** 日，学校与安徽省粮食局战略合作框架协议签字仪式在安徽省六安市的安徽现代粮食物流中心库成功举行

2017 年 6 月 12 日，由国家粮食局主办，江西省赣州市粮食局协办，学校承办的“赣州市粮食安全专题培训班”在莲花街校区开班

2017 年 6 月 29 日，学校召开第五次党建与思想政治工作会议

2017 年 7 月 15 日，泰国曼谷皇家理工大学代表团来校访问

2017 年 6 月 24 日，CCF YOCSEF 西安－太原－郑州三地联办“政务数据公开难在哪里?”专题论坛暨 CCF YOCSEF 郑州 2017－2018 年度换届会议在学校举办

2017 年 10 月 23 日，全国粮油加工产业升级高级研修班在学校开班

2017 年 6 月 8－10 日，全国工程教育认证专家组对学校高分子材料与工程、材料科学与工程两个专业进行现场考查

2017 年 5 月 22－24 日，全国工程教育认证专家组对学校电子信息工程专业进行现场考查

2017 年 12 月 8 日，河南省高校基层党组织专项评估专家组一行对学校基层党组织建设情况进行实地评估

2017 年 12 月 9–10 日，2017 年新时代人工智能创新方法与应用技术全国研讨会在学校举行

2017 年 9 月 7–9 日，学校成功主办第二届国际面粉产业高峰论坛

2017 年 10 月 17 日，由河南省生物物理学会主办、学校承办的第四届（2017 年）河南省生物物理学会学术年会在学校召开

2017 年 5 月 6-7 日，由河南省计算机学会主办、学校信息科学与工程学院承办的河南省第十届 ACM 大学生程序设计竞赛在学校举办

2017 年 12 月 26 日，学校范量副教授获评“2017‘感动中原’年度教育人物”

2017 年 5 月 14 日，学校留学生纳赛姆受邀参加"一带一路"国际合作高峰论坛，登台讲述他的中国故事

2017 年 4 月 15 日，台湾民法学泰斗王泽鉴先生参加学校法学名家座谈会

2017 年 8 月 23-27 日，2017 世界机器人大会在北京举行，学校代表队在格斗机器人大赛中荣获亚军

《河南工业大学年鉴(2018)》编写领导小组

主 任 委 员:戚世钧

副主任委员:张　元　赵豫林

委　　　员:戚世钧　张　元　王玉斌　赵豫林　毛彦琴　卞　科　李利英　赵榴明　陈复生　李学雷　朱文学　张新州　李焕锋　辜　瑞

《河南工业大学年鉴(2018)》编写委员会

主　　　编:赵豫林

副　主　编:辜　瑞　张新州　李焕锋

编　　　委:闫武辉　李怀西　李文庠　王喜玲　王晓玲　马景娥　王　霞　赵　宇　何进军

编　辑　说　明

《河南工业大学年鉴(2018》记载了河南工业大学2017年度在教学改革、学科建设、科学研究、对外交流、学生培养、社会服务等各方面的发展进程和最新成就。

全书共分特载,专文,河南工业大学年度概况,机构与干部,学院情况,教学工作,学科建设,科学研究与产业开发,国际及港澳台交流与合作,管理工作,教学科研服务设施,基建与后勤服务,党建与思想政治工作,人物,2017年党发、校发文件目录,表彰与奖励,毕业生名单,2017年大事记等基本栏目。

本年鉴所收录的各学院的资料,基本上按照概况、学科建设、教学工作、科研工作、学生工作、党建与思想政治工作等条目编写。各部、处、所、中心、办公室、实验室等基本按概况及本部门具体工作分条目分层次编写,有关统计数据附在相关内容之后。

本年鉴所刊内容由各单位确定专人负责提供,并经本单位领导审定。

本年鉴主要收录了各单位2017年1月1日至2017年12月31日期间发生的重大事件。部分内容依据实际情况在时限上略有延伸。

《河南工业大学年鉴(2018)》由河南工业大学档案馆组织编写,在编写过程中,得到了各有关单位和部门的大力支持,在此谨表衷心感谢。

《河南工业大学年鉴(2018)》编委会

2018年5月

目　录

·特　　载·

学校召开干部大会　宣布省委关于学校领导班子调整的决定

2017 年 9 月 12 日下午，学校召开会议，宣布中共河南省委关于学校领导班子调整的决定。省委高校工委专职副书记郑邦山、省委组织部科教企业处副处长杨帆出席会议。全体校领导、处级干部和部分正高职称人员、民主党派负责人参加会议。会议由校党委书记戚世钧主持。

省委组织部科教企业处副处长杨帆宣读了中共河南省委关于学校领导班子调整的决定：张元同志任河南工业大学党委书记，免去戚世钧同志河南工业大学党委书记职务，卞科同志任河南工业大学校长、党委副书记，赵榴明同志任河南农业大学党委副书记，李学雷同志任河南工业大学副校长。

省委高校工委专职副书记郑邦山作了重要讲话。他指出，河南工业大学领导班子调整，是省委从全省高校正职队伍建设和河南工业大学班子建设实际出发，根据工作需要，充分听取意见，反复酝酿，严格按照组织程序慎重做出的决定。

郑邦山对学校改革和发展取得的成绩给予了高度评价，对戚世钧同志为河南工业大学的建设和提升以及河南省高等教育事业做出的积极贡献给予了充分肯定。他就学校领导班子建设和事业发展提出希望和要求：一要提升政治站位，办好中国特色社会主义大学。领导干部要带头认真学习习总书记“7·26”重要讲话精神，贯彻落实全国高校思想政治工作会议精神，确保学校各项工作沿着正确的方向和道路健康发展。二要务实改革创新，聚力推动学校事业发展。要围绕建成高水平大学的奋斗目标，紧扣内涵建设这条主线，致力于国家一流学科、国家重点实验室、国家工程技术研究中心、两院院士四项突破，统筹推进学科建设、人才队伍、育人质量、科技创新、大学文化、办学条件六项建设，努力促进学校各项事业全面、均衡、可持续发展，积极为地方经济社会发展贡献力量。三要推进全面从严治党向纵深发展，为学校改革发展提供坚强保障。要牢固树立“四个意识”，增进班子合力，抓基层打基础，持续改进作风。四要廉洁从政，干净干事。要认真学习贯彻落实《中国共产党廉洁自律准则》和《中国共产党纪律处分条例》，以廉洁的形象赢得师生的尊敬和信任。

郑邦山强调，办好学校的事情，关键在班子、关键在干部。他希望全校广大干部切实增强干事创业的责任感、紧迫感，以良好的精神状态、扎实的工作作风、有效的工作举措，锐意进取，真抓实干，为决胜全面小康、让中原更加出彩做出新的更大贡献，以优异成绩迎接党的十九大胜利召开！

新任校党委书记张元在讲话中对党组织多年的培养和信任，全校师生员工的大力支持和无私帮助，学校领导班子各位成员的关心和爱护表示感谢，特别对学校前任党委书记戚世钧同志表达了崇高敬意和衷心感谢。张元表示，坚决拥护省委决定、服从组织安排，凝聚班子合力，认真履职、继往开来、再创辉煌。一是始终坚持正确办学方向；二是扎实推进学校党的建设；三是努力抓好班子、带好队伍；四是努力创建高水平工业大学；五是从严管党治党永不懈怠。

新任校长、校党委副书记卞科在讲话中衷心感谢上级组织的信任、领导班子成员的支持和全校师生员工的厚爱,表示在创建高水平工业大学的重要历史节点接任校长,深感责任重大、使命光荣,将认真履行校长职责,用自己的全部精力和智慧为河南工业大学教育教学事业的健康、快速发展而努力奋斗。他向党组织及学校全体教职员工做出郑重承诺:一、坚决贯彻党的教育方针,坚持社会主义办学方向;二、严守反腐倡廉思想防线,做清正廉洁的好干部;三、认真落实依法治校各项制度,切实维护学校和师生的各种权益;四、继续坚持办学理念不动摇,全面提升学校办学效益。

戚世钧在讲话中指出,郑邦山同志代表省委作的重要讲话,是站在全省乃至全国高等教育事业发展的高度,对学校新的领导班子和事业发展提出的希望和要求,大家一定要认真学习,深刻领会,抓好落实,把学校的各方面工作做得更好。

戚世钧深情回顾了自己在工大学习、工作、生活的38个春秋,以及和同志们一起努力拼搏的岁月,表达了自己对学校的无限热爱。他说:“河南工业大学滋养了我,培育了我,塑造了我,成就了我。她既是可爱的母校,又是我宝贵38年人生的舞台,还将是欢度晚年的美好家园。”他表示,永远难以忘记上级组织和老领导的教导和关怀,永远难以忘记各位领导和老师的帮助和支持。自己虽然退出了领导岗位,但将一如既往地关心、支持学校工作,发挥余热,尽心尽力,再做贡献。他坚信,新一届领导班子一定会团结全校师生员工,开拓奋进、自强不息,在创建高水平工业大学的进程中迈出更加豪迈的步伐,夺取新的伟大的胜利!

学校获批研究生推免资格

教育部办公厅印发《关于2017年新增推荐优秀应届本科毕业生免试攻读研究生普通高等学校予以备案的通知》(教学厅函〔2017〕44号),学校成为具有推荐优秀应届本科毕业生免试攻读研究生权的普通高等学校。

近年来,学校在办学条件、办学特色、办学行为、教学质量等方面加强建设,成绩显著,完全具备了推免高校相关条件。6月下旬,教育部下发通知,启动新增推荐优秀应届本科毕业生免试攻读研究生普通高等学校申报工作。学校组织相关单位召开会议,对申报工作进行了科学和周密部署。在时间紧、任务重的情况下,研究生处及其他承担申报任务的部门,通力合作,最终形成了数据准确、科学严谨、材料翔实的申报材料。经省教育厅组织专家评审和推荐,教育部备案,学校获批研究生推免资格高校,将于今年下半年面向2018届本科毕业生开展首届推免工作。

推荐优秀应届本科毕业生免试攻读研究生(以下简称推免)是研究生多元招生体系的重要组成部分,有利于促进和激励在校本科生勤奋学习、勇于创新、全面发展,是加强拔尖创新人才选拔、提高研究生招生质量的重要举措。获得研究生推免权,是学校办学实力和办学水平的体现,标志着学校在建设高水平大学建设上又迈出坚实一步。

学校2017年招生9119人　省内53个本科专业一本录取

为适应招生考试制度改革，进一步提升学校办学层次和生源质量，在充分征求学院意见，学校研究决定将原本科二批37个专业在河南省招生全部调整为本科一批，省内本科一批录取专业总数达到53个。有9个专业在河北、内蒙古、安徽、贵州、甘肃按本科一批录取。另外，浙江、上海、山东、海南今年取消本科一批、本科二批，统一按本科批次录取。

近年来，结合经济社会供给侧改革和学校发展定位，学校积极推进专业调整与优化工作，陆续暂停和新增了10余个本科专业的招生，现有本科专业68个。分布在工学、理学、管理学、经济学、农学、法学、文学、艺术8个学科门类。在分专业计划方面，学校以办学条件和学科水平为基本保障，以市场和社会需求为依据，结合报考率、生源质量、就业率、就业质量等客观数据，对所有专业进行分类。根据分类，对办学条件足、报考率较高、社会需求旺盛的专业适当增加计划，对一部分指标相应偏低的专业招生量进行削减，直至停止招生，以逐步提高人才培养与产业结构、社会经济结构的符合度。近两年，全校增加招生计划的专业29个，减少计划专业22个，专业计划调整率均接近50%。目前，学校实际招生本科专业63个，专科专业10个，基本形成了“以工为主、理工结合、文理渗透、特色鲜明”的学科和专业结构，为办好高水平大学奠定了坚实的基础。

巴基斯坦留学生纳赛姆受邀参加“一带一路”国际合作高峰论坛

2017年5月14日，“一带一路”国际合作高峰论坛在北京隆重举行。在“增进民心相通”平行主题会议上，巴基斯坦留学生纳赛姆登台讲述了他的中国故事和在学校的学习生活情况，并现场接受央视主持人董卿的采访。这场以“共建民心之桥，共促繁荣发展”为主题的平行会议，由中共中央对外联络部主办，约400余名代表出席。

纳赛姆的中国故事反响强烈，受到广泛关注，中央电视台、新华社、中国国际广播电台和河南日报等媒体第一时间进行了相关报道。14日14点35分，央视新闻频道新闻直播间播出了一分半钟的视频短片“做永远的兄弟”。短片以瓜达尔港、法曲尔小学和中国郑州、河南工业大学为背景，纳赛姆倾情讲述了给予与获得的故事，感人至深。

国之交在于民相亲，民相亲在于心相通。纳赛姆的故事是中国与巴基斯坦民心相通的故事，也是巴基斯坦青年与河南工业大学结下友好情意的缩影。

学校获国家自然基金42项　再创历史新高

学校认真贯彻落实创新驱动发展战略,深化科技管理工作,面向国家重大需求和经济社会主战场,全力推进科技创新体系建设,以及科技与经济的深度融合,科技创新成效显著。科研经费连续5年突破亿元大关,2017年科技创新竞争力位居全国百强,为学校高水平大学建设提供了有力支撑。

狠抓科技项目申报全年不断线,精心组织,深挖潜力,科学布局创新资源,力促学科交叉融合,在国家级科技项目申报激烈的竞争中,2017年学校获批国家级科技项目立项数量和获批经费双创新高。国家自然基金项目获批42项,其中,面上项目14项,增长率高达75%;获批经费1618万元,增长率达38%。同时,学校获批国家重点研发计划项目12项,增长率高达300%,其中获得国家重点研发计划项目课题主持2项,项目任务主持10项,获批经费达1784万元。

深入开展政产学研协同创新,开拓成果转化途径,创新地校、校企合作形式,大力推进科技成果转化。2017年与60个地市县和企业开展科技合作,新增产业技术创新联盟4个,迄今为止学校已建立34个创新联盟。2017年新增横向科研项目经费2210万元,实现技术服务收入3200万元,在科技体制改革转型期,横向经费水平保持稳定不下降。

这些成绩的取得既体现了全校广大教师科技创新能力的提升,也充分展现了学校长期以来较强的科技社会服务能力。

·专　　文·

在第五次党建与思想政治工作会议上的讲话

（二〇一七年六月二十九日）

校党委书记　戚世钧

老师们，同志们，同学们：

今天，我们在这里隆重庆祝中国共产党成立96周年，深入学习贯彻习近平总书记系列重要讲话精神，贯彻落实党的十八届六中全会和全国、全省高校思想政治工作会议精神，总结交流工作，表彰先进集体、先进个人，安排部署当前和今后一个时期的党建与思想政治工作，意义特别重大。首先，我代表校党委，向受表彰的先进集体和个人表示热烈祝贺！向全校广大党员致以节日问候！

五位同志的发言都很好，很具先进性、代表性，事迹很典型，成绩很突出，集中体现了学校党建和思想政治工作的扎实成效，表明学校党的建设得到加强，基层党委的政治核心作用、支部的战斗堡垒作用和共产党员的先锋模范作用得到很好的发挥。他们谈成绩实事求是、谈体会认识深刻、谈思路清晰明了、谈措施务实得力，使我们受到很大教育和启发，值得深入思考，认真学习和宣传。

关于党建工作，前期我们召开了党群工作和党风廉政建设两个专题会议，做过全面部署；关于思想政治工作，我们进行了专题研讨，还将出台实施意见等相关文件，提交大会讨论。下面，我讲三个部分。

第一部分，学校两年来党建与思想政治工作回顾

近两年来，学校从严治党不断深化，思想政治工作不断加强，"十二五"规划圆满收官、"十三五"规划顺利开局，党建与思想政治工作较好地发挥了凝聚力量、鼓舞士气、助力推进、组织保障等作用。

在坚持正确办学方向方面，我们始终坚持并全面加强党的领导，贯彻党的教育方针；坚持立德树人、以德为先；完善党委领导下的校长负责制和民主集中制，抓好校院两级领导班子；突出师生主体地位，充分依靠广大师生办学；紧紧围绕国家和河南省经济社会发展的需要，努力加强内涵建设，全面提高办学质量；通过深化改革，推动学校全面发展。并且，通过全面从严治党，确保中央精神和省委决策部署的贯彻落实，为建设高水平大学和办人民满意的教育营造良好的政治环境和发展环境，提供坚强的思想和组织保证。

在思想政治教育方面，我们把理想信念教育放在首位，围绕"为谁培养人、培养什么人、怎样培养人"的根本问题和社会主义核心价值观的培育。书记上党课、宣讲下基层、网络全覆盖等有效做法取得了实效。各基层党委、党总支发挥各自优势，创造性开展工作，如马克思主义学院的理论宣讲团、国际教育学院的习近平治国理政研究会、材料科学与工程学院的社会主义核心价值观研究会、法学院的"阳光人生路　法律伴我行"主题研讨等，让思想政治教育在系统辅导中加强，在学习交流中思考，在研究探讨中深化；管理学院的"明德微信党刊"、理学院的飞信群、经济贸易学院的《党建微刊》、新闻与传播学院的新青年全媒体思想政治教育平台等，充分利用现代电子信息技术，进行理论解读，开展思想教育，发挥了良好作用。

在基层组织建设方面，我们注重坚持思想建党和制度治党紧密结合，夯实基层党组织建设基础。举办了处级干部和党支部书记专题培训班，完善了党建工作制度，编印了《从严治党工作手册》。各基层党委、党总支践行"三严三实"要求，积极推进"两学一做"长效常态，机电工程学院开展"践行先锋标准、岗位建功立业”活动,电气工程学院的“党建学习交流阵地”建设,粮油食品学院实行“普通学生党员设岗定责”制度,信息科学与工程学院充分发挥党政联席会议在学院决策中的关键作用等,切实规范了基层党建工作;土木建筑学院的“土建云”党建信息化平台、化学化工学院的“党建五个一”工程等一批党建创新项目,有效拓展了领域,激发了活力;外语学院荣获 2016 年全国大学生英语竞赛“优秀组织奖”,生物工程学院近两年连续高比率获批国家自然科学基金项目,设计艺术学院获德国“iF”国际设计奖,体育学院获得国际、国家和省级冠军 19 项,后勤集团初步建成数字化平台,校医院进一步完善医疗服务体系,都是基层组织建设得到切实加强和提升的生动体现。

在作风和廉政建设方面,学校党委实行了作风建设“五个一”制度,机关第一党总支实施作风建设“十项制度”、中英国际学院实行指纹签到制度,强化作风建设;继续教育学院实施学生工作“全人计划”、图书馆拓宽服务领域、资产与产业管理处构建和谐生活园区、离退休工作处落实两项待遇等,有效提高了服务质量。全校各级组织认真落实党风廉政建设主体责任、履行“一岗双责”,扎实开展省委专项巡视和省经济责任审计问题整改,风清气正的政治生态得到巩固和加强。

在促进事业发展方面,各基层组织采取积极有效的措施,扎实开展工作,有力促进了事业发展。比如在机关第二党总支的组织推动下,实施了本科教学质量工程、研究生教育创新工程,各教学单位修订了人才培养方案等。两年里,学校深化改革,全面试行财务管理体制和绩效工资改革,不断激发办学活力;大力加强学科专业建设,“粮食产后安全及加工”学科群入选省优势特色学科,21 个重点学科通过验收,3 个硕士学位点通过国家级专项评估和水平评估,3 个专业通过国家级专业认证或评估,16 个学院具备了研究生培养资格;两人入选“中原学者”;我们还获批了“中国政府奖学金留学生自主招生权”;国家自然科学基金重点支持项目立项实现突破(一次获得 3 项),建设的“河南产业发展研究院”入围河南省高校创新型智库核心圈,全国大学科技创新竞争力排名达到 100 名;获批国家创新创业训练项目 136 项,建设了信息化教学平台,获省级教学成果奖 9 项;在全国“挑战杯”竞赛中,获奖 13 项,并且获得其他各类创新创业大赛国家级奖 100 多项;还完成了基础实验实训中心、工程实验中心结构实验室、高层学生公寓、校园核心景观区基本建设。我们获得了全国科普工作先进集体、全国模范职工之家、全国社会实践优秀单位、国家级节约型公共机构示范单位等称号,还获得河南省最具品牌影响力的典范高校、最具就业竞争力的十佳高校、就业质量最佳示范院校、河南十大领军高校等荣誉。这些都为加快高水平大学建设进程提供了有力支撑。

这些成绩的取得,是省委、省政府坚强领导、科学决策的结果,是省高工委、教育厅统揽全局、大力支持的结果,也是全校干部师生团结进取、奋力拼搏的结果,更是我们全面加强党建与思想政治工作的结果。在此,我代表校党委向各级党组织和努力工作的同志们致以衷心感谢!

第二部分,深刻领会和全面把握习近平总书记讲话精神,切实加强和改进思想政治工作

党的十八大以来,习近平总书记对高校思想政治工作高度重视,特别是在全国高校思想政治工作会议上的重要讲话,从全局和战略高度,回答了事关我国高等教育事业发展的一系列重大问题,明确了加强和改进高校思想政治工作的重大意义、目标定位、主要任务和基本要求。省委省政府出台了《关于加强和改进新形势下高校思想政治工作的实施意见》,并召开专题会议进行安排部署。我们作为思想政治教育工作者,必须吃透精神,明确任务,进一步强化使命感责任感,把有关精神贯彻到工作中,落实在行动上,重点要把握好习近平总书记提出的五个“四”和一个“三”。

(一)贯彻“四个服务”方针,提高思想政治工作站位。习近平总书记在全国高校思想政治工作会议上提出的“为人民服务、为中国共产党治国理政服务、为巩固和发展中国特色社会主义制度服务、为改革开放和社会主义现代化建设服务”的高等教育发展方向,这是党的教育方针的新表述,为加强和改进新形势下高校思想政治工作提供了理论指引、实践要求和目标遵循。我们要清醒地认识到,加强和改进高校思想政治工作,事关贯彻落实“四个服务”的大问题,事关办什么样的大学、怎样办大学,培养什么样的人、如何培养人以及为谁培养人这些根本问题,事关中国特色社会主义事业后继有人的问题，是一项重大的政治任务和战略工程。过去，尽管我们的工作取得了一定成效，但由于办学规模的不断扩大，教学任务日益繁重，导致思想政治教育工作存在一些薄弱环节，主要表现在：重视不够、投入不足、效果不佳，有的存在重教书轻育人、重智育轻德育、重科研轻教学等现象；有的对思想政治工作说起来重要、做起来次要、忙起来不要；有的思想政治工作的形式、内容等不能很好适应信息化时代背景下青年学生的要求，难以有效应对市场经济条件下的冲击和挑战，时代性、创新性、实效性不够……若长此下去，势必会偏离社会主义办学方向，影响人才培养的质量和效果。

（二）充分认识“四个挑战”，增强做好思想政治工作的紧迫感。习近平总书记深刻分析国际国内形势，提出面临的“四个挑战”，即：马克思主义指导思想面临多样化社会思潮的挑战，社会主义核心价值观面临市场逐利性的挑战，传统教育引导方式面临网络新媒体的挑战，培养社会主义事业建设者和接班人面临敌对势力渗透争夺的挑战，争夺阵地、争夺青年、争夺人心的斗争日趋激烈。对照反思，我们的思想教育阵地存在不容忽视的漏洞，比如，个别干部和教师思想境界不高，人生观、价值观存在问题，教书育人、管理育人、服务育人的理念缺失，不能很好地为人师表，师德师风建设有待加强；一些学生不同程度存在理想信念模糊、价值取向偏离、社会责任感缺乏、艰苦奋斗精神淡化等问题，自觉不自觉表现出浮躁心理、偏执情绪等。再比如，有的基层组织软弱涣散，组织生活表面化、形式化、娱乐化、庸俗化等；有的单位政治意识、责任担当不够，思想教育主阵地建设管理不到位，传播错误思想观点，等等。我们要正视问题，采取措施，切实整改，为培养社会主义合格建设者和可靠接班人提供坚实保障。

（三）落实“四个坚持不懈”，坚持社会主义办学方向。习近平总书记强调，我们的高校是党领导下的高校，是中国特色社会主义高校。办好我们的高校，必须坚持以马克思主义为指导，全面贯彻党的教育方针，坚持不懈传播马克思主义科学理论，坚持不懈培育和弘扬社会主义核心价值观，坚持不懈促进高校和谐稳定，坚持不懈培育优良校风和学风。这“四个坚持不懈”，既深刻阐明了为什么坚持社会主义办学方向，又阐明如何坚持的重要原则和基本要求。

坚持社会主义办学方向，就是要旗帜鲜明地坚持马克思主义的指导地位，把加强马克思主义学习研究宣传作为重要职责，把马克思主义立场观点方法，特别是把习近平总书记创造性提出的治国理政新理念新思想新战略，把这一新形势下最鲜活、最有效的马克思主义理论新成果，贯穿到各学科专业、各研究领域、各育人途径、各实践平台，让马克思主义主旋律唱得更响亮，成为学校的鲜亮底色，为学生一生的成长奠定科学的思想基础。

坚持社会主义办学方向，就是要把培育和践行社会主义核心价值观融入教育教学全过程，弘扬以爱国主义为核心的民族精神和以改革创新为核心的时代精神，加强优秀传统文化和革命文化、社会主义先进文化和先进模范人物学习教育，发扬优良传统，传承红色基因，培养爱国爱民之情，砥砺报国奉献之志，让学校成为锻造优秀青年的大熔炉。

坚持社会主义办学方向，就是要把高校建设成为安定团结的模范之地。学校是意识形态导向鲜明的阵地堡垒。当前，各种观念和思潮在学校激烈碰撞、角力。我们要进一步增强政治敏锐性和鉴别力，加强对课堂、讲座、论坛、报告会、研讨会等的管理，加强法治教育、学生守则、行为规范、人文关怀、心理疏导和校园管理等，培育理性平和的健康心态，防范校园传教和各种错误思潮的抢滩登陆，确保学校稳定，为社会和谐注入正能量。

坚持社会主义办学方向，就是要努力营造立德树人的良好环境和氛围，培育优良的校风、学风及大学文化。校风和学风是师生思想道德、纪律作风、治学态度、精神风貌的综合反映，体现着办学方向和治理水平。我们“明德、求是、拓新、笃行”的校训和“崇尚科学、勇于探索、报国兴学、自强不息”的工大精神，滋润着几代工大人的高尚情操、美好品德，激励着我们不断开拓创新、探索前进，我们要持之以恒地坚守好、培育好、弘扬好。

（四）立足“四个正确认识”，提高学生思想政治素质。习近平总书记指出，思想政治工作从根本上说是做人的工作，必须围绕学生、关照学生、服务学生，不断提高学生思想水平、政治觉悟、道德品质、文化素养，让学生成为德才兼备、全面发展的人才。他强调,要教育引导学生正确认识世界和中国发展大势,正确认识中国特色和国际比较,正确认识时代责任和历史使命,正确认识远大抱负和脚踏实地。这"四个正确认识"指明了青年学生如何把握奋斗方向、如何励志成长成才、如何报效祖国服务人民的价值导向和实践要求。要求我们做到:

第一,充分发挥课堂主渠道、实践主战场、网络新领域的重要作用,把我们党探索中国特色社会主义历史发展和伟大实践讲清楚,把人类社会发展的历史必然性讲透彻,把中国特色社会主义发展的必然趋势讲到位,通过系统的思想教育,使我们的学生不断提高认识世界和中国发展大势的能力与自觉性。

第二,要强化国情教育,有针对性地回答一些综合性、深层次的理论问题,引导学生全面地客观地认识当代中国,理性地看待外部世界,深刻了解我国仍处在社会主义初级阶段的现实,珍惜来之不易的建设成果,增强民族自豪感和国家荣誉感。

第三,要大力弘扬主旋律,深入开展"我的中国梦"等系列主题教育,为学生点亮理想的灯、照亮前行的路。引导学生清楚看到"国家好,民族好,大家才会好"的现实逻辑,激励学生在亲身参与"两个一百年"奋斗目标的实现这一伟大历史进程中,自觉把个人的理想追求融入国家和民族的事业中。

第四,要引导学生树立"梦想从学习开始、事业靠本领成就"的观念。要引领学生心怀梦想,脚踏实地,用辛勤的汗水,填平现实和梦想之间的沟壑,真正做到"勤学、修德、明辨、笃实"。要帮助学生树立社会责任感,锤炼坚强的意志和品格,培养奋勇争先的进取精神,塑造不怕失败的心理素质,保持乐观向上的人生态度,敢于面对各种困难和挫折。

(五)坚持"四个统一",加强教师队伍建设。习近平总书记强调,教师是人类灵魂的工程师,承担着神圣使命。高校教师要坚持教育者先受教育,努力成为先进思想文化的传播者、党执政的坚定支持者,更好担起学生健康成长指导者和引路人的责任。他强调,要加强师德师风建设,坚持教书和育人相统一,坚持言传和身教相统一,坚持潜心问道和关注社会相统一,坚持学术自由和学术规范相统一,引导广大教师以德立身、以德立学、以德施教。"四个统一"的重要论述,是对广大教师思想、道德、学识、能力、作风、纪律等方面的全方位要求,是我们进一步加强教师队伍建设的行动指南。

我们的教师长期以来专心教书、潜心育人,一批批的优秀教师不断涌现。特别是在前些天的毕业季,毕业生们表达出的对老师的热爱、对母校的不舍,一个个场景令我们感动,感触良多。亲其师则信其道。学生对学校的感情和热爱,往往是从认同和喜欢一位教师开始的。我们教师的理想信念、道德情操、学术学识、仁爱之心在学生涵养完美人格、创造生命价值中具有不可估量的重大引领作用。今天受到表彰的党员教师就是杰出的代表,仅仅是我校优秀教师的一部分,还有许许多多老师和教育工作者,赢得了学生发自内心的崇敬和信赖,从而使他们坚定了自己的人生道路。

我们要整体推进专任教师队伍、党政和共青团干部、思想政治理论课和哲学社会科学教师、辅导员班主任和心理咨询教师队伍建设。特别是要高质量、高水准建好辅导员队伍,保证教师这支队伍后继有人、源源不断。为此,学校还制定了《辅导员队伍建设实施办法》,今天还要请大家深入讨论,综合吸收各方面意见后发布实施。要持续抓好队伍建设,尤其是严把教师聘用考核政治关,严格教师资格和准入制度,把师德规范要求融入人才引进、课题申报、职称评审、导师遴选等各环节,落实师德"一票否决"。保证队伍工作有条件、干事有平台、待遇有保障、发展有空间。

(六)遵循"三个规律",推动思想政治工作改革创新。习近平总书记指出,做好高校思想政治工作,要因事而化、因时而进、因势而新。他强调,要遵循思想政治工作规律,遵循教书育人规律,遵循学生成长规律,沿用好办法,改进老办法,探索新办法,不断提高工作能力和水平。贯穿这一重要论述的关键就是既遵循规律又改革和创新。为此,我们必须做到:

第一,改进主渠道,创新构建思想政治课教学体系。三尺讲台虽小,但立德树人责任重大。要回归课堂,落实思想政治理论课建设体系创新计划,把好教材选用关,提高教师素质,创新教学方法,更新教学内容,丰富教学手段,提升时代感、亲和力和针对性,让学生真心喜爱、终身受益。

第二,当好生力军,充分发挥哲学社会科学育人功能。习近平总书记指出,高校要在构建中国特色哲学社会科学方面当好生力军。省委提出,结合打造中国特色哲学社会科学的中原品牌,深化哲学社会科学教育教学改革,使之成为思想政治教育的重要载体。要抓住契机,严守政治底线,呼应时代需要,遵循学术规律,大力创新哲学社会科学。既大胆探索,又不随心所欲。把回答好重大现实问题作为突破口,自觉担负起"耕耘思想"的重要使命。

第三,拓展大课堂,积极构建思想文化育人体系。充分发挥文化和实践在育人中的浸润、感染、熏陶作用,广泛开展文明校园创建,实施校园文化建设提升工程,探索实践育人教育教学体系,调动学生参与的积极性,开展形式多样、健康向上、格调高雅的文化和实践活动,达到潜移默化的育人目的。

第四,用活新媒体,努力构建网上思想引领体系。当前,各级组织积极利用网络开展思想政治工作,基本上都建有新媒体平台,有效拓展了阵地,涌现了一大批优秀品牌。要在此基础上,因势而新,强化覆盖,使新媒体连接到所有学生;并且,加强开发,以更鲜活、更具思想性的形式和内容教育学生。

第三部分,压实主体责任,坚定不移推进全面从严治党向纵深发展

党的十八大以来尤其是十八届六中全会上,以习近平同志为核心的党中央对全面从严治党工作进行了系统部署,习近平总书记在全国高校思想政治工作会议上对高校党建工作专门做出部署,在十八届中央纪委七次全会上又提出"推动全面从严治党不断向纵深发展"的明确要求。由此可见,推进全面从严治党向纵深发展是当前和今后党的建设的重要任务。我们必须落实好主体责任,从严抓好八方面工作。

(一)从严抓思想,树牢"四个意识"。以迎接、宣传、贯彻党的十九大为主线,运用各种形式、利用各种载体,深入开展"砥砺奋进的五年"重大主题宣传;有计划、分层次举办学习习近平总书记系列重要讲话精神研讨班,对全校党员、干部进行专题培训,着力推进"两学一做"学习教育常态化制度化,引导广大师生进一步增强政治意识、大局意识、核心意识、看齐意识这"四个意识",从而坚定中国特色社会主义道路自信、理论自信、制度自信、文化自信这"四个自信"。

(二)从严抓基层,发挥"三种作用"。一是充分发挥基层党委的政治核心作用,强化基层党委的政治功能。二是充分发挥基层支部的战斗堡垒作用。加强教师党支部和学生党支部建设,抓住经常,严在平时,精准施治,选树优秀党支部,整顿不合格党支部。三是充分发挥共产党员的先锋模范作用。使广大党员在教学、科研、管理、服务中作表率、当模范。特别是在建设高水平大学进程中和申报博士授权单位中,党员要走在前面,要起到带动作用、骨干作用。各级党组织要做好组织工作、协调工作,用强大的凝聚力、号召力,落实好各项任务。

(三)从严抓执纪,坚守"六大纪律"。要落实全面从严治党各项要求,就必须坚持把纪律挺在前面,切实把党章党规贯穿于党员、干部的教育培训、选拔任用、监督管理始终,进一步加强和规范党内政治生活,切实强化执纪责任,保持正风肃纪高压态势,对违纪违法行为不留情面、严肃处理,让党的政治、组织、廉洁、群众、工作和生活等六大方面的纪律落地生根、禁令生威,保证全体党员团结统一、步调一致。

(四)从严抓干部,突出"关键少数"。党的十八大以来,党中央从严治党的一个鲜明特色就是对领导干部提出了更高的标准、更严的要求。我们要贯彻好中央精神,就要抓好中层干部特别是中层正职以上干部这一关键少数。创新干部选任办法,健全干部工作制度;深化党建目标管理责任制改革,明确班子成员"党政同责、一岗双责"要求;继续开展基层党组织书记抓党建工作述职评议考核,逐层传导压力、落实责任;完善党政联席会制度,健全科学民主决策机制,提高领导班子引领发展能力。

(五)从严抓作风,坚决反对"四风"。坚持从严治党,加强作风建设,"严"是标准要求,"实"是实践要求。要严格落实中央八项规定,把纠正"四风"和行风问题往深里抓、实里做。并强化建章立制,不断巩固和拓展作风建设成效,以优良作风推动全面从严治党,助力学校事业不断发展进步。

(六)从严抓廉政,践行"四种形态"。严格落实主体责任和监督责任,加强统一领导,扎实推进党风廉政建设和反腐败工作。健全反腐倡廉制度,落实廉政风险防控举措,完善惩治和预防腐败体系,完善查办违纪违法案件组织协调机制,加强校园廉政文化建设。聚焦政治纪律、组织纪律和廉洁纪律,运用好监督执纪"四种形态",特别是让咬耳扯袖、红脸出汗常态化,提升监督执纪的政治效果。坚持无禁区、全覆盖、零容忍,始终保持反腐败高压态势。

(七)从严抓制度,贯彻"两部法规"。制度建设是抓好工作的根本。党的十八届六中全会通过的《关于新形势下党内政治生活的若干准则》和《中国共产党党内监督条例》两部党内法规,相得益彰,体现了党中央思想建党和制度治党相结合的重要方针。我们要坚持以尊崇党章为核心,以"两部法规"为指引,依规治党,标本兼治,全面扎紧从严治党的制度"笼子"。全体党员特别是党员干部要以更高的标准、更严的要求带头学习贯彻执行两部法规,以自身的示范引领作用维护好党章党规党纪的严肃性和权威性。同时,要制定和修订相配套、相协调的制度体系,狠抓制度执行,确保其落到实处。

(八)从严抓保障,加强"四个投入"。加大党建与思想政治工作各方面的投入,为落实全面从严治党提供条件保障。一是加强人力投入。加强并规范党务部门设置和岗位管理,配强工作力量,着力提高党务工作者的能力素质。二是加强精力投入。科学设计、合理设置岗位职责,使班子成员真正对党建工作上心、关心、用心,书记更要投入足够的时间和精力,思考、谋划和推动党建工作,确保基层党组织聚精会神抓党建。三是加强财力投入。除了安排好党建专项经费外,对党费使用方面作出了规定,通过增加投入,为党建工作创造必要条件。四是加强创新投入。在继续探索党建项目化管理、党建项目研究等创新做法的同时,要主动适应信息化快速发展的新形势,不断提高运用信息化手段开展党建工作的能力,更好地发挥网络和信息平台在管党治党中的作用。

同志们,党的建设永远在路上,思想政治工作只有进行时。我们要坚持"四个服务",牢记立德树人根本任务,深化改革创新,狠抓工作落实,坚定不移推进全面从严治党向纵深发展,坚定不移全面加强和改进思想政治工作。以管党治党、办学治校的优异成绩迎接党的十九大胜利召开!

在传达学习党的十九大精神
安排部署全校学习宣传贯彻党的十九大精神
专题工作会议上的讲话

(二〇一七年十月三十日)

校党委书记　张　元

同志们:

举世瞩目的党的十九大已经胜利闭幕。这次大会,是在全面建成小康社会决胜阶段、中国特色社会主义进入新时代的关键时期召开的一次十分重要的大会。大会批准了习近平同志代表十八届中央委员会所作的报告,审查、批准了十八届中央纪律检查委员会工作报告,审议并一致通过了十八届中央委员会提出的《中国共产党章程(修正案)》,选举产生了新一届中央委员会和中央纪律检查委员会,圆满完成了各项议程。大会开得非常成功,是一次不忘初心、牢记使命、高举旗帜、团结奋进的大会,在党和国家发展史上具有重要的里程碑意义。

学习好、宣传好、贯彻好党的十九大精神,是全党全国当前和今后一个时期的首要政治任务,对我们坚定维护习近平总书记核心地位和党中央权威,在习近平新时代中国特色社会主义思想科学指引下,统一思想、凝聚力量,统揽全局、谋划工作,推进改革、促进发展,早日建成有特色高水平大学具有重大的政治意义、理论意义和实践意义。10 月 27 日,党的十九大刚刚胜利闭幕,习近平总书记就主持召开十九届中共中央政治局会议,研究部署学习宣传贯彻党的十九大精神。同一天,河南省委常委会召开扩大会议,传达学习党的十九大精神，对全省学习宣传贯彻十九大精神做出安排部署。今天，我们召开大会，主要任务是传达学习党的十九大精神，贯彻落实中央和省委的决策部署，并对全校学习宣传贯彻党的十九大精神进行全面动员和部署。

学习宣传贯彻党的十九大精神，重在深刻领会精神实质，重在结合学校实际，将工作落到实处，推动学校事业在新时代实现又好又快发展。下面，我代表学校党委，结合学校工作实际，讲四点意见。

一、深刻学习领会、全面准确把握党的十九大精神实质，切实把全校党员干部、师生员工的思想统一到党的十九大精神上来

党的十九大精神，内容非常丰富，思想非常深刻，创造性地提出了一系列新思想、新论断、新目标、新要求，具有很强的理论性、思想性、前瞻性和指导性。我们要紧紧围绕党的十九大主题，原原本本学习党的十九大报告和党章，学习习近平同志在十九届一中全会上的重要讲话精神，深刻学习领会、全面准确把握党的十九大的精神实质。

一要深刻学习领会党的十九大确立的新主题，以永不懈怠的精神状态和一往无前的奋斗姿态，与全国人民一道投入新时代中国特色社会主义伟大实践。

二要深刻学习领会党和国家事业取得的新成就，进一步增强新时代坚持和发展中国特色社会主义的自信心和自豪感，不折不扣推动党中央决策部署、大政方针落地生根、开花结果。

三要深刻学习领会中国特色社会主义进入新时代的新论断，更好贯彻党的十九大确定的大政方针、发展战略、政策措施，在新的起点上把我们的事业推向前进。

四要深刻学习领会我国社会主要矛盾发生变化的新特点，在继续推动发展的基础上，着力解决好发展不平衡不充分问题。

五要深刻学习领会习近平新时代中国特色社会主义思想这一新指南，更加自觉地用以武装头脑、指导实践、统一行动，以新的强大思想武器引领学校各项事业发展新实践。

六要深刻学习领会分两步走全面建设社会主义现代化国家的新目标，连续不断朝着十九大确定的目标前进，决胜全面建成小康社会，加快有特色高水平大学新进程。

七是深刻学习领会新时代中国特色社会主义发展的新部署，统筹推进“五位一体”总体布局和协调推进“四个全面”战略布局，奋力实现党的十九大确定的各项目标任务。

八是深刻学习领会新时代党的建设新要求，推动全面从严治党向纵深发展，为决胜全面建成小康社会、让中原更加出彩和开启有特色高水平大学建设新征程提供坚强的政治保证。

总之，全校广大党员干部、师生员工要深刻学习领会、全面准确把握党的十九大精神，牢固树立“四个意识”，更加坚定“四个自信”，以习近平新时代中国特色社会主义思想为科学引领，自觉把思想和行动统一到党的十九大精神上来，把智慧和力量凝聚到贯彻落实党的十九大提出的重大战略部署和各项重大任务上来，肩负起新的历史使命，进行伟大斗争，建设伟大工程，推进伟大事业，实现伟大梦想，奋力决胜全面建成小康社会，谱写新时代学校事业发展的新篇章。

二、加强领导班子自身建设，全面增强干部队伍的政治素质和履职能力

党的十九大就建设高素质干部队伍做具体部署，明确了干部队伍建设的根本目标、重大原则、基本要求和重点工作，为新时代的干部队伍工作指明了方向、提供了遵循。学校党委要成为全校学习十九大精神的表率，领导班子通过收看实况、学习研讨、交流体会等形式，开展了 5 次集中学习，极大促进了认识的共同提高；全校各级党组织、各单位要成为本单位认真组织学习党的十九大精神的榜样；全校广大党员、干部要继续自觉增强贯彻落实十九大精神的自觉性、坚定性，把十九大精神学懂弄通做实，用习近平新时代中国特色社会主义思想武装头脑，自觉向习近平总书记看齐、向党中央看齐，把领导班子这个集体建设得更有领导力、更有战斗力、更有执行力。

一要坚定理想信念，增强“四个自信”。要从根本上切实解决好世界观、人生观、价值观这个“总开关”问题，坚决筑牢信仰之基、补足精神之钙、把稳思想之舵，挺起共产党人的精神脊梁，坚定中国特色社会主义道路自信、理论自信、制度自信、文化自信，始终做共产主义远大理想和中国特色社会主义共同理想的坚定信仰者和忠实实践者。

二要强化政治责任,增强“四个意识”。全校党员干部要把结合学校工作实际、贯彻落实好十九大精神作为检验政治觉悟和政治能力的重要标准,在用习近平新时代中国特色社会主义思想指导发展实践上当先锋,在尊崇、学习、贯彻、维护新修订的党章上做表率,坚决维护以习近平同志为核心的党中央的权威,坚定执行党的政治路线,严格遵守政治纪律和政治规矩,确保党中央提倡的坚决响应、党中央决定的坚决执行、党中央禁止的坚决不做,切实站稳政治立场、提高政治站位,增强政治能力,扛起政治责任。

三要提高履职能力,增强“八大本领”。十九大报告中特别强调要“全面增强执政本领”,使“我们党既要政治过硬,也要本领高强”。广大干部要努力增强学习本领、政治领导本领、改革创新本领、科学发展本领、依法执政本领、群众工作本领、狠抓落实本领、驾驭风险本领等八大本领,努力打造负责任、有担当的班子,和素质全面、能力过硬的干部队伍。

四要坚持正风肃纪,贯彻“八项规定”。作风建设永远在路上。党的十九大对持之以恒正风肃纪做出新部署,我们必须坚持以上率下,严格执行中央八项规定,落实省委省政府20条意见,持之以恒反对“四风”,巩固和拓展落实中央八项规定精神成果,坚持不懈改作风转作风,进一步推动党风上升、校风上扬,为学校事业的改革发展营造良好的环境,提供坚强组织保证。

五要坚持党要管党,全面从严治党。十九大报告明确了党的建设的总布局、总要求,对全面从严治党做出了战略部署。我们要深入贯彻新时代党的建设总要求,全面推进党的政治建设、思想建设、组织建设、作风建设、纪律建设,把制度建设贯穿其中,深入推进反腐败斗争,不断提高党的建设质量。用新时代中国特色社会主义思想武装头脑,坚定不移维护以习近平同志为核心的党中央权威和集中统一领导。推进“两学一做”学习教育常态化制度化,根据中央、省委的统一部署,以处级干部为重点开展“不忘初心、牢记使命”主题教育,适时启动处级干部换届,统筹做好基层党组织专项评估、党建创新项目化管理等基层党建工作。为学校事业发展提供坚强保证。

三、加强组织领导,全面兴起学习宣传贯彻党的十九大精神热潮

全校各级党组织、各单位要按照中央部署和省委要求,精心组织、周密安排,迅速掀起学习十九大、宣传十九大、贯彻十九大的热潮。

第一,高度重视,强化组织领导责任。学校已研究制定了方案,对全校学习宣传贯彻党的十九大精神进行了全面部署,提出了明确要求。各基层党委、党总支、各单位也要结合实际,制订工作方案,明确目标任务,落实推进措施,强化监督检查。党组织书记、部门主要负责同志要亲自部署,亲自动员,亲自督促,切实担负起学习宣传贯彻工作的组织领导责任,确保有步骤、有声势、有深度、有特色、有成效地开展。对领导不重视、组织不得力、工作无实效的将严肃追责问责。

第二,领导带头,推动工作全面开展。要充分发挥校院两级理论中心组的示范引导作用,和领导干部领学带学促学的示范引领作用,以及各级党组织书记第一责任人的组织领导作用,各级党员领导干部要先学一步、学深一层,切实做到带头学习、带头宣传、带头贯彻党的十九大精神,以实际的学习行动促进全校学习贯彻工作的深入开展,以丰硕的学习成效推动学校事业科学健康发展。

第三,学懂弄通,深刻领会精神实质。全校党员干部、师生员工要原原本本、原汁原味、逐字逐句研读十九大文件,特别是大会报告和党章。要把学习党的十九大精神同学习党的十九届一中全会精神和习近平总书记“7·26”重要讲话精神贯通起来,增强学习的系统性、连贯性、整体性,在全面准确领会精神实质上下功夫,在力求融会贯通上下功夫,使十九大精神入脑入心,转化为指导工作的思想武器、推动事业发展的精神动力和做好各项工作的自觉行动。

第四,多措并举,增强学习活动实效。根据省委对全省干部开展分级培训的精神,我们也要采取多种形式抓好党员干部、师生员工的学习培训工作,突出抓好党员领导干部、基层党支部书记的培训。组建十九大精神宣讲团开展集中宣讲。通过专题研讨、辅导讲座、主题实践、党日活动等多种形式,认真组织党员干部、师生员工学习。充分发挥党校、团校培训主渠道主阵地作用,对干部师生进行集中培训。抓好十九大精神进课堂、进教材、进头脑工作。群团、学生组织要充分发挥各自优势，开展丰富多彩、生动活泼的学习宣传活动，汇聚起学习宣传贯彻十九大精神的强大工作合力。确保习近平新时代中国特色社会主义思想深入人心，确保党的十九大精神更好地为广大党员干部、师生员工所掌握。

第五，加强宣传，大力营造浓厚氛围。全校各级党群组织、各单位要精心策划、周密安排，充分利用网站、报刊、“两微一端”平台和载体，广泛开展全方位、多角度、宽领域、深层次的宣传工作，把党的十九大精神讲清楚、讲明白，让师生员工听得懂、能领会、可落实。大力总结、宣传各单位学习贯彻落实党的十九大精神的新举措、新进展、新成效，及时总结交流学习经验、心得体会、学习成果，在全校营造学习贯彻党的十九大精神的浓厚氛围，不断掀起学习宣传贯彻党的十九大精神的新高潮。

四、以学习贯彻党的十九大精神为强大动力，切实做好当前和今后各项工作

近日，校领导班子围绕落实十九大精神召开了学校事业发展务虚会。大家一致表示，学习宣传贯彻党的十九大精神要与推进学校事业发展紧密结合起来，一手抓十九大精神的学习宣传贯彻，一手抓学校改革发展，真正把十九大精神体现在行动上、落实到工作中。

一要全面推进学校综合改革。坚持和完善大学治理体系，重点推动学术委员会和相应专门委员会建设；根据上级文件精神，研究制订学校的《综合改革方案》，推进综合改革进程，实现内涵发展，促进事业转型升级。

二要确保获批博士学位授权单位。目前，学校的申博工作进展还较为顺利，在省内出线的希望很大，一旦推选到国家层面，竞争将是异常激烈的，势必存在诸多不确定性。所以，我们现在绝不能掉以轻心，绝不能懈怠大意，必须以更强烈的责任感、危机感、紧迫感，更细致的工作态度、工作成效，做好连续作战、苦战、大战的准备。拥有博士学位授予权将为学校带来更大的发展平台，更广阔的发展空间，所起到的重大作用将是全方位的，关系到每一位师生员工的利益。在这项工作上，我们必须落实好“五个责任”，自觉做到各司其职、保质保量地完成好各自的任务，举全校之力、凝全校之智打一场漂亮的申博仗。

三要全面提高人才培养质量。深化教育教学和人才培养模式改革，调整优化学科专业结构和布局，创新教育教学方法，全面提高教育质量和育人水平，为新时代中国特色社会主义事业贡献优质人才资源。

四要大力加强师资队伍建设。坚持党管人才原则，坚持引育并重，大力实施人才强校战略。着力提高师德水平和业务能力，培养和造就高素质教师队伍。

五要全力推进内涵建设。紧扣新时代要求，修改完善学校“十三五”发展规划，把党的十九大精神落实到各项事业发展中。继续推进“三重一院”工程，努力争取早日实现突破。深化科研管理体制改革，提高创新能力和社会服务水平，力争国家级科研成果、奖励的新突破。加强新型智库、全国粮食行业（郑州）教育培训基地等建设。积极融入“一带一路”倡议，推进国际交流与合作，推进人才培养国际化。

六要加强基础保障能力建设。积极开源节流，破解制约学校发展的财务问题，加强节约型校园建设。落实好“中西部高校基础能力建设工程”项目。推进信息化工作，加快智慧工大建设。健全资源有偿使用机制、大型仪器设备开放共享机制，提高使用效益。提高图书、档案工作管理服务水平，提高期刊质量。

七要抓紧完成年度目标任务。现在本学期即将过半，距年末也只有两个多月的时间，各项任务很重。要结合年度目标任务，全面梳理本单位完成情况，完成的要巩固提高，没完成的要加大力度推进，确保全年目标任务顺利完成。在此基础上，提前谋划明年的工作，做到早准备、早动手、早启动。

八要确保学校安全稳定和谐。党的十九大刚刚闭幕，大会关注民生和安全问题，强调人民群众对“安全、环境等方面的要求日益增长”。因此，我们要从讲政治的高度，落实好安全稳定工作责任制，扎实推进平安校园建设。加强学校环境整治和校园文化建设。密切关注师生切身利益，特别是经济困难的师生，积极为他们做好事办实事解难事。现在临近年底，对照年初学校工作要点提出的十件实事，还有哪些未完成的要加速推进，满足师生的期待，兑现我们的承诺。

同志们，新时代要有新气象，更要有新作为。让我们更加紧密地团结在以习近平同志为核心的党中央周围,高举中国特色社会主义伟大旗帜,认真学习贯彻习近平新时代中国特色社会主义思想,深入贯彻落实十九大确定的大政方针、发展方略、政策措施,紧密结合学校实际,不忘初心、牢记使命,撸起袖子加油干,以永不懈怠的精神状态和一往无前的奋斗姿态,奋力开创事业发展的新局面!推动党的十九大精神落地生根!

谢谢大家。

在2017级新生开学典礼暨军训表彰大会上的讲话

(二〇一七年九月十三日)

校长 卞 科

尊敬的各位老师、各位教官,亲爱的同学们:

大家好!

在金橘溢彩、丹桂飘香的美好季节,在刚刚欢度了全国第33个教师节,全党全国各族人民即将迎来建国68周年、翘首期盼党的十九大胜利召开的日子里,我们在这里隆重举行河南工业大学2017级新生开学典礼暨军训表彰大会。

在此,我谨代表学校党委和行政,向来自全国各地的9120名本专科生和576名硕士、博士研究生,表示衷心的祝贺和热烈的欢迎!祝贺你们开启人生新的征程,欢迎你们成为河南工业大学光荣的一员。

同时,也向辛勤培育你们成长成才的父母、亲友和老师们,表示诚挚的问候!向承担本次军训任务的教官同志们,表示亲切的慰问和衷心的感谢!

刚才,同学们军姿飒爽、激情饱满、精神振奋、步伐整齐地走过主席台,接受了领导和广大师生的检阅,大会还表彰了一批军训先进集体和个人,充分展示了大家刻苦训练的成果。两周来,同学们在教官的带领下,学习了军人服从命令、听从指挥、团结一致、齐心协力的优良作风;学习了吃苦耐劳、艰苦奋斗、顽强拼搏的战斗精神;学习了严守纪律、令行禁止的组织纪律观念。涌现出了许多刻苦训练、互帮互助的先进事迹,展现了新一代大学生的精神风貌。学校历来重视新生的军训工作,今年的军训教官,全部是来自我校预备役连的官兵,他们中间有优秀的退役大学生,有往届优秀的军训骨干,是一批"政治合格、军事过硬、作风优良、纪律严明"的优秀教官,为本次军训提供了有力的政治保证和技术支持。各位教官以他们严明的纪律、严整的军容、严格的训练,让我们见证了新一代军人的风采。在此,我希望全校师生要积极传承军人优良作风,大力弘扬集体主义精神,在推动学校建设和发展的进程中做出应有的贡献。

同学们,从今天开始,你们进入了新的求学阶段。在这里,你们将受到严师的教诲、学者的熏陶,会真切感受到工大自强不息、奋斗不止的精神与气质。在这里,你们将和年轻的伙伴们,结下珍贵而深厚的友谊,将在文化和思想的碰撞中,砥砺前行、化茧成蝶,让你的人生变得更加绚丽多彩。

你们今天所见到的河南工业大学,不但有美丽的校园,更有光荣的传统和辉煌的业绩。经过几代人筚路蓝缕、风雨兼程的艰苦创业,如今的河南工业大学已经成为中原地区一所特色鲜明、实力雄厚的高等学府。学校占地2800多亩,建筑面积90多万m^2,有20个教学学院,在校生总数超过34000人;汇聚了包括院士、中原学者、国务院特殊津贴专家、国家百千万人才工程、省级特聘教授等在内的高水平师资队伍,形成了学士、硕士、博士三级人才培养体系;建有国家工程实验室、博士后科研流动站和上百个实验实训平台,仪器设备总值超过5.2亿元,馆藏图书近300万册。1956年建校以来,先后有近20万优秀人才从这里走出中原、走遍全国、走向世界。他们当中有全国知名的专家学者,有政绩卓著的省部级领导,有英勇无畏的反劫机勇士,也有入选福布斯财富榜的企业家,还有在各行各业做出重要贡献的社会贤达,更有千千万万坚守岗位、勤奋耕耘、默默奉献的工大人,他们用智慧和汗水,为祖国的繁荣富强添砖加瓦、发光发热,用真诚而质朴的实际行动,为学校赢得了尊严和赞誉。

记得有一位名人说过:"如果说我看得比别人更

远,那是因为我站在巨人的肩上。”工大的前辈,为我们创造了优越的环境、奠定了坚实的基础、铸就了光辉的业绩。这份光荣需要传承,这份精神需要发扬,这份责任需要担当。今天在场的莘莘学子,你们是河南工大历史上重要的一环,是学校的生力军,是学校的未来和希望,你们将责无旁贷地担负起工大承前启后、继往开来的历史重任。作为你们的朋友和师长,在这新的人生航程的起点,我想提五点体会和建议,与大家共勉:

一是争做立德树人的标兵。古人说:才者,德之资也;德者,才之帅也。习近平总书记也曾经指出:“国,无德不兴;人,无德不立。”作为中国特色社会主义的建设者和接班人,作为新时代文明的传承者、创新者和引领者,广大青年学生更应该把立德修身放在大学生活头等重要的位置,始终遵循“爱国、敬业、诚信、友善”的社会主义核心价值观,对师长常怀尊敬之心,对同学常怀友善之心,对家庭常怀感恩之心,对国家和社会常怀报效之心,在平常的学习、工作和生活中,时时警醒、事事砥砺,努力锤炼塑造一个充实完善的自我,不断提高道德修养水平,做一个“明德、求是、拓新、笃行”的工大人。

二是树立家国情怀的志向。决定人生高度的不是脚步,而是目标。大学是选择人生方向、树立人生理想的黄金阶段,在这个新的起点,同学们要争取早立志、早规划、早成才。你的人生目标是什么?你的人生价值在哪里?如何安排大学时光?如何完成学业?等等,这些都是需要大家认真思考、慎重规划的人生课题。你们这一代人处在一个波澜壮阔的时代,肩负着中华民族伟大复兴的期望和重任,这是时代赋予你们的崇高使命。希望大家把个人发展与国家和民族的命运紧密结合起来,把握正确方向,确定奋斗目标,将人生理想和职业规划,分解到大学的每一年、每一月、每一天,把自己的远大理想,转化为清晰可见的行动路线,通过持之以恒的艰苦奋斗、努力拼搏,创造出无愧于时代的业绩,使世界更美好、人生更精彩!

三是端正严谨治学的态度。当今世界正处于信息爆炸的时代,知识浩如烟海。只有掌握正确的学习方法,才能打开知识宝库和成功之门。同学们要牢固树立自主学习、主动学习的意识,养成严谨的治学态度,积极探索适合自己特点和符合知识积累规律的学习方法。既要重视课堂上的学习,也要重视课堂外的学习;既要重视理论的积淀,也要重视实践的锻炼;既要重视向老师学习,也要重视向他人学习。不但要学会独立思考,还要学会分析、考证和推敲,更要学会选择和取舍,在繁杂中抓住要领,从表象中看到本质。总之,学习没有“休止符”,进取没有“完成时”,大家要树立终身学习的理念,养成坚持学习的习惯,千方百计利用学校提供的一切条件,把你们最好的潜质挖掘出来,不畏艰辛、百炼成钢!

四是培育自立自强的精神。各位同学都是父母的“掌中宝、心头肉”,从小到大受到父母精心的呵护与照顾。同学们刚刚进入大学校园,面对新的学习环境和新的生活节奏,难免产生思想和情绪上迷茫,短时间内不能适应。所以,大家一定要坚定信心、自强自立。在集体生活中,做到饮食有度、起居有常,养成良好的作息习惯;要主动打扫房间,保持公共环境整洁;要注重仪容仪表,经常洗衣晒被,讲究个人卫生;要勤俭节约、反对浪费,生活上不盲目攀比,日常消费量力而行,发扬艰苦朴素的优良作风。还要积极参加公益活动,体验自立、责任和感恩的内涵,让家长放心,让老师和学校放心。

五是养成健康的生活习惯。只有身心健康,才能高效率、高质量的学习、生活和工作,才能享受到成功的愉悦和生活的美好。希望同学们充分认识健康的价值和意义,用平静之心对待生活中的苦乐、荣辱与得失,用爱心去发现生活中的真、善、美,保持乐观向上的良好心态。我记得有一句口号是这样说的:每天锻炼一小时,健康工作五十年,幸福生活一辈子。我衷心希望同学们劳逸结合、张弛有度,自觉养成珍爱健康、锻炼身体的良好习惯,充分利用好课余时间,发展自己的兴趣和爱好,真正做一个德智体美全面发展的人!

亲爱的同学们,青年兴则国家兴,青年强则国家强。在全国人民即将全面建成小康社会的决胜阶段,坚定不移朝着中华民族伟大复兴中国梦奋勇前进,希望大家秉承“崇尚科学、勇于探索、报国兴学、自强不息”的工大精神,用充实而精彩的大学生活,在河南工业大学厚重的历史长卷上,写下属于2017级全体新生的辉煌篇章!

谢谢大家!

· 河南工业大学年度概况 ·

河南工业大学(Henan University of Technology)位于河南省会郑州市,是河南省人民政府和国家粮食局共建高校;始建于1956年,先后隶属国家粮食部、机械工业部、商业部和国内贸易部;1998年划归河南省管理,河南省人民政府和国家粮食局于2010年签约共建河南工业大学。1959年开展本科教育,1981年开始研究生教育,2013年开始博士研究生教育,2017年获批硕士研究生推免资格。

建校至今,学校始终坚持"扎根中原,立足行业,服务全国,面向世界"的办学定位,严守"育人为本、质量立校、特色发展"的发展理念,秉承"明德、求是、拓新、笃行"的校训,大力弘扬"崇尚科学、勇于探索、报国兴学、自强不息"的工大精神,凝练形成了"团结进取,务实高效"的校风、"博学奉献"的教风和"勤奋诚信"的学风。

经过历代工大人的励精图治和薪火传承,学校已经发展成为一所以工学为主,涵盖理学、经济学、管理学、法学、文学、艺术学和农学等学科协调发展的多科性大学,不仅具备完整的学士、硕士、博士三级人才培养体系,而且作为第二单位成功入选国家首批"2011协同创新计划",是教育部"中西部高校基础能力建设工程"和"卓越工程师教育培养计划"建设高校,在推动行业、区域和国家经济社会发展,实现教育振兴的过程中做出了应有贡献。

一、师资队伍

学校现有专任教师1613人,高级职称教师929人,博士学位教师685人;硕士生导师513人,博士生导师53人;汇聚了双聘院士、长江学者、国家杰出青年科学基金获得者、"百千万人才工程"国家级人选、国务院特殊津贴专家、教育部新世纪优秀人才、中原学者、河南省教学名师等一大批学术带头人;拥有国家级教学团队1个,河南省教学团队9个,河南省科技创新团队15个,河南省高校哲学社会科学创新团队1个。

建校以来,学校涌现出了陈启宗、路茜玉、张根旺、周乃如、汪播、张国贤等一大批在粮食、磨料磨具等行业领域具有重大贡献和社会影响力的知名专家、学者,他们潜心学术,立德树人,奖掖后进,功勋卓著,为我国粮食行业、磨料磨具行业及学校发展、社会进步做出了开拓性贡献,为后继者树立了榜样。

现任教师中,有国际标准化组织食品技术委员会谷物与豆类分会主席卞科教授、国际谷物科技协会主席王凤成教授、三届奥运会田径裁判王晏教授等知名专家,还有一批专家教授担任中国粮油学会、中国粮食工程建设委员会、全国磨料磨具标准化技术委员会、中国热处理学会、中国化学会有机化学磷化学专业委员会等学术组织理事长或副理事长职务,他们在各自的专业领域和教学岗位上,教书育人,竭诚奉献,堪称楷模。

二、学科专业

学校拥有全国最完整的粮油食品学科群和实力雄厚的超硬材料学科群;现有20个教学单位,68个本科专业,拥有1个博士学位授权一级学科,20个硕士学位授权一级学科,7个硕士专业学位授权类别,18个省一级重点学科,"粮食产后安全及加工"学科群入选河南省首批优势特色学科建设工程;"食品科学与工程"等5个国家级特色专业,"粮食工程"等3个国家级综合改革试点专业,"食品科学与工程"、"粮食工程"和"计算机科学与技术"3个国家级卓越计划专业,16个省级名牌和特色专业,6个双学位专业,学校具有同等学力申请硕士学位授予权和高校教师硕士学位授予权。

三、人才培养

学校面向全国招生;是国家来华留学生自主招生高校,拥有"中国政府奖学金""中国政府丝绸之路奖学金"和"河南省政府奖学金"培养资格;是全国硕士研究生推免高校、普通高等学校本科教学工作水平评估优秀单位;拥有"食品科学"国家级实验教学示范中心、国家级“粮油食品类工程应用型人才培养模式创新实验区”“河南工业大学-河南中鹤纯净粉业有限公司工程实践教育中心”国家级大学生校外实践教育基地。

现有全日制在校生34000余人，其中研究生1400余人，外国留学生300余人；另有继续教育学生18000余人；先后为国家输送了近20万名合格毕业生，粮食行业半数以上的管理精英和技术骨干出自本校，被誉为粮食行业的“黄埔军校”。

近5年，学生在各类竞赛中获国家级奖340项、省部级奖772项；全国硕士学位论文抽检合格率连年100%；国家“挑战杯”竞赛连续5届居全国前40名，连年位居河南省高校前列；连续两次被教育部评为“全国普通高等学校毕业生就业工作先进集体”，获“全国就业50强高校”、全国“学校心理健康教育先进集体”等多项荣誉称号。

四、科学研究

学校拥有一支实力雄厚的科研队伍，长期致力于粮食产后和超硬材料领域的基础理论与工程技术研究，构建了集粮食储运、加工、装备、信息、管理等于一体的科学研究体系和特色；积极服务国家战略需求和行业、地方经济社会发展，在粮食储运、仓厂建设、粮食经济与物流管理、粮食精深加工与综合利用、粮食机械、超硬材料及磨料磨具等方面取得了一批重大研究成果，有力推动了行业科技进步和社会发展，产生了显著的经济社会效益；在1978年全国科学技术大会、1986年国家科技攻关奖励大会上获国家奖励4项；近年，荣获国家科技进步奖10项（其中一等奖1项、二等奖7项、三等奖2项），国家教学成果二等奖2项，中国标准创新贡献一等奖1项；2017年进入中国大学科技创新竞争力百强高校。

学校现有小麦和玉米深加工国家工程实验室、粮食储运国家工程实验室、粮食信息处理与控制省部共建教育部重点实验室、粮食储藏与安全教育部工程研究中心、中国粮食物流研究培训中心、国家大豆改良中心精深加工研究所（郑州）等30个国家级、省部级科研平台；建有中国粮食博物馆预博馆；学校是国家粮食行业郑州培训基地；设有河南省高校首家院士工作站、物流研究中心、粮食经济研究中心、超硬材料及制品工程技术研究中心等14个地厅级科技平台；校内还有岩土工程研究所、物流研究所等54个校级学术研究机构和100余个教学、科研、实习、实训平台。

自然科学领域，2017年学校获得国家级项目61项，其中，主持国家自然基金项目43项，是近年最好水平；获得省部级自科项目112项，其中省科技厅项目87项，国家标准修订计划项目2项，行业标准制定/修订项目15项，教育部协同育人项目2项，农业部产业体系项目3项，国家粮食局青年拔尖人才项目2项，软科学研究项目1项。科技成果获省部级奖励26项，其中，省部级一等奖3项；自然科学纵、横向科研项目合同经费额合计11313.42万元，到账经费合计10121.75万元。结项（验收）145项，其中，国家级项目51项，省部级项目56项。发表学术论文1337篇，其中北图核心论文482篇；被“四大检索”系统收录的高水平论文301篇，其中SCI收录269篇，EI收录30篇。出版学术著作和教材40部。本年度取得授权专利137项，其中发明专利69项，实用新型专利68项。2017年学校取得软件著作权61项。“河南省粮油食品安全检测与控制重点实验室”和“河南省粮食大数据分析与应用工程研究中心”成功获批。

社会科学领域，2017年获批纵向国家级、省部级和地厅级项目162项。其中，国家社科基金项目6项，省部级项目40项。全年各级各类项目结项143项，其中国家社科基金项目2项，省部级项目19项。获社科类省级科研成果奖16项，其中二等奖9项，三等奖7项。发表学术论文490篇，其中北图核心论文64篇；被CSSCI收录的期刊论文85篇；另被SCI收录的论文11篇；被SSCI收录论文4篇，被EI收录的期刊论文4篇；被人大复印资料转载论文2篇次。2017年出版学术著作65部，其中权威出版社20部。新增省级平台1个。

五、办学条件

学校占地总面积193.8万平方米，建筑总面积97万平方米；拥有莲花街校区、嵩山路校区、中原路校区3个校区；建有高标准的教学大楼和现代化的学生公寓；是河南省高校“数字化校园”示范单位、“智慧校园”和“网络学习空间”建设试点单位。

学校建有食品工程、建筑工程、物理学、化学、力学、电工电子、机械基础等基础实验室、专业实验室、工程训练中心、实验教学示范中心、虚拟实验教学中心、本科实验教学中心和工程训练中心;配备有大批先进的实验仪器设备,教学科研仪器设备总值约 5.4 亿元,10 万元以上仪器设备 685 台(套);学校图书馆是原商业部批准的“全国粮油学科文献情报中心”,拥有中外文纸质图书 255 万册,电子图书 104 万种。中外文期刊 5700 多种,可在线检索 Elsevier、SCI、EBSCO、Springer、CNKI 等中外文数据库;自建粮油食品、超硬材料与磨料磨具 2 个专题特色数据库;《河南工业大学学报(自然科学版)》是全国中文核心期刊和中国科技核心期刊;先进、齐全的教学科研设施,优雅宜人的校园环境,为教学、科研、管理和生活服务提供了坚实的基础。

·机构与干部·

中国共产党河南工业大学委员会委员名单

书　　记　戚世钧(—2017.9.1)　张元(2017.9.1—)
常务副书记　王玉斌
副 书 记　张　元(—2017.9.1)　毛彦琴
委　　员　(按姓氏笔画排序)
王玉斌　毛彦琴　卞　科　李学雷　余传杰　张　元　张新州　陈复生
赵榴明(—2017.9.1)　赵豫林　戚世钧　朱文学(2017.12.13—)

河南工业大学党政领导班子成员名单

党委书记	戚世钧(—2017.9.1)
	张　元(2017.9.1—)
党委副书记、校长	张　元(—2017.9.1)
	卞　科(2017.9.1—)
党委常务副书记	王玉斌
常务副校长	赵豫林
党委副书记兼纪委书记	毛彦琴
副校长	卞　科(—2017.9.1)
副校长	李利英
副校长	赵榴明(—2017.9.1)
副校长	陈复生
工会主席	李学雷(—2017.9.1)
副校长	李学雷(2017.9.1—)
副校长	朱文学(2017.12.13—)

中共河南工业大学第二届纪律检查委员会委员名单

纪 委 书 记　毛彦琴
纪委副书记　丁达安

委　　员　(按姓氏笔画排序)

丁达安　王晓曦　毛彦琴　田顺利　刘会生　李焕锋　宋　伟
张冬生　琚学周

河南工业大学第二届工会委员会委员名单

主　　席　李学雷

副 主 席　王恒胜　胡　捷

委　　员　(按姓氏笔画排序)

马武刚　王恒胜　孙占利　孙志明　李学雷　何文高　张　石
张兴振　周志强　胡　捷　段慧子　蒋笃君　魏朝举

共青团河南工业大学第二届委员会委员名单

书　　记　梁　朗

副 书 记　王　迪　杨子江　常德海　雷超凡

委　　员　(按姓氏笔画排序)

王　迪　王　萌　刘飞翔　吕丁阳　朱开锋　朱玲玲　吴若旻
张　芳　张东霞　张会巧　张翠华　杨子江　岳媛媛　岳鹏珍
范新爱　赵　静　秦　松　常德海　梁　艳　梁　朗　雷超凡
魏　涛　魏雪芹

河南工业大学“三重一院”工程实施领导小组成员名单

组　　长　戚世钧　张　元

副 组 长　赵豫林　陈复生　杨六栓

成　　员　(按姓氏笔画排序)

马传国　王洪江　王晓曦　王殿轩　田少君　刘亚伟　刘国仕
李永祥　李焕锋　杨艳萍　宋　伟　张冬生　张新州　张德贤
陈桂香　惠延波

河南工业大学职称改革领导小组成员名单

组　　长　戚世钧　张　元

副 组 长　王玉斌　赵豫林

成　　员　(按姓氏笔画排序)

丁达安　于建华　王玉斌　毛彦琴　卞　科　田少君　朱立峰
刘亚伟　李永祥　李利英　李学雷　李焕锋　杨六栓　杨艳萍

余传杰　张　元　张宝强　张新州　陈复生　赵予新　赵豫林
戚世钧　惠延波　程振凯

河南工业大学学位评定委员会委员名单

主任委员　张　元
副主任委员　王玉斌　卞　科　李利英　陈复生
委　　员　(按姓氏笔画排序)
于亦文　于建华　马玉梅　王玉斌　王庆斌　王金水　王晓曦
卞　科　刘广明　刘保国　刘楠嶓　李永祥　李利英　谷克仁
谷秀娟　邹文俊　张　元　张宏伟　张宝强　张德贤　陈复生
陈桂香　尚恒志　黄建水　惠延波　靳义亭　魏明侠

河南工业大学2017年度教师(实验)系列高级专业技术职务任职资格评审委员会成员名单

主　　任　卞　科
副 主 任　赵豫林
委　　员　(按姓氏笔画排序)
马玉梅　王　薇　王晓曦　王献玲　王燕平　卞　科　申建勇
师高民　朱　耕　朱立峰　乔俊杰　刘楠嶓　孙会霞　李长春
李铜山　吴　漫　吴文瀚　何文平　张同斌　张兵娟　张德贤
邵　兴　尚恒志　赵排风　赵豫林　侯永改　秦海敏　黄建水
谢文磊　甄　彤　蔡静平

表 4-1　党政管理机构、群团组织机构、后勤服务机构及负责人情况表

机构		负责人	
		正职	副职
党政管理及群团后勤部门	党委办公室 (目标管理办公室) (重点工程办公室)	张新州 王洪江 杨六栓	尹　辉
	党委组织部 (党校、机关第一党总支)	余传杰 刘会生	陈从志
	党委宣传部 (新闻中心)	朱立峰	王进兴 隋　飞(兼)
	党委统战部		孙国俊
	纪委、纪委办公室 (监察处)	丁达安 林联翠	韩永刚
	学生工作部 (武装部、学生处、就业指导服务中心、学生资助管理中心、学生发展教育中心、学生心理健康教育中心)	张宝强	方丽娟 卫红伟 王云涛
	离退休工作处	竹建德 李新和	尚　伟 田军强
	校长办公室 (法律咨询办公室、校友工作办公室)	李焕锋 李　刚	郭晓旻 张道许
	人事处 (人才交流中心、教师发展中心、机关第二党总支)	刘亚伟	毕晓勤 刘克非 孙大为
	教务处 (教学评估与质量管理办公室、高等教育研究所)	祝玉华(—2017.3.31)	胡继云 张浩军 谷存昌
	招生工作办公室	祝玉华(兼) (—2017.3.31)	张　强
	科技处	惠延波	吴才章 刘　扬
	社会科学处	于建华	孙中叶
	研究生处	李永祥	田　勇 丁　华
	发展规划处	杨艳萍	刘国锋
	国际交流与合作处 (港澳台办公室)	刘国仕	张　莉 苗保记
	实验室管理处 (分析测试中心)	田少君	张小麟 龙旭辉
	财务处	张冬生	彭昌喜 李定旺
	审计处	蒋明伟(—2017.9.1)	王振松
	保卫处 (党委政治保卫部)	张景现	赵　亮 杜　鹏
	基建处(新校区建设办公室)	郑峰才	华　勇 马永海 李　强
	后勤管理处	宋　伟	申海森 代辉亚
	资产与产业管理处 (工程训练中心、数控技术实训基地、师生公寓管理中心)	刘永霞	赵　鹏 王志山 李艳福 朱志强
	工会(女职工委员会)	王恒胜　胡　捷	何文高
	团委	梁　朗	王　迪 杨子江 常德海
	后勤集团公司	孟凡鑫 琚学周	吴建明 冯宇宁 张兴振
	校医院(副处级)	程建会	

表 4–2　教学机构、科研学术机构、教学辅助机构、临时机构及负责人情况表

机构		基层党委、党总支		行政	
		正职	副职	正职	副职
教学科研及辅助单位机构	粮油食品学院	田顺利	孙志明	王晓曦	赵仁勇 马传国(兼) 王殿轩(兼) 钱向明(兼)
	粮食加工工程中心			马传国	安红周
	粮食储运工程中心			王殿轩	
	中国粮食培训学院筹建工作办公室			钱向明	裴少峰
	机电工程学院	周　芳	蒋笃君	刘保国	刘自然 马晓录 耿　铁
	土木建筑学院	谭长福	周志强	陈桂香	肖昭然 原　方 丁永刚
	信息科学与工程学院	董庸昌	钟月双	张德贤	张红梅 杨铁军 邓淼磊 杨卫东(兼)
	粮食信息处理中心				许德刚 杨卫东
	化学化工与环境学院	赵俊廷	刘　洋	谷克仁 (—2017.10.24)	毛　璞 谢文磊 刘　捷
	生物工程学院	李继周	薛　丹	王金水	乔发东 惠　明 胡元森
	材料科学与工程学院 (高温耐磨材料工程实验室)	王　良	马武刚	邹文俊	栗正新 李　颖 徐三魁
	电气工程学院	从沛杰	张　石	刘楠嶓	宁　祎(—2017.2.5) 孙丽君 王　威(—2017.11.1) 卢　涛
	管理学院(MBA 教育中心)	赵云平	魏朝举	魏明侠	李广平 肖开红 徐　恒
	经济贸易学院(中国粮食物流研究培训中心)	徐朝晖	王　影	赵予新	杨　茂 李铜山 李文启
	外语学院	王建辉	焦　丹	马玉梅	闫丽俐 黄辉辉
	理学院	邹凤羽	车　愔	张宏伟	焦万堂 富笑男
	设计艺术学院	王世成	晏玉珍	王庆斌	马　蕾
	新闻与传播学院	武　威	段慧子	尚恒志	李晓云 杨丽雅 郑冬晓
	法学院	宋芙晖	张小彩	黄建水	谭　波
	马克思主义学院	霍清廉	李海涛	靳义亭	刘晓欣
	国际教育学院	黄泽峰	刘红军	于亦文	陈雪琳 刘来亭 李　震
	中英国际学院 (软件学院)	崔　政	孙占利	曹利强	沙　杰 张雪萍
	继续教育学院 (磨料磨具工业职工大学、职业技术学院)	吴贺喜	姚艾东	刘广明	伍　毅 孙普阳
	体育学院	杨晓轼		牛进平	王　渤 王　放 郭　瑞
	国际粮食研究中心			王凤成	周显青
	图书馆	杨延林		刘广普 (—2017.11.1)	俞　兵 (—2017.12.1)
	学报编辑部				牛彦绍
	档案馆			辜　瑞	王喜玲
	网络教育管理中心			付晓炎	隋　飞
	粮食博物馆筹建工作办公室			师高民	张庆州
	东校区管委会办公室			刘新杰	赵永强

表 4-3　河南工业大学处级调研员、处级组织员情况表

职务	姓名
学生工作部(学生处)副处级组织员	郑豫鹤
电气工程学院正处级调研员	李秀娟
信息科学与工程学院正处级调研员	袁秀珍
体育学院正处级调研员	王　晏

·学院情况·

粮油食品学院

【概况】 学院设党政办公室、教学办公室、学生工作办公室、分团委，有油脂工程、粮食工程、粮油储藏、食品工程、食品安全与营养共5个系，分为油脂理论与技术、脂质化学与品质、植物蛋白化学与利用、粮食储藏理论与技术、储粮害虫与防治、谷物加工理论与技术、谷物化学与品质、粮食资源利用与转化、东方食品加工原理与技术、食品工程与品质控制、食品安全与营养11个教学科研团队。引进博士教师5人、辅导员1人，退休2人。在职教工110人，其中教授38人、副教授31人、高级实验师4人、高级工程师1人，具有博士学位教师62人。其他部门本学科教授5人。

粮食加工工程中心、粮食储运工程中心、中国粮食培训学院筹建工作办公室与学院实质性合并运行。

【学科建设和研究生工作】 学院服务国家特殊需求“国家粮食安全(产后)博士人才培养项目”食品科学与工程博士点，2017年毕业1名博士生，招生7人；食品科学与工程博士后科研流动站本年度招收10名博士后人员进站工作。开展新增博士硕士学位授权单位及授权一级学科点申报工作，国务院学位办已经公示。食品科学与工程、农业昆虫与害虫防治2个学术型硕士研究生专业，2017年毕业93人，招生108人；食品工程专业硕士研究生专业，2017年毕业33人，招生37人，三个专业在校研究生总数405人。“粮食产后安全及加工”河南省优势特色学科完成了中期检查；完成一级重点学科“食品科学与工程”和二级重点学科“农业昆虫与害虫防治”的年度建设任务。学院设在安阳汤阴县产业集聚区的硕士点实习基地，接纳2016级29名专业硕士生进行了为期3个月的实习。研究生学位论文专家评审全A率27.8%，校级优秀硕士论文获奖率12.7%，有3篇被评为河南省优秀硕士学位论文。

【教学工作】 学院有食品科学与工程、粮食工程、食品质量与安全、食品营养与检验教育4个本科专业，本科在校生2032人。

专业建设及人才培养质量

学院完成食品科学与工程和食品质量与安全专业评估。修订2017版本科人才培养方案及教学大纲。加强与企业的产学研合作，与郑州金星啤酒有限公司、河南众品食业有限公司、河南天香面业有限公司、郑州兴泰科技有限公司、河南郑州中原国家粮食储备库、佛山市禅城区粮油检测中心签订了实习基地协议。加强优势及特色方面的招生宣传工作，提高了生源质量。

教育教学研究和质量工程

粮油储藏系被评为河南省优秀基层教学组织，获项目经费10万元；粮油储藏系、粮食工程系被评为校级优秀基层教学组织建设单位。倡导科教融合，让本科生接触学科专业的最新研究内容和成果，提升学生的实践能力和创新能力。本科生解爱军在教师的指导下，以第一作者发表英文论文1篇，SCI期刊源(JCR一区)接收论文1篇，参与发表SCI收录论文2篇，获得英国诺丁汉大学博士入学资格(全额奖学金)及美国麻省理工学院的录取邀请。经指导教师和学生申请，有7个项目获得院级“科教融合”立项。

教学质量评价　制定和完善“学院教学质量评价实施办法”。教师教学质量评价过程体现“以学生为中心，以结果为导向”的人才培养理念。教师刘昆仑获河南省教学技能竞赛一等奖。

教学改革　制定“专业核心课程考核方法改革实施办法”，确定37门专业核心课程负责人。改变期末考试“一试定结果”的现状，课程根据自身特点和教学目标要求，实施多阶段、多形式、多类型的考核方式，引导学生重视学习过程，强调过程考核的重要性。

实验室建设　完成国家级示范教学中心“食品科学实验室教学示范中心”年度评估;筹建申报2018年国家级虚拟仿真实验室;申报河南省高校基础条件建设项目1项;完成河南省粮油食品安全检测与控制重点实验室中期考核;组织撰写2018—2020年实验室建设规划。推进实验室安全建设,开展不同层面的实验室安全检查,完善实验危化品硬件建设(库房规范化)和软件建设(管理规范化)。

【科研工作】　学院以承担国家和省部级重大科研项目的研发任务为基本立足点,取得一系列具有科学意义和实际应用价值的研究成果。

获批各级各类科研项目91项。纵向项目58项,其中国家级项目12项(国家自然基金8项,国家科技部项目4项);省部级项目25项;地厅级项目21项。横向项目33项。新增科研到账经费1966.65万元。授权发明专利16项。发表学术论文405篇,其中被三大索引(SCI、EI、ISTP)收录论文91篇,发表在核心期刊上论文256篇。主编、参编著作(教材)9部。

安红周、周显青、王殿轩、郭兴凤等教授作为国家十三五重点研发计划项目子课题负责人主持课题,合同经费326万元。卞科当选为国家小麦产业技术加工室主任,王殿轩新增为国家花生干燥技术岗位科学家,汪学德续聘国家芝麻加工岗位科学家。卞科、王殿轩负责的2个创新领军团队入选郑州市第二批“智汇郑州·1125聚才计划”。刘玉兰获中国粮油学会科技进步一等奖,陆启玉获2017年度中国食品科学技术学会科技创新奖——突出贡献奖。

科研平台　河南省谷物资源转化与利用重点实验室通过省科技厅验收。“粮油食品安全检测与控制”河南省重点实验室获批建设。河南省省级平台“粮食产后减损河南省工程技术研究中心”批准立项。完成粮食储运国家工程实验室(小麦)的验收筹备工作。

粮食储藏与安全教育部工程研究中心面向全校开放,支撑了包括国家重点基础研究发展计划(973计划)、粮食行业公益性科研专项、国家自然科学基金等项目的研究工作。

参与共建的首批国家“2011计划”河南粮食作物协同创新中心通过了河南省教育厅、科技厅、财政厅等部门组成的考核专家组联合验收考察,2017年落实国家协同创新中心经费300万元。编制了河南省协同创新中心2017—2020年发展规划。年初召开粮食储藏安全河南省协同创新中心学术委员会会议,落实河南省协同创新经费200万元。王殿轩作为江苏省现代粮食流通与安全协同创新中心PI(首席科学家),参与江苏省现代粮食流通与安全协同创新中心的协同创新工作,推动和促进学校牵头的粮食储藏安全河南省协同创新中心的建设工作。

由粮食加工工程中心主导,学校与河南中大恒源生物科技股份有限公司联合组建的“河南省天然色素制备重点实验室”获得河南省科技厅批准立项,实现漯河市省级重点实验室零的突破。与马来西亚棕榈油研究署机构开展研发合作项目;与河南荣成机械有限公司合作研发具有自主知识产权柔性剥皮胚装置;与北京粮食科学研究院开展功能性油脂中试研发项目。

行业服务　完成援外培训粮食主题班3期,以学员满意度90分以上的高分结业。发展中国家粮油食品加工技术厂长经理培训班,参加人数44人。组织和参与粮食行业人才培训,与企业合作举办“高级制粉技术培训班”“重庆市仓储技术骨干人员培训班”、赴濮阳举办“2017豫粮集团仓库主任培训班”。完成赣州市粮食安全专题培训班、安徽省粮食系统干部培训班、宁夏回族自治区粮食局领导干部能力提升培训班等国家粮食局专项扶贫培训计划和省区粮食局委托项目。

由学校主办的“2017小麦制粉新技术暨产业发展高峰论坛”在郑州举行,卞科校长到会致辞,学院王晓曦、赵仁勇、温纪平、林江涛等教授做了专题报告。学校参与承办的“第二届中国粮食加工产业年会暨粮食加工战略发展高峰论坛”在驻马店召开,学院多名教授做了专题报告。

学院主持的“工业化中试超临界萃取小麦胚芽及脱脂麦胚的应用研究”“利用分子蒸馏工艺制备棕榈油甘油二酯的关键技术研究”“基于精益控制的制粉中试平台信息管理系统设计研究”“芝麻油适度加工及品质提升关键技术研发应用”“醇洗与改性芝麻浓缩蛋白

生产技术研发”等科研成果通过中国粮油学会组织的成果评价。

全国粮油标准化技术委员会粮食储藏及流通分技术委员会于2016年3月29日批复设立。2017年共征集标准制修订项目意向49项,标准制修订计划21项;28项制修订标准已完成网上公开征求意见、专家审定等程序,其中25项标准通过专家审定,已上报全国粮标委审批,公开发布标准24项。复审国家标准72项,行业标准78项,目前发布标准7项。

【学生工作】 用社会主义核心价值观引领学生,倡导学生爱国、敬业、诚信、友善。以学生党建为龙头,加强思想政治教育,全面落实“青年马克思主义者”工程。设立学生党支部21个,其中本科生8个支部,研究生13个支部。39位优秀教师担任本科生4个年级的班主任,并筛选出一批优秀学生担任辅导员助理,对学生实行有效管理。设立了5个企业奖学金,对学生进行学业奖励。学生安全稳定工作实施4级安全管理模式,定期按照4个层次、从6个方面进行大检查,确保学生人身财产的安全。建立“领导主抓、学院主导、部门落实、全员参与”的就业工作体制,2017届毕业生一次就业率99.84%(含研究生),考研率24.47%。

【党建与思想政治工作】 学院党委组织党员师生观看十九大开幕式,邀请赵豫林常务副校长为师生解读十九大报告。开展“两学一做”专题教育,坚持领导班子的议事和决策机制,坚持“三重一大”和院务公开制度,加强涉及教师利益工作的透明度,如职称评定、年终分配、年度考核等。学院党委2017年被授予“河南省高校先进基层党组织”。

组织召开学院专题教职工代表大会,对《粮油食品学院综合工作量计算办法》等8个文件进行专题讨论。组织教职工参加“喜迎十九大,健步赢未来”环校健步走活动、校运动会、“机电杯”暨第三届教职工羽毛球赛、“工大美声”教职工朗诵比赛。改善了“教职工小家”条件。

机电工程学院

【概况】 学院现有教职工107名,其中专任教师94人,省级特聘教授1人,具有高级职称教师占专任教师的比例为63.8%,具有博士学位的教师45人,占专任教师的比例为47.9%。学院设有机械设计制造及其自动化等5个本科专业,其中,机械设计制造及其自动化和过程装备与控制工程2个专业为河南省特色专业,机械设计制造及其自动化专业通过教育部工程认证中心认证,过程装备与控制工程专业工程认证申请报告获得受理。

【学科建设】 学院机械工程学科为河南省一级重点学科,现有5名博士生导师,36名硕士生导师,2017年度招收1名博士研究生、35名全日制硕士研究生。2017年获批河南省碳纤维复合材料国际联合实验室,现有河南省汽车复合材料河南省工程实验室、河南省绿色粮油食品装备实验室和郑州市粮油食品装备重点实验室等多个学科建设平台,并与上海达凡西机电设备有限公司和中粮工程装备有限公司等企业建立了研究生创新实践培养基地,与郴州粮机集团等企业建立了产学研合作关系。

【教学工作】 2017年度,学院共招本科生623人,共承担本学院2625名本科生和其他10个学院本专科共282门次课程教学,人均教学工作量491学时,同时担任博士、硕士研究生的教学管理工作。学院进一步强化院级质量监控保障体系,召开各种形式的教学座谈、研讨会10多次。学院教学秩序和教学工作执行情况良好,全年无教学事故。

“机械工程虚拟仿真实验教学中心”被评为河南省虚拟仿真实验教学中心,“材料成型工艺”课程被确定为河南省精品在线开放课程;《基于“互联网+”的机械基础类课程多元化教学模式改革与实践》和《机械工程虚拟仿真实验教学体系研究与实践》等3个项目获河南省教研项目立项;《镁空气电池高放电性电极研究开发》等6个项目获河南省大学生创新创业训练项目立项;《智能双层无避让立体车库防坠落装置优化设计》等6个项目获学校科教融合项目立项。

学院十分重视青年教师教学水平的提高,组织教师参加各类大奖赛,巴文兰老师获河南省教学技能竞赛一等奖,蔡刚毅老师获学校教学大奖赛一等奖,2名教师获二等奖、5名教师获三等奖。蔡刚毅老师获校“师德标兵”称号。

【科研工作】　学院科研工作取得较大突破。科研经费643万元,获得纵向、横向科研项目近40项。其中,国家级项目6项,省部级项目立项10项,地厅级项目9项,制定行业标准1项,校基金项目3项。获中国粮油学会科学技术一等奖1项,河南省科技进步奖3项(二等奖1项,三等奖2项),地厅级科研奖励4项。发表学术论文96篇,其中SCI收录论文8篇,EI期刊收录论文7篇;发明专利申请14项,获发明专利授权13项。

【学生工作】　学院继续紧紧围绕"抓基础、重实效、创品牌"的工作要求,实现了学院学生党建工作上台阶,安全稳定"零"事故,就业率与就业质量、考研率与考研质量稳步提升。2017届毕业生考取研究生150人,再次实现历史性的突破,首届推免生分别被湖南大学、大连理工大学等高校录取。获学校就业工作先进单位。

进一步规范学生工作机制,认真落实辅导员队伍"六个一工程"建设,坚持创新学生管理,全面实施"导师制",充分发挥党员先锋岗的作用。学院团委被评为河南省五四红旗团委,"机电先锋——党员在你身边"被评为河南省思想政治教育工作品牌,"党员志愿服务先锋岗"被评为河南省教育系统学雷锋活动先进集体。

学院学生科技创新获佳绩。2017年取得国家级竞赛奖项17项,省部级各类竞赛奖项19项。在第九届全国大学生数学竞赛中,5人获一等奖,3人获二等奖,4人获三等奖;全国"卓然杯"过程装备创新大赛中获特等奖1项;全国"高教杯"成图大赛中获一等奖1项、二等奖5项;全国"徕卡杯"金相技能大赛中获一等奖1项。在河南省数学建模大赛中获一等奖2项,二等奖2项。"创客之家"建设全面升级,培育项目5项,注册公司3家,拥有专利4项。

【党建与思想政治工作】　学院充分发挥党委的政治核心和保证监督作用,全面推进基层党的建设。学院党委被学校授予"先进基层党组织"称号。

全面推进基层党组织建设。学院党委按照"以评促建、以评促改、评建结合、重在建设"的原则,对照评估标准和评估细则,组织党委委员和党支部委员逐项进行检查,并认真找差距、抓整改。通过评建工作,学院两级党组织职责更加明晰、活动场所更加完善、党员管理更加规范、作用更加彰显,得到省高工委专家组专家的肯定和好评。举办入党积极分子培训班2期,培训学员268人,严格党员发展程序,发展党员94人。

积极推进精神文明创建工作。通过"道德讲堂",用身边事教育身边人。同时加强新闻宣传报道工作,建设教工和学生新闻宣传工作队伍,加强"两微一云"平台建设,机电先锋党建云平台网站加入全国党建云平台计划;建设"机电先锋新媒体工作室",在学院网站发布各类新闻70余篇,在学校网站主页发布新闻9篇,受到河南电视台新闻频道等主流媒体报道38次。

抓实推进"两学一做"教育活动。学院党委通过集中辅导、个人自学、党支部学习交流等形式,抓实推进党史、党章、习总书记系列讲话和十九大精神的学习,始终坚持正面教育为主、学用结合、问题导向、领导带头和从实际出发的原则,通过学习,强化了党员意识和党性修养,发挥了战斗堡垒和先锋模范作用,确保了工程专业认证申报、博士点申报、专业评估等重点、难点工作任务的顺利完成。院党委认真贯彻执行学校党风廉政建设责任制的部署和要求,严格落实"以案促改"工作,切实加强作风建设,领导班子团结协作,履职尽责,2017年获河南省高校廉洁教育优秀案例奖。

学院始终坚持以人为本的原则,强化"教工小家"建设,积极组织教职工开展丰富多彩的文体活动,在校第十一届田径运动会上,获教工组第3名,在校第三届"机电杯"教工羽毛球比赛中,获第三名。在校工会"2017年调查研究和理论研究工作"中,分获一、二、三等奖。组织召开"机电工程学院2017年教职工专题代表大会",审议并通过《机电工程学院职称评审补充办法》等5个学院管理办法,充分发挥了工会组织参政维权作用。

土木建筑学院

【概况】　学院现有党政办公室、教学办公室、团委和学生工作办公室,有土木工程、建筑学、工程管理、建筑环境与能源应用工程、交通工程5个系,以及土木工程实验教学中心、力学教研中心2个中心和河南工大设计研究院、河南工大粮食工程有限公司2个实体公司。学院现有教职工135人,其中教授15名,副教授(高级工程师)43名,享受国务院特殊津贴专家3名,博导9名,具有博士学位教师53名。本年度新引进人才14人(含11名博士,3名硕士);学院汇聚了一批在国内外颇有影响的专家、学者和教授,形成了一支学历层次高、结构合理、富有创新和奉献精神的师资团队。学院学生共有本科生2467人、研究生133人。

【学科建设】 学院引进博士11人,晋升副教授1人,力学学科参与申报河南省第九批一级重点学科,现处于评审阶段。推进“服务国家特殊需求博士人才培养项目”的实施,确保一级博士点建设成效显著,落实“三元制”培养模式,完成博士研究生培养任务及博士人才培养项目通过验收,土木工程学科开始筹备一级博士点申报工作。实施“特色学科群建设计划”,进行河南省优势特色学科建设工程一期——“粮食产后安全及加工”特色学科群的中期验收工作。

学院现有土木工程、建筑学和力学3个一级硕士点,建筑与土木工程专业硕士学位点1个。2017年度有研究生133名,其中2017级硕士研究生56人(第一志愿报考率为420%),博士研究生3人。共有10名教师(包括院外导师)具有指导博士研究生的资格,42人具有指导硕士研究生的资格。

学院与韩国首尔市立大学的合作进一步深入。派出代表团到韩国首尔市立大学访问交流并洽谈合作办学事宜。学院代表随校领导赴印度尼西亚建国大学、泰国班颂德皇家大学洽谈校际合作。泰国曼谷皇家理工大学校长 Sathit Puttachaiyong 等一行5人和马来西亚教育部官员 Azhibeko 等一行4人来学院访问交流。派出11名教师到加拿大渥太华大学、德国德累斯顿工业大学、澳大利亚国立大学进行学术访问,1名教师赴新西兰参加第9届亚太风工程国际会议。有16名学生赴海外高校留学深造,接收了26名留学生到学院学习。学院与中建七局交通公司共同举办国际工程管理培训班,为中建七局交通公司涉外工程项目培训技术人员。秦庆华、韩阳获得学校特聘教授考核合格。

【教学工作】 完成2017版人才培养方案的修订,持续做好土木工程、建筑学两个专业的建设工作。建筑学专业通过住建部评估委员会的中期检查,土木工程专业开展了新一轮的评估(认证)工作,现已收到住建部评估委员会的受理,工程管理优培专业通过中期检查,后期工作稳步推进;与上海二建集团、建华建材集团签订战略合作协议,推进产学研建设。

2017级共招收6个专业,新生597人,最低录取分数超省控一本线17分,生源质量全面提升。

【科研工作】 学院共获得省部级以上项目资助8项,其中国家自然科学基金项目5项,省部级项目3项。纵向项目立项经费215万元,纵向项目到账经费946.14万元;横向项目8项,签订合同总经费192.09万元,横向项目到账经费220.98万元;获得省部级三等奖1项,地厅级奖励2项;获得专利30项,其中发明专利5项,新型实用专利25项;发表论文92篇,其中SCI收录6篇,EI收录7篇,SSCI收录1篇,CSSCI收录1篇。主编国家标准1项,行业标准2项,参编行业标准5项,完成发布出版(主编)行业标准2项;获实用新型专利1项;获得河南土木工程学会、河南工程咨询协会各类奖励7项。

河南工大设计研究院完成设计、咨询类项目签约合同65项,合同额约5585万元,主要项目有:泉州心粮库项目、利达粮油基地筒仓设计项目、中储粮东莞大豆压榨项目、瑞安中心粮库项目、博罗县粮食储备库设计项目、南沙项目三期项目等。工程总承包类项目15项,合同额约550万元,主要项目有:顺德老库智能化、云南军粮项目总包管理总承包工程等。

【学生工作】 科技创新 学院获得第十五届“挑战杯”课外学术作品竞赛全国二等奖1项,河南省特等奖1项、二等奖1项、三等奖2项;获得第十届全国高校BIM算量大赛团体全能三等奖2项,优胜奖2项;获第八届全国中高等院校“斯维尔杯”BIM应用技能大赛全能三等奖和工程管理专项一等奖、工程造价专项二等奖;在其他各类竞赛中获全国奖34项、河南省奖14项。

社会实践 学院组织91支社会实践小分队奔赴全国各地开展

活动,撰写社会实践调研报告50余篇,发表专业学术论文3篇,与13个地方签署了实践基地协议,与3处社会基地举行授牌仪式,团队活动情况、风采受到凤凰网、新浪河南、人民网、央广网等多家媒体的关注和报道累计百余次,被郑好豫见、人民网、三下乡等多家微博、微信平台转载。获得校社会实践优秀项目评选一等奖1项,二等奖2项,三等奖4项,优秀奖1项。学校第九届职业生涯设计大赛决赛一等奖1项、二等奖1项、三等奖2项。组织各类课外文化活动近百项,获全国一等奖1项、省级一等奖1项、校级一等奖1项、校级二等奖6项、校级三等奖6项、校级优秀奖2项。在学校第十一届田径运动会上获得运动成绩第二名和体育道德风尚奖。

就业质量　2017届毕业生就业率为95.8%,其中博士研究生为100%、硕士研究生95%。考取研究生154人,其中国外研究生10人。签约世界500强165人,中国500强76人,占毕业生总人数28%。专业对口率达95%以上,学生对就业的满意程度较高。

【党建与思想政治工作】　学院党委下设8个教工党支部和11个学生党支部。其中教工党员78人,学生党员270人。

学院党委坚持以党建工作为龙头,落实"保方向、凝人心、促发展"的党建工作总要求,制订基层党建工作规划和年度计划,确保"两学一做"学习教育活动常态化、制度化。把学习宣传贯彻党的十九大精神作为当前及今后一个时期的重点工作,组织观看影像,开展理论宣讲,聆听辅导报告。成立"新型党建研究会""一带一路"研究会。学院精心制作了"永远跟党走,贺96红色华诞"庆祝建党96周年专刊,毕业生党员拍摄"说声祝福给党听"专题视频,学院微博还发起"说声祝福给党听,携手共筑中国梦"话题讨论。

学院党委通过官方网站、微信、QQ群及"土建云"等新媒体平台,传播工大正能量。落实"党政共同负责、行政权与学术权分离、民主管理"为基本内容的学院党政联席会制度,落实"三会一课"、民主评议、党员党性定期分析等党内制度,组织开展"喜迎十九大·党建知识竞赛"等线上线下活动22次,"一带一路"精神研究会在团中央主办的"一带一路"专项行动中被评为得优秀团队。"土建云"党建平台获得省高校基层党建创新项目立项,"有巢新媒"获得校思想政治优秀品牌。学院党委获"全省高等学校先进基层党组织"称号,周志强获"河南省省管高校优秀党务工作者"称号。

学院工会走访慰问职工及家属20余人次。组织教工党员前往渑池刘少奇故居、三门峡大坝参观学习,参与党建合作单位高新区枫杨办事处的"信党爱党颂党"主题晚会,在学校教工排球和羽毛球比赛中,获得第八名和优秀组织奖;在校工会组织的"工大美声"诗歌朗诵歌咏比赛中,张文硕、丁永刚分获一等奖和三等奖。

信息科学与工程学院

【概况】　学院下设党政办公室、教学办公室、学生工作办公室、团委,设有计算机科学、计算机工程、信息与通信工程、电子工程与控制、空间地理信息、物联网工程6个系,设有计算中心和实验中心。现有教职工155人,其中正高级职称16人、副高级职称50人,具有博士学位75人、硕士学位75人。有计算机科学与技术、电子信息工程、通信工程、软件工程、空间信息与数字技术和物联网工程6个本科专业,其中计算机科学与技术为国家级特色专业,物联网工程专业与台湾中原大学合作办学。

【学科建设】　完成控制科学与工程博士学位授权点申报工作,新增信息与通信工程硕士一级学位授权点。信息与通信工程申报河南省第九批重点学科,计算机科学与技术、信息与通信工程、地图制图学与地理信息工程通过河南省第八批重点学科的验收,信息与通信工程学科考核为优秀。作为支撑学院,参与河南省特色优势学科群建设,完成粮食产后安全及加工河南省特色学科群的中期验收。新增河南省粮食大数据分析与应用工程研究中心。投入新增学科急需仪器设备资金150余万元,引进国内外博士7人,赴国外访学2人。

【教学工作】　计算机科学与技术专业通过工程教育专业认证,电子信息工程专业通过专业认证现场考查,软件工程专业认证申请已被受理。

本科招生756人，录取硕士研究生35人、博士研究生2人。2017届本科毕业生544人，博士毕业生2人，硕士毕业生27名（其中学术型硕士14名，专业型硕士13名）。本年度在校博士研究生4人，硕士研究生86人，本科生3084人。

获批2项省级高等教育教学研究项目。在学校教学大奖赛中，1名教师获得一等奖。在河南省组织的教学技能竞赛中1人获得一等奖和河南省教学标兵称号，1名教师获河南省教学名师称号。

学院与印第安纳和普渡大学印第安纳波利斯校区以及台湾中原大学建立了稳定的实质性在校生交流项目。开办本科生留学生班，来自蒙古、巴基斯坦和孟加拉的6名留学生，正式进入计算机科学与技术硕士专业学习，提供全英授课，2016级有1名硕士留学生已顺利开题。

【科研工作】 本年度国家级项目立项8项，其中国家自然科学基金5项，十三五重大科技专项课题1项，子课题2项；省部级项目13项。签订横向科研合同9项，纵横向科研项目到账经费820余万元。

本年度发表学术论文130余篇，其中三大检索收录论文39篇。获省级科技成果奖2项，中国粮油学会科技成果奖1项，地厅级科技成果奖9项。申报国家发明专利39项，实用新型专利10项，授权国家发明专利13项，实用新型专利14项。

修订完善学院科研工作量计算办法，突出高层次成果产出导向。加强学术会议交流，邀请国内外专家学者交流、指导10余次，资助学术骨干参加国际、国内学术交流30余人次。

【学生工作】 成立“习近平新时代中国特色社会主义思想学研社”，被评为2017年度学校学生工作十件大事。“IT先锋班”获批学校和河南省品牌项目。暑期“浙水小分队”《砥砺前行的大陈人》入选全国大学生社会实践“千校千项”行知录。全年共发展党员89人，党校培训学员320人，团校培训学员300人次，团建项目获学校资助7项。创办《信越团》微信公众号、《信仰》微党课平台、《信鸽》微文化专刊，学生工作上主页新闻9条，国家级和省级媒体近百条。

邀请中科院院士为学生普及学术思维，出资为143名毕业生办考研冲刺培训。承办河南省第十届程序设计大赛。职业发展教育社会实践环节获国家级奖励1项，校级一等奖1项、二等奖2项、三等奖3项。学生创新活动获得国家级奖项15项、省级以上63项；论文17篇、专利18项；创业项目新增8项，新注册6项。

就业率98.63%，研究生就业率100%。考研率13.87%，同比上涨0.8个百分点。学生学费缴费率100%。学生国家助学贷款累计违约率0.099%。师生献爱心捐款20万元助重病学生省外就医。

【研究生工作】 2017年获批研究生高教研究项目一项，优秀论文培育项目完成1项，获批3项，在建高质量课程建设项目2项。3名学生获学校“优秀博士/硕士学位论文培育”项目。2017届硕士毕业生27名，3名学生获学校优秀硕士学位论文。

邀请清华大学、西安电子科技大学、华中理工大学、中科院电子所等专家评审指导，完成2013级博士研究生1人、2014级博士研究生2人的学位论文预答辩与答辩，3名博士研究生均顺利毕业，2016级博士研究生已制定开题计划。

研究生共发表高层次科研成果48项，其中SCI收录2篇，EI收录9篇，ISTP收录1篇，中文核心期刊收录19篇。获“华为杯”第十一届中国研究生电子设计竞赛华中分赛区团队三等奖1项。获“SuperMap杯”高效GIS大赛三维应用组一等奖1项。获学校第十届硕士研究生英语演讲比赛三等奖2项。获学校第六届“迎新杯”研究生羽毛球联赛女单冠军和女双冠军。

【党建与思想政治工作】 完成基层党组织建设评估工作，开展自评自建和整改。党课培训320人。依托省级党建创新项目“IT先锋班”进行了11项公益实践与红色教育党日活动。

学院党委组织师生党员和积极分子开展了“学习十九大、紧跟新时代”系列学习、宣讲、实践活动。“习近平新时代中国特色社会主义思想”学研社聘请马克思主义学院丁建波博士为理论指导教师，开展全文手抄党的十九大报告硬笔书法大赛活动。组织党员和教师赴郑州市廉政文化教育基地“廉苑”参观学习。

1名教师被授予“河南省教育

系统学雷锋活动先进个人”称号，承办“因爱奉献，为梦坚持”道德讲堂。

开展“信连心、一家亲”民族团结系列活动，团结引领来自壮族、蒙古族、维吾尔族、布依族、满族等11个少数民族的48位同学坚定信念跟党走；在“民族团结宣传教育月”活动中获得二等奖。

第四年举办教工集体生日会，承办工会讲堂，邀请郑州市教育局特级教师许睿做了一场关于儿童心理、家庭教育的互动式讲座，题为“探讨生存生命的主旋律”。在2017年全省教育系统教学技能竞赛活动中获一等奖1项，组织学院教工拔河比赛。

化学化工与环境学院

【概况】 依据2016年12月30日校党发〔2016〕68号文件，化学化工学院更名为化学化工与环境学院。

学院教职工112人，其中管理人员13人，省级特聘教授2人，教授19人，副教授42人，高级实验师4人，高级工程师2人，具有博士学位的教师69人，博士生导师5人，硕士生导师42人。学院是河南省化学会应用化学专业委员会和河南省化工学会生物化工专业委员会的挂靠单位。学院可使用实验室总面积逾12000 m^2，仪器设备2550余台，固定资产总值3000余万元。重点建设河南省生物质资源化工重点学科开放实验室、河南省天然药物化学院士工作站、河南省复合污染治理研究院士工作站、生物资源化工河南省高校（教育部）重点实验室培育基地、河南省高校实验教学示范中心、郑州市绿色合成化学工程技术重点实验室、郑州市新能源材料实验室（与意大利都灵大学合建）等高层次人才培养和科学研究平台。

【学科建设】 学科涵盖理学和工学两大门类。拥有化学、化学工程与技术2个一级硕士学位授权点和环境工程二级硕士学位授权点，申报“环境科学与工程”一级硕士学位授权点已通过河南省学位委员会初评。环境工程和化学工程两个工程硕士领域可招收专业学位研究生。化学工程与技术和环境科学与工程为河南省一级重点学科，入选河南省粮食产后加工优势特色学科群。化学和环境科学与工程两个学科获批第九批河南省重点学科。

【教学工作】 学院有应用化学、化学工程与工艺、环境工程和化学4个本科专业。在校本科生1789名，研究生93名。承担31个本、专科专业的无机化学、分析化学、物理化学、有机化学、仪器分析、化工原理等课程共506门次。

应用化学优培专业通过学校验收，并获得优秀；“物理化学”优培课程通过学校验收；学院获得3项校级科教融合项目立项；1门校级在线开放课程（有机化学）、1门精品通识平台公共选修课程（化工与生活）通过结项验收。申报1项学校创新示范学院建设项目。环境工程专业和化学工程与工艺专业认证申请被中国工程教育专业认证协会受理。环境工程专业是河南省高校首次受理专业。学院完成4个专业2017版人才培养方案的修订，补充和完善了170门课程的教学大纲。

河南省教育教学研究改革与实践项目立项1项；校级科研重点资助项目结项1项；化学实验中心获得校级优秀教学组织建设项目立项；列入2017年度校级规划教材2本（无机及分析化学实验、化工导论）。实践教学基地增加一个，成功举办第三届魅力化学知识竞赛。

招生515人，考研率34%；化学专业考研录取率达到51%，环境工程专业26%，4名学生获得硕研推免。

【科研工作】 纵向科研合同经费610.5万元，横向科研合同经费171.68万元，到账经费484.48万元。获批国家自然科学基金项目10项，其中面上项目3项，青年基金4项，联合基金3项；获批省级项目21项。获得河南省科技进步奖二等奖1项、三等奖1项。

发表学术论文119余篇，SCI收录论文61篇，其中一区论文达27篇。据Thomson Reuters数据，近年来7篇论文为ESI高被引论文，谢文磊教授连续3年入选Elsevier中国年度高被引论文学者榜单。

学院有30多人次参加国际性和全国性学术会议，包括：6th Annual International Congress of Medichem(ICM-2016)，14th Annual Congress of International Drug Discovery Science & Technology - 2016(IDDST-2016)．第二届中国（国际）能源材料化学研讨会，第32

届全国化学与物理电源学术年会等。

邀请瑞典皇家科学院青年院士、博士生导师王二刚副教授、清华大学王训教授、国家纳米中心唐智勇研究员、中国科学院过程研究所王丹研究员等多位长江学者、国家杰青、青年千人及洪堡学者来学校讲学。

【实验室工作】 制定和完善药品购买审批制度、药品出入库制度，废液处理制度等。

2017 年度中央财政支持地方高校发展专项资金化工与环境实验中心建设项目 400 万元获批。完成化工模拟实验室采购的合成氨 3D 虚拟仿真系统，甲醇 3D 虚拟仿真系统，化学实验室安全 3D 系统，大型仪器虚拟仿真软件，城市给水处理工艺仿真系统，城市污水处理工艺仿真系统安装。

【学生工作】 学院坚持夯实党团基层组织建设，继承传统、发挥作用，用学生党支部、团委与团支部的互联、互通、互助、互学推动工作水平提升；坚持培育先进典型，推进队伍建设，通过党校、团校，讲好励志故事，发挥阵地作用；坚持围绕考研这个重点狠抓学风，用好研究生推免和水滴计划两个办法，搭建专业竞赛、创新创业和师生交流 3 个平台，推进校风、院风建设。

【党建与思想政治工作】 学院现有教工支部 4 个，学生支部 6 个，共有党员 170 人。其中在职教师党员 58 名，学生党员 112 名。学院认真做好党的十九大精神的宣传、动员和学习工作，扎实推进“两学一做”专题教育活动常态化、制度化，深入开展向当代楷模黄大年学习活动。学院认真贯彻执行党政联席会议议事规则，召开专题教职工代表大会，讨论通过《化学化工与环境学院教学质量评价办法》，依法保障教职工参与学院民主管理和民主监督，维护教职工的合法权益。积极组织参加学校的各类比赛。关注困难教职工，对生病住院、生小孩和家庭困难等教职工给予及时的关注和慰问，送去关爱和温暖。

生物工程学院

【概况】 学院下设党政办公室、教学办公室、团委、学生工作办公室，有生物工程、动物科学、生物技术 3 个系。有教职工 80 人，其中教授 15 人，副教授 24 人，博士生导师 4 人，硕士生导师 31 人。现任教师中，具有博士学位者 52 人，硕士学位 22 人。现有生物工程、动物科学、生物技术和制药工程 4 个本科专业（动物科学、生物技术为省级特色专业）。在校生 1607 人，其中硕士 88 人（其中专业硕士 24 人）。本科生 1519 人。

【学科建设】 学院有生物学和药学 2 个一级硕士学位授权点和发酵工程、动物营养与饲料科学 2 个二级硕士学位授权点，以及农业硕士专业学位植物保护和食品加工与安全 2 个授权点。

“畜牧学”和“药学”两个省一级重点学科获批立项建设。“粮食储藏生物学”研究方向融入学校“粮食产后加工与安全”河南省特色学科群进行建设。“生物学”学科融入“食品科学与工程”学科的博士授权点申报工作中。在建省级、地厅级学科平台 4 个，获得河南省产学研合作研究项目 1 项，接受企业委托开发项目 11 项。

承办第四届河南省生物物理学会暨学术年会。邀请国内外专家、教授做学术报告 7 场。参加国内大型学术会议 12 场，参会人数达 86 人次，提交会议论文及摘要 13 篇。

【教学工作】 全年完成 244 门次本科生课程教学任务；“食品微生物学”“基因变异与遗传工程”分别获得全国教育教学信息化大奖赛河南省教育厅高等教育组精品开放课程二、三等奖。“大学教学中研究性教学方法的探索及应用”获河南省教育科学规划领导小组办公室立项。动物学导论精品通识平台公共选修课，获学校立项。获校“科教融合”立项项目 4 项。

2017 年，新引进博士 5 名，2 位教师遴选为博士生导师；1 名教师获评“河南省学术技术带头人”；晋升教授 1 人，副教授 2 人；完成国外访学任务回校工作教师 1 人。获河南省教育系统 2017 年度教学技能竞赛二等奖 2 项；1 名教师获评校第六届“十佳师德标兵”；1 名教师获评全国粮食行业青年拔尖人才。

生物技术专业接受 2016 年河南省本科专业评估，在 20 个参评专业中综合排名第 5。生物工程、制药工程专业参加 2017 年度河南省本科专业评估。

获批本科实验室建设项目1项;中央与地方共建生物科学公共实验教学平台建设项目立项1项;加强实验室安全教育及考核,有毒有害试剂安全管理及废液集中收集处理,对嵩山路校区遗留化学试剂进行分类包装登记,推动实验室管理的智能化、数字化。

本年度招收本科420人。录取硕士研究生36名,其中专业硕士研究生14名。

【科研工作】 获得各级各类纵横向项目立项36项,其中,国家自然科学基金项目5项(面上项目2项,青年基金2项,联合基金1项)。河南省科技攻关项目2项,河南省自然科学基金项目4项,获批河南省创新型科技团队1个。河南省教育厅自然科学基金项目2项,校级人才支持计划项目2项,校级青年支持计划项目5项,校级交叉科学与协同创新培育计划项目1项。河南省重点实验室、小麦和玉米加工工程中心开放课题3项。到账经费631.6万元,其中纵向项目到账经费505.9万元,横向项目到账经费125.7万元。

发表学术论文73篇,其中SCI/EI收录论文26篇。申请发明专利24项,获授权发明专利3项;出版著作3部。获河南省科技进步二等奖1项;河南省教育厅科技进步一等奖1项,郑州市科技进步一等奖1项,二等奖1项;获中国粮油学会科学技术一等奖1项。

【学生工作】 秉承"创新、服务、发展"的理念,以改革创新为动力,学风建设为重点,人才培养为目标,探索学生工作的新途径、新方法。以十九大精神为引领,深入学习贯彻习近平总书记系列重要讲话精神,深化大学生理想信念教育。学院以考研为抓手,以创新竞赛为载体,大力推进学风建设。2017年72名本科毕业生考取硕士研究生,录取率28.51%;获第一届全国大学生生命科学竞赛一等奖1项,二等奖3项,优胜奖1项;获第二届全国大学生动物科学专业技能大赛二等奖1项;本科生参加导师科研项目,发表SCI收录论文2篇,中文核心3篇。国食生物科技有限公司分别获评国家、河南省大学生实践创新项目。获评学校十佳优良学风标兵1人、十佳自强标兵1人、十佳创业标兵1人,十佳优良学风班1个。植物卡设计大赛获得学校第一届大美学工十佳优秀品牌项目。

组建30多支社会实践团队,走访老红军,听取长征故事,感悟激情岁月;深入农村进行防旱、防涝、防污染的知识讲座;组建5个精准扶贫小分队,走访困难学生家庭,落实精准帮扶。

加强学生工作队伍的工作能力和责任意识培养,深入班级、宿舍了解学生情况,排查心理问题学生,做好心理健康教育工作;高度重视安全稳定问题,广泛开展安全教育工作,提高学生防患意识及排除隐患能力。

【党建与思想政治工作】 学院党委认真贯彻落实中央和上级党建工作精神,切实履行从严治党的责任,努力创建"三型""五好"党组织。党委班子认真落实全面从严治党的要求,将党建工作作为学院发展的首要任务,与学院事业发展同部署、同推进、同检查、同落实。深入开展"两学一做"学习教育,多种渠道、形式开展理论和业务学习交流。

切实加强党委班子建设,强化科学民主管理,推进党务院务公开,自觉接受师生的监督,增强教师主人翁精神,参与民主管理。持续加强党支部建设,抓好党员发展和管理,举办两期入党积极分子培训班,培训学员189人,发展党员41人,转正44人。严格组织生活,积极开展"创新争优"活动。落实党建工作责任制,健全完善工作制度体系,推进三级服务体系建设,深挖新活力,有力推进学院事业的发展。

推进教职工参与学院民主管理和民主监督;召开专题教代会,讨论学院发展的思路,通过教师教学质量评价实施办法。关心教职工身体健康和切身利益,组织和开展各类文体活动,丰富教职工的生活,创新工作体制机制。

材料科学与工程学院

【概况】 学院现有教职工72人,其中教授17人,副教授、高级工程师、高级实验师28人,博士42人,博士生导师2人,硕士生导师24人;本年度新引进博士5名。学院有材料科学与工程、高分子材料与工程和无机非金属材料工程3个本科专业。

【学科建设】 材料科学与工程学科重点做好师资队伍、科学研究、平台建设和社会服务工作，尤其是在平台建设和社会服务工作方面取得显著进步和阶段性重大突破。平台建设经费显著增加，实验室条件明显改善，产学研合作日益紧密，相关研究成果达到国际领先水平。学院以现有重点学科和硕士学位授权点为基础，通过凝练特色研究方向，整合学科科研团队，积极申报第九批河南省一级重点学科和博士学位授权点。撰写完成了2017年度材料科学与工程一级学位点的自评报告。

【教学工作】 教学技能 加强青年教师培养，提高教师育人能力。参加学校第七届教学大奖赛的6名教师全部获奖，其中一等奖1名，并有一名教师参加河南省高校教学技能大赛获一等奖。

专业建设 材料科学与工程专业和高分子材料与工程专业两个专业本年度通过认证申请，通过了专家组的现场考察。

教育教学改革 学院进一步完善了课程考核方式的改革方案，将课程考核方式的改革范围扩大到学院所有课程。高分子材料与工程专业申报并获批河南省专业综合改革试点；《无机材料物理化学》《高分子材料专业英语》双语课程校级优培课程通过验收。

学生能力培养 学院主办第二届“钻石杯”材料学科专业技能大赛，磨料磨具专业方向的学生到广东创汇进行顶岗实习，新签订校外实习基地3个。

研究生教育 获批河南省研究生教育实践创新培养基地；研究生发表论文34篇，其中4篇SCI、EI收录，10篇核心论文，受理10项国家发明专利；1人获得研究生国家奖学金。获2016年河南省优秀硕士论文1篇；8人考取博士研究生。本年度录取研究生10人。

【科研工作】 学院获得纵横向项目30余项，总研究经费570余万元；申请国家发明专利54项，授权发明专利7项；发表SCI/EI收录的论文25篇，其中SCI收录论文23篇(一区论文8篇)；国家自然科学基金项目结项2项；出版学术著作7项；承办2017年第四届中国郑州国际磨料磨具磨削展览会及相关学术研讨会，邀请包括3位国家千人计划获得者在内的众多知名专家学者来校交流合作；申报获批科技厅2017河南省国际联合实验室项目——河南省碳纤维复合材料国际联合实验室；栗正新教授与郑州机械研究所合作的项目获得河南省科技进步一等奖；赵志伟博士获第十三届河南省青年科技奖。

【学生工作】 学院深入开展党员“两学一做”、团员“一学一做”等系列活动，举办党员先锋论坛6期；以“喜迎十九大、学习十九大”为主题，开展各类主题党团日活动；邀请优秀学生党员上党课，购置党建书籍，完善“求是书院”建设，不断拓宽教育平台，选优培训学生助理30人。

2017年认定296名困难学生，为2人减免学费，提供勤工助学160余人次；发放各类奖助学金10项，总计奖励722人次；申请国家助学贷款190人次，毕业生离校前还款率95.37%；当年度贷款违约率0；完成学费催缴工作，实现零欠费。

学院坚持心理辅导值班制，年度辅导70余人次；开展心理委员培训4次，结课300余人次；举办心理趣味运动会等心理健康教育活动近20余次，以体验式、互动式的参与方式培养学生正确的生命价值观。学院注重营造浓厚育人氛围。连续三年获校运会学生组总分第四名和体育道德风尚奖；承办校“第二届工大喜剧人相声小品大赛”等一系列文体活动。

在各类竞赛活动中，学院先后获各级奖励20多项，获2017年“挑战杯”全国二等奖1项、“互联网+”创新创业大赛省一等奖1项、全国第九届SAMPE超轻复合材料设计与制作竞赛中视频类获一等奖；美国大学生数学建模竞赛中，获国际二等奖2项、三等奖2项、第十届“认证杯”数学建模网络挑战赛获省三等奖1项，大学生数学建模大赛中，获得省三等奖2项。学生参与导师课题研究19项，在国内核心期刊发表学术论文3篇，CN期刊3篇。

【党建与思想政治工作】 学院下设5个教工党支部，将5个学生党支部调整为9个，组织结构更加合理。有教工党员52名，学生党员85名。

党建工作 学院组织师生党员开展重走长征路等实践活动，与新乡裴寨新村等党员教育示范基地签订共建协议，共建党员教育基地。2017年“寻路领航创佳绩，红色育人结硕果”获得河南省实践育人工作优秀案例三等奖。规范党费收缴工作；组织师生党员开展党的十九大精神学习、“两学一做”专题学习教育活动。

学院工会　完善教工小家建设,进一步加强硬件和软件建设。羽毛球协会、歌唱协会等协会定期开展丰富多彩的文体活动,取得了多项荣誉,侯永改老师获河南省“百名职工技术英杰”荣誉称号。学院领导关心职工生活,凡教工有喜,忧、病等,院领导坚持带领有关人员前往看望慰问。

电气工程学院

【概况】 学院设有控制工程系、电气工程系、测控技术与仪器系、电工电子教学中心4个教学部门和电工电子、自动化与电气工程2个实验中心。有教职工85人,其中教授10人,副教授40人。拥有控制科学与工程一级学科硕士学位点,为河南省重点学科,有自动化、电气工程及其自动化、测控技术与仪器、轨道交通信号与控制4个本科专业。在校研究生42人、本科生2167人。

【学科建设】 2017年重点围绕学校博士点和博士授权单位申报工作、以“控制科学与工程”省一级重点学科、“测控技术与智能仪器仪表省工程实验室”的继续建设为抓手,完成博士学位授权单位申报中的“控制科学与工程”“机械工程”2个学科方向的支撑材料准备工作;完成第八批河南省一级重点学科建设任务,以“优秀”档次通过河南省第八批重点学科验收;完成第九批河南省一级重点学科“控制科学与工程”的申报工作。

学院是河南省仪器仪表学会理事单位及支撑单位,负责学会重大活动的组织实施和日常事务管理。学会承担中国科协创新驱动示范项目立项,河南省科协创新驱动示范项目和河南省质量提升工程立项,被河南省科协评为创新驱动示范学会,由中国仪器仪表学会授权承担政府职能转移、完成科技成果评价20余项,签订合作协议20余家,完成专家库200人和科技成果20项上网。

【教学工作】 提交“电气工程及其自动化专业”“自动化”2个专业的认证申请。举办“第二届河南工业大学C语言专业竞赛”,举办“第一届河南工业大学单片机专业竞赛”。

电气工程及其自动化专业和电路优培课程通过学校的结题验收。教育部产学合作协同育人项目立项3项。河南省级教改项目立项2项(包含重点项目1项)。获批学校创新示范学院建设项目。校级教科融合教改项目立项5项。

1人获得河南省2017年教育系统教学技能竞赛一等奖;1人获得学校第六届“十佳师德标兵”称号。

【科研工作】 主办“信息融合与故障诊断创新方法与先进技术全国研讨会”,“2017新时代人工智能创新方法与应用技术全国研讨会”,“新一代人工智能技术高峰论坛”。获河南省科技进步二等奖1项。纵向科研立项13项,其中国家自然科学基金面上项目2项,参与国家自然科学基金2项,省部级5项。获省科技创新团队奖2项;发表学术论文58篇,其中EI收录6篇,SCI收录7篇(1区4篇;3区2篇);授权国家发明专利2项;科研经费持续稳步增长,到账经费394余万元。

【学生工作】 制定电气工程学院党建工作制度,严格党员发展流程;“寻找最美团支书”大赛获得“河南工业大学思想政治工作优秀品牌”称号;制定电气工程学院学业、心理预警实施方案,开展“关注重点学生,一对一帮扶”活动。

为有效地指导学生的“双创”活动,制定《电气工程学院创新创业管理制度》,成立创新创业指导专家库;获省部级各类奖项20项。

【党建与思想政治工作】 学院为有效地指导学生的“双创”活动,把2017年定为党建制度建设年,健全完善了20项党建工作制度;着力打造以“电气先锋”为主题的党建工作项目品牌建设,带动师生积极参与党校教育培训、手机新媒体建设与宣传教育、志愿者服务、红色社会实践、学党史党日活动;建好党员之家,建好微信平台。

召开专题教代会,审议通过《奖励性绩效工资发放办法》《本专科教学工作量计算办法》《教师教学质量评价实施方案》。

管理学院

【概况】 学院设有党政办公室、教学办公室、学生工作办公室、院团委;设有电子商务、物流管理、市场营销、会计学、工商管理5个系;管理科学综合实验中心,下辖电子商务、会计手工模拟、ERP沙盘模拟、旅游管理、会计信息化、物流仿真、电子案例7个专业实验室;建有物流研究中心、商务智能与知识工程实验室、市场营销研究所、电子商务研究所、旅游管理研究所5个学术研究机构。引进博士1人,新进辅导员1人,教师退休1人,晋升副教授1人。有教职员工111人,其中专任教师100人,教授、副教授64人,具有博士、硕士学位教师103人。

【学科建设】 学院有河南省高校人文社科重点研究基地——物流研究中心,中国高等院校电子商务和电子政务联合实验室河南工业大学分中心——商务智能与知识工程实验室。建设有管理科学与工程省级重点学科(第七批和第八批),有2个一级硕士点,6个二级硕士点,3个专业学位点(其中MBA为河南省特色品牌硕士专业学位授权点),8个本科专业。作为服务国家特殊需求博士项目的支撑单位,以粮食质量安全与品质控制技术为方向,开始招收博士生。电子商务专业为国家级特色专业建设点。

【教学工作】 教学管理　发挥学院本科教育教学工作指导委员会的作用,将学校强化院级质量保障体系建设的要求落到实处,制订、修订和完善一系列教学管理方面的文件。学院整体教学秩序正常,教学质量保障实施情况良好。现有本科生1891人,硕士研究生(含学术硕士、物流专硕、会计专硕、MBA)179人,博士研究生2人。

教材建设　重点放在选好、用好各类规划教材及配套教材。正式出版专业教材4部;获得2017年度校级规划出版教材立项2项,胶印教材立项4项。

教学条件　学院以校院两级财务制度改革为契机,推动学院实践教学改革工作,推动物流工程基础实验室建设规划工作,加强建设郑州悉知信息技术有限公司和郑州太古可口可乐饮料有限公司两个产学研实践教学基地,新增立项开封开元名都酒店管理有限公司产学研实践教学基地。学院建设完成项目管理专业实验室,改善了课内实验和集中实验条件,为实践实验教学改革工作的推进奠定了基础。

教学研究　学院获得学校本科教学改革“创新示范学院”立项,使得学院的校级质量工程项目覆盖面和层次水平进一步得到拓展。“电子商务专业创新型人才培养模式研究与实践”项目获河南省高等教育教学成果一等奖,“物流管理软件应用课程体验式教学实施”项目获中国物流学会一等奖。发表教研论文5篇,其中核心1篇。

【科研工作】 学院获得省级以上科研项目11项。其中,国家社科基金项目3项。到账科研经费138.9万元。发表学术论文86篇,其中被SCI收录11篇,SSCI收录4篇,CSSCI收录18篇,EI收录2篇;获得河南省社会科学优秀成果二等奖2项、三等奖1项。承担河南省收费还贷高速公路管理中心委托课题1项。

【学生工作】 学院积极开展“以赛促学”活动,学生在各类创新、创业大赛中成绩斐然。本年度获得“挑战杯”全国大学生课外学术科技作品竞赛三等奖1项;“挑战杯”河南省大学生课外学术科技作品竞赛一等奖1项,三等奖4项;获第七届全国大学生电子商务“创新、创意及创业”挑战赛一等奖1项,河南省第四届物流仿真设计大赛一等奖、二等奖各1项;校第一届商业模拟决策大赛一等奖。在学校第九届大学生职业生涯设计大赛中分别获得特等奖、一等奖、二等奖各1项;在学校“九鼎电商杯”第八届大学生创业大赛中获一等奖、二等奖、三等奖各1项;在学校第十一届创新大赛中获一等奖1项、二等奖2项。3项比赛连续2年获得优秀组织奖。在第十一届校田径运动会上,取得学生组团体总分第五名,并获体育道德风尚奖。

【党建与思想政治工作】 学院现有6个教工党支部和7个学生党支部,教工党员66人,学生党员140人。

学院举办了2期入党积极分子初级培训,1期党员中级培训,培训入党积极分子232名。设立明德党员先锋岗,发挥党员模范带头作用。严格党员发展程序,规范党的组织生活,形成了上届带下届的交流培养机制,发展党员67名,培训团员干部400余人次。构建了基于“明德先锋”微信平台的立体化党建工程,通过线上线下活动相结合,实现党建工作立体化。线上“明德先锋”微信党刊,设立“明德先锋”微信党校和“党员之家”。项目集教育、宣传、互动和信息服务等功能于一体,打通了党建服务“最后一公里”。围绕思想主题教育,打造以“明德”为品牌的系列活动,建设具有学院特色的主题思想政治教育体系。明德系列活动主要包括“明德先锋”微党刊、“明德之夜”迎新晚会、“明德论坛”系列讲座、“明德之家”宿舍先锋评选、明德之星优秀学生模范评选、“明德之声”红歌歌唱比赛等系列活动贯穿整个学年,具有广泛参与、反响热烈的特点。学院组成了62支社会实践团队,400多位同学参与其中,开展“重走长征路,永远跟党走”“爱驻瑞阳,关爱夕阳”“黄河之美,你我共筑”“扶贫调研”“支教育人,阳文商丘”等主题鲜明、内容丰富的实践活动,得到了人民网、中国网、搜狐网及河南大学生网等多家媒体的广泛报道。新建立暑期社会实践基地2个,签订大学生社会实践基地协议书2份。

经济贸易学院

【概况】 学院设有党政办公室、教学办公室、学生工作办公室、分团委4个科室。有教职工73人,其中专任教师61人。教职工中,有教授10人,副教授27人,博士35人,硕士34人。在校生2022人,其中,本科生1942人,硕士研究生76人,博士研究生4人。有国际经济与贸易、金融学、财政学、经济学4个本科专业;理论经济学、应用经济学2个一级硕士点;财政学、金融学、产业经济学、国际贸易学、农业经济管理、农村与区域发展(专业硕士)6个二级硕士点;应用经济学、理论经济学是省级重点学科;金融学、国际经济与贸易、经济学是省级特色专业;经济贸易综合实验室1个实验室;2个研究中心,其中粮食经济研究中心为河南省普通高校人文社科重点研究基地。

【学科建设】 完成第九批省级重点学科——经济学一级学科“理论经济学”的申报工作,并立项。在“粮食产后安全及加工”学科群的建设中期检查工作中受到专家好评。完成了“粮食产后安全及加工”学科群的年度经费使用检查工作。增列的一级学科“理论经济学”开始了学硕研究生招生,招收2名研究生。完成省第八批重点学科“应用经济学”的省级评估和学校自我评估工作,达到“合格”等级。省教育厅指定学校为2017年河南省普通高等学校经济学本科专业评估教指委主任单位,主任委员为李利英副校长,秘书长为学院李铜山教授。

【研究生教育】 开启培养外国研究生的历史,有2名外国留学生攻读“应用经济学”方向的硕士研究生。博士、硕士研究生招生有了新突破,研究生招生数量达41人,比2017年增加4人,其中博士生招生数量达3人,比2017年增加3人;硕士生招生数量达37人,比2017年增加1人。研究生招生宣传等多种有效措施见到了明显成效,学院研究生报考数量达到了173人,比2017年增加52人,继续排在学校前四名。42名硕士研究生毕业,其中学硕12名、专硕30名。2篇研究生毕业论文被评选为学校优秀硕士学位论文。2017级37名学硕、专硕到郑州大学参加“2017年郑州大学第十二届研究生专题创新分论坛”,贺宁做了大会学术交流,贺宁等4位同学的4篇论文被评为优秀论文。完成2016级32名硕士毕业论文开题和2015级5名学硕毕业论文中期检查工作。

【教学工作】 学院教学(招生)工作紧紧围绕全面提高教学质量的宗旨,全力推进理论教学、实践教学和招生工作。学院获得河南省教育系统教学技能竞赛一等奖1项并被授予教学标兵称号,学校第七届教学比赛二等奖2项;获得学校“科教融合”立项3项;取得河南省金融学专业综合评估排名第三;获得河南省高等教育教学改革研究与实践项目一般项目立项3项;国际经济与贸易系获得河南省高等学校优秀基层教学组织先进单位并立项建设;经济贸易河南省实验教学示范中心获得立项建设;完成税务仿真实验室、《西方经济学》沙盘实训中心建设的申报、招标工作,教学实验效果和专业实践能力得到大力提升;2017年度金融学及经济学专业第一志愿上线率均达到95%以上。经济学(金融学)专业文科高出一本线13分(12分),理科均高出一本线29分。有9名学生分别前往韩国、加拿大、英国和美国等国家及中国台湾等地区的交流院校进行为期1年的学分互认教学活动,学院第一次接收来自乌兹别克斯坦和泰国学历教育生2名。

【科研工作】 学院立足现有平台，强化学术交流活动。依托“经贸论坛”、粮食研究中心平台，进行11次学术讲座，如邀请山东大学副校长胡金焱教授、河南财经政法大学原校长李小建教授、中南财经政法大学欧阳志刚教授等学界知名人士，为师生做学术报告。学院还鼓励教师走出去，派出多位教师参加第17届中国经济学年会及第14届中国金融学年会。学院派出金融学系、财政学系、经济学系和国贸系多位专业教师到国内知名大学进行走访取经。扎实推进科研工作。发表论文94篇，其中，中文核心期刊12篇，被CSSCI收录论文6篇；立项纵向科研项目45项，其中，国家社科基金项目1项，省部级项目14项；鉴定、结项9项，其中，省部级鉴定、结项8项；获得省级社会科学优秀成果奖、省政府发展研究奖6项；出版学术著作与教材7部；到账科研经费78.9万元，省级人文社科重点研究基地——粮食经济研究中心积极服务社会，为省农业厅等政府部门及大中型企业提供多份决策咨询报告，并得到充分肯定。学院赴武汉、长沙、西安等高校密集地招聘博士；利用经济学年会、金融学年会等平台，宣传学院，招聘人才，引进博士教师2名。1名教师获得博士学位，1名教师晋升副高职称。

【学生工作】 系统进行学生创新创业教育，稳步提升学生创新、创业水平和能力，开展“经贸嘉年华”“经济视点”系列活动。做好奖、贷、助、补等工作，缴费率100%，年度助学贷款违约率0%，累计违约率低于1%。通过建立贫困生信息库，广开渠道，多方筹措资金，实现了静态与动态管理相结合，对贫困生的资助率100%。学院有442人获国家助学金，4人获国家奖学金，1人获金龙鱼奖学金。毕业生实际就业率为98.34%；有68人考取研究生，考取率16.4%。获全国“挑战杯”二等奖1项，三等奖2项，获河南省“挑战杯”特等奖3项。学院组织近50支队伍，分赴18个地、市、县进行社会实践活动，新建5个实践基地，得到30多家媒体报道数百次。郏县社会实践十二年如一日，体验支教情、再悟支教魂，“忆往昔峥嵘岁月——红色南昌”“助力中国梦”获得团中央“镜头下的三下乡”优秀团队称号，学院小树苗志愿服务队获得河南省志愿服务之星团队称号。学生团日活动在校创意联赛中获得校特等奖，财政1402团支部和经济1302团支部获得团中央活力提升团支部称号。

【党建与思想政治工作】 学院党委下设教工支部5个；本科生党支部6个，研究生党支部1个。教师党员48人，学生党员123人。专职政治辅导员5人，兼职政治辅导员1人，形成了以专职人员为骨干、专兼职相结合的思想政治工作队伍。学院党委以提高党员素质、增强党组织凝聚力、建设和谐学院为目标，把党建工作与教学、科研工作结合起来，着力抓好党组织和党员队伍建设、党风廉政建设和精神文明建设。学院党委获得河南省优秀基层党委荣誉称号。

外语学院

【概况】 学院设有党政办公室、教学管理办公室、团委兼学生工作办公室、语音实验室；原来6个教研室调整为4个系部，分别为英语系、翻译系、大学英语教学一部、大学英语教学二部；还设有中国政法大学法律英语教学与测试研究中心河南工业大学分中心、翻译与语言测试研究所、EIE英语教育中心。学院有教职工104人，具有高级技术职称42人，讲师45人；博士12人。EIE教师11人。有英语（经贸、口译、翻译方向）、日语和翻译3个本科专业。

【党建与思想政治工作】 学院下设教职工党支部4个，教职工党员45名；学生党支部7个，其中本科生党支部6个，研究生党支部1个，学生党员45名，申请入党的学生比例达96%，本年度发展新党员23名，转正23名，党课团课开展三级培训，培训学员260人次。

本年度中心组集中学习6次，专题讨论2次，班子民主生活会1次，获省级“先进基层党组织”、校年度“宣传报道先进单位”，获省级“优秀共产党员”1人、校级“我爱我师——我心目中最优秀的老师”7人。获校运会体育道德风尚奖；获“工大美声”一等奖1项、三等奖3项和优秀组织奖。

【教学工作】 专业建设 完成省教育厅英语专业评估。中国科学评价研究中心发布《2017—2018中国大学及学科专业评价报告》显示,英语专业为4星级专业。2017年度麦克斯第三方评价结果显示校友满意度上升至100%。英语专业省内第一志愿录取率为64.39%,同比上升5.07个百分点。英语和翻译专业校内专业类型均上升为B类。翻译专业理工类录取最低分高出省控线23分,文史类高出5分;英语专业理工类录取最低分数线高出省控线28分,文史类高出6分。英语和翻译专业平均报到率为99.05%,其中翻译专业报到率为100%。

教学管理　制定《外语学院教学督导工作规定》《外语学院教师本专科教学质量评价办法》《外语学院课程考核方法改革实施方案》《外语学院推荐免试攻读硕士学位研究生工作实施细则》等系列文件。完成2017版人才培养方案及2017版课程大纲的修订工作。

教学质量　获第二十届全国"外研社杯"英语辩论比赛华西赛区总决赛三等奖1人、获2017外研社杯全国英语写作与阅读大赛河南赛区一等奖2人、二等奖4人,获"全国大学生英语竞赛"一等奖5人。与阿里巴巴(中国)网络技术有限公司签订《跨境电商高校人才培育合作协议书》。组织赴企业进行认知实习154人次。

教学教研　省教改研究项目立项2项;全国教育科学规划立项课题鉴定结项1项。校级创新示范学院项目立项1项;校级优秀教学基层组织立项2项;校级科教融合项目立项3项;发表教研论文23篇,其中CSSCI收录2篇。主编教材6部;参编教材3部。校级规划重点建设教材立项2项。

教学成果　各类教学竞赛获奖共33人次。其中获第三届"中国外语微课大赛"全国决赛优秀奖(国家级)1人;省级复赛一等奖1人,二等奖2人、三等奖5人;获省教育系统教学技能竞赛一等奖1人,河南省第三届信息技术与课程融合优质课大赛一等奖1人、二等奖5人,三等奖10人;获校第七届教学大奖赛一等奖1人,三等奖6人。

教学条件　购置iWrite英语写作与iTest大学英语测试系统,大学英语考试全面实施网络化考试。开放录播教室和教学广播电台播音室,协助各种课程录制、音视频类资料制作和考试数据刻盘等工作,建设微课资源63集。《大学英语读写》网络学习空间投入使用。

【学科建设与研究生工作】　现有外国语言文学1个一级学科,外国语言学及应用语言学、英语语言文学2个二级学科,研究领域主要有语言学、英美文学、翻译理论与实践、跨文化交际4个方向。硕士生导师及副导师12人,其中博士9人。

获批第九批省级重点学科;获得2018年"新时代创新背景下的翻译认知国际研讨会"承办权、2018年"基于语料库的语言与翻译研究论坛"的承办权。

招收11名研究生,第一志愿上线率88%。毕业生学位论文专家评审全A率70%,校级优秀硕士论文2人,专八通过率78%;研究生发表论文43篇,获校优秀硕士论文指导教师。"河南省研究生教育教学改革研究与实践项目"立项1项。

【科研工作】　科研项目立项21项,其中教育部中国语言资源保护工程课题1项、省社科规划项目2项、省教育厅人文社科项目4项、省科技厅自然科学项目3项。完成专著4部。发表论文67篇,其中CSSCI收录7篇,北大核心1篇。省社科优秀成果奖1项;首次获河南省政府发展研究奖二等奖1项;省教育厅人文社科二等奖1项,三等奖1项。到账科研经费24.8万元。

【师资建设与人事管理】　引进博士1人,赴外读博士1人,国家留学基金委资助访学2人。专业技术职务晋升教授1人、副教授1人、讲师3人。入选"河南省高级翻译人才库"1名。参加国内外各类培训会议45人次。

【学生工作】　学院在校本科生677人、硕士研究生29人。

本年度开展首届英语口译大赛、第十三届英语文化节之英文话剧比赛、英文演讲比赛、外文歌曲大赛等系列活动,全校参与500余人次。获校第八届职业生涯规划大赛一等奖1人。学生参加各类社会志愿服务170余人次,与商务部初步签订实习基地协议。

学费缴费率100%,贷款累计违约率0.69‰,就业率96.5%,考研通过率为21.3%,同比提升6个百分点。推荐免试攻读硕士学位研究生2人。

【国际交流与合作】　学生赴韩国朝鲜大学参加"2+2项目"1人,赴日本参加交流学习3人,考取美国、英国、加拿大、韩国等国高校的硕士研究生6人。1名研究生赴蒙古国"孔子学院"任汉语教学志愿者。

理学院

【概况】 学院下设党政办公室、教学办公室、学生工作办公室(团委)、公共数学教研室,数学实验室、应用数学教研室、信息与计算教研室、统计学教研室、大学物理教研室、应用物理教研室、物理实验中心。现有教工102人,其中教授14人、副教授33人,具有博士学位56人,硕士生导师23人。现有数学一级学科硕士点及凝聚态物理二级硕士学位授权点,数学与应用数学、信息与计算科学、应用统计学和应用物理学4个本科专业。在校本科生755人、硕士研究生17人。

【学科建设】 数学、物理学科获批第九批省一级重点学科;推荐3名优秀应届本科毕业生免试攻读硕士学位研究生,已被985高校录取。本科生"数学+金融"实验班有序进行;支持学校博士单位的申报及相关学院工程专业认证工作。获学校"招生工作先进单位"。2002级数学专业校友何建平入选国家"青年千人计划";引进5名博士,晋升教授1人、副教授2人,2人出国进行学术交流,1人获教育厅学术技术带头人称号,在岗博士56人,5人在读博士或博士后;国内外16位知名学者、专家指导或参与学院的学科建设;获批1项河南省研究生高质量课程建设项目。

【教学工作】 除承担专业课的教学任务外,还承担全校的数学类和物理类公共基础课的教学任务。

学籍管理 新生报到率100%。完成2017届毕业生毕业资格审核,有141名毕业生,其中133人授予学位,授予学位率94.3%。

教学督导 学期初制定学院教学督导工作计划,明确教学督导的内容与要求。对学院任课教师的多媒体课件进行审查,并对青年教师的教案、讲义和授课等情况进行检查。

教学研究和质量工程建设 本年度获河南省高等教育教学改革研究与实践项目立项1项。校级在线开放课程立项1项;校级教学改革"创新示范学院"项目立项1项;校级科教融合项目立项1项;河南省教育科学研究优秀成果一等奖1项;校级教研项目结项1项。

教学成果 获学校第七届教学大奖赛一等奖2人,获二等奖1人,获三等奖7人,同时获优秀组织奖。获河南省高校青年教师数学课堂教学技能竞赛一等奖2人,获二等奖1人。2人获省教育工会组织的教育技能竞赛一等奖,并获河南省教学标兵称号。学校颁发了高等数学课程校长教学质量奖,有12人次获得了校长教学质量奖。6名教师被学校评为毕业论文优秀指导教师,5篇学生论文被学校评为优秀毕业论文。学院实行集中和分散实习相结合的方式,完成毕业实习工作。

专业评估 数学与应用数学专业、应用物理学专业参加河南省本科专业评估,完成资料上传和信息填报工作。

【科研工作】 2017年各类在研项目84项,结项国家级7项、省部级3项、地厅级7项。2017年以学院教师为项目主要负责人获准立项国家级项目2项;申请其他项目9项,其中省教育厅项目4项,校基金项目5项;获得立项合同金额69.75万元,到账97.86万元。发表学术论文78篇,其中SCI、EI收录19篇。参加学术会议30人次,邀请国内外著名学者专家6人次到校讲学。

【学生工作】 学院现有专职辅导员2人,兼职辅导员1人,导师班主任40人。辅导员魏涛获河南省高校辅导员优秀论文二等奖。

党团教育 举行班级团日活动50余次,"学习古代文化与现代文化的融合之美"等5个项目通过校团委团日活动创意联赛结项验收;举办以"如何设计大学生活""如何成为一名优秀的团干部"和"团干部心理健康知识培训"为主题的第十四期院级团课,63名学生结课;举办第十八期、十九期入党积极分子培训班,141名学生结业;举办第四、五期学生党员成长卓越计划,106名学生参加培训;举办"喜迎十九大,共筑中国梦"第十届党团知识竞赛。

学院文化 举办第五届数学文化节、第五届物理创新实验设计大赛,组织参与校内外各级各类文化艺术活动,适应文化育人新要求。

社会实践　组织 16 支社会实践小分队,撰写社会实践简报 78 篇,新建社会实践基地 10 个,活动被大河网、大学生知识网、中国大学生网、大学生校内网、大学生网报等多家媒体报道,获校级一等奖 1 项、二等奖 1 项,三等奖 2 项。

管理服务　采取学生考勤公示制度、表彰激励措施,规范资助工作和开展心理健康教育,完成 67 名学生奖学金、170 名学生助学金、45 名学生助学贷款的申请、评定工作。获学校素质拓展竞技大赛一等奖,2017 级大学生军训先进单位。

创新创业　获美国大学生数学建模比赛国际二等奖 1 项、三等奖 7 项;全国大学生数学建模竞赛国家二等奖 2 项,省级一等奖 1 项、二等奖 3 项、三等奖 6 项;第九届"认证杯"中国数学建模网络挑战赛第二阶段二等奖 1 项、三等奖 4 项;全国大学生数学学科竞赛国家二等奖 1 项,省级一等奖 4 项、二等奖 2 项、三等奖 4 项。新增学生创业项目 1 个,成功办理营业执照。

考研就业　毕业生就业率 99.3%,23 名考取硕士研究生,1 名考取博士研究生。

【党建与思想政治工作】　学院党委班子及其成员履行"一岗双责"和党风廉政建设责任制,签订年度党风廉政建设目标及责任分解任务书,开展行风评议,开展"以案促改"警示教育及多项专项治理工作。坚持中心组学习、民主生活会制度,落实民主集中制、党政联席会议等议事制度,发挥学院党委班子的凝聚力和战斗力的作用。通过校、院培训和在线学习等途径,提高基层支委的党务工作能力。"两学一做"学习常态化制度化,向全体职工、党员宣讲坚持"四个自信"和十九大精神。院党委和党支部,以党员会议、邮箱、微信群等形式开展宣传教育活动。有 6 人被评为校优秀党员,大学物理党支部被评为校先进基层党支部。发展学生党员 25 名,转正 25 名,学生党员总数 52 名。组织党支部书记赴豫北中国食品工业名县汤阴考察学习。行政党支部组织党员赴焦作武陟黄河滩区进行扶贫调研活动。走访邓州冠军村结对帮扶对象。7 人入选"我心目中最优秀的老师"。获得第六届全国全民健身操舞大赛省级特等奖 2 项、一等奖 2 项,全国大学生院系篮球挑战赛校冠军,校"足协杯"足球赛冠军,"三八"节女生跳绳比赛团体第一名,"青春杯"乙级足球联赛亚军,"新生杯"足球赛亚军,第十四届"扬帆杯"篮球赛第五名。参加校第十一届运动会,打破校记录 2 项,总成绩排名第四。参加羽毛球赛、"工大美声"活动荣获优秀组织奖,荣获歌唱类一等奖、朗诵类二等奖。

设计艺术学院

【概况】　学院现有教职工 85 人,其中专任教师 73 人,正高技术职务 2 人,副高技术职务 25 人。具有硕士以上学位 79 人,其中博士学位 6 人。专任教师中有国家艺术基金专家委员会初评委员 1 人,河南省艺术评估专家 1 人,河南省高校高级专业技术职务任职资格评审专家 1 人,河南省学术技术带头人 1 人,青年骨干教师 1 人,省级教学标兵 1 人。

学院现有艺术学硕士一级学科点(FMA),分美术学、设计 2 个专业,5 个研究方向。有产品设计、视觉传达设计、环境设计、动画、数字媒体艺术 5 个本科专业。建成文化 & 产品设计、新产品系统设计、交通工具设计、地域文化 & 环境系统设计、景观建筑 & 空间设计、城市空间 & 景观设计、通用信息设计、视觉 A&O、数字媒体交互 &游戏设计、数字影像、新媒介艺术与动画设计、多维艺术动画设计 12 个导师制工作室。学院资料室拥有图书 7900 余本,期刊 5200 余册。建有专业实验室 8 个,2 个专业展厅逾 1000 m^2。

【学科建设】　学院获得省级工业设计中心认定;省高等教育教学改革研究与实践项目立项 1 项;"产品设计"专业申请高等学校"专业综合改革试点"项目获得立项;校级优培工程专业结项 1 项;校级精品课程立项 2 项;"科教融合"项目立项 3 项。

【教学工作】　学院教学质量保障体系完善,新引进实践系统导入 595 门次课程。

教学管理　完成 296 名新生电子注册信息审核的工作指导、214 名毕业生信息审核、毕业生图像采集,完成 2016 级专业分流工作,审查毕业生的毕业资格和学位授予资格。

质量监控　聘任教学信息员29名，实践教学安排班级外出考察30班次，学生平均到课率96.7%。

【科研工作】　学院纵向科研项目获批12项，其中省哲学社会科学规划项目1项，省政府决策研究招标课题项目1项，省教育厅人文社科项目3项，河南省教育厅自然科学项目2项，省社科联调研课题项目3项；纵向经费到账25万元，横向经费到账20.2万元；发表论文48篇，CSSCI收录7篇，核心期刊6篇；公开出版著作9部，专著3部，教材2部，作品集2部，工具书1部；获省社会科学优秀成果奖三等奖1项，获得省教育厅人文社会科学研究成果奖二等奖2项。

邀请江南大学设计学院张福昌教授、荷兰代尔夫特理工大学Richard Goossensv教授、韩国济州岛老子艺术馆馆长康禹炫、中国工业设计博物馆创始人沈榆等专家来学院讲学。

举办河南省首届“瑞瓷轩杯”、官瓷文化产品创新等设计大赛，举办2017“为转型而设计”系列国际会议——健康设计中部论坛，获批2023年“世界华人设计论坛”主办权，特邀中国设计师沙龙承办设计实践——尖荷行动。交通工具设计工作室获得国内专利22项，申报相关国际专利30余项，在2017CDN中国汽车设计大赛中获最佳出行方案奖。通用信息设计工作室获得学校第十一届大学生创新大赛决赛一等奖。学院学生获中国大学生广告艺术节学院奖第15届春季赛金奖1项，佳作奖6项。

【学生工作】　在校生1132人，其中本科生1107人，硕士研究生30人，专职学生工作人员3人。

学院派出寒假社会实践小分队21支、暑期社会实践小分队27支（校级重点6支），分赴全国各地开展实践活动。签订基地协议12份，增设挂牌基地1个，实践团队受到数项国家级网站报道，省级报道30余次，以及百余次市级报道。

学院的志愿服务点浚县留守儿童之家获2016年度全国文明家庭荣誉称号，家庭成员受到习近平总书记接见；第十届“团日活动创意联赛”展演中“我们的节日”获得校级二等奖。

组织参加心理健康活动15项，素质拓展及培训学生160人。心理咨询师持证上岗，有效预防3起危机事件的发生，在校心理健康活动月期间获得二等奖。

学院获学校新闻宣传报道先进单位，学院团委微信平台“我为设艺狂”获学校“十佳新媒体平台”称号。

日常活动　分团校培养团学骨干323人，开展各级培训18次。逐步建立学生代表提案制度。

文体活动举办第十六届“创意风”系列活动，承办学校大学生科技艺术文化作品节，获河南省大学生校园书法、篆刻、摄影、美术作品大赛二等奖、三等奖各2项；参加“打击传销，净化校园”文化作品征集活动获一等奖；获“校园足球主题文化作品”征集二等奖，2017中国·洛阳（国际）“三彩杯”第五届创意设计大赛优秀奖，第八届校园心理情景剧大赛校级二等奖，校级演讲比赛“演讲家”二等奖，第十六届创意风书画作品展示校级一等奖，在校运会中连续7年获得“体育道德风尚奖”，获省级篮球赛女子第六名，创新大赛一等奖、二等奖、优秀组织奖，创业大赛二等奖、三等奖、优秀组织奖以及职业生涯规划大赛一等奖和优秀组织奖。

创业就业　学院创业品牌“艺起创”创客空间获2017年度省级高校实践育人创新创业类二等奖。学院创业扶持基金增收16万元（累计80余万元）。学院学生进入格力电器、奇瑞汽车和中梁地产等多家五百强企业，同时吸引西吉传媒等集团设计师实现“驻校计划”。

【党建与思想政治工作】　学院有教工党支部6个，学生党支部9个，教工党员46人，学生党员71人，学院培养党课学员102人。

开展思想政治教育活动，携手兄弟学院开展“一二·九”长跑弘扬爱国主义精神，组织师生党员赴豫西抗日纪念馆、红旗渠、新县等地参观学习6次，受邀参加建军90周年党的苦难辉煌高端论坛，开展十九大系列活动，举办第六届“设艺之声”红歌合唱比赛，举行“春天里”基层党建创新工程，组织“党辉照我心”十九大知识竞赛，承办“图说我们的价值观”和“廉洁文化”作品征集活动，实施“筑梦青春”党建项目。

获省级先进党务工作者荣誉称号1人，获河南省师德征文二等奖2人。在河南省高校廉政文化作品征集活动中，《梅兰竹菊》获艺术设计二等奖，《廉政文化漫画集》获书画摄影类二等奖。

学院筹备二级教代会,听取广大教职工的建议;设置信息公开栏,教工微信群、QQ 群进行通知线上公开发布;看望生病教工和生孩子家庭,为教工之家添置健身器材按摩椅等。组织教职工参加学院以及校工会活动。

新闻与传播学院

【概况】 学院现有教职工 54 人,其中教授、副教授 24 人,博士、在读博士 14 人,具有硕士学位或在读硕士 36 人。院长尚恒志教授被评为河南省优秀教育管理人才。现有广告学、广播电视学、播音与主持艺术、网络与新媒体 4 个本科专业;新闻传播学硕士点和新闻与传播专业硕士点。教学、科研实验设备完备,拥有逾 700 m^2 广播级演播厅、200 m^2 的专业录音室、多功能媒体实验室、广播电视制作实验室、录音与播音室、摄影实验室、广告图文设计实验室、多维广告制作实验室、网络与多媒体实验室、影视赏析室、舆情监控与分析实验室等 20 个专业实验室,设备总值 3000 万元。

【学科建设】 研究生培养　完成首批新闻传播学学硕的招生工作,共招收学硕 3 人,专硕 12 人。新聘任校外导师 8 人,首批专硕研究生 10 人毕业。

实践基地建设　新增腾讯大豫网、兰考焦裕禄干部学院、河南影视集团、河南天乐电视传媒文化演艺有限公司为校外实习基地。成立“河南影视集团影视制作分中心”。

请进来走出去　邀请华中科技大学张昆教授、中国人民大学周小普教授等举办高水平学术讲座 5 场。学院教师参加国家级学术会议 30 余人次。4 月,学校当选河南省广告传媒业商会副会长单位;学院主办了河南广告传媒业商会高校专家委员会第三届学术年会,会议主题为:转型融合,合作共赢——媒体融合时代传媒业产学研发展研究,学院在学界和业界的影响力及话语权得到进一步提升。

【教学工作】 教学质量　学生评教率 100%。高级职称教师给本科生授课率 100%。学生到课率 98.5%。学院教学督导组开展课堂教学督导 136 次,参加教学座谈会 4 次,参加专项教学工作研讨会 6 次。积极组织开展同行听课,听课门数占所有本科课程门数的 88%。播音与主持艺术系获河南省优秀基层教学组织立项建设,河南省高校大学生创新创业训练计划项目国家级立项 2 项,省级立项 1 项,河南省高等教育教学改革研究项目立项 1 项;获批本科教学改革“创新示范学院”立项建设,广播电视学优培工程项目通过年度检查。在第三方评价(麦可思数据)中,毕业生对广告学专业核心课程有效性的综合评价位于全校第六,毕业生对播音与主持艺术专业核心课程满足度的评价连续两年均为全校最高。在河南省第三届信息技术与课程融合优质课大赛中,获得一等奖 1 人;在学校第七届教学大奖赛中,获得一等奖 1 人,二等奖 1 人,三等奖 2 人,学院获得优秀组织奖。

专业建设完善 2017 版人才培养方案,修订课程教学大纲。播音与主持艺术专业参加省内专业评估,在省内排名第二。各专业录取率、报到率均有所提高,新生报到率 98.7%,第一志愿录取率有较大提升。投资 103 万余元进行了演播厅灯光改造;投资 14 万元进行了小演播室改造;投资 4.5 万元进行了演播厅直播设备改造。

实践教学　获得“讲好中国故事”创意传播国际大赛、第九届全国大学生广告艺术大赛、第二十六届时报“金犊奖”等国际、国内重大赛事各类奖项 258 项。

【科研工作】 纵向立项 20 项,其中国家级项目 1 项,省部级项目 5 项,纵向、横向项目到账经费 41.8 万元(其中,横向经费 10 万元);地厅级以上项目结项 21 项,其中省部级 4 项。获各级奖励 7 项,其中获河南省社科优秀成果二等奖 1 项;获河南省教育厅人文社科研究成果一等奖 2 项,二等奖、三等奖各 3 项。发表论文 25 篇,其中核心期刊 8 篇,被收录论文 5 篇。出版著作 2 部,其中《知识传播——电视娱乐节目知识生产研究》由中国科学技术出版社出版。

【学生工作】 学院现有在校本科生 1495 人,硕士生 28 人,专职辅导员 4 人,导师(班主任)50 人。

思想教育　深入开展理想信念教育、爱国主义教育、思想道德教育、成长成才教育、廉政文化教育等大学生思想政治教育。党校培训人数 192 人,校级团校培训 10

人,院级团校培训280人,发展党员44人,转正44人。

综合素质培养　承办河南省首届网易河南与河南省广告传媒业商会高校专家委员会联合举办的新传杯辩论邀请赛、河南省"心语杯"手语大赛、"腾讯企鹅青训营"河南高校第一站启动仪式等多项活动,组织院级、专业和班级活动。被国家级媒体报道100余次,省市级媒体报道180余次。学生社会实践硕果累累,先后被人民网、中国教育网、中国网、中国青年网、搜狐、网易、凤凰网等80多家媒体网站报道近300次。

就业、创业稳步提升　2017届毕业生年终就业率96.6%,考研率12.4%,创业项目10个。

【党建与思想政治工作】　院党委进一步落实基层组织党建工作的各项任务目标,进一步深化"两学一做"学习教育活动。班子认真履行党风廉政建设"一岗双责"责任制,定期召开专题会议,明确班子成员在党风廉政建设工作中的任务和职责,做到"谁主管,谁负责"。

法学院

【概况】　学院有教职工30人,其中教授3人,副教授9人;具有博士学位人员16人,博士后4人(已出站2人),在读博士生2人;硕士生导师7人;另有"双千计划"校外单位派至学院挂职1人。设有5个教研室、1个法学模拟实验教学中心以及5个研究所(中心)。在校本科生529人,双学位学生143人,法律硕士研究生5人。

【学科建设】　学院现有法学本科专业和法学双学位各1个,法律硕士学位点1个。招收法学本科生151人,法学双学位学生50人;招收首届法律硕士研究生5人。

【教学工作】　完成2017版培养方案修订及大纲的定稿。派出2名学生赴台湾地区辅仁大学进行一学期的交流,开展赴台交流生学分互认。组织3批次约50名法学和双学位学生走进法院,旁听庭审。2017级一志愿报考率达71.24%。优培专业与宪法学优培课程结项,立项河南省教育科学"十三五"规划一般课题1项、学校2017年度"科教融合项目"2项,在线开放课程1项。1人获河南省教学技能大奖赛二等奖,3人在校第七届教学大奖赛中获奖;3人获学校优秀教师、优秀教育工作者称号;在毕业论文优秀指导教师和"我爱我师——我心目中最优秀的老师"评选活动中共有6人入选。

【科研工作】　与河南省法学会经济法学研究会共同主办"政府与社会资本合作(PPP)项目模式在河南省的应用研究学术研讨会"。举办6期"政法论坛"讲座。纵向课题立项17项,其中省哲社规划项目4项,省政府决策招标项目1项,省教育厅人文社科项目4项,省社科联项目3项,郑州市科技局项目1项,省属高校项目4项,到账经费21万元;结项国家软科学项目与河南省科技厅鉴定项目各1项。横向项目合同经费20.4万元,到账经费16.1万元。发表论文33篇,其中CSSCI收录4篇,其他中文核心3篇;出版著作3部。获河南省教育厅社科优秀成果奖一等奖1项。

【学生工作】　首次就业率98%,考研率19.2%,司法考试通过率47%。有11名毕业生参加西部计划和南疆计划,校《青春在西部放歌》优秀志愿者风采两册录入40名校友,其中法学院学生有22名。深入开展"3·15消费者权益保护""12·4国家宪法日"系列活动,精心打造"红色竹沟""普法长征路"等暑期社会实践品牌活动。扎实做好学生事务管理,安全稳定零事故,学生考试零违纪,助学贷款连续3年达到零欠息零违约目标。辅导员队伍获得河南省优秀辅导员、优秀共产党员等各项荣誉15项。

【党建与思想政治工作】　学院现有教工党支部2个,教工党员26人;有学生党支部2个,学生党员34人。推动"两学一做"学习教育常态化制度化,有3人获学校优秀共产党员、优秀党务工作者称号。在省教育厅组织的学习宣传贯彻十九大精神主题征文活动中,有2人获二等奖。落实发展党员工作细则,办好春秋两期入党积极分子培训班。获评河南省文明教师、文明学生、河南高校好网民各1人;学院网站被评为校第四届十佳网站。

马克思主义学院

【概况】　学院承担全校研究生、本专科生的马克思主义理论课教学工作。教师51人,其中教授8人,副教授17人。具有博士学位教师24人。

【学科建设】 学院拥有马克思主义理论一级硕士学位授权点1个,下设马克思主义基本原理、思想政治教育、马克思主义中国化研究3个二级硕士学位点。马克思主义理论和思想政治教育为省级重点学科。“中国近现代史纲要”课程被评为河南省高校思想政治理论课优秀课程。拥有5门省级优秀课程。第九批省级一级重点学科获得批准。马克思主义理论一级学科在全国第四轮学科评估中获“c-”成绩。全年做学术报告10次。召开3次研究生培养研讨会。

【教学工作】 教学管理　加强常规教学管理,通过建章立制为提升思想政治理论课教学质量打牢基础。严格执行校院两级教学管理规章制度,保障教学运转正常。学院的教学管理工作有章可循、有据可查,教学运行有条不紊,教学秩序井然。

教学改革　规范课程管理,以计算机网络考试方式的改革为抓手,开启全面的教学方式改革。

教师培训　有1位教师赴国外进行访学,1位教师在职攻读博士学位,有多位教师参加校内外关于微课、慕课制作的相关培训,以及蓝墨云班课教学、中诚智慧课堂、清华雨课堂等观摩教学与研讨。

在学校第七届教学大奖赛中获一等奖1人,二等奖1人,三等奖2人。学校第六届“十佳师德标兵”1人。“第七届‘我爱我师——我心目中最优秀的老师’”1人。省教学技能大奖赛一等奖1人。

对外合作交流　组织人员去武汉大学、河南师范大学等院校的相关学院进行访问与交流学习。接待成都工学院等兄弟院校的马克思主义学院教师来学院进行交流。

【科研工作】 获得国家社科基金项目立项1项,结项1项,省部级项目立项10项,省教改项目立项2项;获厅、局级项目立项24项。获河南省哲学社会科学成果奖二等奖1项,三等奖2项,省发展研究奖三等奖1项。发表论文43篇,其中核心期刊15篇,被CSSCI、人民大学报刊复印资料全文转载收录12篇。完成著作4部。

【学生工作】 毕业硕士研究生就业率达到100%。其中1人考取中国人民大学博士研究生。招收硕士研究生16名。在校研究生46人,硕士生导师25人。

【党建与思想政治工作】 现有教职工党员43人,下设4个教工支部。3个研究生支部,发展研究生新党员8人。组建“十九大会议精神”宣讲团,先后在校内外开展了多场宣讲活动。组织教职工开展多种形式的政治学习、师德师风专题教育活动。

国际教育学院

【概况】 学院现有会计学、市场营销、人力资源管理、食品科学与技术、生物技术5个本科项目。商科项目与英国威尔士大学合作,工科项目与英国瑞丁大学合作。在校生2995人;管理人员22人,其中教授4人,副教授4。

【学科建设】 学院的学科建设依托粮油食品学院、生物工程学院、管理学院。

【教学与招生工作】 制定符合学校定位的专业人才培养目标和培养要求,修订培养方案。在以“办学特色与社会需求和中外合作办学要求相融合、创新创业教育与专业教育相融合”等为主导的人才培养机制下,突出培养学生自主学习能力、创新创业能力、国际交流能力,促进学生知识、能力、素质协调发展。

学院成立招生宣传工作领导小组。参与重点生源地现场招生咨询会,上海、山西、海南和贵州参与高招现场招生咨询会;在学院网站上开辟“招生专栏”,公布招生简章、招生计划和历年分数,并及时更新招生动态;拓宽宣传渠道,通过“掌上国院”公众号、微信朋友圈、QQ在线咨询等形式,实现在线招生宣传。学院录取分数线再创新高。

为使学分登记有据可查,学院制作“第二课堂实践选修学分记录卡”。在“第二课堂实践活动项目”基础上,增加“学术报告”和“学科竞赛”,引导学生踊跃参与一些学术性和专业性的“实践活动”。建立体现专业特点和人才培养目标的产学研实践教学基地或学生创新教育实训室,学院与创维集团(河南)有限公司、百望金赋科技有限公司、河南百业会计咨询有限公司签订校企合作协议。

专人负责对历年授课的外籍教师的个人信息和授课情况进行整理、汇总和归档。加大听课力度，及时反馈意见和建议，使外教的教学更适合学生的情况。

【项目工作】 50名学生通过英国合作项目出国学习，分别前往英国班戈大学、亚伯大学、卡迪夫城市大学和瑞丁大学；有4名学生通过暑期夏令营项目到合作方院校进行交流实习；有25名学生国内本科毕业后申请国外大学研究生；有41名学生在国外合作方院校毕业后申请国外大学研究生；有3名学生到波兰华沙和英国诺森比亚等大学交流学习。

制订《河南工业大学国际教育学院出国留学奖学金管理办法（试行）》。获得学校批准，进入实施阶段。

市场营销、人力资源管理、食品科学与技术3个项目需要申请延期，教育部批准后才能继续招生。学校及学院领导高度重视，全面部署，各部门、各科室高度参与，按时完成相关合作协议的提前续签工作和各项申请材料的报送工作。

在教育部规定期限之前，按要求完成5个项目年度报告的撰写和报送提交工作。

【学生工作】 打造网络教育品牌。深化“互联网+”工作品牌，改版“掌上国院”微信平台，实现双覆盖、双影响、双提升。将“掌上国院”微信公众号建成集理论学习、思想引领、学习帮扶、创新创业、职业规划、生活服务等功能于一体的公众平台，“掌上国院”策划专题百余次，“国奖大神志”“拜托了学霸”等活动影响深远。其微信传播力指数WCI一直稳居学校前5名。

打造创新创业教育品牌，指导、帮助、支持师生开展创新创业活动。在第十三届全国大学生“新友道杯”沙盘模拟精英大赛中获二等奖2项，在“互联网+”全国大学生创业大赛中获河南省三等奖1项，在创业大赛中获优秀组织奖。《毅客空间》公益创业项目获2017年河南青年公益创投大赛金奖。学院为河南省创业标兵创建创业工作室，其创建的《河南酵益科技生物有限公司》首轮融资1000万元，组织学生两次到公司参观学习。打造合力共建工作品牌，“国际文化讲坛”充分利用外交资源和学生SICA社团实现无缝对接，组织外教开展各类讲座10余次。

推进荣誉学生培养项目。在思想引领创新上，开展“国际之星”年度人物和团队评选活动，深度挖掘典型事迹；在党员作用发挥机制创新上，大力实施“学生党员常驻制”，推进学生党员驻班、驻会、驻社团，并且长期结合，长期指导，长期发挥作用。

实施班级量化考勤，狠抓学生出勤率。学院全面推行班级量化考核制度，将考勤结果在网站公布，及时处理违纪学生。每名领导班子成员联系并负责一个专业，严抓考风考纪。

荣获校乒乓球锦标赛第一名、校象棋大赛第一名、河南省国际象棋锦标赛第一名、河南省跆拳道锦标赛段位赛第二名、河南省首届大学生禁毒辩论赛优秀奖等荣誉60多次。举办“国青春”大学生科技文化艺术节、“国青春”班级合唱比赛、辩论赛、英文电影配音大赛、校园曲艺大赛、心理情景剧大赛、“果香满园 心际无边”毕业生晚会、“锦绣国院、花开有声”跨年晚会等活动，优化校园文化影响机制，用有特色的学院文化凝聚学生、影响学生、服务学生。

学院的9000多校友分布在世界各地，为加强校友与母校的联系，学院先后成立北京和河南校友会。北京校友联谊会为学院捐赠地球仪，河南校友联谊会为学院捐赠文化石。

【党建与思想政治工作】 学院党委围绕群众路线教育、“三严三实”专题教育、“两学一做”学习教育等主题活动，建立和完善了“党委委员领学，党员带学，全体党员集中学和入党积极分子跟学、自学，出国党员、入党积极分子网上学”五级学习体系，以蓝墨云班课、QQ群、微信群等信息技术为平台，强化师生的学习意识和理论意识。按照分类管理、分层推进的要求，大力推进“六个一”工程，组织教工党支部赴鹤壁中鹤集团、好想你集团参观交流，将学习教育活动与企业发展结合起来。

学院党委制订《党建工作责任制》《贯彻落实“三重一大”制度实施细则》，加强党委和领导班子建设；制订《落实党风廉政建设主体责任实施细则》《党员领导干部民主生活会制度》，加强廉洁自律建设；制订《领导班子成员联系科室及专业制度》《党支部联系师生群众若干规定》等,加强作风建设;制订《党支部工作细则》《“三会一课”制度》,加强基层组织建设;制订《“六辩六评六票”制实施细则》《民主评议党员制度》,加强党的先进性和纯洁性建设。在“推优、发展、转正、评议、党性答辩、评优”等六个关键环节全部进行个人陈述、组织问辩和结果票决。其中,“党员队伍建设的‘六辩六评六票’制、‘三个六工程’”被评为学校基层党建创新项目。

中英国际学院(软件学院)

【概况】 学院设党政办公室、教学办公室、学生工作办公室、团委,设建工、食品、软件、设计、机械、金融、会计、播音 8 个系,包括艺术设计、播音与主持、机械制造与自动化、汽车营销与服务、会计、证券与期货、食品营养与检测、工程造价、信息安全与管理、软件技术 10 个专业。现有教职员工 33 人,14 人为正式职工,3 人为退休返聘人员,1 人为校聘人员,学院自主招聘 9 人,临时人员 6 人。

【学科建设】 学院开设的 10 个专业中,软件学院有信息安全与管理、软件技术 2 个两年制专科专业,其他 8 个专业与英国阿伯瑞斯特维斯大学(Aberystwyth University)合办。所有课程依托粮油食品等相关学院和工程训练中心。

【教学工作】 日常教学管理　学院在校生人数 3453 人,严格执行教学管理规章制度,保障教学运转正常。成立院级教学督导组,对学院教学进行监督、检查、评价、反馈和服务等工作,每人“一天一班”随机查课,每人每学期听课 8 次,基本覆盖所有任课教师。

实验室建设　学院实验室投入 391 万元,新建实验室 4 个(会计电算化、金融专业、软件专业、ERP),目前实验室达 21 个,面积 1645 m^2,资产 889 万元,设备 1307 台套数。本年度开出实验课程 53 个科目,完成 245270 人次的实验工作量。

【科研工作】 部级项目、厅级项目各一项,获得发明专利和实用新型授权 6 次。

【学生工作】 安全稳定实现零事故,毕业生的就业率为 92.8%,完成 2016 届毕业生贷款 281 人的催还贷款工作,还款率达 97.4%,完成在校生 114 人的贷款申请、合同签订等工作。

班级建设　班级建设实现了“六个结合”:与学生的思想政治教育、团组织建设、安全稳定、学风建设、评先评优、资助工作相结合。

圆梦计划　加强“圆梦计划”品牌建设,为学生提供丰富的活动平台,锻炼能力,发挥特长。全年组织圆梦系列活动 20 余场,参与同学 2000 余人次。获“思科网院杯”2017 年度大学生网络技术大赛二等奖、三等奖,在教育部思想政治工作司主办的第二届全国大学生网络文化节全国大学生网文作品征集中获全国二等奖,“挑战杯”第十三届河南省大学生课外科技学术作品竞赛,学院学生获得三等奖,在河南省 2017 年青年公益创投大赛中获得银奖,在学校第九届大学生职业生涯设计大赛中获一等奖,在学校第十一届大学生创新大赛中获一等奖,在学校学生心理情景剧大赛中连续三年蝉联第一名,在学校预征兵工作中被评为先进单位;资助工作中被学校评为先进单位。

社团建设　学院按照“分类规划、届次推进、品牌建设”思路建设学生社团,把学生社团按照不同的功能并结合学生的兴趣,分为思想政治教育类社团、专业类社团和文体类社团三大类。有学生社团 35 个,组织社团活动 80 余场次,参与学生 4000 余人次。

家校联系　继续充实《家校协同驾驭精品案例一书》,通过更多真实案例引导家长参与到学校教学管理中。建立家校联系 QQ 群、微信群,及时通报学校的重要决定和近期注意事项。印制家校联系卡,24 小时接受家长咨询。编写《辅导员工作 100 个怎么办》,将学生工作中常见的 100 个问题列出并给出详细解决办法。

【党建与思想政治工作】 学院党委下设 1 个教工党支部,3 个学生党支部。在编教职工党员 14 人,学生党员 54 人,19 名预备党员转为正式党员。学院组织全体教职工学习党中央系列讲话精神及党内法规,组织观看党的十九大开幕式实况直播。邀请学校十九大精神宣讲团做十九大精神解读报告,教职工党员赴全国党性教育基地——林州红旗渠,重温入党誓词,学习团结协作的群众路线精神。11月份,教工党员代表参观中共一大、二大会址,瞻仰革命旧址,学习红色文化,接受革命传统教育,始终保持和发扬党员先进性作用。

【招生工作】 学院把“大幅度扩大生源,提高生源质量”作为学院生存的基础,采取强有力营销措施,录取新生1320人,第一志愿录取率100%,报到新生1159人,报到率88%,是全省规模最大的中外合作办学专科机构。

全员参与 组织专人参加河南省2017年高招现场咨询大会,学院全员全程参加。组织部分教职员工分别赴新乡、许昌、周口等地市参加当地举办的高考招生咨询会。

多方动员 组成几十支师生宣传小分队,进行招生宣传。

全方位宣传 学院开通4部招生热线作为招生咨询电话,利用新浪官方微博、QQ官方群、专用QQ号、百度贴吧招生咨询专帖等新媒体与考生进行实时在线互动;认真接待每一位来访考生及家长。在郑州市教育广播进行口播。

【对外合作交流工作】 优质资源引进 扩大国外优质教育资源引进,共引进全英外方核心课程25门,21名外教来院授课,高度关注学生的听课效果,要求外方教师和中文辅导教师加强沟通交流,及时解决授课中出现的问题,确保学生真正享受到优质的国外教学资源。

外语培训 通过教学改革研讨,学院将英语教学分为听力、口语、写作,并纳入教学计划,全面提升学生英语技能;出资20余万元与国内知名培训机构新东方合作,推出免费雅思培训班;推出“出国留学培育”工程,选拔学生参加英国班戈大学、亚伯大学的语言水平测试,为申请出国深造创造条件。

营造国际化氛围 网站设置英文网页,加强和外方合作建成外籍教师与学生资料共享等专门网站,24名学生拿到国外高校offer,出国留学人数大幅增长。创建“英语共进协会”,提升学生的外语水平,开班“英语周末舞会”,提升学生综合素养,营造国际化氛围。

·教学工作·

(一)本(专)科生教育教学

【概况】 教务处是学校本(专)科生教学工作和管理的主要职能部门,现设有办公室、招生管理科、招生计划信息科、教务科、教材科、教学质量管理科、实践教学科、高教研究室、评估科等科室,另有学校招生工作办公室、高教研究所、教学评估与质量管理办公室、语言文字工作委员会挂靠在教务处。教务处有职工25人。

【培养方案】 2017年教学工作的一个"重头戏"就是人才培养方案的修订。组织召开文科组和理工组本科人才培养方案评审会。邀请北京大学、清华大学、中国传媒大学、华中科技大学、北京交通大学等15所高校的23名教授、教育部各专业类教学指导委员会委员,以及10名来自企业的高管参加人才培养方案的评审工作。经过多次论证和评审,人才培养方案修订工作已完成。本次人才培养方案修订工作,转变了人才培养理念,从"重知识传授"向"重能力培养"转变,从"输入导向"向"产出导向"转变,确定人才培养目标,从学期设置、课程、实践教学、质量监控与评价、资源保障等方面,做好人才培养的顶层设计。

【教学常规管理】 根据教育部第41号令的精神,逐条对应落实到学校出台的各项管理规定中,全面更新《本科学生学籍管理办法》《本科毕业生学士学位授予工作管理办法》《本专科学历证书制发管理办法》《转专业与转学管理办法》等制度。从新生入校到毕业审核,加强过程管理,开启一年毕业2次的审核工作,严肃学籍管理的各项工作,保证管理制度的先进性和人性化。考试管理水平不断提升。配合学校考风考纪建设,在集中考试前,除了在考场张贴海报、摆放展板、利用校园广播进行考风考纪宣传,还利用电子显示屏和微信公众号播放违纪作弊教育宣传片。根据具体工作要求,向软件开发公司提出需求,先后修改和完善综合教务系统的成绩打印、历史成绩查询、毕业资格审核和双学位管理等相关功能,进一步提升工作效率,提高管理水平。不断提升服务质量。毕业证书实现自主打印。为了保证印刷质量和数据安全,特购置彩色数码打印系统和印刷软件,保质保量完成了毕业证书印制工作。根据学生需求,自主开发了四六级成绩证明自助打印小程序,为广大学生提供便利。

【教学计划】 对2017级实施2017版培养方案,完成本科69个专业、专科17个专业各年级2014版、2015版和2017版培养方案录入综合教务系统,并与教学单位一起对培养方案的录入情况进行逐一核对,保证培养方案录入的准确性;完成教学执行计划的制订和教学任务的安排工作。完成各类选修课程的选课任务。实施2014版和部分2017版人才培养方案。

【教学质量管理】 2017年,安排各类听课1388人次,教学督导巡视考场158人次。聘任学生信息员860人,收集并解决有效反馈信息690条。2017年调课率比2016年低了0.06个百分点。学校开展第七届教学大奖赛活动,有9名教师获一等奖,21名教师获二等奖,80名教师获三等奖。在河南省第三届信息技术与课程融合优质课大赛中,学校推荐的30名教师中有21名教师获奖,其中一等奖2名,二等奖7名,三等奖12名,获奖率为70%。2017年分别进行了两个学期的期中教学检查工作,组织检查人员300人次,对238名教师的课堂教学情况进行全面检查,优秀率23%;对213个教学班进行随机检查,学生平均到课率为86%,比2016年提高了3个百分点。

【质量工程】 国家级、省级质量工程 省级以上质量工程申报中,学校取得了丰硕的成果,国家级大学生创新创业训练计划项目获批16

项，省级大学生创新创业训练计划项目获批33项。省级教学工程项目获批11项，包括：4门省级精品在线开放课程、3项省级专业综合改革试点项目、4个省级优秀基层教学组织。

校级质量工程　组织专家对2012年立项的“优培工程”专业、2015年立项的“优培工程”课程进行验收。最终确定5个专业全部通过验收；14门“优培工程”课程通过验收，4门课程申请延期结项。启动2016年在线开放课程、2016年精品公选课检查工作，组织校教学督导委员会委员对13门精品公选课程进行随机听课。组织对2014年立项的优培专业年度检查工作，年度检查采用学院自查形式。启动2017年度“精品通识平台公共选修课”项目及“精品在线开放课程”立项工作，召开立项评审会，最终立项15门精品通识平台公共选修课程和5门精品在线开放课程。组织“创新示范学院”立项申报工作，召开立项评审会，经过现场答辩和专家评委的严格评审，充分考虑学校教学改革规划，经校领导研究批准，立项“创新示范学院”6项。组织“科教融合”项目立项申报工作，56项进行立项建设。

【教研项目】　本年度学校获省级高等教育研究项目立项23项，立项数创历年新高；获教育规划课题一般项目立项10项，教育科学规划2018年重点课题获立项1项。

组织申报高等教育教学改革研究与实践招标项目，并进行评审，最终确定“大数据视域下高等学校专业动态调整机制研究”等2个项目为校级教育教学改革研究与实践的招标项目。组织对2014年立项的校级高等教育研究延期结项项目进行验收评审，共21项通过验收。

【教材建设】　组织召开年度学校教材建设工作会议，确定年度计划出版教材18部，胶印教材10部；出版校级规划教材8部，出版省级规划教材3部；本科教学选用优秀教材和省部级以上规划教材的比例为33%，选用近三年出版的教材比例为34%；公共基础课选用优秀教材和省部级以上规划教材的比例为44%；公共基础课选用近三年出版的教材比例为34%，超过了教育部的有关原则性规定。对2016级和2015级学生公共课和基础课所选教材进行调查，测评结果显示，优良率在90%及以上的教材占被测评教材的74%，优良率在60%以下的教材占0.7%。

【实践教学】　网络化管理　规范实践教学管理，逐步完善实践教学网络化管理系统的各个功能模块，授课计划、实验排课、毕业设计及工作量核算等模块基本实现了设计功能。

经费投入　加大实践教学投入，逐步完善实践教学体系的内涵建设。下拨实践教学经费10 295 046元，较上一年提高了56.66%。

实验教学　全校开出实验课725门，共1992门次，其中独立设置的实验课84门，共597门次，实验开出率100%。

实习教学　学校有校外实习基地223个，9406人次学生在校外实习基地实习；校内实习基地30个，学生在校内实习基地实习18 987人次。

课程设计开课　学校共开出课程设计133门，17 972人次参加课程设计训练。

毕业设计（论文）　2017届毕业设计（论文）选题符合专业人才培养目标，紧密结合生产经营和工程实际，工科专业设计类题目占总题目的比例达到80%。61个专业共7171名本科毕业生参加毕业设计（论文）选题工作，其中356名学生完成双学位的毕业设计（论文）选题工作。选派1186名具有工程实践和教学经验的工程师及以上专业技术职务的工程技术人员对学生进行指导，本科毕业设计（论文）质量逐步提高，评选出《远程可操控智能化开关的结构及程序设计》等150份优秀本科毕业设计（论文）和115名优秀指导教师。在河南省教育厅对2016届毕业设计（论文）抽检工作中，学校被抽查的29份毕业设计（论文）学术不端检测不合格率为零，质量抽查优秀2篇，占6.9%，良好21篇，占72.4%，及格4篇，占20.7%。抽查成绩优良总数和学校给定成绩优良总数相符率为96.15%。

专业竞赛　组织各类专业竞赛10余项，参加学生人数2948人次。

工作量统计　对6346门次课程进行工作量核算。对285名职称评定教师的近5年工作量进行工作量核对。

【教学评估】　评估筹备　学校下发《关于成立本科教学工作审核评

估筹备工作小组的通知》(校党办[2017]4号),召开本科教学工作审核评估筹备工作小组第一次会议,通过《河南工业大学本科教学工作审核评估审核项目任务分解表》。

本科教学基本状态数据库填报　制定《河南工业大学2017年本科教学基本状态数据库采集填报工作实施方案》,按工作方案完成校7大类、674项数据78张表本科教学基本状态数据库填报,形成《河南工业大学分析报告》。

本科教学质量报告　完成《河南工业大学2016—2017学年本科教学质量报告》,并按时向社会发布本科教学质量报告彩页版。

工程教育专业认证　根据《河南工业大学2017年度工程教育专业认证实施计划》(校政教[2017]6号),协助电子信息工程、材料科学与工程和高分子材料与工程专业完成专家进校现场考察;协助电气工程及其自动化、过程装备与控制工程、软件工程、化学工程与工艺、环境工程和土木工程6个专业的工程教育专业认证申报工作,其中过程装备与控制工程、软件工程、化学工程与工艺、环境工程和土木工程5个专业的申请分别被中国工程教育专业认证协会和高等教育土木工程专业评估委员会受理。

完善教学质量监控体系　为第三方麦可思公司提供本科毕业生、教师、核心课程和专业的各类信息,配合其对2016届本科生进行跟踪调查,最终完成《2017河南工业大学社会需求与培养质量年度报告》。该报告综合了2012—2016届共5届本科毕业生的反馈评价信息。

专业评估工作　2016年参与河南省本科专业评估的播音与主持艺术、计算机科学与技术、金融学、生物技术、法学5个专业的综合排名分别为全省第2、3、3、5、8名。协助39个专业完成河南省本科专业评估信息填报工作。

常规教学检查　组织专家组对2016—2017学年第一和第二学期的试卷进行抽查。两个学期共抽查课程634门,评价达到优秀课程346门,良好课程158门。

【招生工作】　招生专业与计划　本科招生专业63个。校本部63个本科专业和10个专科专业面向全国计划招生8690人,其中本科7370人。省外录取3052人,占整个本科招生规模的41.1%;专科1320人,增加招生计划的专业12个,减少计划专业10个,停止招生专业1个。

招生宣传工作　明确了校院配合、重心下移的校院二级招生宣传模式。招办继续开展形式多样的招生宣传及服务工作;配合学校参与首届校园开放日活动;各学院赴省内外有关中学开展了有针对性的宣传工作。

本科艺术专业招生　6个艺术类本科专业计划招生420人(其中河南省招生270人),分别在河南、河北、山西等19省份招生,各省录取专业分均使用各省统考成绩,考生报考积极、生源质量高。

本科一批招生　学校53个普通专业在河南省全部按本科一批招生,其他有本科一批专业的有河北、安徽、甘肃、贵州、内蒙古5个省份。计划总数为3841人,占本科招生规模的52.1%。其中在河南省招生3629人(含国家贫困地区专项200人和农村专项69人)。在省内文、理科录取最低分分别高一本分数线5分和17分。文、理科生源最低位次分别为16 933名和67 539名。

本科二批招生　本科二批计划招生3254人(含合作办学870人),在河南省只有合作办学的6个本科专业仍按本科二批招生,文、理科录取最低分分别高出二本线83分和100分。在外省(市、区)录取最低分均大幅度超过当地线。

联合办学招生　与漯河市人民政府联办的2个本科二批专业招生录取130人。与河南应用技术职业学院联办的2个理工科本科二批专业录取100人。与河南辅读职业中等专科学校联办的2个专科专业录取200人。

专科批次招生　校本部10个专科计划1320人全部在河南省招生,其中2个合作办学艺术类专科340人,6个合作办学专科760人,2个软件类专科220人。合作办学专科文、理录取最低分分别高专科分数线76分和51分;软件类专科文、理录取最低分分别高专科分数线94分和135分。

报到情况　学校省内外本科报到率稳定提高,本科(含合作办学)总体报到率为98.26%,其中合作办学本科专业报到率97.4%。中英国际学院专科报到率88%。

其他工作　继续承接河南省

高考理科综合评卷工作。组织近500名评卷人员，按时高质量地完成河南省38万份理科综合高考试卷的网上评卷任务。本科专业设置具体情况见表6-1。

表6-1 本科专业设置一览表

序号	所属学院	专业名称	专业代码	学制	学位
1	粮油食品学院	食品科学与工程	082701	4年	工学学士
2		食品质量与安全	082702	4年	工学学士
3		粮食工程	082703	4年	工学学士
4		食品营养与检验教育	082707T	4年	工学学士
5	机电工程学院	机械设计制造及其自动化	080202	4年	工学学士
6		包装工程	081702	4年	工学学士
7		过程装备与控制工程	080206	4年	工学学士
8		车辆工程	080207	4年	工学学士
9		材料成型及控制工程	080203	4年	工学学士
10	土木建筑学院	土木工程	081001	4年	工学学士
11		工程管理	120103	4年	工学学士
12		建筑学	082801	5年	建筑学学士
13		建筑环境与能源应用工程	081002	4年	工学学士
14		道路桥梁与渡河工程	081006T	4年	工学学士
15		工程力学	080102	4年	工学学士
16		交通工程	081802	4年	工学学士
17	信息科学与工程学院	计算机科学与技术	080901	4年	工学学士
18		电子信息工程	080701	4年	工学学士
19		电子信息科学与技术	080714T	4年	理学学士
20		软件工程	080902	4年	工学学士
21		空间信息与数字技术	080908T	4年	工学学士
22		物联网工程	080905	4年	工学学士
23		网络工程	080903	4年	工学学士
24		通信工程	080703	4年	工学学士
25	化学化工与环境学院	化学工程与工艺	081301	4年	工学学士
26		应用化学	070302	4年	理学学士
27		环境工程	082502	4年	工学学士
28		化学	070301	4年	理学学士
29	生物工程学院	生物工程	083001	4年	工学学士
30		动物科学	090301	4年	农学学士
31		生物技术	071002	4年	理学学士
32		制药工程	081302	4年	工学学士
33	材料科学与工程学院	高分子材料与工程	080407	4年	工学学士
34		材料科学与工程	080401	4年	工学学士
35		无机非金属材料工程	080406	4年	工学学士

续表 6-1

序号	所属学院	专业名称	专业代码	学制	学位
36	电气工程学院	自动化	080801	4 年	工学学士
37		电气工程及其自动化	080601	4 年	工学学士
38		测控技术与仪器	080301	4 年	工学学士
39		轨道交通信号与控制	080802T	4 年	工学学士
40	管理学院	工商管理	120201K	4 年	管理学学士
41		电子商务	120801	4 年	管理学学士
42		旅游管理	120901K	4 年	管理学学士
43		物流管理	120601	4 年	管理学学士
44		财务管理	120204	4 年	管理学学士
45		市场营销	120202	4 年	管理学学士
46		会计学	120203K	4 年	管理学学士
47		人力资源管理	120206	4 年	管理学学士
48	经济贸易学院	国际经济与贸易	020401	4 年	经济学学士
49		金融学	020301K	4 年	经济学学士
50		财政学	020201K	4 年	经济学学士
51		经济学	020101	4 年	经济学学士
52	外语学院	英语	050201	4 年	文学学士
53		日语	050207	4 年	文学学士
54		翻译	050261	4 年	文学学士
55	理学院	数学与应用数学	070101	4 年	理学学士
56		应用物理学	070202	4 年	理学学士
57		信息与计算科学	070102	4 年	理学学士
58		应用统计学	071202	4 年	理学学士
59	设计艺术学院	视觉传达设计	130502	4 年	艺术学学士
60		环境设计	130503	4 年	艺术学学士
61		产品设计	130504	4 年	艺术学学士
62		动画	130310	4 年	艺术学学士
63		数字媒体艺术	130508	4 年	艺术学学士
64	新闻与传播学院	广告学	050303	4 年	文学学士
65		广播电视学	050302	4 年	文学学士
66		播音与主持艺术	130309	4 年	艺术学学士
67		网络与新媒体	050306T	4 年	文学学士
68	法学院	法学	030101K	4 年	法学学士

注：专业代码加有“T”者表示特设专业，专业代码加有“K”者表示国家控制布点专业。

表 6-2 2017 年获批省级、国家级“大学生创新创业训练计划”项目统计

序号	级别	项目名称	项目类型	项目负责人	指导教师	所属学院
1	国家级	麦麸白腐菌发酵处理对馒头品质影响研究	创新训练项目	谢宇航	马 森 李 力	粮油食品学院
2	国家级	郑州千谷粮缘食品科技有限公司创业项目	创业训练项目	汪 桢	安红周 孙志明	
3	国家级	郑州菲尔萌农业科技有限公司创业项目	创业训练项目	吴环宇	刘凤杰 鲁玉杰	
4	省级	木瓜籽胶的流变学特性研究	创新训练项目	朱春燕 解爱军	刘华敏	
5	国家级	基于计算机程序筛选的抗菌肽库的建立	创新训练项目	孙 浩 程本明	李瑞芳 许伟涛	电气工程学院
6	国家级	工业拓扑串联机器人运动规划综合试验平台创新项目	创新训练项目	李百鑫 娄晓东	曹 毅 吴 翔	
7	省级	老人姿态实时检测与识别技术研究	创新训练项目	石 磊 刘 坤	牛群峰 杨铁军	
8	省级	智慧城市智能停车系统	创新训练项目	潘良辉	郑 维 卢 涛	
9	国家级	农之友-互联网+农业	创业训练项目	王恩临	王高平 杨 繁	信息科学与工程学院
10	国家级	基于 VR 技术的储粮害虫防治教学平台构建研究	创业训练项目	胡超男	肖 乐	
11	省级	北极海冰监测服务平台	创新训练项目	梁 正 吴展开	王星东	
12	省级	基于层次分析模型和最短路算法关于小区开放对周边道路通行影响的研究	创新训练项目	项兆坤 陈 岩	曹建莉 唐建国	
13	省级	新型智能灯控制系统	创业训练项目	慕方方	吕宗旺	
14	国家级	郑州鸾韵文化传媒有限公司创业项目	创业训练项目	程杰里	周志强 王 萌	土木建筑学院
15	国家级	南天竹生态创意空间发展有限公司创业项目	创业训练项目	马传奎	卢雪飞 王 萌	
16	省级	分布式连接全装配式 RC 楼盖平面内刚度计算方法与参数分析	创新训练项目	付 豪 张鹏飞	庞 瑞	
17	省级	橡胶水泥混凝土复合式路面荷载应力分析	创新训练项目	林泽辉 曾 超	静 行	
18	省级	粮仓气密及隔热性能提升新材料、新工艺开发与示范	创新训练项目	王路飞 王晨昉	陈 雁	
19	省级	BIM 技术在精细化施工中的应用	创业训练项目	盛卫国	黄海荣 董润润	
20	国家级	郑州钧语钧瓷文化创意有限公司创业项目	创业训练项目	苗景玉	王庆斌 孙新要	设计艺术学院
21	国家级	红旗渠红色文化研学游产业开发创业项目	创业训练项目	秦晨凯	李 波	
22	国家级	河南留余企业管理咨询服务有限公司	创业训练项目	崔世龙	刘 林 高雅真	
23	省级	城中村整体改造和文化遗产再生的研究	创新训练项目	崔 强 李振飞	何奕廷 韩丹枫	
24	省级	河南本土文化的动画推广及衍生品开发	创新训练项目	常怡雯 魏孔超	陈高雅 毕圣囡	
25	省级	基于信息可视化的公共安全标识系统研究——以地铁郑州东站为例	创新训练项目	李雅璐 王朝阳	訾 鹏 张西利	
26	国家级	抗性糊精生产及相关产品研发	创业实践项目	纪小国	黄继红 惠 明	生物工程学院
27	国家级	中原地区人工大田栽培羊肚菌种植技术推广及羊肚菌菌种驯化选育	创业实践项目	李 谦	魏雪芹 霍清廉	材料科学与工程学院
28	省级	超硬材料陶瓷磨具的微波制备及其性能研究	创新训练项目	袁永帅 邱文星	赵志伟 魏雪芹	

续表 6-2

序号	级别	项目名称	项目类型	项目负责人	指导教师	所属学院
29	国家级	创新型慕课+翻转课堂平台搭建	创业实践项目	张　琦	段慧子	新闻与传播学院
30	国家级	未完快历史	创业训练项目	吕孙伟	朱存库	
31	省级	风笙文化传媒工作室——在线课程开发	创业训练项目	周　冬	王　放 吕　化	
32	省级	河南省元诗歌文化传媒有限公司创业项目	创业实践项目	徐方方	单艳军 李红光	
33	省级	农村一二三产业融合发展缘何异彩纷呈	创新训练项目	王山峰 李西龙	梁瑞华	经济贸易学院
34	省级	河南省高等学校创业教育实施困境及破解策略	创新训练项目	朱思敏	赵予新 李小珍	
35	省级	再造乡土,孵化梦想:大学生返乡创业如何走向成功——基于河南省返乡创业大学生的实例分析	创新训练项目	陈　宇 付文佳	翟书斌 邝金丽	
36	省级	凝心致力于补齐精准扶贫中的短板——对大别山核心革命老区新县的调查与分析	创新训练项目	唐翠仪 杨晓松	李铜山 马松林	
37	省级	郑州莱托医疗设备有限责任公司	创业实践项目	邢　磊	梁瑞华	
38	省级	旧聚轰趴馆	创业实践项目	邱勋旭	翟书斌	
39	省级	镁空气电池高放电性电极研究开发	创新训练项目	李飞燕 宣德坤	马晓录 郭永刚	机电工程学院
40	省级	生活废水回收冲厕节水系统优化设计	创新训练项目	孙　瑜 张家葳	郭永刚 冯　伟	
41	省级	新型连续化散粮卸船装备的设计与创新	创新训练项目	黄　冲 张　宇	王明旭 马晓录	
42	省级	基于"互联网+体育产业"发展模式的扬帆跆拳道俱乐部运营	创业实践项目	于壮壮	吕　化 王　放	
43	省级	河南净屋环保科技有限公司创业项目	创业实践项目	郭　闯	张　宾	
44	省级	天地粮心粮油机械工作室创业项目	创业训练项目	李浩天	武文斌	
45	省级	电子商务信用评价体系的改进算法研究	创新训练项目	石龙飞 张晨玉	曹建莉 魏　涛	理学院
46	省级	河南自贸区"二十二证合一"改革现状及其发展趋势调研	创新训练项目	汪亚枫 翟玲玉	谭　波 陈志杰	法学院
47	省级	郑州市校便行文化传媒有限公司创新项目	创业实践项目	张胜利	魏　杰	
48	省级	新型污泥基透水性泡沫混凝土砌块的制备	创新训练项目	李鹏凯 王英杰	刘永德	化学化工与环境学院
49	省级	郑州索腾乐器有限公司创业项目	创业实践项目	肖　国	韩　江	管理学院

表 6-3　2017 年获批省级及以上本科教学工程项目统计

序号	项目类别	项目所属学科	主持人	所属学院
1	省级专业综合改革试点项目	产品设计	王庆斌	设计艺术学院
2		高分子材料与工程	邹文俊	材料科学与工程学院
3		经济学	李利英	经济贸易学院
4	省级精品在线开放课程	储藏物昆虫学	白旭光	粮油食品学院
5		材料力学	原　方	土木建筑学院
6		材料成形工艺基础	屈少敏	机电工程学院
7		国际贸易实务	吕玉花	经济贸易学院
8	省级优秀基层教学组织	计算机工程系	赵玉娟	信息科学与工程学院
9		粮油储藏系	王若兰	粮油食品学院
10		国际贸易系	马松林	经济贸易学院
11		播音与主持艺术系	李红光	新闻与传播学院

表 6-4 河南省高等教育教学改革研究与实践项目立项名单

序号	项目名称	主持人	项目成员	所属单位	类别
1	行业特色型高校创新创业人才培养范式研究与实践	徐 恒	魏明侠 雷 兵 李凤廷 钟 镇 刘 威 李朝阳 王 伟	管理学院	重大项目子课题
2	大数据视域下高等学校专业动态调整机制构建与实践——以工科专业为例	李利英	李国仓 张 强 李文启 张玉宏 张 磊 陈虹杉 张建江 邵 与	校长办公室	重大项目子课题
3	能力培养为核心的工程教育中教学策略研究与实践——以计算机科学与技术为例	张浩军	赵玉娟 马海华 王 峰 费 选 马 丁 张闻强	教务处	省级重点项目
4	基于"互联网+"的机械基础类课程多元化教学模式改革与实践	武照云	马晓录 李 丽 吴立辉 刘晓霞 阮竞兰 冯 伟 訾晓霞 丁 浩 卢利平	机电工程学院	省级重点项目
5	中华优秀传统文化融入高校思想政治理论课教学研究	靳义亭	白海燕 李芳芳 杜 鹏 杨 丽	马克思主义学院	省级重点项目
6	测控技术与仪器专业实践教学循环模式研究	孙红鸽	刘建娟 王秀霞 臧 义 马 利 刘伍丰	电气工程学院	省级重点项目
7	计算机类专业工程教育认证关键问题研究与实践	刘宏月	侯惠芳 史卫亚 程 立 李 磊 赵晨阳 唐建国 孙宜贵	信息科学与工程学院	省级重点项目
8	新闻传播类专业"全程化"考核方式改革探索与实践	李晓云	尚恒志 郑东晓 张合斌 李红光 郭 颖 夏 颖 许俊义	新闻与传播学院	省级重点项目
9	设计学类专业导师工作室教学模式改革研究与实践	王庆斌	吴 艨 佗卫涛 魏 强 訾 鹏 王 雨 张建松 赵京京 张鹏辉 关晓琳 徐海涛 李维维 刘祥辉 王伟天	设计艺术学院	省级一般项目
10	工程教育专业认证背景下数学类公共课程教学模式的改革与实践	慕运动	焦万堂 王玉雷 全 然 林 浩 许小艳	理学院	省级一般项目
11	基于国际化人才培养战略的外语特色校级通识课程群建设研究	黄辉辉	马玉梅 杜巧阁 张 艳 陈 玉 侯宏业 蒋智敏	外语学院	省级一般项目
12	基于"大众创业,万众创新"的高校创新创业教育生态系统构建的研究与实践	张宝强	孙占利 云 剑 孙 红 李建峰	学生工作部	省级一般项目
13	工程教育专业认证背景下的电子信息工程专业实践教学改革的研究与实践	吕宗旺	孙福艳 焦素敏 任笑真 吴剑峰 樊 超 王雪梅 傅洪亮	信息科学与工程学院	省级一般项目
14	"互联网+"背景下翻译专业课程群与教学内容整体优化的研究与实践	沈国荣	朱 耕 靳亚铭 乔 颖 冯武强 王 岩 杨惠莹 曹 阳	外语学院	省级一般项目
15	基于大数据分析的高校教学质量综合评价方法的研究与实践	高桂桢	杨卫东 高伟明 徐春玲 朵天林 禹建萍 高 正 岳智岫	教务处	省级一般项目
16	校院两级本科教学质量保障体系研究	谷存昌	党 培 李 清 赵红月 张 霞 丁永刚	教务处	省级一般项目
17	机械工程虚拟仿真实验教学体系研究与实践	朱红瑜	刘自然 宋 啸 邓鹏辉 陈大立 雷 辉 李晓华 唐静静	机电工程学院	省级一般项目
18	经济学专业实践教学模式改革创新研究与实践	康涌泉	李铜山 梁瑞华 王松梅 王海红 郭慧萍 李进霞	经济贸易学院	省级一般项目
19	面向"一带一路"战略的创新创业型国际贸易人才培养模式与路径研究	马松林	关浩杰 方旖旎 朱坤林 吕玉花	经济贸易学院	省级一般项目

续表 6-4

序号	项目名称	主持人	项目成员	所属单位	类别
20	大数据背景下人才培养模式运行机制的研究与实践	胡继云	张小鸥　陈继红　卢　娜 吴　勇　符建华　韩　璐	教务处	省级一般项目
21	地方高校应用化学专业课程体系的构建与实践	刘　捷	张玉军　许元栋　展海军 袁金伟　赵东欣　何丽君 游利琴	化学化工与环境学院	省级一般项目
22	自动化特色专业视阈下的应用型嵌入式系统人才培养模式研究与实践	张晓东	刘楠嶓　卢　涛　曹　毅 王燕平　石庆升　鲁　可	电气工程学院	省级一般项目
23	财政学专业课程群建设与优化研究	李小珍	杨　茂　李春明　马　强 李书华　杨　帆	经济贸易学院	省级一般项目

表 6-5　河南省教育科学"十三五"规划 2017 年一般课题立项名单

序号	课题编号	课题名称	主持人
1	〔2017〕-JKGHYB-0040	习近平总书记大学生思想政治教育思想研究	李本松
2	〔2017〕-JKGHYB-0041	英汉互译中中动结构的认知研究	陈　霞
3	〔2017〕-JKGHYB-0042	校企合作开展创新创业教育的研究与实践	张体祥
4	〔2017〕-JKGHYB-0043	数字阅读背景下的文学鉴赏教育研究	张雁泉
5	〔2017〕-JKGHYB-0044	大学教学中研究性教学方法的探索及应用	赵银丽
6	〔2017〕-JKGHYB-0045	河南省应对校园欺凌问题的法治课堂教育近路体系化研究	陈　政
7	〔2017〕-JKGHYB-0046	高校"双创"教育与专业教育融合方式与途径研究	李书华
8	〔2017〕-JKGHYB-0047	本科高校生源质量评价及提升研究	张　强
9	〔2017〕-JKGHYB-0048	"课例研修"促进高校教师专业素养提升有效途径的行动研究	王　放
10	〔2017〕-JKGHYB-0049	董仲舒德育思想融入高校思想政治教育路径研究	杨　丽

表 6-6　河南省教育科学"十三五"规划 2018 年重点课题立项名单

课题编号	课题名称	主持人
〔2018〕-JKGHZD-16	大学生网络行为的心理机制及其疏导对策研究	金晓燕

(二)研究生教育

【概况】 研究生处是负责学校学科建设,研究生教育与管理等工作的职能部门。现设综合办公室、学科管理科、研招办、培养科、学位管理科、创新与质量管理科。现有工作人员 10 名。

【硕士研究生推免高校申报】 2017 年 6 月教育部下达"推荐本科生免试攻读研究生"的申报工作通知。研究生处与学校各有关职能部门通力合作,认真组织,完成申报任务。在省学位办组织的专家评审中,获全票通过,入选研究生推免资格高校,并于下半年开展首届推免工作。获得研究生推免权,这对于学校完善研究生多元招生录取机制、加强拔尖创新人才选拔、提高人才培养质量具有重要意义,为学校进一步开展本、硕、博连读工作,奠定了坚实的基础。

【招生工作】 完成 2017 年博士和硕士研究生招生任务,招收博士研究生 14 人、硕士研究生 562 人,一志愿上线率比 2016 年有较大提升,2018 年硕士研究生招生报名比上年增加考生 600 多人。研究生类型结构进一步完善,生源数量和质量均有显著提升。

【培养质量】 优秀硕士学位论文评选　开展优秀学位论文培育工作,为保持学校省级优秀论文的获奖率奠定了坚实基础。经个人申报、学院推荐、专家评审，结合论文外审结果及答辩情况，并参考学术不端文献检测系统的检测结果，开展校级优秀硕士学位论文评选。在河南省学位委员会、教育厅组织的河南省2017年优秀硕士学位论文评选中，6篇学位论文获河南省优秀硕士学位论文。

高质量课程和创新基地建设 在河南省教育厅组织的研究生教育创新培养基地和研究生教育优质课程评选中，学校研究生教育创新培养基地（与郑州磨料磨具磨削研究所有限公司合作）被批准为第四批研究生教育创新培养基地建设单位；工商管理硕士专业学位授权点被评为第三批河南省特色品牌硕士专业学位授权点；“数理统计”“固废资源化”课程被批准为第三批河南省研究生教育优质课程。

硕士培养 2017年教育部抽检学校研究生学位论文，100%通过；硕士生的考博率和考博人数比往年显著增长。

博士培养 落实“三元制”培养模式，加强导师团队建设，学校5名博士研究生毕业并获得博士学位，启动服务国家特殊需求博士人才培养项目验收准备工作。

【导师队伍建设】 为进一步提升学校发展层次，配合“新增博士学位授予单位”申报工作，结合学校学科与研究生教育的发展现状，重新修订“河南工业大学研究生工作手册”，进一步规范研究生指导教师对研究生培养经费的管理和使用方法；起草制定了导师管理的若干规定。本年度新遴选博士研究生指导教师17人。

【学位工作】 组织学院严格按照有关规定开展学位论文答辩，确保学位论文质量。对于申请人学术论文、科研成果及专利技术，制定严格审查标准，对论文收录、项目等级、申请人排名等情况逐一审查，确保申请人材料的真实性。向校学位评定委员会提交学位申请材料。经学位评定委员会审议决定，授予陈家豪等5位同学工学博士学位；授予安飞等188位同学工学硕士学位；授予毕振原等27位同学理学硕士学位；授予董震等12位同学农学硕士学位；授予陈陆阳等18位同学法学硕士学位；授予陈松淼等12位同学经济学硕士学位；授予刘蒙蒙等11位同学管理学硕士学位；授予侯晓菊等9位同学文学硕士学位；授予安西友等114位同学工程硕士学位；授予白一冰等43位同学工商管理硕士（MBA）学位；授予傅帅伟等32位同学农业推广硕士学位；授予白若钒等38位同学会计硕士学位；授予陈飞等10位同学新闻与传播硕士学位；授予何晨等7位同学艺术硕士学位。

组织评选学校第二届“研究生优秀指导教师”，关春龙等10位教师获评。

【创新教育】 研究生处重视研究生的创新教育，精心组织多项活动优化研究生的学术氛围，提高研究生的科研热情。开展了近百场高水平、有影响的学术活动，研究生和青年教师参与达2100多人次。学校研究生在全国研究生电子设计大赛、数学建模竞赛中分别获华中赛区三等奖2项、全国三等奖2项。

推行研究生奖助金体系改革。本着公开、公平、公正、择优的原则，完成2017年度研究生国家奖助学金的评审工作。32名研究生获国家奖学金，579人次获省级学业奖学金，579人次获校级学业奖学金，1308人获国家助学金。

《食品科学与工程硕士研究生培养模式创新研究与实践》等6个项目获批2017年河南省研究生教育教学改革研究与实践项目立项，其中省级重点项目1项。

联系、指导研究生会开展了“科技创新之星”等的评选，开展了名家讲坛、英语演讲比赛等形式多样的研究生学术活动，丰富研究生的课外生活。

2017年博士研究生导师名单（以姓氏笔画为序）

丁永刚　马传国　王庆斌　王金水　王金荣　王录民　王振清　王晓曦　王殿轩　卞　科　卢　奎
田少君　刘保国　孙中叶　孙丽君　李立平　李永祥　李利英　李铜山　李瑞芳　杨红卫　杨艳萍
杨铁军　肖昭然　吴子丹　何丽君　谷克仁　谷秀娟　汪学德　张　元　张占仓　张庆辉　张德贤

陆启玉　陈复生　陈桂香　武文斌　郑学玲　屈凌波　赵仁勇　赵予新　赵继红　胡元森　祝玉华
耿　铁　原　方　曹晓雨　韩　阳　惠延波　鲁玉杰　谢文磊　甄　彤　魏明侠

2017年硕士研究生导师名单(以姓氏笔画为序)

丁长河　丁四波　丁永刚　丁　华　丁梧秀　于亦文　于　杨　于建华　于俊伟　万东锦　卫　敏
马义平　马玉梅　马传国　马兴科　马　丽　马松林　马晓录　马　森　马　蕾　王广国　王卫国
王卫国　王天贵　王凤成　王文剑　王玉华　王玉雷　王　乐　王　宁　王自强　王庆伟　王庆斌
王志山　王志涛　王迎春　王宏力　王宏勇　王宏雁　王若兰　王岸娜　王金水　王金荣　王录民
王　春　王春华　王　威　王振领　王振清　王　莉　王晓曦　王　峰　王高平　王海涛　王海阔
王　辉　王　锋　王　斌　王　媛　王殿轩　王鲜杰　王　薇　王　赞　王　燚　牛彦绍　牛群峰
毛　文　毛艳丽　毛　璞　卞　科　孔繁士　巴松涛　邓淼磊　邓德华　石庆升　石　凯　布冠好
平　源　卢　奎　卢　涛　申小刚　田少君　田建珍　田　勇　田　野　史卫亚　付　宏　白海燕
邝金丽　冯兰芳　冯　永　冯亚明　冯光炷　冯江菊　冯肖亮　冯德显　宁　祎　司林胜　邢维芹
成泅涌　毕艳兰　毕晓勤　师旭超　师高民　吕玉华　吕　刚　吕宗旺　吕建华　吕莹果　朱利敏
朱坤林　朱春山　朱春华　朱　峰　朱　靖　乔发东　乔光辉　乔丽红　乔俊杰　乔　颖　任志勇
任顺成　任笑真　任新平　伊艳杰　向国强　全　然　刘广明　刘长虹　刘文举　刘玉兰　刘功伟
刘世声　刘世凯　刘永德　刘　扬　刘亚伟　刘　刚　刘　伟　刘伍丰　刘仲敏　刘自然　刘志敏
刘克非　刘来亭　刘秀英　刘昆仑　刘国琴　刘国勤　刘明耀　刘於勋　刘春波　刘钟栋　刘保国
刘　洁　刘　娜　刘　哲　刘晓欣　刘爱荣　刘海燕　刘　翀　刘继承　刘　捷　刘楠嶓　闫丽俐
关炎芳　关春龙　江秀明　安红周　许元栋　许志红　许德刚　阮竞兰　孙中叶　孙长坡　孙会霞
孙旭镯　孙丽君　孙宏岭　孙　妍　孙纲春　孙尚德　孙建刚　孙崇峰　孙福艳　买文鹏　苏东民
苏建修　杜明芳　杜根远　李广平　李义伦　李卫东　李文江　李文启　李本松　李立平　李永祥
李伟民　李华(粮)　李华(机)　李兴照　李志成　李志建　李秀娟　李青彬　李绍玉　李绍玲　李俊海
李桂华　李晓云　李晓东　李海峰　李海涛　李雪琴　李焕锋　李　琳　李道荣　李富生　李　强
李瑞芳　李　魁　李　颖　杨卫东　杨卫军　杨天奎　杨六栓　杨迅周　杨红卫　杨志晓　杨　丽
杨丽雅　杨宏顺　杨　茂　杨国龙　杨亮茹　杨　勇　杨艳会　杨艳萍　杨铁军　杨瑞霞　杨新丽
轩治峰　肖开红　肖长江　肖付刚　肖　乐　肖咏梅　肖昭然　肖留超　吴才章　吴子丹　吴长顺
吴文瀚　吴立辉　吴　兰　吴成福　吴兴泉　吴国玺　吴建军　吴建勋　吴海宏　吴　锋　何　方
何世均　何伟春　何丽君　何保山　何　娟　何　程　余守志　余学军　谷克仁　谷秀娟　谷建全
邹文俊　汪来喜　汪学德　汪敬恒　沙　杰　沈国荣　宋伟强　宋　强　张士雄　张　元　张少文
张书良　张书海　张玉军　张玉荣　张占仓　张帅兵　张　旭　张庆辉　张红梅　张孝远　张志清
张来林　张应奇　张宏伟　张　昊　张国治　张国宝　张宝忠　张宝强　张树忠　张闻强　张振山
张晓琳　张浩军　张雪萍　张清学　张惠民　张道许　张慧茹　张慧档　张震宇　张德贤　张　璐
陆启玉　陈卫东　陈东兆　陈志成　陈良骥　陈复生　陈　亮　陈　洁　陈振民　陈桂香　陈雪琳
陈　雁　陈　锋　陈富安　陈新平　陈　静　陈肇锬　武文斌　武林俊　武　娜　武照云　苗红梅
苗荣正　范艳峰　范　璐　林江涛　尚恒志　呼青英　罗士喜　岳龙旺　岳国法　金立兵　金华丽
周广舟　周伏忠　周全申　周显青　庞　瑞　郑冬晓　郑永战　郑红娟　郑学玲　郑德乾　屈建航
孟丽莎　赵仁勇　赵文杰　赵东欣　赵永江　赵永亮　赵永德　赵志伟　赵　妍　赵俊廷　赵亮(电)
赵亮(校外)　赵继红　赵排风　赵献增　赵豫林　赵豫新　胡元森　胡世超　胡乐乾　胡继云　胡霞光

南海燕　咸金龙　段文平　段永辉　段学军　段爱玲　侯永改　侯志伟　侯利霞　侯惠芳　饶卫国
姜振颖　娄源功　祝玉华　姚为正　秦庆华　秦　杰　秦海敏　秦　瑶　袁夫彩　袁剑侠　耿　铁
栗正新　贾冠杰　贾　晶　原　方　钱同舟　徐三魁　徐建震　徐　恒　殷海成　奚　宾　高美玲
高海晨　郭永刚　郭全生　郭兴凤　郭秀兰　郭祯祥　席　俊　唐学军　展海军　黄建水　黄辉辉
曹　阳　曹利强　曹建莉　曹晓雨　曹　健　曹　毅　戚世钧　常林朝　崔玉亭　崔仲鸣　崔柳青
崔　颖　康涌泉　章绍兵　阎官法　渠琛玲　梁义涛　梁少华　梁瑞华　梁醒培　彭　进　蒋华伟
蒋宇扬　蒋军洲　蒋笃君　蒋敏敏　韩小贤　韩　阳　韩建军　韩　萍　惠延波　惠　明　喻新安
程大友　程云喜　程印学　程国平　程　炜　程振凯　傅洪亮　焦　丹　鲁玉杰　鲁选民　曾长女
温纪平　富笑男　谢文磊　谢岩黎　靳小波　靳义亭　楚晖娟　赖少娟　甄　彤　雷廷宙　雷　兵
雷新超　訾　鹏　鲍成莲　廉飞宇　福　全　慕运动　蔡正银　蔡永灿　蔡静平　裴少峰　管军军
管爱红　漆随平　谭玉波　谭　波　谭晓荣　翟书斌　熊晓莉　樊志琴　樊　超　樊慧玲　颜士明
穆中杰　穆健康　戴本良　魏安池　魏宏亮　魏灵朝　魏明侠　魏　蔚　魏翠凤

表 6-7　2017 年获河南省优秀硕士学位论文名单

序号	论文题目	作者	一级学科	导师
1	功能性纤维素/石墨烯复合材料的制备及其性能研究	刘静静	0703 化学	魏宏亮
2	基于丝瓜微结构的超轻仿生结构设计与热、力学分析	雷永鹏	0801 力学	王　辉
3	Ti_2SC 导电陶瓷的合成及性能研究	孙纳纳	0805 材料科学与工程	关春龙
4	ATP 荧光技术快速检测 8 种常见食源性致病菌研究	李海月	0822 轻工技术与工程	黄继红
5	38 种储粮昆虫中 Wolbachia 的共生情况调查及 Wolbachia 对杂拟谷盗生殖调控的研究	苗世远	0904 植物保护	鲁玉杰
6	网站的交互记忆对社交商务意向影响的实证研究	张　爽	1202 工商管理	魏明侠

表 6-8　河南省研究生教育教学改革研究与实践项目立项名单

项目编号	项目名称	项目主持人	主要成员	类别
2017SJLLX044Y	食品科学与工程硕士研究生培养模式创新研究与实践	陈复生	郭兴凤　刘昆仑　张丽芬　田少君　辛　颖　布冠好　李海旺	省级重点项目
2017SJLLX045Y	多维度构建研究生教育质量评价体系的研究与实践	田　勇	李永祥　薛运侠　王春晓　许伟涛　薛中海　张广乐　柳　冰	省级一般项目
2017SJLLX046Y	中美计算机类研究生课程体系比较研究	邓淼磊	曹鹤玲　朱春华　靳小波　郑丽萍	省级一般项目
2017SJLLX047Y	自媒体时代下研究生思想政治教育困境及革新研究	李海涛	刘晓欣　许　文　金晓燕　杨卫军	省级一般项目
2017SJLLX048Y	项目依托研究生英语教学改革研究与实践	闫丽俐	彭秀玲　鲍成莲　刘红强　张晓萍　马丽军	省级一般项目
2017SJLLX049Y	会计专业学位研究生教育综合改革研究与实践	秦海敏	穆庆榜　张延涛　苏淑艳　朱　琳　袁晓波　阮渝生　王　敏	省级一般项目

表 6-9　2017 年在校全日制研究生人数

学院	硕士研究生	博士研究生	合计
粮油食品学院	405	20	425
生物工程学院	88		88
化学化工学院	93	3	96
土木建筑学院	133	3	136
机电工程学院	100	2	102
电气工程学院	42		42
信息科学与工程学院	86	4	90
管理学院	179	2	181
经济贸易学院	76	4	80
马克思主义学院	46		46
理学院	18		18
材料科学与工程学院	29		29
外语学院	29		29
设计艺术学院	30		30
新闻与传播学院	28		28
法学院	5		5
合计	1387	38	1425

表 6-10　第二届“研究生优秀指导教师”

姓名	学院	姓名	学院
关春龙	材料科学与工程学院	何　娟	化学化工学院
刘自然	机电工程学院	何保山	粮油食品学院
孙尚德	粮油食品学院	段汉明	土木建筑学院
孙福艳	信息科学与工程学院	惠　明	生物工程学院
李铜山	经济贸易学院	程云喜	管理学

(三)体育教育

【概况】　体育学院下设党政办公室、教学科研办公室、第一教研室、第二教研室、女生教研室、体质健康监测与指导中心、场地器材管理中心。学院现有教职工 52 人,其中,教辅人员 3 名,专任教师 49 名;专任教师中教授 4 人,副教授 24 人,讲师 16 人,助教 5 人。

【党建与思想政治工作】　学院 1 名教师被评为“学校优秀党务工作者”,2 名教师被评为“学校优秀共产党员”,1 名教师被评为“学校思想政治工作先进个人”。规范“运动世界校园”(APP)与全校班长 QQ 群等新媒体建设工作,并运用新媒体加强对阳光健康跑与体质健康的监控与指导。学院党总支被授予学校先进基层党总支;教工第二党支部被授予先进党支部。学院被评为宣传报道先进单位。

开展“学习黄大年先进事迹”演讲竞赛,做“有扎实学识、有仁爱之心”的好教师。

【师资队伍建设】　引进博士 1 名、硕士 2 名。派出 1 位教师赴加拿大访问学习。学院先后派出教师培训学习 30 人次,使教师开阔了眼界、学习了理念、拓展了思路、提升了能力。6 名教师被评为“我心目中最优秀的教师”,1 名教师被评为“学校优秀教育工作者”,5 名教师被评为“学校优秀教师”。

【教学工作】 学院贯彻落实教育部《普通高校体育工作基本标准》和河南省教育厅《体育工作十项规定》。成立学院教学指导委员会,建立经常性教学工作会议制度和教学检查制度。制订 2017 版教学大纲,构建新的课程体系,做到基础与提高相结合,采用技能+素质+课外锻炼的组合内容,集体考核+单人测试的考核方式,推进体育课程考核方法改革。女生教研室获批校级优秀基层教学组织建设项目。

“优培课程”验收合格,“在线开放课程”建设实施,河南省教育科学“十三五”规划课题获批立项,校级精品公选课程获批立项。发表教研论文 30 篇,其中中文核心 3 篇、CSSCI(扩展)2 篇。周丽平老师在河南省教育系统教学技能竞赛中获得二等奖。

以教研室为单位全员参与,开展教学技能竞赛,促进教师教学水平和能力提升。学生体质健康监测与指导工作有序开展,27 627 名本科生参加体质健康测试,参与率 99.36%、合格率 99.28%、及格率 96.52%、良好率 22.68%、优秀率 1.22%。继续开展阳光健康跑活动,活动纳入成绩管理,实现课内学习与课外锻炼有效衔接。要求每生每学期跑步目标男生 60 公里、女生 45 公里,莲花街校区注册人数达 22 065 人,每天参与跑步人数 10 000 人。举办第二季“荧光夜跑”活动,参与锻炼人数由第一季的 2000 人增加到第二季的 10391 人。学校举行“校园开放日”活动,向全省 6 个县市的学校 7 所优质生源基地中学的 600 余名师生代表及部分学生家长介绍体育场馆和群体竞赛活动开展情况。

【对外合作与交流】 “2017 年发展中国家少林武术培训班”暨“2017 年发展中国家陈式太极拳培训班”开班。来自蒙古、赞比亚、马拉维、格林纳达、津巴布韦、捷克、玻利维亚、巴基斯坦、委内瑞拉、多米尼克、巴拿马、秘鲁、乌拉圭 13 个国家的 52 名学员,分别参加中国少林武术和陈式太极拳培训。在第九届中国焦作国际太极拳交流大赛上以学院教师为教练员,援外武术培训班学员为运动员组建的学校代表队参加了太极拳、器械和推手项目的比赛,获得单项 13 枚金牌、23 枚银牌和 24 枚铜牌,并在集体项目中获得一等奖;在太极拳六进展演活动中,取得 10 枚金牌、10 枚银牌和 9 枚铜牌。

【科研工作】 科研到账经费 15.3 万元,国家体育总局研究项目立项 1 项,河南省科技厅软科学计划课题立项 1 项,河南省教育科学“十三五”规划课题立项 1 项,河南省软科学计划课题结项 1 项,发表科研论文 39 篇,其中中文核心 5 篇、CSSCI 2 篇。

【群体竞赛活动】 *校内阳光体育运动* 有计划、有组织地举办田径运动会、新生达标运动会、篮球、足球、乒乓球、跆拳道、跳绳等学生群体竞赛活动。协助校工会开展教职工趣味运动会、排球、羽毛球、网球等群体竞赛活动,落实全民健身计划,贯彻学校体育工作条例。

校外各级体育竞赛 学校代表队在各级各类体育竞赛中共获得全国冠军 4 项、特等奖 4 项、一等奖 3 项、亚军 2 项,3 人获全国比赛优秀教练员;省级冠军 9 项、亚军 1 项,3 人获省级比赛优秀教练员;4 次获体育道德风尚奖。

表 6–11　校外体育竞赛统计表

项目	时间	地点	比赛名称	教练员	获奖情况	参加人数
乒乓球	5 月	信阳师范学院	河南省高等学校“工行杯”第 13 届乒乓球锦标赛	孟泓州	女子单打亚军 女子团体季军 男子单打第四名 男子双打第五名 男子团体第六名 体育道德风尚奖	全省 60 所高校 443 名运动员
健美操	5 月	信阳师范学院	全国全民健身操舞大赛(河南赛区)暨第六届河南省学生健身操舞锦标赛	郑国英 李亚飞	团体总分特等奖 徒手规定套路特等奖 徒手自选套路特等奖 踏板规定套路一等奖 自选轻器械套路一等奖	全国 92 支代表队 3000 多名运动员
啦啦操	5 月	信阳师范学院	全国啦啦操联赛暨第六届河南省学生健身操舞锦标赛	郑国英 李亚飞	啦啦操花球规定套路第二名 啦啦操街舞规定套路第三名	
跆拳道	6 月	辽宁省辽阳市	2017 年中国大学生跆拳道(品势)锦标赛	吕　化 王苏辉	女子团体总分冠军 女子团体品势冠军 女子个人冠军 混双冠军 段位赛第二名 男子团体总分第三名 男子个人第三名 男子团体品势第三名 体育道德风尚奖	全国 20 个省市 52 所高校 600 余名运动员
篮　球	6 月	黄河科技学院	河南省大学生“华光”体育活动第 25 届篮球锦标赛	闫多多	本科甲组三等奖	全省高校 1552 名运动员
武　术	7 月	郑州大学西亚斯国际学院	河南省大学生“华光”体育活动第 13 届武术锦标赛	殷　翔 任津锋	男子初级枪术第五名 男子陈氏太极长器械第五名 女子初级三路长拳第八名 女子陈氏太极短器械第七名 女子初级枪术第五名 体育道德风尚奖	全省 45 所高校 927 名运动员
健　身 气　功	7 月	贵州省清镇市	2017 年全国高等院校(普通院校组)健身气功比赛	赵　蕾	六字诀个人项目全国第三名 易筋经个人项目全国第四名 五禽戏个人项目全国第四名 易筋经集体项目全国第七名	全国 22 个省、市、自治区 45 所高校 271 名运动员
跆拳道	8 月	平顶山工业职业技术学院	河南省第六届学生跆拳道锦标赛	吕　化 王苏辉	品势传统五项冠军 团体总分第一名 获得银牌 3 枚 铜牌 7 枚 跆拳道示范校	全省 103 所 1300 余名运动员
武　术	9 月	河南焦作新体育中心	第九届中国焦作国际太极拳交流大赛	太极 吕　化 赵　蕾 少林 殷　翔 任津锋	太极拳、器械和推手项目中获得 13 枚单项金牌 23 枚银牌和 24 枚铜牌 并荣获集体项目一等奖 太极拳六进展演 取得 10 枚金牌 10 枚银牌和 9 枚铜牌 集体项目一等奖	世界 50 多个国家 4300 余名选手
健美操	9 月	山东青岛	第六届全国全民健身操舞大赛总决赛	郑国英 李亚飞	自选徒手套路特等奖 自选轻器械套路一等奖 规定套路二等奖	全国 30 个省市 370 支代表队 8000 名运动员

续表 6-11

项目	时间	地点	比赛名称	教练员	获奖情况	参加人数
足　球	11 月	河南工业大学	河南省大学生“华光”体育活动第十六届足球锦标赛	周　洋	本科甲组第五名 体育道德风尚奖	全省 35 所高校 41 支代表队千名运动员
篮　球	11 月	郑州大学	2017—2018 年中国大学生 3vs3 篮球联赛城市冠军赛	闫多多		全国高校 128 支代表队 512 名运动员
篮　球	11 月	郑州航空工业管理学院	河南省大学生“华光杯”3V3 篮球联赛	闫多多	三等奖	河南省省会高校 24 支代表队 120 名运动员
健　身 气　功	11 月	河南大学	河南省第二届高等学校健身气功大赛	赵　蕾	六字诀个人项目第一名 易筋经个人项目第一名 五禽戏个人项目第一名 八段锦个人项目第三名 八段锦集体项目第三名 体育道德风尚奖	

表 6-12　第十一届田径运动会成绩

学生组成绩公告									
姓　名	单　位	成　绩	名次	备注	姓　名	单　位	成　绩	名次	备注
学生　女子 4×400 成绩					学生　男子 4×400 成绩				
	粮油食品学院	4′38″32	1			电气工程学院	3′43″73	1	
学生　女子铅球成绩					学生　男子铅球成绩				
葛珍珍	职业技术学院	9.22 m	1		董龙辉	中英国际学院	10.98 m	1	
学生　男子 100 m 成绩					学生　女子 100 m 成绩				
王培皓	化学化工与环境学院	11″59	1		张罗文	粮油食品学院	13″93	1	
学生　男子 800 m 成绩					学生　女子 800 m 成绩				
康冰辉	土木建筑学院	2′07″40	1		卢朝银	粮油食品学院	2′44″10	1	
学生　女子 100 m 栏成绩					学生　男子 110 m 栏成绩				
蔡晓文	国际教育学院	19″93	1		丁　峰	信息科学与工程学院	16″61	1	
学生　女子跳远成绩					学生　男子跳远成绩				
李佳羲	粮油食品学院	4.78 m	1		徐文斌	机电工程学院	6.13 m	1	
学生　男子 4×100 成绩					学生　女子 4×100 成绩				
	信息科学与工程学院	44″94	1			国际教育学院	56″14	1	
学生　女子 1500 m 成绩					学生　男子 1500 m 成绩				
柴智慧	粮油食品学院	5′49″10	1		李志洋	国际教育学院	4′34″44	1	
学生　女子跳高成绩					学生　男子跳高成绩				
孙艺璇	粮油食品学院	1.30 m	1		张国栋	土木建筑学院	1.72 m	1	
学生　男子 400 m 成绩					学生女子 400 m 成绩				
傅瑜晨	电气工程学院	53″34	1		齐静静	粮油食品学院	1′05″55	1	
学生火炬接力					学生　30 m 抱球跑成绩				
	信息科学与工程学院	11′09″97	1			国际教育学院学院	1′46″78	1	

续表 6–12

学生组成绩公告									
姓 名	单 位	成 绩	名次	备注	姓 名	单 位	成 绩	名次	备注
学生 男子5000 m 成绩					学生 女子3000 m 成绩				
白玺	经济贸易学院	17′43″22	1		杨 灿	管理学院	12′42″67	1	
学生 男子200 m 成绩					学生 女子200 m 成绩				
白佳兴	经济贸易学院	24″02	1		熊 蕾	信息科学与工程学院	29″71	1	
学生男子三级跳					学生男子 1 分钟跳绳成绩				
张 旺	信息科学与工程学院	13.18m	1		孙浩杰	生物工程学院	128	1	
学生跳大绳					学生女子 1 分钟跳绳成绩				
	土木建筑学院	790	1		朱明慧	管理学院	114	1	
学生拔河									
	材料科学与工程学院		1						
教工组成绩公告									
教工 青年男子100 m 成绩					教工 中年女子100 m 成绩				
程 凯	土木建筑学院	12″46	1		翟雪琴	机电工程学院	16″13	1	
教工 中年男子100 m 成绩					教工 青年女子100 m 成绩				
魏 涛	理学院	12″53	1	破纪录	郭 嘉	粮油食品学院	16″63	1	
教工 中年女子800 m 成绩					教工 青年女子800 m 成绩				
张东华	图书馆	3′22″85	1		魏王月	后勤集团公司	3′17″12	1	
教工 青年男子1500 m 成绩					教工 中年男子1500 m 成绩				
史 晛	后勤集团公司	5′36″68	1		江 山	理学院	5′56″96	1	
教工 青年男子4×100 成绩					教工 中年男子4×100 成绩				
	土木建筑学院	54″09	1			理学院	55″14	1	
教工 青年女子4×100 成绩					教工 中年女子4×100 m 成绩				
	后勤集团公司	1′08″54	1			机电工程学院	1′07″87	1	破纪录
教工 青年女子跳远成绩					教工 青年男子跳远成绩				
张 雪	国际教育学院	3.95 m	1		魏 杰	法学院	5.30 m	1	
教工 中年女子跳远成绩					教工 中年男子跳远成绩				
翟雪琴	机电工程学院	4.15m	1	破纪录	魏 涛	理学院	5.47m	1	破纪录
一分钟定点投篮					教工 男子飞盘掷远				
	粮油食品学院		1		朱正军	理学院	40.90 m	1	
教工 中年女子铅球成绩					教工 青年男子铅球成绩				
陈 颖	中英国际学院	7.60 m	1		王 乐	生物工程学院	9.01m	1	
教工 青年女子铅球成绩					教工 男子1 分钟跳绳				
李 凡	后勤集团	8.68 m	1	破纪录	宋 威	化学化工与环境学院	75	1	
张 雪	国际教育学院	8.15 m	2	破纪录	教工 女子1 分钟跳绳				
					魏王月	后勤集团公司	69	1	
教工 中年男子铅球					教工 女子飞盘掷远				
韩 涛	管理学院	9.46m	1		张聿静	经济贸易学院	30.92m	1	

续表 6-12

姓　名	单　位	成　绩	名次	备注	姓　名	单　位	成　绩	名次	备注
学生组、教工组团体项目排名									
学生组　拔河比赛前三名					教工组　拔河比赛前三名				
	材料科学与工程学院		1			后勤集团公司		1	
	机电工程学院		2			机电工程学院		2	
	国际教育学院		3			中英国际学院		3	
学生　跳大绳					教工　跳大绳				
	土木建筑学院	790	1			后勤集团公司		1	
	化学化工与环境学院	746	2			机电工程学院		2	
	中英国际学院	739	3			经济贸易学院		3	
学生　火炬接力					一分钟踢毽球				
	信息科学与工程学院	11′09″97	1			机电工程学院		1	
	土木建筑学院	11′10″37	2			后勤集团		2	
	材料科学与工程	11′16″88	3			理学院		3	
学生组、教工组团体总分排名									
学生组　团体总分前三名					教工组　团体总分前三名				
	粮油食品学院		1			后勤集团公司		1	
	土木建筑学院		2			土木建筑学院		2	
	信息科学与工程学院		3			机电工程学院		3	

(四)继续教育

【概况】 继续教育学院作为学校的二级办学机构和管理机构，实行一级管理模式，有5个科室，教职工13人，聘用职工11人。

以“稳定规模，提升质量，优化结构，持续发展”为工作总体思路，深化成人教育转型发展，探索“互联网+继续教育”下人才培养模式的改革实践，提升继续教育、职业教育教学质量，进一步增强社会服务能力，推动学院全面、协调、可持续发展，努力办有质量、有担当、有责任、有效益的职业与继续教育。学院普教专科在籍学生411人、各类继续教育学生在籍总人数6812人，各类办学收益总计1331.38万元。完成学校函授教学评估工作，撰写《办有质量的继续教育》著作，完善固化了各项教学制度。获批河南省教育科学“十三五”规划课题1项。积极推进河南省成人高等教育在线开放课程建设联盟工作，网络资源建设工作成效显著。

【招生工作】 学院积极探索基于“互联网+”的招生新模式，落实底线思维，规范招生宣传，实施阳光招生。进一步规范合作办学，拓展生源基地，生源基地达18个；成人高招专业35个，其中函授高职（专科）层次9个，高中起点本科层次5个，专升本层次17个，脱产专科4个。共录取2709人。其中，高起本录取556人，专升本录取764人，专科录取1042人，脱产347人，函授学生省内招生2123人，省外招生239人。

【教学管理】 评估工作　依据河南省教育厅《关于开展成人高等教育试点评估的通知》，贯彻落实“以评促建，以评促改，以评促管，评建结合，重在建设”的评估方针，以评估为契机，深化质量内涵建设，完成《河南工业大学成人高等教育试点评估自查报告》及支撑材料，凝练和固化了转型发展成果，突出表现了学院在成人高等教育人才培养工作上的特色和创新，以优异的成绩通过评估。

成人教育学院探究工作强基础，不断践行“办有质量的继续教育";不忘初心抓质量,不断深化内涵建设。转型工作见成效,做好人才培养顶层设计;打造"私人定制"人才培养体系;构建"线上"与"线下"相结合的教学体系;提升"精准化"服务管理。

学院对成人教育教学、教务管理、考试管理、质量评价进行调研,修订完善《远程与继续教育学院教学管理规定》《远程与继续教育学院学生学习管理暂行办法》《远程与继续教育学院成人教育课堂教学状态及秩序每周巡查制度》《远程与继续教育学院教学质量监控体系及运行条例》《远程与继续教育学院函授教师工作规范》《远程与继续教育学院网络教学教师工作规程》《远程与继续教育学院网络教学教师评价实施办法》《远程与继续教育学院导学、监督工作细则》《远程与继续教育学院网络考试工作管理制度》等制度,并严格按照制度要求规范校本部和函授站的管理工作,做到期初有计划、期末有总结、过程有记录、评估有结果,程序严谨规范,执行认真到位。

学院探索与企业单位的"订单式"培养,完成武汉打造前程教育有限公司、云时代教育信息服务有限公司、河南黄河旋风股份有限公司等企业的教学任务,探索和推进构建学分互认机制,打造开放、灵活满足学生多元化需求的办学体系,培养学生900余名。举办成人招生在线辅导班、成人学位英语在线辅导班、北大青鸟计算机培训班等,培训人数2200余人。完成省学位办下达的"2017年成人学士学位外语水平考试"考务组织工作,共有考生1200人参加考试。新生注册人数2218人,7590人获得学历证书,276人获学士学位证书。

职业教育学院认真执行学校相关教学管理规定,教学秩序规范。进一步探索职业教育改革途径,创新学习方式,探索和引导学生自主在线学习,2015、2016级学生通过MOOC学习形式修读了"管理沟通""现代礼仪""沟通心理学""中国书法""互联网+管理学"课程,取得合格证书412份。强化职业实践教学,聘请有实践经验的行业专家和工程师授课,确保实践学时数占总学时的50%,组织安排"数控车工"的技能培训并取得相应职业技能证书206份。以社会需求和就业为导向,实行"校企合作、工学结合",加强与企业的合作。召开2017届毕业生就业招聘会,完成2014级职院学生"顶岗实习+就业"任务,采取多项措施确保就业率达标。优化2015级学生的顶岗实习方案,拓展并建立"学生实习+就业基地",按照培养目标与广东创汇实业有限公司、河南黄河旋风股份有限公司等省内外20余家企业合作,实施顶岗实习,克服难点,落实各项措施,确保实践教学的顺利实施。

自学考试　现有社会自学考试本科主考专业6个。上半年完成34门课程,1507份试卷的评卷工作。本年度是河南省自学考试全面实施网上评卷的第一年,也是首次实施集中评卷。为配合网上阅卷工作,对5个自考专业的试题结构重新调整,并组织教师命题。完成14门课程,42套试卷的命题与审核工作。组织完成161科次自学考试实践环节考核和毕业论文指导工作,完成489科次的数据上报工作。2003人取得自考本科毕业证书。

【资源建设工作】　建成集虚拟演播、在线直播等为一体的专业录播室,为网络课程建设搭建硬件设备平台;推动河南省成人高等教育在线开放课程建设与资源联盟建设工作;"食品营养与健康""互联网+智慧办公"两门课程获批河南省高等学校试点立项省级精品成人高等教育在线开放课程首批建设项目并完成。完成5门在线视频课程的录制。

【学生工作】　以学生党建为龙头,探索新形势下大学生思想政治教育的新途径。严格贯彻学生党员发展的"十六字"方针,创新党校工作的形式和内容,确保学生党员发展的质量,加强对学生党员与积极分子的培养,发挥他们的先锋模范作用。实施"立德树人"工程,以新媒体为平台,加大与学生的沟通与交流,加强思想的引领、学业指导和生活服务。以开展丰富多彩的主题团日活动和主题教育活动为契机,开展大学生社会实践活动和志愿者服务活动,提高大学生的综合素养。学生工作品牌工程"募捐图书,传递爱心",在邓州冠军村捐建了第11个"明德书屋"。评选国家奖学金1人、国家励志奖学金16人、校级优秀奖学金30人、国家助学金93人。

【党建与思想政治工作】　学院党委认真履行党建工作责任制,履行"一岗双责",进一步完善党政联席会、"三重一大"和"院务公开"制度，坚持院务会、职工大会、教学与学生联席会制度和党委中心组学习及教工月学习制度等，建立调查研究和联系师生的长效机制。认真加强师生的思想政治教育工作，落实"三会一课"，在全体党员中开展了"一准则一条例一规则"学习教育和"讲忠诚、守纪律、做标杆"活动，组织开展以案促改排查风险点；学习习近平总书记系列重要讲话精神，开展学习十九大精神的学习活动。

【重要工作会议】 3月3日，由河南省成人高等教育协会主办、学校承办的"河南省成人高等教育在线开放课程建设与应用工作会议"在学院召开。

表6-13 成人高等教育招生专业(函授 招生代码383)

层次	专业	学制(年)
专升本	车辆工程	2.5
	材料科学与工程	
	电气工程及其自动化	
	机械设计制造及其自动化	
	电子信息科学与技术	
	轨道交通信号与控制	
	食品科学与工程	
	土木工程	
	食品营养与检验教育	
	计算机科学与技术	
	金融学	
	人力资源管理	
	物流管理	
	会计学	
	旅游管理	
	工商管理	
	法学	
高起本	工商管理	5
	会计学	
	计算机科学与技术	
	土木工程	
	机械设计制造及其自动化	
专科	证券与期货	2.5
	会计	
	机电一体化技术	
	食品营养与检测	
	计算机信息管理技术	
	汽车营销与服务	
	数控技术	
	电子信息工程技术	
	工程造价	

表 6-14　磨料磨具工业职工大学 2017 年成人高等教育招生专业(脱产招生代码 337)

层次	专业	学制(年)
专科	电子商务	2
	材料工程技术	
	建筑工程技术	
	计算机应用技术	

·学科建设·

【概况】 根据学校制定的目标任务总体要求,研究生处凝练学科方向,汇聚学科队伍,搭建学科平台,营造学科氛围,加强内涵建设,积极推进一流学科和特色学科群建设,科学规划,精心组织,全面提升学校整体水平和综合实力。

【学科建设经费管理】 按照"分层建设,重点投入"的原则,在学校财力紧张、建设任务繁重的情况下,优先保障省级特色学科群建设项目、省级重点学科建设项目、博士人才培养项目以及国家级学位点评估等工作的资金投入,突出了重心。

【学科内涵建设】 围绕博士人才培养项目、国家重点学科培育工程、省级特色学科群建设、省级重点学科建设等工作,广泛进行学科调研,进一步厘清学科发展思路,找准定位,明确责任,大力营造学科氛围,加快推进内涵建设,为博士单位申报和省级重点学科的顺利验收打下坚实基础。

【学科建设管理体制和运行机制】

实行学科建设责任制和目标管理责任制,建立规划、立项、建设、评估和考核相结合的学科建设运行机制,严格学科建设的过程考核与监督。

【学位授权点建设】 凝心聚力、全力推进博士学位授予单位和博士学位授权学科申报工作。学校成立由党政一把手负责的申报工作领导小组,科学规划、周密部署,在申报工作涉及面广,工作量大,研究生处人员严重不足的情况下,举全校之力、凝全校之智,全面开展新增博士学位授予单位和新增博士一级学科的申报工作。组织召开上百次的研讨会、沟通会、整改会和推进会。通过大力整合优势资源,深入挖掘整理资料,形成科学严谨、数据翔实、特色突出的申报材料,完成申报各阶段的工作任务。经教育部专家评审,学校博士学位授予单位和三个博士学位授权学科获得三分之二以上专家同意,满足国务院学位办新增博士学位授予单位和新增博士学位授权学科的条件;完成学位授权点动态调整工作,撤销1个硕士学位授权二级学科,目前拥有20个硕士学位授权一级学科、6个硕士学位授权二级学科、7个硕士专业学位类别。

【河南省优势特色学科建设工程一期项目建设】 "粮食产后安全及加工"省级特色学科群工作扎实推进,成效显著。学校按照"以整合资源为基础、以科技创新为动力、以队伍建设为关键、以机制创新为保障、以产学研合作为途径"的学科群建设思路,加强组织领导,完善规章制度,加大资金投入,拓展国际合作,深化社会服务,通过河南省教育厅组织的中期验收。

【重点学科建设】 学校18个省级一级重点学科、3个省级二级重点学科全部通过河南省第八批重点学科验收工作,其中计算机科学与技术、信息与通信工程、土木工程、食品科学与工程、控制科学与工程等学科验收结果为优秀;组织河南省第九批重点学科申报工作,共申报17个省级一级重点学科。

【国家第四轮学科评估】 组织学校的18个学科参加国家第四轮学科评估,其中食品科学与工程评估结果为B^-,马克思主义理论和计算机科学与技术评估结果为C^-。

表 7-1 研究生学位授予学科专业

(1)博士研究生:服务国家特殊需求国家粮食安全(产后)博士人才培养项目

序号	学科代码	学科(专业、类别、领域)名称	类型	所属学院	授予学位类别
1	0832	食品科学与工程	博士一级	001 粮油食品学院	工学

(2)硕士研究生

序号	学科代码	学科(专业、类别、领域)名称	类型	所属学院	授予学位类别
1	0832	食品科学与工程	硕士一级	001 粮油食品学院	工学
2	0710	生物学	硕士一级	002 生物工程学院	工学
3	1007	药学	硕士一级	002 生物工程学院	药学
4	0703	化学	硕士一级	003 化学化工与环境学院	理学
5	0817	化学工程与技术	硕士一级	003 化学化工与环境学院	工学
6	0801	力学	硕士一级	004 土木建筑学院	工学
7	0813	建筑学	硕士一级	004 土木建筑学院	工学
8	0814	土木工程	硕士一级	004 土木建筑学院	工学
9	0802	机械工程	硕士一级	005 机电工程学院	工学
10	0811	控制科学与工程	硕士一级	006 电气工程学院	工学
11	0812	计算机科学与技术	硕士一级	007 信息科学与工程学院	工学
12	1201	管理科学与工程	硕士一级	008 管理学院	管理学
13	1202	工商管理	硕士一级	008 管理学院	管理学
14	0201	理论经济学	硕士一级	009 经济贸易学院	经济学
15	0202	应用经济学	硕士一级	009 经济贸易学院	经济学
16	0305	马克思主义理论	硕士一级	010 马克思主义学院	法学
17	0701	数学	硕士一级	011 理学院	理学
18	0805	材料科学与工程	硕士一级	012 材料科学与工程	工学
19	0502	外国语言文学	硕士一级	013 外语学院	文学
20	0503	新闻传播学	硕士一级	016 新闻与传播学院	文学
21	090402	农业昆虫与害虫防治	硕士二级	001 粮油食品学院	农学
22	082203	发酵工程	硕士二级	002 生物工程学院	工学
23	090502	动物营养与饲料科学	硕士二级	002 生物工程学院	农学
24	083002	环境工程	硕士二级	003 化学化工与环境学院	工学
25	081002	信号与信息处理	硕士二级	007 信息科学与工程学院	工学
26	070205	凝聚态物理	硕士二级	011 理学院	理学

表7–2 硕士专业学位授权点

序号	学科代码	学科(专业、类别、领域)名称	类型	所属学院	授予学位类别
1	085231	食品工程	专业学位	001 粮油食品学院	工程硕士
	085216	化学工程	专业学位	003 化学化工与环境学院	工程硕士
	085229	环境工程	专业学位	003 化学化工与环境学院	工程硕士
	085213	建筑与土木工程	专业学位	004 土木建筑学院	工程硕士
	085201	机械工程	专业学位	005 机电工程学院	工程硕士
	085210	控制工程	专业学位	006 电气工程学院	工程硕士
	085211	计算机技术	专业学位	007 信息科学与工程学院	工程硕士
	085240	物流工程	专业学位	008 管理学院	工程硕士
2	095104	植物保护	专业学位	002 生物工程学院	农业硕士
	095110	农村与区域发展	专业学位	009 经济贸易学院	农业硕士
	095113	食品加工与安全	专业学位	002 生物工程学院	农业硕士
3	1251	工商管理硕士	专业学位	008 管理学院	工商管理硕士
4	1253	会计硕士	专业学位	008 管理学院	会计硕士
5	1351	艺术硕士	专业学位	015 设计艺术学院	艺术硕士
6	0552	新闻与传播硕士	专业学位	016 新闻与传播学院	新闻与传播硕士
7	0351	法律硕士	专业学位	014 法学院	法律硕士

粮食加工工程中心

【概况】 学校将"小麦和玉米深加工重点国家工程实验室""国家粮食局粮油食品工程技术研究中心"和"谷物资源转化与利用河南省重点实验室"组建为"粮食加工工程中心"。粮食加工工程中心(以下简称中心)负责"小麦和玉米深加工国家重点工程实验室""国家粮食局粮油食品工程技术研究中心"和"谷物资源转化与利用河南省重点实验室"3个平台基地的建设和管理工作。粮食加工工程中心有16名人员,其中常务副主任1名、副主任1名、综合管理人员2名、专职教学科研人员4名、实验室管理人员8名。

【中心平台建设】 中心平台负责运行小角–X射线散射仪、场发射环境扫描电镜、透射电子显微镜、全数字化超导核磁共振谱仪、原子力显微镜等65台大型仪器设备,100%实现开放共享。

组织团队申报国家重点研发计划项目、省部各类项目10项;获批1项"十三五"国家重点研发计划项目。完成2015年度3个科研平台11项开放课题的验收工作;2017年度3个科研平台的28项开放课题立项和开题工作,并对2016年度科研平台19项开放课题进行中期检查工作。

根据《河南省科技创新平台建设与管理办法(试行)》的相关规定,省科技厅组织有关专家对河南省谷物资源转化与利用重点实验室进行现场评估。实验室定位准确,研究方向稳定,基础实验建设和管理给专家组留下深刻印象。实验室人才结构合理,人才队伍培养、团队建设取得明显成效;实验室制度健全,运行高效、有序,开放、合作成效明显,并获得依托单位的大力支持。对学校"三重一院"的工作起着积极的推动作用。

在实验室开展科研工作的师生5700多人次,接待国内外培训班学员600多人次、粮油食品学院500多名新生近距离感受了粮油食品从科学研究、工程转化和实际生产的过程。

【科学研究工作】 中心完成各类到账经费190.4万元,完成国家级项目1项,省部级2项,横向科研项目7项,授权发明专利6项,SCI收录论文4篇。

【交流与合作】 国家工程实验室接待国家粮食局高层次人员培训班、发展中国家培训班及全国省市粮食培训班学员的学习参观交流共计300余人。

由中心主导,河南中大恒源生

物科技股份有限公司、河南工业大学联合组建的“河南省天然色素制备重点实验室”获得河南省科技厅批准立项,实现漯河市省级重点实验室零的突破。与马来西亚棕榈油研究署机构开展研发合作项目;与河南荣成机械有限公司合作研发具有自主知识产权柔性剥皮胚装置;与北京粮食科学研究院开展功能性油脂中试研发项目。

2017 年 9 月 11 日—12 日,由农业部农产品加工局、河南工业大学、河南省农业厅、河南省驻马店市人民联合主办,河南亿德制粉工程技术有限公司、小麦和玉米深加工国家工程实验室、粮食加工杂志社等单位承办的“第二届中国粮食加工产业年会暨粮食加工战略发展高峰论坛”在驻马店市举行,来自全国各地的知名高校、科研院所、企业界的 200 余名行业领导、专家学者、企业精英参加此次盛会。

粮食储运工程中心

【概况】 粮食储运工程中心负责粮食储运国家工程实验室(小麦)、粮食储藏与安全教育部工程研究中心、国家“2011 计划”河南粮食作物协同创新中心绿色储藏与加工创新平台、粮食储藏安全河南省协同创新中心、粮食产后减损河南省工程技术研究中心和全国粮油标准化技术委员会粮油储藏及流通分技术委员会建设与管理的有关工作。中心现有专职工程技术与研究人员 7 人,其中主任 1 人,设有办公室和粮油标准办公室 2 个科室。

【平台建设】 粮食储运国家工程实验室(小麦)已完成建设任务。实验室运行期间承担国家“十二五”“十三五”“973”“863”、行业公益专项等项目的实仓试验与测试任务,创新制定和实施模拟试验仓用粮轮出轮入机制,完成购买运行实验用粮项目招标与合同签订工作。

2017 年 1 月 12 日,河南省教育厅、科技厅、财政厅等部门组成的专家考核组联合验收考察国家“2011 计划”河南粮食作物协同创新中心。主任卞科教授参加会议,代表粮食作物绿色储藏与加工技术创新平台进行建设情况汇报,获得经费支持,到账经费 300 万元。

粮食储藏与安全教育部工程研究中心继续面向校内外开放,2017 年 9 月接待国际谷物科技协会主席 Hamit 博士一行。6 月 17 日,昆虫标本室参加学校校园开放日活动。

粮食储藏安全河南省协同创新中心完成《粮食储藏安全河南省协同创新中心发展规划(2017—2020 年)》编制工作。1 月 15 日,组织召开粮食储藏安全河南省协同创新中心学术委员会会议。获得河南省财政经费支持,到账经费 200 万元。

全国粮油标准化技术委员会粮油储藏及流通分技术委员会征集标准制修订项目意向 49 项,28 项制修订标准已完成网上公开征求意见、专家审定等程序,其中 25 项标准通过专家审定,上报全国粮标委审批。公开发布标准 24 项,复审国标 72 项,行业标准 78 项。1 月 16 日,主办 2017 年度粮油标准制修订立项申请专家评审会,承办全国粮油标准化技术委员会标准立项研讨会,10 月 31 日主办粮食行业标准审定会暨第二届粮油储藏及物流标准化工作研讨会。

粮食产后减损河南省工程技术研究中心正式获批立项建设。

11 月 23 日,郑州市委、市政府举行“智汇郑州”人才政策发布会,公布对第二批“智汇郑州 · 1125 聚才计划”人才团队的命名表彰决定。中心的 2 个创新领军团队双双入选。

中心王殿轩教授入选干燥与储藏体系花生干燥与储藏岗位科学家。

【学术交流】 5 月,参加“第一届 ICC 亚太区粮食科技大会”;参加吉林大学“粮食储藏基础研究国际研讨会”。9 月,参加中国粮油学会储藏分会八届二次理事会。10 月,参加“中国粮油学会第七届十二次常务理事会”;参加现代粮食收储运技术模式及发展战略研究会议;参加国际标准化组织谷物与豆类分委员会第 39 次会议。12 月,参加第 7 届中加生态储粮研究中心学术研讨会;邀请加拿大农业与农业食品部 Paul Fields 博士来校进行学术交流与指导。

【人才培养】 培养在读博士 2 人;学术型硕士 11 人,其中毕业 3 人;工程硕士 6 人。面向中储粮、国家和多个地方粮食系统、相关企业等开展讲座培训和服务等 15 次,参加人员 833 人次。

【科学研究与技术开发】 获批农业部课题 1 项,“十三五”重大研发计划课题 1 项,获批行业标准制修订项目 4 项,获批河南省科技厅开放合作项目 1 项,执行粮食公益行业科研专项 1 项,完成“十二五”国家科技支撑计划课题验收 1 项,横向科研项目 4 项,到账科研经费 442.72 万元。授权专利 3 项。发表论文 13 篇。

【粮油食品学院实验室建设管理】 组织完成国家级平台年度评估报告 1 项(国家级示范教学中心“食品科学实验室教学示范中心”),组织筹建申报国家级虚拟仿真实验室 1 项,组织申报河南省高校基础条件建设项目 1 项。完成嵩山路校区老实验楼废弃化学试剂清理工作,累计清理 24 间实验室共 1.8 万瓶废弃化学试剂。完成日常本专科实验教学工作,涉及 32 门实验课程,累计达 32 904 人。

粮食信息工程中心

【概况】 粮食信息工程中心是由粮食信息处理与控制教育部重点实验室和河南省粮食信息与检测技术工程技术研究中心组建而成的科研机构。粮食信息工程中心现有副主任 2 名,办公室人员 1 名,专职教师 1 名。

【实验室建设工作】 3 月学校申报河南省粮食大数据分析与应用工程研究中心,5 月经过有关部门推荐、专家评审、社会公示等环节获得河南省发展和改革委员会批复设立。

为系统集成各研发平台技术成果,更好地承担粮食行业信息化技术研发、学术交流、成果对接、技术培训等方面的工作,中心着力梳理粮食物联网、信息检测、物流定位、远程监管、数据可视化等技术支撑平台的建设思路,克服硬件标准不统一、兼容性不强、配置灵活性要求高、智能控制规则复杂等难题,定制开发一体化集成应用研发平台,实现研究成果基础支撑系统的有效集成。

【科研工作】 中心承担“十三五”国家重点研发计划项目的 1 个课题和 2 个任务,重点开展新型粮情测控技术研究与装备开发、危险粮情预测预警、粮情监测监管关键技术等方面的研究;获批国家自然科学基金面上项目 1 项、青年基金项目 1 项,累计科研经费 809 万元;完成河南省科技攻关重点项目 1 项,河南省国家合作科技项目 1 项;获得中国粮油学会科学技术二等奖 1 项,河南省科技进步二等奖 1 项,河南省教育厅科技进步一等奖 1 项,申请国家发明专利 2 项、软件著作权 2 项,发表学术论文 10 余篇,其中 SCI 检索 4 篇,EI 检索 4 篇。

【行业服务】 学校作为中国粮油学会信息与自动化分会的会长单位,中心负责分会秘书处的日常工作。中心围绕行业发展需求,创新工作思路、方法,分会工作受到中国粮油学会的好评。

中心组织开展中国粮油学会科学技术奖评审推荐工作。按照要求做好推荐项目和材料的审核关,组织行业知名专家,研究规则,深入研讨,推荐 5 个项目参加中国粮油学会科学技术奖的评选。

中心协助中国粮油学会有关专家、学者,组织并参与撰写《中国粮油学会三十年》一书,梳理自 2004 年以来的历史沿革、会员发展状况、学术交流、科普培训、表彰奖励、决策咨询以及在粮食行业信息化方面的突出贡献。按照中国粮油学会要求参与撰写《国内外粮油信息自动化科学技术发展现状及趋势》,全面梳理我国粮油信息与自动化技术发展现状,对比国外先进经验,明确当前粮食行业在信息化进程中面临的主要问题。

中心参与行业信息化发展相关规划、方案的编制工作,参与完成《地方粮库信息化建设技术指引(试行)》《地方粮库信息化建设验收规范(试行)》《粮食行业省级平台建设技术指引(试行)》和《粮食行业省级平台建设验收规范(试行)》和《“南粤粮安工程”智慧粮食发展规划(2017—2020)》等 5 份政府研究报告的编写工作。

【对外合作交流】 中心设立教育部重点实验室开放基金 9 个,通过开放课题的设置,有效汇聚国内外重点高校、科研院所及行业领军企业参与项目的合作。此外,中心推进学术交流,参加美国亚特兰大 InfoCom、ICDCS、在天津召开的 CWSN 等学术会议,拓展研究视野;加强国际学术交流与合作,先后与美国奥本大学无线工程研究和教育中心毛世文教授、佛罗里达大学计算机系吕卓教授开展交流和合作研究,共同开展在粮食大数据处理和分析方面以及粮食物联网关键技术研究;与佛罗里达大学吕卓博士共同承担河南省国际合作项目1项。中心主办国内学术会议2次,参加国内外学术会议交流20余人次,举办各类讲座8次,有效扩大学校在粮食信息技术领域的学术影响力。

国际粮食研究中心

【概况】 国际粮食研究中心(以下简称"中心")是负责学校与国际粮油食品协会、院校和科研机构进行交流、合作,并从事相关科学研究的学术机构。中心现有主任1名、副主任1名、办公室人员2名。

【国际交流与合作】 中心拓展国际交流渠道,提升合作层次,组织承办高水平国际粮食研讨会,增强国际影响力。

参加国际谷物科技协会各项活动 中心主任王凤成作为国际谷物科技协会(ICC)管理委员会主席、执行委员会及技术委员会委员,组织及参与ICC各项活动,主持及参加"全谷物世界高峰论坛""第一届ICC亚太区粮食科技大会"和"2017年美国国际谷物化学家学会年会"等国际学术会议,并做主题发言,加强学校与国际的交流与合作,提升学校的国际影响力和知名度。

【粮油食品科技合作与交流】 9月7日—9日,"第二届国际面粉产业高峰论坛暨制粉新设备与新技术展览会"在开封召开,中心主任王凤成担任大会主持并做了专题报告。来自国内外面粉行业的专家、企业家及科技人员360名代表,就面粉产业的发展及新技术、新工艺、新设备进行了广泛交流。

8月11日—13日,"第九届发酵面食产业发展大会"在宜昌召开,大会主题是"创新驱动,产业升级,走向国际",与会代表从发酵面食的标准化生产、质量与检验、产业发展现状与趋势等方面进行了广泛交流,中心主任王凤成在大会上作专题报告。

6月13日—16日,中心副主任周显青参加了日本国际食品工业展,这是学校自2006年以来连续第10次获邀参展,加强了国际学术交流与合作。

【科研工作】 中心人员承担教学与科研工作,指导15名硕士研究生。主持省部级项目立项1项、行业标准制定立项1项,参与国家级项目立项3项、国家自然基金面上项目立项1项、国际合作项目立项1项,参与完成国家标准颁布1项,参与国家级项目申报2项、国家科学技术奖申报1项,参与获得省部级科技奖2项。发表论文11篇,其中EI收录2篇,出版APEC质量标准汇编及质量标准专题研究报告各1部。

· 科学研究与产业开发 ·

（一）科学研究

1　自然科学研究

【概况】 科技处负责学校自然科研项目申报、科研项目过程管理、科研成果的管理、科研成果的技术推广、科研的统计工作等。下设办公室、计划管理科、成果管理科、科技平台科4个科室，有专职工作人员10人。

【科技工作的新亮点】 国家自然基金实现重大突破　学校国家自然基金获得43项立项。其中，国家自然基金面上项目立项14项，比2016年增加6项，增长率达到75%。国家自然基金项目经费资助1618万元，较上年同类项目增长448万元，增长率为38%。

科研经费连续5年保持亿元　学校自然科学纵向、横向科研项目合同经费11 313.42万元，到账经费10 121.75万元，到账科研经费实现连续5年保持亿元，为提升学校科学研究实力和水平提供了重要支持。

科技成果奖及成果转化　学校组织阮竞兰等4位教授的科研成果申报、冲击2018年国家科技奖，已全部获得国家奖推荐指标。获省部级奖励26项，其中，一等奖3项。

科技平台建设　学校获批“河南省粮油食品安全检测与控制重点实验室”，学校在河南省重点实验室布局上，从粮食加工领域扩展到粮食信息、粮食建筑和粮食质量控制领域。5月，“河南省粮食大数据分析与应用工程研究中心”获批，标志着我国粮食行业首个省级大数据科技创新平台正式组建。

【科技管理】 学校自然科学领域获批纵向国家级、省部级和地厅级项目共计223项，其中国家级项目61项，省部级项目112项，地厅级项目50项，合同经费5422.38万元。

国家级项目　学校获得国家级自科项目61项。其中，主持国家自然基金项目43项（面上项目14项，青年科学基金21项，联合基金项目7项，应急管理项目1项），参与国家自然基金5项（河南联合基金重点项目1项，面上项目2项，青年基金项目参与1项，地区科学基金项目参与1项），科技部重点研发计划项目13项（重点研发计划课题主持2项，课题参与11项）。全部合同经费3511.88万元。

省部级项目　学校获得省部级自然科学项目112项。其中河南省科技厅项目87项（省产学研项目1项，省科技攻关项目45项，省开放合作项目4项，省著作出版项目2项，省软科学研究项目11项，省科技创新团队项目7项，省自然基金项目17项），国家标准修订计划项目2项，行业标准制定/修订项目15项，教育部协同育人项目2项，农业部产业体系项目3项，国家粮食局青年拔尖人才项目2项，软科学研究项目1项。合同经费1726万元。

地厅级项目　学校获得地厅级自然科学项目50项。其中，河南省教育厅项目43项（省高校科技创新人才1项，普通项目42项），郑州市科技局项目1项，河南省知识产权局项目1项，其他地厅级平台项目5项。合同金额184.5万元。

科技成果奖励　学校获得省部级奖26项。其中，获得河南省科技进步奖14项，其中一等奖1项，二等奖6项，三等奖7项；中国粮油学会科学技术奖一等奖1项，二等奖3项，三等奖3项；中国商业联合学会科学技术奖一等奖1项；中国食品科学技术学会科技创新奖1项。获得地市级奖22项，其中河南省教育厅科技成果奖17项；郑州市科技进步奖2项，临沂市科技进步奖1项；河南省建设科技进步奖1项。

科研经费学校自然科学纵向、横向科研项目合同经费额合计11313.42万元，到账经费合计

10121.75 万元。学校自然科学领域科研经费合同额 5603.38 万元，到账经费 5547.99 万元；横向科研项目合同额 2210.04 万元，到账经费 1073.76 万元；学校科技平台收入 300 万元；技术服务收入 3200 万元。

项目鉴定(结项)　学校结项(验收)145 项，其中，国家级项目 51 项，省部级项目 56 项，地厅级项目 38 项。学校科技成果评价 7 项，其中会议评价 7 项，国际先进水平 4 项。

学术论文　发表学术论文 1337 篇，其中北图核心论文 482 篇；被"四大检索"系统收录的高水平论文 301 篇，其中 SCI 收录 269 篇，EI 收录 30 篇，出版学术著作和教材 40 部。

专利授权　学校申请并获得受理专利 344 项，其中发明专利 273 项，实用新型专利 70 项，外观专利申请 1 项。取得授权专利 137 项，其中发明专利 69 项，实用新型专利 68 项。取得软件著作权 61 项。

社会服务学校与有关企业新组建产业技术创新战略联盟 4 个，其中河南省烘培产业技术创新战略联盟由学校牵头组建，目前由学校牵头和参与组建的产业技术创新战略联盟达到 34 个，联盟的建立有力的推动了企业的技术进步和行业技术水平的提升。

组建的相关联盟紧密围绕产业技术创新需求扎实开展工作，努力落实并完成联盟各项创新任务，同时各联盟还积极探索依托联盟组织实施重大科技任务的组织模式，积极争取国家科技计划备选项目的立项，优化资源组合，强化创新平台建设，做好先进技术推广和科技成果的转化。

学校拓展对外合作渠道，多方位参与地方政府和企业的技术创新活动，参加在四平市举办的科技成果交流洽谈会、福建省人民政府举办的海峡科技成果转移对接会以及企业与地方政府举办的各级各类信息交流洽谈会 14 场。学校与安徽省粮食局、苏州卡罗伊精密刀具有限公司等签署 8 项科技合作或共建工程实验室协议，使学校服务地方经济建设的辐射能力进一步加强。

学术交流　积极开展多种形式的学术报告和讲坛，举办各类学术活动 130 多次。受国家粮食局委托，承办 2017 年全国粮食科技活动周的科研机构会场、粮食科技"三对接""中国好粮油"论坛等活动，这是学校历史上承办的规模最大，参会人员最多，参会范围最广泛的一次全国性大会。

表 8-1　自然科学科技成果省级奖获奖明细

序号	项目名称	奖励名称	奖励等级	获奖单位
1	生物油脂酯交换固体催化剂的创制及作用机制	河南省科技进步奖	二等奖	河南工业大学
2	基于不确定方法的人机情感交互技术与系统	河南省科技进步奖	三等奖	河南工业大学
3	基于车联网的智能物流配送关键技术与应用	河南省科技进步奖	二等奖	河南工业大学
4	小麦精深加工关键技术研发及推广应用	河南省科技进步奖	二等奖	河南工业大学，河南省食品工业科学研究所有限公司，郑州国食科技有限公司，郑州市中食农产品加工研究院
5	稻谷高效绿色节能加工装备关键技术创新与应用	河南省科技进步奖	二等奖	河南工业大学，湖北永祥粮食机械股份有限公司，开封市茂盛机械有限公司
6	大坝堆石料的剪胀理论与本构模型	河南省科技进步奖	三等奖	河南工业大学，河南省河口村水库工程建设管理局，水利部交通运输部国家能源局南京水利科学研究院
7	气辅注塑成形全三维模拟系统的研发及应用	河南省科技进步奖	三等奖	河南工业大学
8	结构光视觉测量机器人系统关键技术及应用示范	河南省科技进步奖	三等奖	河南工业大学，郑州维视信息科技有限公司

续表 8-1

序号	项目名称	奖励名称	奖励等级	获奖单位
9	三峡升船机铸造齿条大型试验装备开发及质量评定——齿条材料的评价	河南省科技进步奖	三等奖	河南工业大学,郑州机械研究所
10	钎料原位合成及其在异质材料连接中的应用	河南省科技进步奖	一等奖	郑州机械研究所,河南科技大学,河南工业大学,郑州大学,河南黄河旋风股份有限公司,富耐克超硬材料股份有限公司,河南四方达超硬材料有限公司,哈尔滨工业大学
11	粮食产后干燥关键技术与装备	河南省科技进步奖	三等奖	郑州万谷机械股份有限公司,河南工业大学,河南科技大学
12	无抗风味猪肉生产关键技术集成与示范	河南省科技进步奖	二等奖	河南广安生物科技股份有限公司,中国科学院亚热带农业生态研究所,河南工业大学,南昌大学
13	智能用电信息系统关键设备研制及产业化	河南省科技进步奖	二等奖	河南许继仪表有限公司,河南工业大学,国网江苏省电力公司泰州供电公司
14	污泥无害化处理及综合利用关键技术与示范	河南省科技进步奖	三等奖	郑州轻工业学院,河南工业大学,郑州市污水净化有限公司
15	煎炸专用调和油研究与产品开发	中国粮油学会科学技术奖	一等奖	河南工业大学,山东金胜粮油集团有限公司,莒南县检验检测中心
16	绿色低温储粮装备的关键技术研究与应用	中国粮油学会科学技术奖	二等奖	河南工业大学,郑州万谷机械股份有限公司,河南科技大学
17	储粮品质太赫光谱快速检测系统	中国粮油学会科学技术奖	三等奖	河南工业大学
18	小麦精深加工关键技术研发及推广应用	中国粮油学会科学技术奖	三等奖	河南工业大学
19	小麦精深加工关键技术研发及推广应用	中国粮油学会科学技术奖	三等奖	河南工业大学,河南亿德制粉工程技术有限公司
20	粮食干燥关键技术及装备的研究及示范	中国粮油学会科学技术奖	二等奖	河南工业大学,郑州万谷机械股份有限公司,河南科技大学
21	高硒酵母、低脂无铝油条生产技术研究及产业化应用	中国商业联合学会科学技术奖	三等奖	河南工业大学
22	小麦高附加值产品研发、产业化及推广应用	中国商业联合学会科学技术奖	一等奖	河南工业大学,河南省食品工业科学研究所有限公司,郑州国食科技有限公司,郑州市中食农产品加工研究院
23	休闲豆制品生产及废弃物综合利用技术研究	中国商业联合学会科学技术奖	三等奖	河南工业大学,河南亿德制粉工程技术有限公司
24	数据中心全新风通风降温关键技术及应用	中国商业联合学会科学技术奖	三等奖	中原工学院,江苏汉云信息科技有限公司,河南工业大学
25	食品级惰性粉防治储粮害虫技术	中国粮油学会科学技术奖	二等奖	国家粮食局科学研究院,河南工业大学,湛江北站国家粮食储备中转库,武汉轻工大学
26	中国食品科学技术学会科技创新奖	突出贡献奖	突出贡献奖	河南工业大学

表 8-2 自然科学项目立项明细

序号	项目名称	负责人	级别	项目来源
1	稻谷、玉米储藏物流环境适宜参数研究	渠琛玲	国家级	科技部-国家粮食局科学研究院
2	典型物理处理对分子间相互作用与品质功能的调控——典型食品加工条件下组分分子间相互作用与品质功能调控机制	王金水	国家级	科技部-东莞理工学院
3	易发储粮害虫绿色治理关键技术和设备研发-储粮书虱天敌生防关键技术研究	鲁玉杰	国家级	科技部-中储粮成都所
4	易发储粮害虫绿色治理关键技术和设备研发-绿色生态治理磷化氢抗性储粮害虫技术研究和实仓应用	王殿轩	国家级	科技部-中储粮成都所
5	碳纤维增强热塑性树脂复合材料制备成型的应用基础研究	吴海宏	国家级	国家自然基金委-郑州大学
6	偏高水分粮入仓安全处置技术研究与示范	张来林	国家级	科技部-南京财经大学
7	以褐藻为原料具有保鲜效果的营养强化剂型增稠、乳化和乳化稳定剂研究与开发	刘钟栋	国家级	科技部-中国农业大学
8	同轴圆筒间旋转流动的吸引子及混沌仿真与控制	郭秀兰	国家级	国家自然基金委-辽宁工业大学
9	一类非稳定工况的多模态数据驱动故障诊断方法研究	冯肖亮	国家级	国家自然基金委-河北师范大学
10	面向深海载人潜水器自动驾驶的智能运动规划方法研究	冯肖亮	国家级	国家自然基金委-国家深海基地管理中心
11	铅冶炼区污染土壤的稳定化修复技术与示范	李立平	国家级	科技部
12	泊松流形哈密顿微分同胚群上 Hofer 型度量相关问题研究	孙大为	国家级	国家自然基金委
13	酸碱双功能分子筛高效催化 Henry 反应的微观协同作用机制研究	李　新	国家级	国家自然基金委
14	整装“泡沫/纤维@氧化物-贵金属”核-壳结构催化剂的“Top-Down”一体化设计合成:乙烯室温催化燃烧构效研究及过程强化	张巧飞	国家级	国家自然基金委
15	G-四链体结构对铜绿假单胞菌中耐药基因表达调控的研究	苑立博	国家级	国家自然基金委
16	生物质单糖一锅法串联反应制备 2,5-呋喃二甲酸(FDCA)的研究	申万岭	国家级	国家自然基金委
17	基于电活性有机物的钠离子全电池的设计、构建与电化学表征	朱利敏	国家级	国家自然基金委
18	磁性金属-有机骨架复合材料功能化构造及催化油脂酯交换性能调控机制	谢文磊	国家级	国家自然基金委
19	MABR 特殊生境下生物膜脱氮功能强化机理研究	田海龙	国家级	国家自然基金委
20	乳杆菌表层蛋白对脂质体的包被作用及互作机制研究	孟　珺	国家级	国家自然基金委
21	结构单元构成及相互作用对麦麸阿魏酰低聚糖酯抗氧化活性调控机制研究	赵文红	国家级	国家自然基金委
22	酵子馒头香气形成机理	王远辉	国家级	国家自然基金委
23	苹果酸淀粉酯抗消化特性研究及其在面条加工过程中的变化规律与调控	田双起	国家级	国家自然基金委
24	甘草酸单铵抑制猪繁殖与呼吸综合征病毒穿入 MARC-145 细胞膜的机制研究	段二珍	国家级	国家自然基金委
25	小麦后熟过程中麦谷蛋白大聚体变化介导的品质改善机理	王金水	国家级	国家自然基金委
26	脂肪酶的定向修饰对油脂醇解反应的调控及机理研究	孙尚德	国家级	国家自然基金委
27	小麦面粉中淀粉组分对面条品质影响机理研究	陆启玉	国家级	国家自然基金委

续表 8–2

序号	项目名称	负责人	级别	项目来源
28	非离子乳化剂对蜡基油凝胶结构与性能的调控规律及机理	杨国龙	国家级	国家自然基金委
29	小麦胚部病程相关蛋白抑制储藏真菌生长及产毒的机理研究	张帅兵	国家级	国家自然基金委
30	基于土壤多样性的水、土资源空间分布关联性研究	段金龙	国家级	国家自然基金委
31	功能化多孔碳表面金属有机骨架(MOFs)的原位自组装机理及储能机制研究	张　霞	国家级	国家自然基金委
32	面向微电子制造的超高加速度宏微运动平台多物理场耦合特性及抑振机制研究	张璐凡	国家级	国家自然基金委
33	交变磁场下窄间隙 GMAW 焊接热源稳定性及焊缝成形调控机制研究	菅晓霞	国家级	国家自然基金委
34	基于近壁热源上方热羽流贴附效应的竖壁颗粒沉积机理研究	陈　曦	国家级	国家自然基金委
35	疲劳荷载下型钢混凝土梁梁连接节点弯剪破坏机制研究	咸庆军	国家级	国家自然基金委
36	筒仓卸粮成拱及其对仓壁超压作用的动态演进机制研究	冯　永	国家级	国家自然基金委
37	筒仓卸料流态的发生机理及卸料压力研究	刘克瑾	国家级	国家自然基金委
38	图案化储油防爬行润滑材料的可控制备及摩擦机理研究	郭永刚	国家级	国家自然基金委
39	超硬磨料砂轮挤磨削方法及其低速高效磨削机理研究	崔仲鸣	国家级	国家自然基金委
40	分布式连接全装配 RC 楼盖平面内受力特性与结构地震响应机理研究	庞　瑞	国家级	国家自然基金委
41	基于分布式层次图的最大流混合并行算法研究	魏　蔚	国家级	国家自然基金委
42	相移法下包含运动信息的三维重构模型研究	吕　磊	国家级	国家自然基金委
43	基于 THz 图像和光谱信息融合的小麦芽变早期检测方法研究	蒋玉英	国家级	国家自然基金委
44	基于博弈论的车联网位置隐私保护理论和方法研究	杨卫东	国家级	国家自然基金委
45	传感器能量驱动下带宽再分配及量化控制策略研究	闫晶晶	国家级	国家自然基金委
46	牵制控制框架下符号网络的群体行为研究	宋　强	国家级	国家自然基金委
47	扩散方程的两类反问题的正则化方法和算法研究	程　炜	国家级	国家自然基金委–兰州理工大学
48	大米适度加工关键技术、品质评价体系与产业化示范–适度加工对大米品质影响规律研究与产业化应用	安红周	国家级	科技部–中粮营养健康研究院有限公司
49	新型粮情测控技术与装备开发	祝玉华	国家级	科技部–国家粮食局科学研究院
50	鱼类弹状病毒诱导的细胞自噬与凋亡的串话关系研究	周广舟	国家级	国家自然基金委
51	担子菌发酵对麦麸纤维结构及面制品品质的影响机理研究	李　力	国家级	国家自然基金委
52	基于核酸适配体的 PPCPs 荧光定量 PCR 检测机制及影响因素	陈寒玉	国家级	国家自然基金委
53	南水北调中线河南段典型有机污染物大气输入特征研究	张宝忠	国家级	国家自然基金委
54	基于钒酸银和钒酸铜放电特性的 $Li_4Ti_5O_{12}$ 复合物材料的制备及电化学性能改善研究	曹晓雨	国家级	国家自然基金委
55	Ni_3Sn_4 籽晶诱导性能可控的单晶微互连点形成机理研究	田　野	国家级	国家自然基金委
56	大规模复杂随机晶圆制造自动化物料运输系统实时多目标调度研究	吴立辉	国家级	国家自然基金委
57	基于云平台的政策性粮食数据汇集及信息推送技术与标准研究——政策性粮食信息服务云平台构建技术研究与示范	杨卫东	国家级	科技部–国粮局科学研究院–南京财经大学
58	典型加工工艺对谷物营养品质影响的分子基础与调控机制–加工过程对食品营养组分消化吸收、代谢的影响及调控	郭兴凤	国家级	科技部–中国农业大学–北京工商大学

续表 8-2

序号	项目名称	负责人	级别	项目来源
59	常规储粮仓型危险粮情监测及应急处置技术研究-储粮粮情风险预测与应急处置技术研究	许德刚	国家级	科技部-国粮局科学研究院-中储粮成都粮食储藏科学研究所
60	无线层析成像法探测仓储粮食异常粮情的研究	朱春华	国家级	国家自然基金委
61	粮食产后"全程不落地"收储质量安全检测技术装备研发与示范——粮食收获收购过程虫、霉检测和新陈粮鉴别技术及仪器研发与示范	周显青	国家级	科技部-中粮郑州院-南财
62	2016—2020 岗位科学家:产后加工-加工技术岗位	卞　科	省部级	农业部
63	2016—2020 岗位科学家:油脂加工岗位	汪学德	省部级	农业部
64	水下特种作业机器人理论及其应用研究	袁夫彩	省部级	河南省科技厅
65	风云 2C 静止卫星数据处理与应用研究	李卫东	省部级	河南省科技厅
66	麸皮膳食纤维对面条品质影响机理研究	马　森	省部级	河南省科技厅
67	基于超高压处理的谷朊粉功能特性及应用研究	宋永令	省部级	河南省科技厅
68	亚临界低温萃取浓香辣椒籽油关键技术开发	刘华敏	省部级	河南省科技厅
69	大豆磷脂为膜材构建虾青素脂质体的研究	潘　丽	省部级	河南省科技厅
70	模块化智能化高效粮食振动清理筛关键技术研究及应用	王中营	省部级	河南省科技厅
71	面向粮食存储物联网的本体模型研究	魏　蔚	省部级	河南省科技厅
72	抗大豆抗原蛋白过敏芽孢杆菌肽聚糖关键技术研究	殷海成	省部级	河南省科技厅
73	小麦抗真菌蛋白高效发酵生产关键技术与应用研究	张帅兵	省部级	河南省科技厅
74	利用麦麸纤维基质脂肪替代品进行低脂焙烤食品开发关键技术研究	赵文红	省部级	河南省科技厅
75	基于 CPS 的数控机床加工精度影响综合补偿技术研究	邱　超	省部级	河南省科技厅
76	制粉加工精益化控制器研究	刘伍丰	省部级	河南省科技厅
77	半导体集成电路的下一代倒装芯片微铜柱封装技术研究	尚拴军	省部级	河南省科技厅
78	基于调制特征的地下管线目标定位和识别	乔丽红	省部级	河南省科技厅
79	一步合成法制备介孔碳/Fe_3O_4纳米复合材料及其催化功能机理研究	张良波	省部级	河南省科技厅
80	热塑性碳纤维复合材料短流程制造关键技术研究	吴海宏	省部级	河南省科技厅
81	耐高温酚醛树脂结合剂的研究	刘国勤	省部级	河南省科技厅
82	城市河道污泥资源化处理关键技术及装备研发	曹宪周	省部级	河南省科技厅
83	基于嵌入式技术的智能农药喷洒装置研发	宋　强	省部级	河南省科技厅
84	面向板材余料的钣金零件数控切割智能 CAM 系统	武照云	省部级	河南省科技厅
85	基于数据驱动的电力用户行为异常处理	陈红梅	省部级	河南省科技厅
86	面向微电子制造的超高加速度宏微运动平台振动抑制机制研究	张璐凡	省部级	河南省科技厅
87	基于数据挖掘的软件错误定位	曹鹤玲	省部级	河南省科技厅
88	多旋翼无人机机载红外成像装置姿态惯性测量系统研制	赵　亮	省部级	河南省科技厅
89	三聚磷酸二氢铝的辐射改性及应用	郑红娟	省部级	河南省科技厅
90	新型基于 MOFs 可见光催化剂的制备及其光催化性能研究	杨新丽	省部级	河南省科技厅
91	改性的可溶性磺化聚苯并噻唑质子交换膜的研究	王　刚	省部级	河南省科技厅

续表 8-2

序号	项目名称	负责人	级别	项目来源
92	含铁氮掺杂介孔碳为催化剂的 NO-H_2燃料电池生成羟胺的机制性研究	盛　夏	省部级	河南省科技厅
93	废弃油脂在生物基材料中的应用研究	刁小琼	省部级	河南省科技厅
94	微晶增韧超高速玻璃结合剂 CBN 砂轮的研究与应用	李文凤	省部级	河南省科技厅
95	新型石墨碳材料的制备及其环境催化净化功能研究	陈寒玉	省部级	河南省科技厅
96	抗凝血药华法林类似物 3-芳甲酰基香豆素衍生物的合成研究	袁金伟	省部级	河南省科技厅
97	高性能 SiO_2气凝胶微球的制备及性能研究	何　方	省部级	河南省科技厅
98	新型氧化物固溶体膜/金属光电极的超高压制备关键技术研究	刘世凯	省部级	河南省科技厅
99	新型耐热环三磷腈-三嗪共聚物的制备研究	程文喜	省部级	河南省科技厅
100	有机共轭小分子的设计、合成与性质研究	李金玲	省部级	河南省科技厅
101	散粒体粮堆无线信道特性研究	朱春华	省部级	河南省科技厅
102	基于功能化掺杂碳基纳米线阵列的新型锂离子电池材料研究	林浩伟	省部级	河南省科技厅
103	基于多相催化的手性抗凝血药物华法林的合成新方法研究	董振华	省部级	河南省科技厅
104	β-环糊精修饰的 CdTe 量子点光催化降解有机染料研究	孙旭镯	省部级	河南省科技厅
105	考虑交通控制和交通诱导协同技术的城市交通瓶颈区域系统优化策略及方法	段宇洲	省部级	河南省科技厅
106	新型 4-杂环取代香豆素化合物的设计合成及其抗肿瘤活性研究	郭　涛	省部级	河南省科技厅
107	电子打印的高性能银纳米线透明电极材料制备及应用	任　宁	省部级	河南省科技厅
108	锂离子电池用阻燃氢氧化镁复合隔膜的研制	张　猛	省部级	河南省科技厅
109	金属分子筛选择催化还原氮氧化物的作用机制研究	李　新	省部级	河南省科技厅
110	基于姜黄素结构的化学合成小分子类似物抗肿瘤细胞增殖细胞学机制及体内效应评估	周广舟	省部级	河南省科技厅
111	粮仓储粮数量检测方法与系统	张德贤	省部级	河南省科技厅
112	硝基呋喃类代谢物快速检测用纳米传感器研究	何保山	省部级	河南省科技厅
113	基于多电子传输的高比能锂电池正极材料钒酸锂的制备及电化学性能改善研究	谢玲玲	省部级	河南省科技厅
114	基于新型蒜素化合物的粮食绿色安全储藏技术研发	王殿轩	省部级	河南省科技厅
115	基于 G3 标准的新方式载波调制解调算法研究	吴　兰	省部级	河南省科技厅
116	基于科技创新视角下科研经费管理的创新模式研究	郃双汭	省部级	河南省科技厅
117	河南传统武术“和合文化”在构建和谐社会中的价值研究	郭　瑞	省部级	河南省科技厅
118	基于语料库技术的河南省互联网生态文化创新研究	杨新立	省部级	河南省科技厅
119	河南科技金融发展模式创新与推进策略研究	穆庆榜	省部级	河南省科技厅
120	郑州构建亚洲经贸金融中心城市路径选择研究	奚　宾	省部级	河南省科技厅
121	中部粮食主产区农村一二三产业融合发展模式创新及实现路径研究	关浩杰	省部级	河南省科技厅
122	面向政府公开决策的基于大数据的决策理论与方法研究	李永海	省部级	河南省科技厅
123	创新河南省高技能人才培养机制研究	沈国荣	省部级	河南省科技厅
124	新常态下地方政府形象管理能力提升研究	张合斌	省部级	河南省科技厅
125	河南省制造企业实施供应商整合的关键成功因素研究	张延涛	省部级	河南省科技厅

续表 8-2

序号	项目名称	负责人	级别	项目来源
126	“一带一路”战略①下河南省语言服务业供给侧改革研究	黄辉辉	省部级	河南省科技厅
127	花生油脂和蛋白同时分离的分子机理及调控	陈复生	省部级	河南省科技厅
128	小麦胚部 Puroindoline B 蛋白抗储粮霉菌的作用机制研究	胡元森	省部级	河南省科技厅
129	PPARα 信号通路在玉米霉菌毒素致鸡肝脏脂肪代谢紊乱的作用机制	张　勇	省部级	河南省科技厅
130	抗真菌蛋白对小麦粉霉菌消减和品质改良作用及机理研究	张帅兵	省部级	河南省科技厅
131	全有机钠离子电池的构建与电化学性能研究	朱利敏	省部级	河南省科技厅
132	高压下微米晶石墨/非晶碳直接转化合成纳米聚晶金刚石的相变机理及热力学研究	王海阔	省部级	河南省科技厅
133	环糊精修饰的水溶性量子点光催化水分解制氢和 CO_2 还原性能研究	王　宁	省部级	河南省科技厅
134	微纳米图案化储油防爬行功能材料的构建及其润滑性能研究	郭永刚	省部级	河南省科技厅
135	基于贝叶斯压缩感知的光声多普勒模拟微血管血流速度测量方法研究	卢　涛	省部级	河南省科技厅
136	稳态强磁场中施加梯度场检测储藏小麦介电常数与生物学品质关联性研究	蒋华伟	省部级	河南省科技厅
137	面向大规模测序的读段纠错与压缩回帖快速算法	张玉宏	省部级	河南省科技厅
138	再制造机器人系统自标定与自规划方法研究	吴　翔	省部级	河南省科技厅
139	基于无偏低秩表示的稀疏平衡图学习及应用研究	王自强	省部级	河南省科技厅
140	基于一般二型模糊集合的 SVRM 结构词计算模型及其在食品感官评价中的应用	赵　亮	省部级	河南省科技厅
141	miRNA 生成酶 Drosha 催化机理生物信息学研究	魏冬青	省部级	河南省科技厅
142	大型粮堆湿热传递机理与预测模型研究	吴建军	省部级	河南省科技厅
143	小麦籽粒隐蔽性害虫的激光超声早期检测方法研究	樊　超	省部级	河南省科技厅
144	河南省城市交通仿真创新型科技团队	张　旭	省部级	河南省科技厅
145	河南省农副产品资源高效利用创新型科技团队	谢文磊	省部级	河南省科技厅
146	全国粮食行业青年拔尖人才-小麦及小麦粉中微生物侵染及其毒素污染的绿色防控	陈　亮	省部级	国家粮食局
147	全国粮食行业青年拔尖人才-大型粮堆湿热传递预测及控制优化设计	吴建军	省部级	国家粮食局
148	可编程计算机控制器类课程实训项目设计与开发	石庆升	省部级	教育部高教司
149	粮食安全新战略视阈下我国粮食供给侧结构性失衡的校正机制与政策优化研究	孙中叶	省部级	国家粮食局
150	粮油名词术语 粮食、油料及其加工产品	卞　科	省部级	国家粮食局
151	粮食仓储数据元 熏蒸	阎　磊	省部级	国家粮食局
152	粮仓远程视频监控技术规程	甄　彤	省部级	国家粮食局
153	粮食信息分类与编码 储粮病虫害分类与代码	王若兰	省部级	国家粮食局
154	面条工业化生产技术规程	卞　科	省部级	国家粮食局

① 河南省科技厅批复项目时所用的项目名称如此(项目编号 172400410609),不再改为“一带一路”倡议。(可参见豫科[2017]9 号文件)

续表 8-2

序号	项目名称	负责人	级别	项目来源
155	馒头工业化生产技术规程	郑学玲	省部级	国家粮食局
156	马铃薯全粉	张玉荣	省部级	国家粮食局
157	小麦硬度指数标准样品	赵仁勇	省部级	国家粮食局
158	油用杏仁	刘玉兰	省部级	国家粮食局
159	粮油检验 磷脂洗丝氨酸的测定	谷克仁	省部级	国家粮食局
160	粮油工程设计防火规范	牛淑杰	省部级	国家粮食局
161	小麦中呕吐毒素消减技术指南	卞 科	省部级	国家粮食局
162	小麦制粉厂工程设计规范	温纪平	省部级	国家粮食局
163	玉米淀粉厂工程设计规范	刘 洁	省部级	国家粮食局
164	粮食储藏与流通标准体系复审和审核	陈卫东	省部级	国家粮食局
165	基于 MSP430 的六轴机器人教学系统设计	王 威	省部级	教育部高教司
166	饲料加工设备图形符号	王卫国 1	省部级	全国饲料机械标准化技术委员会
167	散粮集装箱装卸粮作业操作规程	曹宪周	省部级	国家粮食局
168	2017—2020 岗位科学家:产后干燥与储藏岗位	王殿轩	省部级	农业部
169	河南省过程装备与精益控制创新型科技团队	刘楠嶓	省部级	河南省科技厅
170	河南省粮食信息处理与控制创新型科技团队	张庆辉	省部级	河南省科技厅
171	河南省粮食储藏品质变化机理及控制创新型科技团队	王金水	省部级	河南省科技厅
172	河南省全谷物加工与营养创新型科技团队	陈志成	省部级	河南省科技厅
173	河南省智能计算技术与应用创新型科技团队	孙丽君	省部级	河南省科技厅
174	河南省高校创新创业研究	陈国防	地厅级	郑州高新区财政局
175	室内近壁热源上方壁面颗粒污染物沉积过程与累积分布研究	陈 曦	地厅级	河南省高等学校供热空调重点学科开放实验室
176	云端数据访问控制及操作忠实性验证方法研究	刘宏月	地厅级	河北省网络与信息安全重点实验室
177	苏州地区进境粮食害虫监测防控技术研究与示范区建设	鲁玉杰	地厅级	苏州市科技局-苏州市外来有害生物防控技术中心
178	奇异随机网络系统的有限时间稳定性分析与设计问题	张应奇	地厅级	河南省教育厅
179	电子掺杂对 1T-MoS2 纳米片磁性影响的研究	乔 文	地厅级	河南省教育厅
180	手性钳形氮杂环卡宾镍化合物的合成及不对称催化应用	杨亮茹	地厅级	河南省教育厅
181	基于群集智能的农业环境异构无线传感网节点部署与自定位技术研究	陈天飞	地厅级	河南省教育厅
182	黄曲霉毒素快速检测电化学免疫微传感芯片研究	马海华	地厅级	河南省教育厅
183	基于大数据的粮食舆情分析系统的研究与开发	廉飞宇	地厅级	河南省教育厅
184	太赫兹吸收谱定量分析中的波长选择研究——以差分进化算法为例	李 智	地厅级	河南省教育厅
185	服务中心网络中收益最大化的柔性服务路由机理研究	马 丁	地厅级	河南省教育厅
186	高效三角谱/谱元方法及其在流体力学问题中的应用	单炜琨	地厅级	河南省教育厅
187	高温高压下氧化物热电材料的热输运性质的第一性原理研究	祁园园	地厅级	河南省教育厅

续表 8-2

序号	项目名称	负责人	级别	项目来源
188	磺化聚苯并噻唑的分子设计、合成及其质子交换膜的性能研究	王　刚	地厅级	河南省教育厅
189	基于水杨醛希夫碱配体的荧光金属有机框架(MOFs)	李媛媛	地厅级	河南省教育厅
190	河南大田主要农作物智慧种植与管理研究	陈　星	地厅级	河南省教育厅
191	超临界 CO_2 微孔发泡 TPU 纳米复合材料工艺优化及其弹复性能研究	王心超	地厅级	河南省教育厅
192	基于时不变性的磨粒特征提取与识别	王贵财	地厅级	河南省教育厅
193	矿用水泥基富水充填材料的水化动力学研究	高　萌	地厅级	河南省教育厅
194	面向绿色磨削加工的超硬磨料热管砂轮应用技术研究	赫青山	地厅级	河南省教育厅
195	基于柔性电子制造的高透过率电极材料研发	菅晓霞	地厅级	河南省教育厅
196	智能化高效散粮物流装备夹带式皮带输送机的若干关键技术研究	王明旭	地厅级	河南省教育厅
197	面向河南大中型企业的智能制造模式和生产状态数据获取技术研究	张中伟	地厅级	河南省教育厅
198	基于互联网+智能鲜食面售卖机关键技术研究	李爱民	地厅级	河南省教育厅
199	深海钢结构物壁面移动机器人可靠吸附与灵活运动相协调方法研究	袁夫彩	地厅级	河南省教育厅
200	光纤预制棒磁流变抛光技术的研究	朱红瑜	地厅级	河南省教育厅
201	基于多目标优化的大豆 miRNA-基因功能网络构建及机制分析	史卫亚	地厅级	河南省教育厅
202	基于社会媒体数据的粮食舆情分析关键技术研究	闫秋玲	地厅级	河南省教育厅
203	非酿酒酵母菌发酵馒头面团的特性研究	李志建	地厅级	河南省教育厅
204	酸面团冷冻冻藏过程中冰晶形成和水分迁移变化规律研究	陈　迪	地厅级	河南省教育厅
205	生鲜湿面酶促褐变反应机理研究	王远辉	地厅级	河南省教育厅
206	新型农业经营模式背景下河南省粮食产业安全研究	徐晓鹏	地厅级	河南省教育厅
207	中原城市群公共环境设施的绿色化评价体系及应用研究	刘　林	地厅级	河南省教育厅
208	融媒体背景下河南省“互联网+政务”创新模式研究	杨嘉怡	地厅级	河南省教育厅
209	打造河南“互联网+”双创公共服务平台 推动中小城市经济转型升级研究	高雅真	地厅级	河南省教育厅
210	河南省绿色金融创新发展研究	奚　宾	地厅级	河南省教育厅
211	河南省贫困地区公共产品 PPP 模式供给的实现机制及政策优化研究	李文启	地厅级	河南省教育厅
212	河南科技创新能力与经济增长潜力的双边贡献评价研究	穆庆榜	地厅级	河南省教育厅
213	石墨烯-C_3N_4复合纳米材料的制备及其光催化降解有机污染物的研究	李　波	地厅级	河南省教育厅
214	葫芦脲修饰水溶性量子点的制备及光致产氢性能研究	孙旭镯	地厅级	河南省教育厅
215	调控原发性痛经关键基因挖掘	范　沛	地厅级	河南省教育厅
216	表面氢化与硫掺杂半导体复合 TiO_2 基纳米管阵列光阳极的调控制备及其光电性能研究	刘世凯	地厅级	河南省教育厅
217	基于高密度 IC 集成的微米级互连点键合工艺研究	尚拴军	地厅级	河南省教育厅
218	基于包络原理的自由曲线、曲面造型技术研究	巴文兰	地厅级	河南省教育厅
219	基于多输出回归算法的视频追踪算法研究	谭玉波	地厅级	河南省教育厅

续表 8-2

序号	项目名称	负责人	级别	项目来源
220	有机聚合物基碳材料的制备及储钠性能研究	朱利敏	地厅级	河南省教育厅
221	河南省开放存取文献知识产权保护机制研究	王向军	地厅级	河南省知识产权局
222	基于 FY-3 卫星的北极及北极东北航道冰清分析研究	王星东	地厅级	国家海洋局海洋-大气化学与全球变化重点实验室
223	郑州市都市农业发展的科技支持现状与对策研究	穆中杰	地厅级	郑州市科技局

表 8-3 自然科学项目会议鉴定明细

序号	鉴定批号	项目名称	负责人
1	【2017】 第 008 号	AL_2O_3-AL-C 耐火材料颗粒界面强化技术的研究及应用	石　凯
2	【2017】 第 009 号	莫来石——堇青石窑具和堇青石陶瓷材料增韧技术的开发和应用	夏　熠
3	【2017】 第 30 号	面向感性工程的词计算方法及其应用示范	张　元
4	【2107】 第 22 号	利用分子蒸馏工艺制备棕榈油甘油二酯的关键技术研究	马传国
5	【2017】 第 21 号	工业化中超临界萃取小麦胚芽及脱脂麦胚的应用研究	马传国
6	【2017】 第 12 号	醇洗与改性芝麻浓缩蛋白生产技术研发	刘玉兰
7	【2017】 第 10 号	葵花籽精油准加工与品质提升关键技术研究应用	刘玉兰

表 8-4 自然科学项目结项明细

序号	成果名称	项目级别	项目类别	负责人
1	面粉清洁高效加工关键技术研究与集成示范	国家级	国家科技部项目	郭祯祥
2	粮食流通监测传感技术研究与设备开发	国家级	国家科技部项目	甄　彤 杨红卫
3	储粮生物危害物监测数字化技术	国家级	国家科技部项目	张　元
4	我国粮食网上交易的现状调查与发展对策研究	国家级	国家科技部项目	魏明侠
5	关于有限 p-群的自同构和上同调的研究	国家级	国家自然基金项目	王玉雷
6	氢溢流在三维共价有机骨架上的密度泛函理论研究	国家级	国家自然基金项目	刘秀英
7	QCD 过程中次领头阶阈值再求和的研究	国家级	国家自然基金项目	张志清
8	一类具源项的粘弹性波动方程 Cauchy 问题解的研究	国家级	国家自然基金项目	刘功伟
9	有限元先验与后验误差估计中常数的精细估计及其应用	国家级	国家自然基金项目	陈红如
10	量子相干性的度量及其特性的研究	国家级	国家自然基金项目	刘龙江
11	功能化离子液体修饰石墨烯构筑的生物传感界面及其在有机磷农药中的应用研究	国家级	国家自然基金项目	刘志敏
12	小麦面粉中面筋蛋白组分对面条品质影响机理研究	国家级	国家自然基金项目	陆启玉
13	油脂酯-酯交换多相碱催化剂的可控构造及其催化作用本质	国家级	国家自然基金项目	谢文磊
14	基于微卫星序列[TTAGGG]$_n$ 的 C_2H_2 型锌指结构域的设计	国家级	国家自然基金项目	赵东欣
15	基于减碳降解和氧化偶联的酰胺键构筑反应研究	国家级	国家自然基金项目	买文鹏
16	新型多环芳烃 Bisanthene 衍生物的设计、合成与性质研究	国家级	国家自然基金项目	李金玲
17	柱芳烃高效液相色谱固定相的制备及保留机理	国家级	国家自然基金项目	赵文杰
18	碳纤维固定化细胞新方法及固定化机制研究	国家级	国家自然基金项目	王　乐
19	小麦后熟过程面筋蛋白变化对品质影响及控制机理研究	国家级	国家自然基金项目	王晓曦

续表 8-4

序号	成果名称	项目级别	项目类别	负责人
20	小麦面粉熟化过程品质变化规律研究	国家级	国家自然基金项目	郑学玲
21	外源酚类抗氧化剂在加热油脂及煎炸体系中的迁移转化规律及作用机理研究	国家级	国家自然基金项目	毕艳兰
22	油脂生产中苯并芘产生的机理研究	国家级	国家自然基金项目	汪学德
23	储粮中虫、霉活动位点的空间定位和危害度预测研究	国家级	国家自然基金项目	蔡静平
24	嗜虫书虱磷化氢抗性种群化学通讯系统适合度代价及分子机理研究	国家级	国家自然基金项目	鲁玉杰
25	中国黑痣菌属分类及分子系统学研究	国家级	国家自然基金项目	刘　娜
26	大豆主要过敏原蛋白 Gly m Bd 28K IgG 结合表位的定位研究	国家级	国家自然基金项目	席　俊
27	淀粉膜对面包中丙烯酰胺形成的抑制机理	国家级	国家自然基金项目	刘　洁
28	全麦粉储藏过程品质劣变控制机理的研究	国家级	国家自然基金项目	渠琛玲
29	小麦麸皮关键酚基木聚糖大分子富集化加工对面条品质影响机理研究	国家级	国家自然基金项目	马　森
30	介观尺度谷物淀粉中间体的控形修饰与机制	国家级	国家自然基金项目	刘钟栋
31	微波法原位合成 V_8C_7-Cr_3C_2 纳米复合粉末的热动力学及机理研究	国家级	国家自然基金项目	赵志伟
32	地热井下换热器传热机理研究	国家级	国家自然基金项目	陈　雁
33	Q460 高强度钢材焊接 T 形截面压杆整体稳定性能研究	国家级	国家自然基金项目	熊晓莉
34	面向大型粮仓异常粮情的原位靶向清创连续体机器人与粮食散粒体互作用机理研究	国家级	国家自然基金项目	岳龙旺
35	基于特殊矩阵的网络牵制控制研究及其在群体机器人中的应用	国家级	国家自然基金项目	宋　强
36	基于多尺度几何分析的三维表面稀疏表示和快速重构方法研究	国家级	国家自然基金项目	于俊伟
37	嵌入式 Nafion-多壁碳纳米管粉末微电极的磺胺类兽药残留暂态电化学检测机理研究	国家级	国家自然基金项目	何保山
38	一类系统在闭环运行情况下的多模态数据驱动故障诊断方法	国家级	国家自然基金项目	胡　静
39	具有噪声和传输不确定性的多传感器系统融合滤波方法	国家级	国家自然基金项目	冯肖亮
40	水下航行器组合导航多尺度信息融合技术研究	国家级	国家自然基金项目	刘建娟
41	光纤结构的共臂分光 OCT 内窥镜在癌症早期诊断中的研究	国家级	国家自然基金项目	李艳军
42	用系统生物学方法对 miRNAs 介导的癌细胞死亡网络的研究	国家级	国家自然基金项目	徐建震
43	小麦面筋蛋白结构对饺子皮品质的影响机理研究	国家级	国家自然基金项目	李雪琴
44	芽孢杆菌代谢活性物质(Surfactin)对禾谷镰刀菌的作用机制	国家级	国家自然基金项目	陈　亮
45	反复荷载作用下软土地基长期沉降机理研究	国家级	国家自然基金项目	师旭超
46	RFID 安全协议形式化模型研究	国家级	国家自然基金项目	邓淼磊
47	基于混合差分进化的多目标工艺规划和调度研究	国家级	国家自然基金项目	张闻强
48	基于混合模糊信息的多属性群决策方法及其应用研究	国家级	国家自然基金项目	张惠民
49	生猪供应链组织模式与质量激励契约的匹配规律研究	国家级	国家自然基金项目	肖开红

续表 8-4

序号	成果名称	项目级别	项目类别	负责人
50	粮油科技期刊发展战略及对国家粮食安全和科技进步的贡献机制研究	国家级	国家科技部项目	吴成福
51	基于物联网的可追溯粮食供应链体系构建研究	国家级	国家科技部项目	刘　哲
52	中国粮食法立法疑难问题研究	国家级	国家科技部项目	穆中杰
53	主要食用粉掺假快速检测技术及标准编制的研究	省部级	云南省科技厅项目	任顺成
54	云南特色食用豆类功能研究	省部级	云南省科技厅项目	任顺成
55	河南省科技创新促进产业发展研究	省部级	河南省科技厅自然科学项目	惠延波
56	科技创新促进河南省食品产业发展研究	省部级	河南省科技厅自然科学项目	孙中叶
57	河南省“十三五”公共安全领域科技发展规划	省部级	河南省科技厅自然科学项目	谢岩黎
58	自然语言文本中不确定信息的自动识别技术研究	省部级	河南省科技厅自然科学项目	李保利
59	小麦啤酒发酵原料的制备研究	省部级	河南省科技厅自然科学项目	王付转
60	木聚糖酶与脂肪酶的提取技术	省部级	河南省科技厅自然科学项目	胡元森
61	无人工添加防腐剂干红或半干红葡萄酒酿造技术研发	省部级	河南省科技厅自然科学项目	王卫国
62	国土资源一张图移动终端管理系统软件	省部级	河南省科技厅自然科学项目	李卫东
63	益生菌发酵饲料的研究和生产	省部级	河南省科技厅自然科学项目	王付转
64	甲醇蛋白的分离纯化技术	省部级	河南省科技厅自然科学项目	张　勇
65	喷砂作业自动化装备的研究开发	省部级	河南省科技厅自然科学项目	刘保国
66	赤拟谷盗对小麦粉的感染机制研究	省部级	河南省科技厅自然科学项目	吕建华
67	基于 XML 的农业信息资源共享平台构建	省部级	河南省科技厅自然科学项目	吕玉花
68	关于有限 P-群的自同构和模糊子群的研究	省部级	河南省科技厅自然科学项目	王玉雷
69	奇异摄动问题的各向异性有限元方法研究	省部级	河南省科技厅自然科学项目	谢萍丽
70	现代综合运输体系服务中原经济区建设研究	省部级	河南省科技厅自然科学项目	马义平
71	污水处理工程中关键降解技术研究与检测设备研制	省部级	河南省科技厅自然科学项目	金华丽
72	3000 吨/年 DD 油工业化综合开发利用技术	省部级	河南省科技厅自然科学项目	谷克仁
73	豆制品废弃物综合利用技术研究	省部级	河南省科技厅自然科学项目	张国治
74	生物酶在玉米浸泡及葡萄酸钠生产中的应用研究	省部级	河南省科技厅自然科学项目	惠　明
75	粮食仓储专用气体传感器技术研究及设备开发	省部级	河南省科技厅自然科学项目	吴建军
76	基于数字证书的电子政务内网安全认证系统	省部级	河南省科技厅自然科学项目	邓淼磊
77	中原经济区建设背景下河南青年职业发展状况研究	省部级	河南省科技厅自然科学项目	王　良
78	河南省工业设计创新机制与服务平台建设研究	省部级	河南省科技厅自然科学项目	王庆斌
79	优化河南产业结构提升对非洲出口竞争力问题研究	省部级	河南省科技厅自然科学项目	高美玲
80	河南省文献信息资源共建共享研究	省部级	河南省科技厅自然科学项目	杨莉萍
81	多尺度功能化表面材料制备及在质构化油脂食品生产中的应用	省部级	河南省科技厅自然科学项目	谢文磊
82	以设计创新引领导河南传统优势手工艺产业振兴研究	省部级	河南省科技厅自然科学项目	王　峥
83	基于无线传感网络的大中型粮库粮情监控技术研究与系统开发	省部级	河南省科技厅自然科学项目	刘建娟
84	黄芪多糖修复脂多糖所致的鸡肠黏膜血管损伤的分子机理	省部级	河南省科技厅自然科学项目	苏兰利

续表 8-4

序号	成果名称	项目级别	项目类别	负责人
85	2014 年省优秀创新团队科研项"封闭式粮仓智能通风技术研究与系统开发"	省部级	河南省科技厅自然科学项目	张　元
86	功能性植物甾醇酯食品添加剂生产的关键技术研究	省部级	河南省科技厅自然科学项目	袁金伟
87	基于多媒体技术平台的音乐艺术创新研究	省部级	河南省科技厅自然科学项目	赵　鑫
88	"互联网+"背景下郑州航空港经济综合实验区所需涉外人才培养机制创新研究	省部级	河南省科技厅自然科学项目	成汹涌
89	面向政府公开决策的基于大数据的决策理论与方法研究	省部级	河南省科技厅自然科学项目	李永海
90	中原城市群区域经济一体化物流产业发展对策研究	省部级	河南省科技厅自然科学项目	丁四波
91	创业投资支持中小企业发展的投融资平台对接机制研究	省部级	河南省科技厅自然科学项目	高美玲
92	美丽河南建设视域下公民生态修为培育研究	省部级	河南省科技厅自然科学项目	蒋笃君
93	金融支持河南省科技型中小企业发展的实务研究	省部级	河南省科技厅自然科学项目	汪来喜
94	基于干扰管理的粮食物流配送技术研究	省部级	河南省科技厅自然科学项目	许德刚
95	粮情跟踪识别信息采集系统基础平台研究与构建	省部级	河南省科技厅自然科学项目	刘　刚
96	小麦制粉加工能耗计量和精益化控制技术研究	省部级	河南省科技厅自然科学项目	刘楠嶓
97	玉米粒收后的干燥及清理技术与关键装备的研创	省部级	河南省科技厅自然科学项目	王明旭
98	基于振动光谱的大米新鲜度的快速检测方法研究	省部级	河南省科技厅自然科学项目	黄亚伟
99	河南省产业结构升级中的技能人才培育问题研究	省部级	河南省科技厅自然科学项目	张广乐
100	汽轮机叶片表面微结构损伤的非线性表面波评价方法研究	省部级	河南省科技厅自然科学项目	颜丙生
101	适用于黑痣菌属的 DNA 条形码的选择与评价	省部级	河南省科技厅自然科学项目	刘　娜
102	小麦胚芽免疫活性蛋白的筛选、鉴定及其构效关系研究	省部级	河南省科技厅自然科学项目	黄继红
103	河南省啦啦队运动可持续发展策略研究	省部级	河南省科技厅自然科学项目	王　放
104	透明质酸钠衍生物制备技术研究与开发	省部级	河南省科技厅自然科学项目	赵永亮
105	粮食储备库专用 PH_3 气体检测和报警仪的研究与开发	省部级	河南省科技厅自然科学项目	吕宗旺
106	节能环保型苹果渣干燥技术研究及设备开发	省部级	河南省科技厅自然科学项目	孙志明
107	葡萄皮中花色苷的研究与开发	省部级	河南省科技厅自然科学项目	王卫国 2
108	基于粮食安全的知识产权公共政策选择	省部级	河南省科技厅自然科学项目	李文江
109	颗粒化调理剂的改性及其在污泥好氧发酵中的应用	省部级	河南省科技厅自然科学项目	刘永德
110	基于现场快速检测的食品蛋白质光学传感器开发	省部级	河南省科技厅自然科学项目	何保山
111	饲料加工设备交叉污染防控技术规范	省部级	国家标准制定项目	王卫国
112	饲料输送机械　换向阀	省部级	行业标准制定项目	白晓丽
113	饲料输送机械　闸门	省部级	行业标准制定项目	俞　兵
114	散粮接收发放设施设计技术规程	省部级	行业标准制定项目	侯业茂
115	粮食出入库业务信息系统技术规范	省部级	行业标准制定项目	吴建军
116	粮食储藏　粮情测控数字测温电缆技术要求	省部级	行业标准制定项目	甄　彤
117	粮食信息分类与编码　粮食属性分类与代码	省部级	行业标准修订项目	祝玉华
118	粮食信息分类与代码　粮食及加工产品分类与代码	省部级	行业标准修订项目	祝玉华
119	粮食信息分类与编码　粮食设施分类与代码	省部级	行业标准修订项目	李　昭
120	粮食信息分类与编码　粮食设备分类与代码	省部级	行业标准修订项目	甄　彤

续表 8-4

序号	成果名称	项目级别	项目类别	负责人
121	粮食信息分类与编码　粮食仓储第 1 部分:仓储作业分类与代码	省部级	行业标准修订项目	王若兰
122	粮食信息分类与编码　粮食仓储第 2 部分:粮情检测分类与代码	省部级	行业标准修订项目	王若兰
123	粮食信息分类与编码　粮食仓储第 3 部分:器材分类与代码	省部级	行业标准修订项目	王若兰
124	粮油储藏　粮情测控通用技术要求	省部级	行业标准制定项目	甄　彤
125	粮油储藏　粮情测控分机技术要求	省部级	行业标准制定项目	陈卫东
126	粮油储藏　粮情测控软件技术要求	省部级	行业标准制定项目	吴建军
127	粮油储藏　粮情测控信息交换接口协议技术要求	省部级	行业标准制定项目	肖　乐
128	河南产业结构优化升级过程中的人才集聚问题研究	省部级	河南省科技厅自然科学项目	柳　冰
129	实用甘薯淀粉	省部级	国家标准制定项目	王彦波
130	河南省实现经济发展方式转型的路径选择	省部级	河南省科技厅自然科学项目	李书华
131	社会主义市场经济的文化构建研究	省部级	河南省科技厅自然科学项目	曾　艳
132	基于科技创新视角下科研经费管理的创新模式研究	省部级	河南省科技厅自然科学项目	郃双汭
133	粮油机械　磨辊	省部级	国家标准制定项目	武文斌
134	粮油机械　滚筒精选机	省部级	国家标准制定项目	武文斌
135	Cr(Ⅵ)印迹聚合物的合成与应用研究	地厅级	河南省教育厅自然科学项目	王天贵
136	木质素在热处理结合拮抗酵母提高番茄抗病性中的作用	地厅级	河南省教育厅自然科学项目	赵　妍
137	基于核酸适配体的食品中呋喃唑酮代谢物快速检测方法研究	地厅级	河南省教育厅自然科学项目	赵银丽
138	基于糙米载体的硒蛋白结构及其功能研究	地厅级	河南省教育厅自然科学项目	刘昆仑
139	研究生教育经济学研究	地厅级	中国学位与研究生教育学会	李本松
140	基于光声多普勒效应的模拟微血管血流速度检测	地厅级	河南省教育厅自然科学项目	卢　涛
141	具有邻苯二酚结构的天然抗氧化剂绿色修饰与抗氧化构效关系研究	地厅级	河南省教育厅自然科学项目	刘　伟
142	大产量远距离双气垫式皮带输送机的若干关键技术研究	地厅级	河南省教育厅自然科学项目	王明旭
143	近红外光谱在面粉企业质量控制中的应用研究	地厅级	河南省教育厅自然科学项目	黄亚伟
144	连作地黄体内钙信号作用机制的研究	地厅级	河南省教育厅自然科学项目	杨艳会
145	基于 Brauer 特征标的若干研究	地厅级	河南省教育厅自然科学项目	陈晓友
146	饲料质量与安全	地厅级	河南省教育厅自然科学项目	王金荣
147	小麦化学与加工品质控制	地厅级	河南省教育厅自然科学项目	郑学玲
148	植物蛋白质资源利用	地厅级	河南省教育厅自然科学项目	田少君
149	植物源抗凝血肽的结构表征与作用机制研究	地厅级	河南省教育厅自然科学项目	章绍兵
150	荧光碳点的合成及其在金属离子分析中应用	地厅级	河南省教育厅自然科学项目	向国强
151	汽轮机叶片早期疲劳损伤的非线性表面波检测方法研究	地厅级	河南省教育厅自然科学项目	颜丙生
152	“高新区动漫产业园国际化”策略研究——以应用型外宣翻译人才培养促国际	地厅级	河南省教育厅自然科学项目	王　琳
153	基于纳米金-多孔碳球复合材料的电化学传感器用于食品中抗氧化剂的检测研究	地厅级	河南省教育厅自然科学项目	卫　敏
154	基于稀疏表征的储粮害虫分类方法	地厅级	河南省教育厅自然科学项目	傅洪亮

续表 8-4

序号	成果名称	项目级别	项目类别	负责人
155	转谷氨酰胺酶交联小麦 ω5-醇溶蛋白消除过敏性机理研究	地厅级	河南省教育厅自然科学项目	贾　峰
156	RFID 安全通信系统研究	地厅级	河南省教育厅自然科学项目	邓淼磊
157	大产量、高效、柔性化振动清理筛关键技术及设备开发研究	地厅级	河南省教育厅自然科学项目	任　宁
158	新生代知识员工创新行为影响机理:互惠公平和组织信任视角的行为范式研究	地厅级	河南省教育厅自然科学项目	李朝阳
159	随机非线性系统的鲁棒控制及其在多自由度机械臂高精度控制系统中的应用	地厅级	河南省教育厅自然科学项目	张世杰
160	装备制造企业图纸文本信息综合处理技术研究	地厅级	河南省教育厅自然科学项目	武照云
161	储粮害虫声检测与分类技术研究	地厅级	郑州市科技局自然科学项目	祝玉华
162	反胶束萃取技术同时分离植物蛋白和油脂研究与利用	地厅级	郑州市科技局自然科学项目	陈复生
163	氮化硅晶须增韧聚晶立方氮化硼的组织结构调控和增韧机理研究	地厅级	郑州市科技局自然科学项目	邹文俊
164	生物技术与生物质资源转化与安全科技创新团队	地厅级	郑州市科技局自然科学项目	王金水
165	小麦加工与深度转化	地厅级	郑州市科技局自然科学项目	卞　科
166	分子烙印法制备高纯度小麦胚芽免疫球蛋白研究	地厅级	郑州市科技局自然科学项目	黄继红
167	一类粘弹性波动方程柯西问题解的性质研究	地厅级	河南省教育厅自然科学项目	刘功伟
168	智能仪表可靠性优化设计技术研究	地厅级	河南省教育厅自然科学项目	武照云
169	新资源食品植物甾醇酯生产的关键技术研究	地厅级	河南省教育厅自然科学项目	袁金伟
170	基于液晶引流效应——压电效应新型双驱动微泵工作机理及实验研究	地厅级	河南省教育厅自然科学项目	关炎芳
171	基于锯齿型流道压电微泵工作机理及实验研究	地厅级	河南省教育厅自然科学项目	关炎芳
172	区域地表水体空间分布对粮食生产的影响分析	地厅级	河南省教育厅自然科学项目	段金龙
173	面向新一代测序的大数据高性能挖掘算法	地厅级	其他地厅级自然科学项目	张玉宏
174	基于 UHFRFID 食品溯源系统研究	地厅级	河南省教育厅自然科学项目	刘　刚
175	牛奶近红外检测的作用机理及影响因素研究	地厅级	河南省教育厅自然科学项目	彭　丹
176	基于多感知技术的新型智能交互式仿人教育机器人	地厅级	河南省教育厅自然科学项目	张永宇
177	基于本体的垂直搜索引擎主题相关性研究	地厅级	河南省教育厅自然科学项目	阎　磊
178	超晶格薄膜及纳米线热电输运特性研究	地厅级	河南省教育厅自然科学项目	王　赞
179	郑州临空经济发展对涉外人才的需求分析及对策研究	地厅级	郑州市科技局自然科学项目	成汹涌
180	“三化”协调发展背景下的河南新型农村社区建设研究	地厅级	河南省教育厅自然科学项目	赵排风
181	基于植物电信号的作物需水信息智能调控系统的研究	地厅级	河南省教育厅自然科学项目	张晓辉
182	复杂路况车道线检测技术研究	地厅级	河南省教育厅自然科学项目	樊　超
183	网络反腐的制度化、法制化研究	地厅级	郑州市科技局自然科学项目	晋振华
184	农村地下水处理用硝化-过滤集成型三维植物纤维的制备与应用研究	地厅级	河南省教育厅自然科学项目	付慧坛
185	现代综合交通运输与郑州新型城镇化建设研究	地厅级	郑州市科技局自然科学项目	马义平
186	非平稳信号二维调制特征研究	地厅级	河南省教育厅自然科学项目	乔丽红
187	面向再制造的机器人柔性三维视觉检测系统关键技术研究	地厅级	河南省教育厅自然科学项目	吴　翔
188	1.9μm 核/壳型硅胶基质复合固定相的制备及分离机理研究	地厅级	河南省教育厅自然科学项目	赵贝贝
189	分数阶扩散方程和分数阶波动方程的间断有限元方法研究	地厅级	河南省教育厅自然科学项目	韦雷雷

表 8-5 出版学术著作明细

序号	著作名称	作者	出版单位
1	Cellular Manufacturing Systems: Recent Developments, Analysis and Case Studies	张闻强	Nova Science Publishers
2	风云静止卫星热红外数据处理综合技术	李卫东	河南科学技术出版社
3	Office2010 办公应用从入门到精通	史卫亚	北京大学出版社
4	食品伦理学	黄继红	科学出版社
5	Word, Excel, PPT 2016 办公应用从入门到精通	李 岚	北京大学出版社
6	复杂决策问题的解决方法与应用研究——一种基于相似案例分析的方法	李永海	社会科学文献出版社
7	超硬材料制造	李 颖	郑州大学出版社
8	美国食品安全与监管	谢岩黎	中国医药科技出版社
9	Word, Excel, PPT 从入门到精通	王 锋	人民邮电出版社
10	标准 C 程序设计(第 7 版)	李周芳	清华大学出版社
11	Inorganic Nanomaterials: Synthesis, Characterization and Applications	张 猛	LAP LAMBERT Academic Publishing
12	蒸制面食生产技术(第三版)	刘长虹	化学工业出版社
13	常见储粮害虫识别防治技术实用操作手册	白旭光	四川科技出版社
14	Soybean-The Basis of Yield, Biomass and Productivity	刘华敏	InTech
15	谷物化学	郑学玲	科学出版社
16	玉米主食专用粉改良技术	刘亚伟	河南科学技术出版社
17	抗性淀粉生产技术及其应用	黄继红	河南科学技术出版社
18	水土资源分布的多样性格局与关联性分析	段金龙	河南科学技术出版社
19	建筑构造与识图	许 红	北京工业大学出版社
20	兽医执业资格考试要点解析(兽医内科学)	张慧茹	辽宁大学出版社
21	材料力学	原 方	高等教育出版社
22	有机磨具	彭 进	郑州大学出版社
23	高分子材料与工程专业实验	陈金身	郑州大学出版社
24	超硬材料烧结制品	左宏森	郑州大学出版社
25	涂附磨具与抛光技术	邹文俊	郑州大学出版社
26	工程造价	段永辉	黄河水利出版社
27	粮油质量检验员	张玉荣	中国轻工出版社
28	功能食品学	任顺成	科学出版社
29	Python 程序设计——从基础到开发	张锦歌	清华大学出版社
30	工程制图习题集(第 3 版)	何文平	河南科学技术出版社
31	机械制图习题集(第 3 版)	何文平	河南科学技术出版社
32	工程测试与信号处理(第 3 版)	蔡共宣	华中科技大学出版社
33	食品制作与品质分析	李志建	郑州大学出版社
34	食品专用油脂	马传国	中国轻工业出版社
35	油脂工厂物料输送	刘玉兰	中国轻工业出版社

续表 8-5

序号	著作名称	作者	出版单位
36	粮食机械原理及应用	阮竞兰	机械工业出版社
37	工程结构	庞　瑞	郑州大学出版社
38	建筑公共安全技术与设计	张　华	北京大学出版社
39	食品安全控制技术	吴立根	中国质检出版社
40	Visual C#. NET 基础与应用教程(第 2 版)	张锦歌	清华大学出版社

表 8-6　授权专利成果明细

序号	专利名称	发明人	专利类型
1	一种太赫兹时域光谱稀疏成像方法	任笑真	发明专利
2	多功能包装机械手	王明旭	发明专利
3	3-芳基香豆素衍生物及其制备方法	袁金伟	发明专利
4	一种高桩式可升降游艇停泊码头设备	张晓东	发明专利
5	用于减少室内散热器上方后墙颗粒沉积的装置	陈　曦	发明专利
6	折射仪教学模型	曹晓雨	发明专利
7	梯度温控低温输送包装生产线	徐雪萌	发明专利
8	梯度温控低温输送包装生产线的面制食品杀菌及包装装置	屈凌波	发明专利
9	一种高性能超细硬质合金的制备方法	胡文萌	发明专利
10	高疏水性耐高温固体酸催化剂	谢文磊	发明专利
11	一种水凝胶微球的制备方法	魏宏亮	发明专利
12	一种基于二维经验模态分解的探地雷达地下目标检测方法	乔丽红	发明专利
13	一种基于遗传算法的太赫兹光谱波长选择方法	李　智	发明专利
14	一种基于散射类比的太赫兹光谱定量分析方法	李　智	发明专利
15	一种耐酸产香气布拉酵母菌及其应用	李志建	发明专利
16	一种检测芝麻中芝麻素酚三糖苷的样品前处理方法及检测方法	汪学德	发明专利
17	一种探地雷达地下目标定位方法	秦　瑶	发明专利
18	含杂芳基的螯合剂氮杂环卡宾钯化合物及其制备方法	杨亮茹	发明专利
19	一种微波法快速合成 CBN 磨具用陶瓷结合剂的制备方法	赵志伟	发明专利
20	一种快速合成 CBN 磨具用陶瓷结合剂的方法	赵志伟	发明专利
21	一种香豆素-3-膦酸酯衍生物的制备方法	袁金伟	发明专利
22	一种 3-芳甲酰基香豆素衍生物的合成方法	袁金伟	发明专利
23	一种代步电动汽车	李友才	发明专利
24	一种托辊皮带输送机	王明旭	发明专利
25	物料输送装置	王明旭	发明专利
26	污泥清理装置	王少英	发明专利
27	电化学与生物氢自养协同作用深度转化水中高氯酸盐的方法	万东锦	发明专利
28	一种以菌毒适应性昆虫降解储粮中黄曲霉素的方法	王殿轩	发明专利
29	全干式连接预制混凝土板、楼盖及其抗震性能提升方法	庞　瑞	发明专利
30	陶瓷结合剂磨具配方设计决策系统	吴立辉	发明专利

续表 8–6

序号	著作名称	作者	出版单位
31	一种快速评价小麦品质的方法	赵仁勇	发明专利
32	一种基于太赫兹光谱的混合物定量分析方法	李　智	发明专利
33	一种解磷根瘤菌及其与沉水植物的联合在减少沉积物内源磷负荷中的应用	李海峰	发明专利
34	带有调温功能的入室新风净化装置	陈　曦	发明专利
35	一种快速评价小麦品质的方法	赵仁勇	发明专利
36	一种无机与有机复合结合剂的超硬磨具	张琳琪	发明专利
37	含吡啶甲基的扩环氮杂环卡宾钯化合物	杨亮茹	发明专利
38	一种消除玉米油煎炸泡沫的方法	侯利霞	发明专利
39	一种用于磺胺类兽药残留检测的电化学传感器制备方法	何保山	发明专利
40	耐返色冷鲜食品专用粉的生产方法	林江涛	发明专利
41	一种玉米脱粒机脱粒辊腔的大小自适应调节装置	邱　超	发明专利
42	一种粮食籽粒不完善度检测方法	樊　超	发明专利
43	一种谷物营养早餐速溶冲剂制备方法	陈志成	发明专利
44	一种层状振动剪切土箱试验装置	肖昭然	发明专利
45	一种用于合成戊二醛的金属–有机骨架固载杂多酸催化剂及其生产方法	杨新丽	发明专利
46	一种畚斗式抛粮机	王明旭	发明专利
47	一种芝麻油中凝絮物脱除方法	汪学德	发明专利
48	姜黄素衍生物 DIMMO 在制备自噬诱导剂中的应用	张　璐	发明专利
49	基于支持向量回归的粮仓储粮数量检测方法	张德贤	发明专利
50	一种用于室内模型试验中制备不同密实度砂样的布砂装置	肖昭然	发明专利
51	一种胶原蛋白与小麦蛋白复合可食性肠衣膜及其制备方法	陈复生	发明专利
52	基于纳米结构硼掺杂金刚石电极的电化学传感器的制备及应用	卫　敏	发明专利
53	一种裹粉及挤压热处理制备裹粉的方法	安红周	发明专利
54	立筒仓清理机器人	曹　毅	发明专利
55	一种基于抗生素菌渣和豆粉制备的胶黏剂及其制备方法	刘永德	发明专利
56	基于最佳底面压强测量点的粮仓储粮重量检测方法与装置	张　苗	发明专利
57	一种粮仓、储粮重量检测系统、方法及传感器布置方法	张德贤	发明专利
58	一种用于改善糖耐量、降低血糖的组合物及其制备方法和应用	任顺成	发明专利
59	一种利用高温超高压制备纳米结构碳化钨复合块材的方法	王海阔	发明专利
60	纳米结构立方氮化硼–金刚石聚晶的制备方法	王海阔	发明专利
61	太阳能书画临摹器	王星东	发明专利
62	形变监测设备、形变监测方法和粮仓形变监测系统	王洪群	发明专利
63	一种基于图像处理技术的小麦水分快速测定方法	王若兰	发明专利
64	一种硅微并联五杆机构	张永宇	发明专利
65	改性二氧化硅气凝胶微球隔热涂料	何　方	发明专利

续表 8-6

序号	著作名称	作者	出版单位
66	一种制作在半导体芯片上的硅微平面柔性连杆结构	张永宇	发明专利
67	一种单元串联型变频器单元故障时的处理方法	臧　义	发明专利
68	2,4-二氯苯氧乙酸残留快速检测试纸条	席　俊	发明专利
69	绞股蓝内生真菌及其用途	张慧茹	发明专利
70	新型位移测量装置	王世豪	实用新型
71	一种面粉厂用能耗管理系统	王伟生	实用新型
72	一种油脂加工厂能源管理系统	王伟生	实用新型
73	具有传感器故障纠正功能的变风量空气处理机组系统	王海涛	实用新型
74	一种建筑类物料提升装置	王祖远	实用新型
75	新型大通量空气净化器	刘　洁	实用新型
76	一种高效节能降耗的蒸馏助力器	刘　洁	实用新型
77	一种平转式洗涤脱糖装置	莫重文	实用新型
78	一种连续萃取分离装置	莫重文	实用新型
79	一种连续式管道蛋白萃取器	莫重文	实用新型
80	一种连续匀浆蛋白萃取装置	莫重文	实用新型
81	一种连续洗涤脱糖分离装置	莫重文	实用新型
82	一种用于建筑排水管道的止回装置	李建平	实用新型
83	一种模拟粮仓内霉菌对混凝土的耐久性影响的加速反应装置	金立兵	实用新型
84	建筑物倾斜动态测量仪	赵宪强	实用新型
85	基于 PLC 的花样喷泉控制系统	张庆辉	实用新型
86	一种双联节能 LED 半导体芯片	王　赞	实用新型
87	一种磁力式测试昆虫对包装材料钻蛀能力的装置	霍鸣飞	实用新型
88	一种压力式测试昆虫对包装材料钻蛀能力的装置	霍鸣飞	实用新型
89	一种适用于淀粉加工的精致分离系统	王彦波	实用新型
90	一种新型 3D 视频移动通讯终端	王　珂	实用新型
91	一种立式剎酵罐体外螺旋出料装置及剎酵罐	张永太	实用新型
92	一种通信电缆固定装置	魏　伟	实用新型
93	微注塑机的送料和计量装置	张庆辉	实用新型
94	自动户外窗户清洗装置	王彩红	实用新型
95	一种便携式捕虫器	李　慧	实用新型
96	一种用于光谱检测的样品固定支架	张帅涛	实用新型
97	一种简单的毫米尺自动读数装置	顾雪亮	实用新型
98	一种粮仓设备耐熏蒸测试装置	阎　磊	实用新型
99	一种用于智能手表红外感应按键的电路	孙福艳	实用新型
100	一种电子显示屏	王胜轩	实用新型
101	用于纸张特定区域显微图像采集的装置	王洪群	实用新型
102	一种组合式 LED 广告灯	金广锋	实用新型

续表 8-6

序号	著作名称	作者	出版单位
103	英语教学使用的展示教具	沈国荣	实用新型
104	英语教学使用的听力训练装置	沈国荣	实用新型
105	一种智能节水马桶	马掌印	实用新型
106	新型智能防疲劳眼镜	马掌印	实用新型
107	一种无接触的自动门铃控制装置	孙福艳	实用新型
108	一种新型门锁报警控制装置	孙福艳	实用新型
109	粮食干燥清理一体机	王明旭	实用新型
110	一种民房屋顶防水隔热装置	王天贵	实用新型
111	废气废热回收装置	王　赞	实用新型
112	微型加热器	王　赞	实用新型
113	一种热交换器	王　赞	实用新型
114	低品位废水热回收装置	王　赞	实用新型
115	腈纶废丝生产超级吸水材料系统装置	宋　佳	实用新型
116	一种用于卸粮坑粉尘捕捉的自调整风量侧吸罩	吴建章	实用新型
117	用于液体食品过滤挤压器上的绞龙式落料挤压装置	吴伟中	实用新型
118	一种带预制嵌缝条的外包钢板装配式圆形地下粮仓	王录民	实用新型
119	一种带预制嵌缝条的内包钢板装配式圆形地下粮仓	王录民	实用新型
120	一种带预制嵌缝条的双层钢板装配式圆形地下粮仓	王录民	实用新型
121	一种内外包塑料预制装配式地下粮仓	王振清	实用新型
122	一种插槽式内包塑料预制仓壁地下粮仓	张　昊	实用新型
123	一种外包塑料预制装配式地下粮仓	王振清	实用新型
124	一种内外均包塑料阶梯状预制装配式地下粮仓	王振清	实用新型
125	一种内衬塑料阶梯状预制装配式地下粮仓	张　昊	实用新型
126	一种双层装配式地下粮仓	王振清	实用新型
127	一种插槽式内外均包钢板预制装配式圆形地下粮仓	王振清	实用新型
128	一种内外均包钢板圆形预制装配式地下粮仓	王振清	实用新型
129	一种插槽式外包钢板预制仓壁圆形地下粮仓	王振清	实用新型
130	一种外包钢板预制装配式圆形地下粮仓	张　昊	实用新型
131	一种内外均包钢板阶梯状预制装配式圆形地下粮仓	王振清	实用新型
132	一种外包钢板阶梯状预制装配式圆形地下粮仓	张　昊	实用新型
133	一种内外包钢板阶梯状预制装配式矩形地下粮仓	张　昊	实用新型
134	一种外包钢板阶梯状预制装配式矩形地下粮仓	王振清	实用新型
135	一种家用智能定量馒头复蒸装置	邱　超	实用新型
136	一种渗透固结联合仪	魏兆龙	实用新型
137	一种弯管内部检测用螺旋轮式爬行器	崔伟华	实用新型

2　社会科学研究

【概况】 社会科学处(以下简称社科处)是负责学校人文科研项目申报、项目过程管理、科研成果的管理、科研统计工作等的职能部门。设有计划管理科、成果管理科和办公室3个科室,现有专职人员5人。

【中心工作】 加强与学院交流

随着目标管理重心下移工作的推进,加强与学院工作的交流与沟通,以走访、调研、座谈、电话等形式进行沟通;推进重点工作如国家社科基金的申报。

党风廉政建设 贯彻落实《教育部关于进一步加强高校科研项目管理的意见》《教育部关于进一步规范高校科研行为的意见》《高等学校哲学社会科学繁荣计划专项资金管理办法》《国家社会科学基金项目资金管理办法》,强化经费报销审批程序和责任,形成纵向层级管理、授权制约的经费管理模式。

科研项目立项 学校获批国家社科基金项目6项;省部级项目40项。河南省哲学社会科学重点项目1项,实现此类别省部级重点项目的突破;纵向科研项目经费合同额274万元,到账经费243.5万元。横向经费合同额114.9万元,到账经费127.838万元。纵向、横向经费合同额合计388.9万元,到账经费合计376.938万元。

科研项目获奖 学校获社科类省级科研成果奖16项,其中河南省发展研究奖5项(二等奖3项,三等奖2项);河南省社科优秀成果奖11项(二等奖6项,三等奖5项)。社科类厅级科研成果奖39项,其中河南省教育厅人文社会科学研究成果奖30项(特等奖2项,一等奖4项,二等奖9项,三等奖15项);河南省经济学奖3项(二等奖2项,三等奖1项),学习十九大精神征文专项奖励6项(一等奖1项,二等奖2项,三等奖3项)。

论文与著作 发表学术论文490篇,其中北图核心论文64篇;CSSCI收录85篇;SCI收录11篇;SSCI收录4篇,EI收录4篇;人大复印资料转载2篇次。出版学术著作65部,其中权威出版社出版20部。

人才建设与平台建设 获得省高校科技创新人才项目8项。“河南工业大学工业设计中心”被省工信委批准为省级工业设计中心,这是河南省高校创新设计平台首批获得省级认定。在全省社科重点研究基地年度考评中,“粮食经济研究中心”以总分1448.5分排名第十一,“物流研究中心”以总分1147分排名第二十。在2013—2016年度河南省高校社科重点研究基地四年综合考评中,“粮食经济研究中心”以平均分1205.38分排名第十二,“物流研究中心”以平均分1114.63分排名第十五。

学术交流活动 文科学院开展多个冠名学术活动,如“传之梦”论坛、“政法论坛”、“经贸论坛”。据不完全统计,全校开展的各级各类学术交流活动达46次。

【常规工作】 国家社科基金申报论证准备工作 年度的重要工作就是全面部署国家社科基金申报工作,对学校人文社科学院进行国家社科基金申报动员、调研、审核、修改反馈,在不同环节,邀请省内外、校内外多名专家学者对申报项目进行逐项修改审核。对2018年的申报工作进行部署,谋划申报的结构布局,参与学院组织的有计划地培育论证工作,并给予启动经费的支持,为国家基金项目的申报工作提供服务。

科研项目管理 结项各级各类项目143项,国家社科基金项目2项,省部级项目19项(其中省社科规划项目10项,省政府决策招标项目9项),地厅级项目122项(其中省教育厅项目22项,省属高校科研基本业务费项目40项,省社科联项目49项,市社科联项目11项),此外,完成教育部项目中期检查1项,国家社科基金项目年度检查5项。

省属高校科研基本业务费项目工作 组织完成“省属高校科研基本业务费”项目立项工作,共立项26项。同时启动2018年度“省属高校科研基本业务费”项目的申报工作。7月份,社科处对高层次人才基金项目进行年度检查和验收工作。本年度高层次人才基金项目立项8项。

表 8–7 人文社科省部级以上项目立项

序号	项目名称	负责人	项目类别	承担单位
1	习近平总书记关于家风建设的重要论述研究	白海燕	国家社会科学基金项目	马克思主义学院
2	精准扶贫效果测度与返贫阻断的长效机制研究	王志涛	国家社会科学基金项目	管理学院
3	“一带一路”背景下我国区域对外传播力提升路径与策略研究	杨丽雅	国家社会科学基金项目	新闻与传播学院
4	制造业集群创新网络的共生演化机制研究	王　斌	国家社会科学基金项目	管理学院
5	面向突发事件的粮食安全情景构建及物流保障研究	李凤廷	国家社会科学基金项目	管理学院
6	近代中国农业生产结构的演变研究	李进霞	国家社会科学基金项目	经济贸易学院
7	趋同到多元:行业特色大学转型发展中制度的建构研究	孙占利	教育部人文社会科学项目	中英国际学院
8	高校“大思政”工作格局的运行模式及实现机制研究	张宝强	教育部人文社会科学项目	学生工作部
9	民族语言调查·云南勐腊克木语东部方言曼蚌索话	刘希瑞	国家语委委托项目	外语学院
10	河南建设现代农业强省战略与对策研究	李铜山	省政府决策研究招标课题	经济贸易学院
11	促进河南省非公经济发展的对策建议	李海涛	省政府决策研究招标课题	马克思主义学院
12	河南自贸区知识产权法律问题研究	李文江	省政府决策研究招标课题	法学院
13	河南省智能装备制造业发展现状及其对策	张延涛	省政府决策研究招标课题	管理学院
14	中原旅游业发展中旅游突发事件应对机制与策略研究	乔光辉	省政府决策研究招标课题	管理学院
15	建设郑州国家中心城市的对策研究	刘　哲	省政府决策研究招标课题	管理学院
16	特色小城镇发展与对策研究——以郑州市二七区为例	杨　丽	省政府决策研究招标课题	马克思主义学院
17	河南省农业新型业态发展现状与对策研究	梁瑞华	省政府决策研究招标课题	经济贸易学院
18	农村土地“三权分置”的制度设计与实现路径研究	康涌泉	省政府决策研究招标课题	经济贸易学院
19	“一带一路”框架下河南农业“走出去”的路径与对策研究	赵予新	省政府决策研究招标课题	经济贸易学院
20	融资租赁与“百城建设提质工程”融资模式研究	杨　茂	省政府决策研究招标课题	经济贸易学院
21	当前地方政府融资模式、存在问题与对策研究	李本松	省政府决策研究招标课题	马克思主义学院
22	河南实施人才强省战略、打造人才高地的思路与对策研究	张　纲	省政府决策研究招标课题	马克思主义学院
23	中原优秀传统文化的创造性转化和创新性发展研究	马　蕾	省政府决策研究招标课题	设计艺术学院
24	金代中原地区社会政治经济研究	杨计国	省哲学社会科学规划项目	马克思主义学院
25	河南大学生精准思想政治教育大数据分析决策模型及应用研究	王玉斌	省哲学社会科学规划项目	校直
26	新时期高校意识形态领导权管理权话语权研究	赵豫林	省哲学社会科学规划项目	校直
27	全面提升农产品质量和食品安全水平研究	刘　哲	省哲学社会科学规划项目	管理学院
28	环境紧约束下河南省绿色金融有效供给研究	奚　宾	省哲学社会科学规划项目	经济贸易学院
29	社会资本视角金融精准扶助贫困农民的模式研究	汪来喜	省哲学社会科学规划项目	经济贸易学院
30	中部粮食主产区农村产业融合模式创新及实现路径研究	关浩杰	省哲学社会科学规划项目	经济贸易学院
31	“三权分置”下农户承包权及其有偿退出的法治保障体系构建研究	黄建水	省哲学社会科学规划项目	法学院
32	风险社会视阈下环境犯罪的刑法应对研究	张道许	省哲学社会科学规划项目	法学院
33	地方立法体系与立法质量评价机制研究	谭　波	省哲学社会科学规划项目	法学院
34	未成年人犯罪社会治理机制研究	黄延峰	省哲学社会科学规划项目	法学院
35	法治财政视域下农业保险创新机制研究	李耀跃	省哲学社会科学规划项目	法学院

续表 8-7

序号	项目名称	负责人	项目类别	承担单位
36	红色文学中的农民形象研究	皇甫风平	省哲学社会科学规划项目	新闻与传播学院
37	河南高水平英语学习者词汇附带习得的神经语言学研究	闫丽俐	省哲学社会科学规划项目	外语学院
38	河南口音英语学习者韵律焦点习得研究	刘希瑞	省哲学社会科学规划项目	新闻与传播学院
39	新媒体艺术传播形态与审美价值研究	吴文瀚	省哲学社会科学规划项目	新闻与传播学院
40	媒介融合背景下电视行业竞争关系研究	韩瑞娜	省哲学社会科学规划项目	新闻与传播学院
41	北宋官瓷文化传承与创新研究	孔雪清	省哲学社会科学规划项目	设计艺术学院
42	中华优秀传统文化融入高校思想政治教育实践研究	靳义亭	省哲学社会科学规划项目	马克思主义学院
43	提升郑州航空港经济综合实验区辐射带动能力研究	李进霞	省哲学社会科学规划项目	经济贸易学院
44	推进结构优化升级 全面提升产业竞争力	孙中叶	省哲学社会科学规划项目	经济贸易学院
45	河南政务新媒体服务创新策略研究	郭　颖	省哲学社会科学规划项目	新闻与传播学院
46	河南推动互联网、大数据、人工智能与实体经济深度融合研究	孙中叶	省哲学社会科学规划项目	经济贸易学院

表 8-8　人文社科省部级成果奖

序号	成果名称	等级	奖励名称	级别	负责人	单位
1	利益平衡视角下耕地保护经济补偿机制研究	二等奖	2016 年省社科优秀成果奖	省级奖	马文博	管理学院
2	征地补偿、技能培训与失地农民就业质量研究	二等奖	2016 年省社科优秀成果奖	省级奖	王晓刚	管理学院
3	现代农业产业集群创新发展研究	二等奖	2016 年省社科优秀成果奖	省级奖	李铜山	经济贸易学院
4	尼尔·波兹曼的媒介环境学研究	二等奖	2016 年省社科优秀成果奖	省级奖	李晓云	新闻与传播学院
5	传统文化融入高校思想政治教育研究	二等奖	2016 年省社科优秀成果奖	省级奖	靳义亭	马克思主义学院
6	中国产业结构演进中的贸易结构转换及绩效研究	二等奖	2016 年省社科优秀成果奖	省级奖	孙中叶	社会科学处
7	食品安全事故应急和调查处理机制研究	三等奖	2016 年省社科优秀成果奖	省级奖	吴建勋	管理学院
8	大学边界论(续)	三等奖	2016 年省社科优秀成果奖	省级奖	刘广明	远程与继续教育学院
9	新型农业经营主体融资难的成因与对策	三等奖	2016 年省社科优秀成果奖	省级奖	汪来喜	经济贸易学院
10	语言学、文学批评及文体学之接面关系探究	三等奖	2016 年省社科优秀成果奖	省级奖	成泅涌	外语学院
11	汉代戏车画像浅析	三等奖	2016 年省社科优秀成果奖	省级奖	赵　鑫	设计艺术学院
12	河南省建设具有国际竞争力食品工业基地的制高点和突破点	二等奖	第六届省发展研究奖	省级奖	孙中叶	社会科学处
13	郑州航空港经济综合实验区建设中的"瓶颈"因素分析及对策研究	二等奖	第六届省发展研究奖	省级奖	成泅涌	外语学院
14	如何开启智慧农业的破茧之旅——以传统农区河南省商水县为例	二等奖	第六届省发展研究奖	省级奖	梁瑞华	经济贸易学院
15	私募股权基金运作实务与创新研究	三等奖	第六届省发展研究奖	省级奖	汪来喜	经济贸易学院
16	河南省实施协同创新的战略研究	三等奖	第六届省发展研究奖	省级奖	张宝强	学生处

表 8–9 人文社科学术著作出版

序号	著作名称	作者	出版社
1	主产区粮食产能建设与利益补偿政策研究	赵予新	中国农业出版社
2	河南粮食发展报告 2016	赵予新 刘清娟	中国农业出版社
3	现代农业产业集群创新发展研究	李铜山 刘清娟	中国农业出版社
4	征地补偿、技能培训与失地农民就业质量研究	王晓刚	中国经济出版社
5	知识传播——电视娱乐节目知识生产研究	夏 颖	中国科学技术出版社
6	近代亚非拉地区法(上卷·亚洲法分册)	李耀跃	商务印书馆
7	慈善捐赠的世界图景:以罗马法、英美法、伊斯兰法为中心	蒋军洲	法律出版社
8	复杂决策问题的解决方法与应用研究——一种基于相似案例分析的方法	李永海	社会科学文献出版社
9	弱势群体参与群体性事件的心理机制及应对研究	贾留战	中国经济出版社
10	大学英语教师信息化教学能力发展现状与发展策略研究	沈国荣 李洁(外)	科学出版社
11	口译教育研究:理论与实证	焦 丹	科学出版社
12	法律创新视角:城市融入中的新生代农民工	黄进才(外) 赵排风 赵宁(外)等	法律出版社
13	董仲舒教化思想对青少年道德教育影响研究	杨 丽	中国社会科学出版社
14	旅游统计学实务与 SPSS 应用	陈楠(外) 赵辉(外) 陈玉英(外) 乔光辉	中国社会科学出版社
15	城镇化健康发展协同创新理论与实践	曲峰庚(外) 董宇鸿	社会科学文献出版社
16	基于本体的产品协同设计支持系统分析与设计	徐 恒	中国经济出版社
17	中国制造业与物流业联动关系区域差异研究	张 艳	中国经济出版社
18	粮食应急供应网络:模型、仿真及优化	王 琳 侯云先(外) 李凤廷	中国经济出版社
19	不完全信息条件下双主并方动态合作的并购策略研究	穆庆榜	科学出版社
20	法律英语精读教程(上)	杜巧阁	北京大学出版社
21	世界语言与文化深度教育法	焦 丹	美国德普大学出版社
22	英语翻译与文学语言研究	李翠娟 赵伟(外) 刘丽芸(外)	吉林大学出版社
23	现代商务英语翻译技巧与方法研究	靳亚铭	东北师范大学出版社
24	法律英语精读教程(下)	杜巧阁	北京大学出版社
25	英汉文化差异与翻译技巧探究	刘建国	西北农林科技大学出版社
26	跨文化交际理论与实践	董亚楠(外) 丁 洁 谭丁(外)	中国商务出版社
27	会议口译	焦 丹	河南人民出版社
28	信息化背景下高校体育的自主学习研究	史博强(外) 吕 化	中国原子能出版传媒有限公司
29	三国的人生智慧	李文庠 马 宁	中国纺织出版社
30	平面设计与艺术	邓 喆 张 颖 王 君 于 杨	电子科技大学出版社
31	離騷圖	袁剑侠	河南美术出版社
32	名公扇譜	袁剑侠 李 鹏	河南美术出版社
33	顧氏畫譜	袁剑侠	河南美术出版社

续表 8-9

序号	著作名称	作者	出版社
34	詩餘畫譜	袁剑侠	河南美术出版社
35	水滸葉子	袁剑侠	河南美术出版社
36	九歌圖	袁剑侠	河南美术出版社
37	於越先賢傳	袁剑侠	河南美术出版社
38	梅花喜神譜	袁剑侠　李　鹏	河南美术出版社
39	耕織圖	袁剑侠	河南美术出版社
40	博古葉子	袁剑侠　王　涵	河南美术出版社
41	紉齋書胜	袁剑侠	河南美术出版社
42	Photoshop CC 中文版标准教程	陈高雅	机械工业出版社
43	美术艺术及其历史沿革	朱　珂	吉林大学出版社
44	景观设计之道及其应用实践	冯　雨	中国书籍出版社
45	美术	毛　文	中国海洋大学出版社
46	大学生美术欣赏	毛　文	四川大学出版社
47	产品设计与思维表达	侯小桥	吉林大学出版社
48	品质与创新理念下的产品设计研究	张　婷	中国书籍出版社
49	社会学与社会趋势轮	赵　鑫	吉林人民出版社
50	毛君为中国画作品集	毛　文	湖北美术出版社
51	视觉传达的设计要素及其应用研究	王　艺	中国纺织出版社
52	艺术设计理论与实践创新应用	王　恒　张翼明	吉林教育出版社
53	中国力量	金民卿	湖南人民出版社
54	高校思想政治理论课教学研究	白海燕	河南人民出版社
55	儒家文化底蕴下中韩青少年思想政治教育比较研究	靳义亭	郑州大学出版社
56	外资引入、行业特征与我国经济增长质量分析	李书华	天津社会科学出版社
57	组织行为学	袁秋菊(外)等 乔光辉	重庆大学出版社
58	Visual C#. NET 基础与应用教程(第 2 版)	张锦歌	清华大学出版社
59	Python 程序设计——从基础到开发	张锦歌	清华大学出版社
60	物流专业英语教程(第 3 版)	张莹(外)等　岳卫宏 张燕妮(外)	电子工业出版社
61	战略管理	崔　颖	北京大学出版社
62	赢在起点:学前教育认知与拓展	毛凯良	九州出版社
63	国外专利权限制及我国适用研究	李文江	知识产权出版社
64	食品科技期刊投稿指南	金铁成	中国轻工业出版社
65	经济新常态下新型城镇化投融资创新发展研究	谷秀娟　李文启 张崇杰(外)	中国农业出版社

(二)产业开发

【概况】 资产与产业管理处(以下简称资产处)下设工程训练中心(副处级)、办公室和企业管理科,与师生公寓管理中心合署办公。资产处目前有事业编制职工 60 人,在职集体工 13 人,同等待遇合同制职工 5 人,编外合同制职工 4 人。所属全资校办企业有河南工大资产经营有限公司、郑州第二机床厂、郑州工程学院机械厂、河南工业大学大学科技园公司、河南工大房屋租赁部、河南工业大学劳动服务公司6家；控股企业有河南大公置业有限公司1家；参股企业有郑州四维生物科技有限公司、河南华荣环保科技有限公司、河南惠尔纳米科技有限公司3家。

【经营性资产管理】 启动周转房门面房的租赁工作，成立周转房门面房租赁工作领导小组。通过强化管理，抢抓机遇，实现经营性房产收入快速增长，截至11月底，房产到账收入4100万元，比2016年增长69%。

【“学府三园”管理】

升级改造附属服务设施　对影响职工出行的学府嘉园南大门与市政道路对接处进行改铺平，并扩建非机动车通道；对园区内的庭院灯、草坪灯、车库照明灯进行提亮；升级改造单元门禁系统，对地下停车场安装交通导示牌及停车位号牌；对安装在地下室内的暖气阀门管线进行外迁；等等。

提升物业软硬件服务能力

建立学府三园住户信息数据，设立“学府三园”微信服务公众号，及时将温馨提示等告知住户，拓宽沟通渠道；增加学府三园车辆出入号牌识别系统，车辆进出更加迅速便捷；添置园区扫地机，提高保洁效率和环保效果；增加饮用水制水机、快递服务站等便民服务项目；加强供暖保障工作的管理力度，积极与热力公司沟通供热合同，全面接管换热站，对暖气管网进行全面排查等，保证供暖工作如期平稳运行。

完善制度　不断完善内部管理制度，上岗位巡查值班制度、热交换站监督管理制度等。进一步完善对物业公司的监督、考核，将电力中心配、区域配设施设备、供暖管理工作、热力交换站、园区绿化、门面房等服务管理项目纳入物业细则考核。

对物业公司服务监管　严格按考评制度和评分细则对物业公司进行监督、考评，每月4次集中检查、核查并记录在案，采取集中检查与平时巡查相结合的评分制。因考核扣分对物业公司处罚5000元。

引导住户自觉遵守管理规约，模范履行责任义务，树立正气，珍惜物业管理区域文明和谐的氛围和成果。对影响园区公共安全行为的个别住户采取有力措施，指导物业开展消防灭火技能及汛期、雨雪恶劣天气等各种应急措施预案演练，做好安全防范工作。

【校属企业管理】 校办企业改革

经河南省教育厅批准，按照工商登记注册的流程，河南工业大学资产经营有限公司注册成立。陆续出台《河南工业大学校办产业规范化建设实施方案》《关于成立河南工业大学经营性资产管理委员会的通知》《河南工大资产经营有限公司章程》《河南工业大学经营性资产监督管理办法》《河南工业大学校办企业管理体制改革改制实施细则》等18个文件并汇编成册。校长办公会审议通过《郑州第二机床厂和郑州工程学院机械厂整合方案》和《河南工大设计研究院、河南大公置业有限公司规范化建设实施方案》并成立相应工作小组。从而使得校办企业的规范化建设和整合优化工作，河南校办企业管理体制改革改制的相关程序、规定和步骤布下良好开局。

郑州第二机床厂及郑州工程学院机械厂近几年受传统产品市场低迷的影响，步履维艰，但依然踯躅前行，努力开拓市场，与其他企业共享资源，开源节流，全年完成生产销售及营业外收入470多万元，实现安全生产无事故。同时较好地履行服务实习教学及科研的功能。

【科技园平台建设】 依托河南省国家大学科技园，猪八戒网、郑州创客空间等企业走进河南工业大学，为大学生毕业就业及学校师生创新创业提供较好的平台支持。

截至11月底，学校拥有大学科技园净资产3117.66万元，较上一年增长26.2%。

【集体所有制职工管理和服务】

承担百余名在职和退休集体所有制职工的管理和服务。为他们办理各种补贴、发放福利。为解决他们的工作生活困难，提供就业岗位，送去温暖。

·国际及港澳台交流与合作·

【概况】 国际交流与合作处暨港澳台办公室是学校对外交流工作的归口管理的职能部门。其主要职责是:执行涉外政策,建立和保持学校与国(境)外大学、教育机构和有关单位的联系与合作;协调全校外事活动,为院系的教学、科研和国际学术交流提供信息;负责外事接待活动的策划、实施和交流计划的统筹管理;负责相关国际合作与交流项目和专项基金的申请、审核和管理:各类合作办学的联络、审核、报批和管理;负责长短期外国专家的聘请、报批和管理;办理校内人员因公长、短期出国(出境)手续、审核自费出国(出境)手续;负责外国留学生和港澳台学生的招生与管理。负责港澳台地区的交流、合作活动的审批、联系和管理。下设外事管理、对外联络和涉外教育3个科室。

【引智和培训工作】 为落实学校实施国际化战略"营造国际化办学氛围"和"充分利用海外英语教育资源,推进大学英语教学改革"的重点任务,全年聘请语言类外国专家34人次,满足学校对外国文教专家需求。保持与加拿大英语教育中心合作,聘请了18名外籍教师。

【国家援外项目】 学校举办3期国家援外人力资源开发合作培训项目,分别是"发展中国家谷物与薯类加工技术培训班""发展中国家中华少林武术培训班"和"发展中国家粮油食品加工技术培训班",培训27个国家的政府官员、技术人员94人,培训236天。"发展中国家中华少林武术培训班"学员参加了第八届中国焦作国际太极拳交流大赛,并取得个人比赛6个一等奖、11个二等奖和21个三等奖,个人竞赛套路第三名、第四名,团体比赛三等奖的优异成绩。

【来华留学】 2017年,有来华留学生和援外培训学员357人,其中援外培训学员145人,其他来华留学生212人(自费生68人,中国政府奖学金生21人,河南省政府奖学金生123人),居河南高校第三名。留学生分别来自巴基斯坦、埃及、加纳、蒙古、刚果、泰国、德国、美国、加拿大,由汉语短期学生、短期专业进修生、本科学历生、硕士研究生、博士后生几个层次构成。学历生在粮油食品学院、信息科学与工程学院的英文授课硕士生项目基础上,再次开设土木工程学院、信息科学与工程学院的英文授课本科生项目。

【因公出国管理】 完成学生出国成绩单、毕业证书翻译审核300余件。进一步修订《河南工业大学外事接待管理办法》和《河南工业大学外事礼品管理暂行规定》。在规范相关手续办理流程的同时,明确目标,稳妥地推进因公出国(境)团组计划的实施。完成厅级出国(境)团组10批次报批工作,实际执行9批次,共计38人次,双跨团1批次;完成县处级出国(境)团组53批次报批工作,实际执行39批次,共计101人次,其中双跨团组1批次。

【国际及港澳台校际合作与交流】

组织接待韩国朝鲜大学、英国诺森比亚大学、澳大利亚莫纳什大学及台湾中原大学、台湾文化大学、台湾辅仁大学等国(境)外访问团组12个50余人次。学校与台湾中原大学合作办学项目物联网工程,该项目第二届招生120人。学校和韩国仁荷大学签署管理和经济学科硕士和博士交流协议,这是学校第一个研究生层面的中外合作联合培养协议;以经济贸易学院为试点,开设了英国合作大学国际虚拟实验班;与英国合作的中外合作办学项目加大了优质资源引进力度,中英国际学院引进全英外方核心课程24门;国际教育学院专设雅思实验班,全面提升学生英语技能。

学校共开展与北美、欧洲、亚洲7个国家与地区的15个校际交流项目,合作国(境)外高校达37所,派出学生共计200余人(含国际教育学院与中英国际学院)。

表 9-1　国(境)教师外基本情况表

序号	姓	名	国籍	性别	授课学院
1	Amkha	Sayngeun Phou	美国	男	外语学院
2	Penaflor	Edna	加拿大	女	外语学院
3	Weck	Donald Richard	美 国	男	外语学院
4	Yang	Dao Jack	美国	男	外语学院 中英国际学院
5	Lee	Mija	韩国	女	国际教育学院
6	Fishel	Jordan Daniel	美国	男	经济贸易学院
7	Vitaly	Proshechkin	俄罗斯	男	土木建筑学院
8	Shaw	Lawrence Stuart	英国	男	外语学院 国际教育学院
9	Lee	Lai Ping	中国(香港)	女	外语学院
10	Marley	Andrew	澳大利亚	男	外语学院 国际教育学院
11	Cummings	Clarke Allen	美国	男	国际教育学院 理学院
12	Jarnagin	Jeremy Joel	美国	男	粮油食品学院 经济贸易学院 土木建筑学院
13	Lo	Tiffany	加拿大	女	外语学院 电气工程学院
14	Bremner	Iain Douglas	新西兰	男	国际教育学院 经济贸易学院
15	Lewis	Mark Kevin	美国	男	电气工程学院 国际教育学院
16	Wheaton	John James	美国	男	外语学院
17	Africa	Lavinia Cleo	南非	女	外语学院
18	Alister Tapia	Nelly Alejandra	智利	女	中英国际学院

表 9-2　学校签署国际交流与合作协议名录

协议名称	合作院校	签订时间
河南工业大学与波兰华沙科依敏斯基大学合作交流框架协议书	波兰科依敏斯基大学	2017-5-25
河南工业大学与韩国仁荷大学研究生交换生协议	韩国仁荷大学	2017-12-26

表 9-3　国家留学基金委公派出国留学项目基本情况

项目名称	申报身份	申报人数	录取人数	录取率
国家高级研究项目	在校教师	3	2	66%
地方合作项目	在校教师	9	8	89%
青年骨干教师项目(含行政管理干部出国研修项目)	在校教师	9	9	100%

·管理工作·

(一)校办工作

【概况】 校长办公室是学校行政的综合办事机构,职能为:参谋辅助、法政咨询;组织协调、督查督办;公文处理、印信管理;信息沟通、综合统计;对外联络、信访接待;车辆管理、综合服务。校长办公室设有文秘科、行政科、接待科3个科室,下属小车队。校友工作办公室、法律咨询办公室与校长办公室合署办公。校友工作办公室下设综合科。

【重点工作】 二届三次教代会 3月22日—23日,学校二届三次"教代会"召开。为确保通过"教代会",布置安排好年度工作,校办认真学习教育部、河南省有关文件精神,广泛开展调查研究,多渠道征求学校领导、各部门意见和建议,经过修改完善,完成题为《坚持稳中求进 聚焦内涵建设 努力开创河南工业大学教育事业发展新局面》的校长工作报告;会议期间,完成《学校提案工作报告》《校长工作报告决议草案》《大会公报》等会议文字材料的撰写、核定工作;会议前后,协同校工会等单位,做好大会的各项服务保障工作,保证了大会的如期、顺利召开;配合宣传部等部门,做好了"双代会"会议精神的学习、交流和贯彻落实工作;教代会结束后,通过组织召开校长办公会等形式,协调有关部门,一一落实代表提出的各项议案。

推进和落实学校年度工作 协同党办对学校《二〇一七年工作要点》、教代会《校长工作报告》,从十个方面对各项重点工作和举措进行任务分解和责任划分;在各项任务落实过程中,围绕大局,抓住重点,兼顾一般,不断加强工作任务的督办督查和协调服务力度;针对任务落实过程中出现的突出问题,及时开展调研、走访,对涉及的重大问题、难点问题,定期提请校长办公会议研究解决,会后根据会议决议强化督办、督查,有力推动学校2017年工作目标和"十三五"规划年度目标任务的贯彻、落实与完成。

博士授权单位申报 全力争取、确保获批博士学位授权单位,是校党委、行政确立的年度工作中的重中之重。校办积极参与申博办公室工作,加强部门、学院之间的协调、联系与沟通。按照学校申博工作要求,统筹负责学校申博简况表基本数据的填报以及各学科点材料申报工作。定期组织教务、科技、人事、财务、研究生等部门以及相关学院在认真研究。充分吃透上级文件精神。了解表格各项填表内涵的基础上,深度挖掘、收集学校以及学科点的各项材料,根据优势及需要认真筛选比对,突出学校及学科亮点,整理形成了学校Word版和网上填报版,确保申报材料的按时、准确、优质;配合研究生处等单位,完成博士学位授权单位申报申请报告等材料的修订完善、文件发布等工作。

首届"校园开放日"活动 为落实校党委确立的"开放带动"战略,努力探索具有工大特色的开放办学模式,针对学校本科生招生全部转为一本的改革,会同宣传部、教务处(招办)等单位,共同研究制定学校第一届"校园开放日"活动实施方案,确定"校园开放日"的指导思想、开放时间、活动内容、任务分工和日程安排等。通过活动启动仪式、高招政策宣讲及现场咨询、校园重要场馆展示、学术文体活动及大学生活体验等途径,向社会、家长及广大考生展示学校在办学条件、人才培养、科学研究、社会服务及后勤保障、校园文化营造等方面的成绩、特色和优势,活动受到人民网、东方今报等多家媒体、记者的关注和报道,成效明显。

校友工作 以"服务校友发展、支持学校建设"为原则,不断创新校友工作思路和方法,进一步建立健全校友工作志愿者协会工作章程、考核体系等各项规章制度,加入全国高校校友工作志愿者联盟，在服务校友的同时，向外界展现了学校校友工作的成就和特色；完善优化了“河南工业大学校友会”官方微信的功能模块和发布内容，新增优秀校友展示板块，受到校友广泛关注和好评，浏览量6000余次，留言上千条，有效提升了学校的关注度、知名度和美誉度；不断创新工作模式，提升校友来校服务质量，全年接待校友3000余人，新增有效通讯录1800余条，解决校友各项问题200余件，受捐实物或资金共计60余万元。

【日常工作】 文秘　全年共起草领导讲话稿、各类报告、总结、汇报、主持词或交流材料等文字材料160余份，16余万字；完成10个文号的校发公文起草、修改、校对、排版、印发及归档工作，共计258份，30余万字；完成《河南教育年鉴》《河南工业大学年鉴》材料供稿以及学校教育事业数据统计、学校教育信息上报等工作；收发、传阅各级各类文件352份，送阅1400多人次，办结率100%，确保各项工作没有出现差错。

会务及综合行政　组织召开校长办公会8次，涉及人才引进、高层次队伍建设、科研经费管理、校企管理体制改革、校园基础能力建设、生活区改造、后勤服务保障等65项重点工作，每次会议都做到会前征集议题、提前通知，会前提醒，会后编发纪要，并协调落实会议决议。协同学校有关部门，做好部门工作会议、来访交流会、报告会、总结会、评审检查会等各类会议的场地安排、人员通知、协调服务，发挥校长办公室的会务服务职能。2017年9月，学校主要党政领导调整，法人变更程序手续繁多，校办按照有关要求，及时准备各项材料、证明和文件，以最快的速度完成配套手续，更新相关印鉴资料，保证了行政服务工作的平稳过渡。

法律咨询与维权　按照建立现代大学制度，实施依法治校的工作要求，发挥法律咨询服务职能，协同有关部门，做好学校的涉法维权工作，协调处理劳动纠纷、学生作弊等涉诉案件20余件，审核合同草本70余件；接受各种形式的师生法律咨询150余次；参加学生、人事、教务、后勤等部门的涉法会议，提出相关的法律意见；与法学院联合举办3·15法制维权、12·4法制宣传日等法治宣传教育，为营造广大师生自觉学法、懂法、守法、用法的法治氛围做出了贡献。

车队　按照上级和学校关于公务用车管理办法，创新学校公务用车管理模式、进一步规范管理，提升服务质量和效率，对学校各种用车做到出车及时、行车安全、服务周到、节能减排，行车约40万公里，圆满完成各项出车任务。

其他　校办充分发挥综合协调服务职能，在全国粮食科技活动周、研究生推免资格高校申报、工程教育专业认证、校园信息公开、教育脱贫攻坚、中原区人大代表选举、安全稳定大检查、田径运动会、新生报到、开学典礼、毕业典礼、教师节慰问表彰、节假日安排等全校性重大活动，承担了大量的沟通协调任务，有力地配合支援了兄弟单位开展工作。

（二）发展规划

【概况】 发展规划处是学校发展战略研究、规划制定和决策信息咨询机构。主要职责包括负责学校总体发展战略研究，为学校提供建设性的研究报告和决策咨询；负责调研、编制、论证和评估学校中、长期总体发展规划和阶段性规划，并跟踪规划的执行；负责跟踪高等教育改革发展动向；为学校领导和有关部门提供决策信息；参与学校重大项目的论证和评估等。发展规划处下设规划科和综合科。现有工作人员4人。

【推进规划执行】 收集、统计、分析办学状态数据，完成《河南工业大学2016年度“十三五”发展规划执行总结报告》。邀请万跃华研究馆员做题为“ESI学科评价与SCI、SSCI论文撰写”的学术报告。调研学习，跟踪学校ESI学科发展情况，对比分析目标院校，形成学校《ESI学科发展现状》《ESI学科建设工作推进方案》《ESI学科快速发展的建议》及《关于推进学校ESI学科领域建设与奖励的建议》等报告。印发《农业科学、化学、工程学学科ESI期刊名录》及学校《科研表现分析》《ESI潜力学科TOP期刊名录》《高被引培育论文》《ESI 19个学科论文详细清单》等资料。

【参与学校重点工作】 全程参与博士学位授权单位的申报和论证，负责材料组的工作。完成《河南工业大学新增博士学位授予单位申请报告》《申请新增博士硕士学位授予单位简况表》《视频答辩》等材料的撰写、论证和完善。收集全国36个拟新增博士学位授权单位的相关数据信息,形成《2017年国家拟新增博士学位授权单位综合实力对比》研究报告。策划组织喜迎十九大"奋进五载、工大出彩"系列报道之党建、学科建设、人才培养、学生工作、科学研究、师资队伍及校园基础条件建设篇等9个篇章。

【决策信息咨询】 搜集高等教育改革与发展的方针、政策和发展动向,以网站和《决策参考》为平台,发布高校在管理机制、学科建设等方面的发展动态、工作经验和规划信息。围绕"双一流"战略、"放管服""新工科""国际化办学""双一流"建设、"高教强国"与十九大精神等内容编印《决策参考》6期,约40万字。

【其他工作】 配合财务处完成中央支持地方高校改革发展资金2017—2019年项目建设规划。完成2017年粮食科技活动周粮食科技成果、科技人才、科技机构"三对接"活动会场的会务工作。完成本科教学水平审核性评估负责牵头的办学定位和培养目标2个审核要素及1个学校自选特色项目,共计6个审核要点的材料组织和文本撰写工作。

(三)人事管理

【概况】 人事处是负责学校人才招聘、师资培养、人事管理、劳资管理、人员聘任等的职能部门,下设办公室、人事科、师资科、劳资科、人才交流中心5个科室。处长1名,副处长3名。

【教职工队伍状况】 学校现有教职工2183人,其中专任教师1613人,具有硕士、博士学位者1501人,具有高级职称者929人,省级特聘教授、享受国务院政府特殊津贴专家、全国优秀教师、教学名师、优秀专家、学术骨干、创新人才、学科带头人、学术技术带头人281人。

本年度学校增员61人,其中博士61人,属于接收毕业生47人,调入3人,回国录用11人。减员53人,其中退休46人,调出3人,其他4人。

按教学和科研人员、实验技术人员、党政管理及其他专业技术人员、工勤人员进行了分类年度考核。有2091人参加考核,其中优秀418人,合格1673人,未参加考核92人。

【人才培训】 学校一贯注重对师资队伍人才的培养,参加各类进修培训560余人。依据国家、河南省出国留学基金相关政策,选派21人赴海外著名大学进修深造,选派教育部骨干教师访问学者及其他国内进修访问学者2人,西安外国语大学及基金委英语培训9人,6人入选国家留学基金委青年骨干教师研修项目,8人入选国家留学基金委地方合作项目,8人入选国家留学基金委高等教育教学法出国研修项目,3人参加高等学校新入职教师国培示范性项目,15人参加高等学校新入职教师省培示范性项目,另有5人参加全国粮食行业专业技术人员高级研修班及各行业协会举办的研修课程,参加精品课程培训、双语教学英语培训200余人次,91人参加教师资格认定。

学校鼓励青年教师不断提高学历层次。5人考取国内985等重点大学博士研究生,在职或委培攻读博士的人数,达到54人。暑期完成攻读博士学位人员的汇报总结工作,聘请专家奔赴各个学院听取他们学习科研情况汇报,对学习进展情况进行跟踪登记备案。

56名教师参加新教工岗前培训。穆中杰入选2017年度河南省高校与法律实务部门人员互聘"双千计划"人选。

【社会保险】 医疗保险月参保人数(含退休人员,不含离休人员)3318人。养老保险月参保人数在编2078人,(全民合同制)314人。失业保险月参保人数2094人。

【工资管理】 职工工资总额27649万元,人均年收入11.85万元。年初实有离退休人员944人,年底实有离退休人员971人;年平均离退休人员956人。发放离退休生活费5837万元。

表 10-1 教职工性别及岗位情况一览表

人员及分布	数量(人)	比例
在职总人数	2183	100%
其中:女性	905	41.5%
教师	1613	73.9%
教辅	169	7.7%
管理	270	12.4%
工勤	131	6.0%

表 10-2 人员分布一览表

总数	教学科研	实验技术	工程技术	图书资料	出版印刷	财会	医护	中小幼教	工勤	其他
2183	1590	63	240	59	11	42	27	9	131	11

表 10-3 专任教师学位情况一览表

学位状况	人数	比例
博士	633	39.2%
硕士	759	47.1%
学士及以下	221	13.7%
合计	1 613	100.0%

表 10-4 享受政府特殊津贴专家情况一览表

序号	姓 名	授奖单位	获奖时间
1	董企铭*	国务院	1991
2	周瑞宝*	国务院	1991
3	艾宏韬*	国务院	1992
4	李本善*	国务院	1992
5	殷尉申*	国务院	1992
6	张根旺*	国务院	1993
7	周乃如*	国务院	1993
8	周展明*	国务院	1993
9	陈大昭*	国务院	1993
10	李凤云*	国务院	1995
11	李豫洲	国务院	1996
12	卞 科	国务院	1997
13	张 元	国务院	1998
14	陈肇锬*	国务院	1999
15	王广国*	国务院	1999

续表 10-4

序号	姓　名	授奖单位	获奖时间
16	王录民*	国务院	2005
17	屈凌波#	国务院	2001
18	梁醒培*	国务院	2001
19	谷秀娟	国务院	2008
20	陈复生	国务院	2008
21	戚世钧	国务院	2010
22	王振清	国务院	2013
23	陆启玉	国务院	2014
24	谷克仁	国务院	2016
25	谢文磊	河南省政府	2015
26	郑学玲	河南省政府	2016

注:标*者为已退休人员,标#者为调出人员

(四)财务管理

【概况】 财务处是学校财务管理与会计核算机构,依据国家财经法规和财务会计制度,统一管理学校财经工作。有财务人员 19 人,其中硕士研究生学历 5 人,大专以上学历 14 人,高级职称 5 人,中级职称 14 人;设立财务科、会计核算科、基建财务科和校园卡管理中心 4 个科室。

【财务收支概况】 上年结转 220 833 627.05 元,2017 年度总收入 884 644 174.14 元,其中财政拨款 576 934 700 元,总支出 873 001 165.23 元,财政支出 584 620 017.05 元。本年结转 232 476 635.96 元。

【财务专题分析】 见表 10-5。2017 年收入支出与预算对比分析表。

表 10-5　2017 年收入支出与预算对比分析表　　单位:元

序号	功能科目名称	预算金额(含去年结转)	本年收入	本年支出	预决算收入差额
1	博士后日常经费	185 000	60 000	185 000	125 000
2	兵役征集		480 500	433 324.02	-480 500
3	高等教育	631 153 000	775 106 974.14	763 765 379.10	-143 953 974.14
4	其他普通教育支出	64 807 109.99	5 471 700	5 471 700	59 335 409.99
5	自然科学基金	1 900 000		1 900 000	1 900 000
6	社会公益研究		600 000	8 874	-600 000
7	应用技术研究与开发	5 625 000	5 425 000	2 283 998.10	200 000
8	其他科技条件与服务支出	60 000	100 000	60 000	-40 000
9	科技奖励	100 000	100 000	100 000	
10	其他文化体育与传媒支出		51 000	51 000	-51 000
11	其他人力资源和社会保障管理事务支出		255 000		-255 000

续表 10-5

序号	功能科目名称	预算金额（含去年结转）	本年收入	本年支出	预决算收入差额
12	事业单位离退休	5 317 000	5 317 000	5 317 000	
13	机关事业单位基本养老保险缴费支出	34 887 000	34 887 000	34 887 000	
14	求职创业补贴		486 000	486 000	-486 000
15	事业单位医疗	30 600 000	30 600 000	30 600 000	
16	农产品质量安全	2 851 890.01		2 851 890.01	2 851 890.01
17	其他农业支出		800 000		-800 000
18	住房公积金	24 600 000	24 600 000	24 600 000	

收入支出与预算对比差异较大的主要原因：一是2016年度财政结转资金5298.62万元为分科目结转，而反映在2017年年初结转时，均全部反映在2050299科目中；二是2050205高等教育科目中“事业收入”“其他收入”存在较大差异，具体为“科研事业收入”“其他收入（含联合办学收入、利息收入、捐赠收入等）”等年初预算估算不足，其中“科研事业收入”实际比预算多5785万元；“其他收入”实际比预算多1531万元；“附属单位缴款”实际比预算多674万元。

收入支出结构分析　2017年度总收入884 644 174.14元，总支出873 001 165.23元，其组成情况见表10-6：

表10-6　收支结构表

单位：元

项　目	金　额	比例%
收入总计	884 644 174.14	100
一、财政拨款收入	576 934 700.00	65.22
其中：1. 教育经费拨款	545 387 700.00	61.65
2. 省级科研经费拨款	6 529 000.00	0.74
3. 离退休经费	5 317 000.00	0.60
4. 医疗经费	1 472 000.00	0.17
5. 住房公积金拨款	18 229 000.00	2.06
二、学校自筹收入	307 709 474.14	34.78
其中：1. 预算外收入	223 259 369.73	25.24
2. 科研事业收入（含其他科研拨款）	46 215 719.00	5.22
3. 其他收入	38 234 385.41	4.32
支出总计	873 001 165.23	100
1. 工资福利支出	329 487 427.35	37.74
2. 商品服务支出	232 280 720.66	26.61
3. 对个人及家庭补助支出	146 623 496.67	16.80
4. 资本性支出	128 347 449.67	14.70
其中：结转自筹基建支出	25 000 000.00	2.86
5. 债务利息支出	36 262 070.88	4.15

支出按经济分类科目分析

学校严格控制经费支出,使“三公”经费的执行完成了“约法三章”中“三公”经费只减不增的要求。因公出国(境)费2017年有所增加,主要原因为部分2016年尚未报销的账于2017年处理。水电气暖及物业管理费支出2798.40万元;专用材料费支出6878.56万元;委托业务费支出2424.88万元;劳务费支出1419.04万元;基本建设支出3046.05万元,其中房屋建筑物购建支出2760.86万元;其他资本性支出9788.70万元,其中房屋建筑物购建支出2500万元,设备购置及其他资本性支出7288.70万元。

财政拨款收入、支出分析

2017年财政拨款共计57 693.47万元、财政拨款支出57 247.08万元。财政拨款收入相比2016年略有增加,主要原因为财政对高等教育事业发展专业增加了投入。财政拨款收入中财政教育拨款51 582.17万元,财政其他拨款6396.70万元,具体构成见表10-7:

表10-7　财政拨款收入表

单位:元

序　号	收入名称	金　额
1	财政补助收入	576 934 700.00
2	财政教育拨款	515 821 700.00
3	一般人员经费	165 709 000.00
4	公用经费	89 524 000.00
5	工会经费	3 038 000.00
6	职工福利费	3 798 000.00
7	专项经费	242 952 700.00
8	其他教育经费拨款	10 800 000.00
9	财政科研拨款	6 529 000.00
10	财政其他拨款	54 584 000.00
11	离退休经费	5 317 000.00
12	住房改革经费	18 229 000.00
13	事业单位医疗费	1 472 000.00
14	机关事业单位养老保险费	29 566 000.00

财政拨款支出中基本支出36 168.91万元,项目支出22 293.10万元,具体构成见表10-8:

表10-8　财政拨款支出表

单位:元

项目	栏次	科目	金额
基本支出	人员经费	工资福利支出	196 747 000.00
		对个人和家庭补助支出	68 582 200.00
	日常公用经费	商品服务支出	96 359 854.20
项目支出	基本建设类项目	基本建设支出	30 460 477.48
	行政事业类项目	商品服务支出	122 690 954.63
		其他资本性支出	69 779 530.74

生均收入支出对比分析　2017年财政拨款收入57 693.47万元,学校全日制研究生和本专科学生共34 629人,生均拨款收入16 660.45元,比2016年提高456.68元。其中,学生资助拨款4760.82万元,生均资助拨款1374.85元;公用经费拨款9636万元,生均拨款收入2783.51元。2017年财政拨款支出58 462.00万元,生均拨款支出16 882.38元。其中,学生助学金支出4503.62万元,生均支出1300.53元;商品服务支出21 905.08万元,生均支出6325.65元。

表10-9　2017年度收支结转(余)分析表　　单位:元

项目	财政拨款	专户核拨	附属单位上缴	其他收入	合计
上年结转	53 003 072.97			167 847 407.90	220 850 480.87
本年收入	576 934 700.00	223 259 369.73	6 741 953.68	9 173 166 581.76	890 902 605.17
本年支出	584 620 017.05	223 259 369.73	6 741 953.68	53 838 255.80	879 259 596.26
其中:自筹基建		25 000 000.00			16 853.82
本年结转	52 986 219.15			187 175 733.86	232 476 635.96
其中:事业结转	1 660 145.80				1 660 145.80
专项结转	51 326 073.35			187 175 733.86	230 816 490.16

年末结转和结余情况　"财政拨款结转"为国库支付网专项资金年末结转额度,其中省级资金结转3094.05万元,中央级专项资金结转2204.57万元,"其他收入"项本年收入包含科研事业收入,其他收入年末结余结转事业基金后全部属于科研项目的专项结转。省级专项结转资金将于2018年消化完毕,2017年中央级专项资金根据政策允许可于2019年以前消化完毕。科研项目的结转资金,为各级科研项目的滚动结转资金,根据科研项目的项目期不同而逐年消化以前年度结转资金。

资产负债情况分析　年末资产总额459 760.88万元,比2016年末增加20 353.95万元,增幅4.63%,变动原因主要为固定资产、无形资产和银行存款的增加;年末负债总额117 586.01万元,比2016年末增加2740.95万元,增幅2.39%,变动原因主要为流动负债中短期借款的增加。年末"流动资产"比2016年末减少了2736.51万元,主要原因为流动资产中银行存款减少了1533.51万元,财政应返还额度减少768.53万元,其他应收款减少432.44万元。"其他"科目反映的主要是在建工程中尚未形成非流动资产基金的基建贷款。"固定资产"年末比2016年末增加6265.86万元,主要是通用和专用设备的增加。其他应收款主要反映的是各金融机构贷款保证金、校区建设中尚未结转的自筹基建往来款和其他因公业务的暂借款。学校加强对财政资金的管理和支付以及对暂借款的管理和清收,取得了一定的成效。年末"流动负债"比2016年末增加13 198.95万元,主要原因为短期借款增加10 120万元,应付账款减少239.13万元。短期借款的增加主要是部分长期借款到期后转换所至,"长期借款"年末比2016年末相应减少10 450万元。"其他应付款"主要反映的是各类押金、保证金、质保金和待查(转)款等。"其他流动负债"主要是各类代管款项。

【日常工作要点】　深化校院两级财务管理体制和绩效工资改革　将学院部分预算项目进行调整、归并,进一步扩大学院经费使用的自主权,建立分项支出预算控制数动态调整的机制。

优化支出结构　随着学校招生规模的稳定,告别收入的高增长时代,开始进入中低速增长时期。在收入增速放缓的情况下,收支矛盾更加突出。预算安排时,坚持保障基本与保障重点兼顾的原则,注重持续优化支出结构,足额安排人员经费,严格控制公用经费和维持性专项经费,尽力增加发展性专项经费支出,确保"好钢用在刀刃上”,提高资金配置效能。

加强预算执行管理　不断完善支出预算执行的责任制度和预算安排与预算执行情况相结合的运行机制,将动态跟踪预算执行进度工作常态化、制度化,持续加强对预算执行的督促落实,建立了专项资金建设项目的动态调整机制,不断优化政府采购、资金支付等相关工作流程,确保各项资金能在最短时间内形成有效支出,充分发挥资金使用效益。年末,学校专项资金结转金额为4500万元,较2016年末减少800万元。

改善债务结构　国家进一步规范地方政府性债务的管理,审计、财政部门将违法违规举债问题纳入常态化监管事项,对地方政府性债务进行跟踪审计。这对学校融资工作产生了重大影响,财务处一方面积极探索新的融资模式,解决合法融资问题,另一方面,严格控制债务规模,确保不新增债务,对存量债务,暂时还采用借新还旧方式来维系学校资金链的正常运转,同时注重优化债务结构,增加中长期债务的比例,年末中长期债务占比达90%,债务风险安全可控。

提升财务服务水平　中央和河南省出台系列措施,深化科研管理体制改革,特别是“放管服”改革,学校财务处将“放管服”落实到财务工作的每一个细节中,及时修订、补充完善了差旅费管理办法、会议费管理办法,就师生们关注的财务热点问题进行了明确,如提高国内差旅中乘坐交通工具的等级及住宿标准、明确实际发生住宿但无法提供相关票据的例外处理程序、提高会议费综合定额标准等。

(五)审计工作

【概况】　审计处是学校内部审计工作的职能部门,接受上级主管部门的业务指导与监督,依照国家、上级主管部门制定的法律、法规、政策、规章、制度及学校有关规定,对本校有关经济活动实施内部监督和评价。审计处下设财务审计科、工程审计科2个科室。

【重点工作】　协助完成河南省审计厅对校党委书记和校长经济责任审计整改的督查工作;组织开展师生周转房项目结算审计工作;基本建设工程项目全过程跟踪审计、新校区部分竣工项目结算审计;学校经济合同审计以及其他财务审计工作。

【经济责任审计】　2017年10月,学校收到河南省审计厅下达的《河南省审计厅对河南工业大学书记戚世钧同志、校长张元同志经责审计查出问题整改情况督查的通知》,学校党委、行政立即召开专题会议,安排部署此项工作。审计处牵头制订详细的审计整改督查工作方案,细化工作任务、明确责任单位。督查期间张元书记、卞科校长等学校领导多次指导、督促督查工作。由于学校高度重视、措施得当、相关部门配合密切,督查工作取得良好的效果,督查组对学校的审计整改工作给予高度评价,《河南省审计厅关于河南工业大学经济责任审计整改督查的函》中写道:河南工业大学对整改工作重视,整改措施得力,整改成效显著。

【财务审计】　完成实验仪器设备、图书、家具、技术服务等各类合同审核181份,合同金额9 401万元,提出审计意见和建议52条。其中审核实验仪器设备类合同102份,合同金额6 353万元,提审计意见45条;审核图书资料类采购合同42份,合同金额980万元,提出审计意见1条;审核办公家具采购合同17份,合同金额529万元,提出审计意见5条;审核技术服务合同12份,合同金额1 210万元,提出审计意见1条;审核工会职工福利采购合同8份,合同金额329万元。

【工程审计】　师生周转房项目审计:审计处接收指挥部报送30个标段的结算审计材料,其中周转房主体部分10个,车库及商业房11个,室外管网9个。审计处会同咨询公司完成主体部分和车库及商业房21个标段的审计,21个项目送审金额共52 469.34万元,审减金额1 204.9万元。

报送河南省财政评审中心完成43号学生公寓和D区学生公寓工程结算审计,节约资金716.5万元;完成学校其他基建、修缮项目结算审计33项,送审金额4 082.596万元,审减金额117万元;完成对43号学生公寓先期内审,审减261万元;审核基建、修缮工程合同62份,提出审计建议和意见71条;审计处参加基建、后勤、东校区管委会、实验设备处等单位组织的项目验收等工作;参加河南省审计学会、河南省教育审计学会组织的内部审计业务培训5人次。

（六）实验室管理

【概况】 实验室管理处（分析测试中心）是学校实验室和仪器设备的统一归口管理部门。主要职责包括：负责本（专）科实验室规划、建设、使用管理；负责实验室设备的购置、建设、使用管理；负责实验教学资产的统计及账目管理；参与重点实验室申报；负责实验分析中心建设和运行。下设办公室、设备采购科、设备管理科、分析测试中心办公室。

【实验室建设】 实验室管理处负责学校公共教学设施及基础实验室建设项目。2017 年完成 6 个项目，包括：新闻传播学院演播厅灯光改造项目、工程训练中心建设项目、9 号楼通风设施维修项目、多媒体教室基础设施更新维护项目、计算中心设备更新维护项目、基础化学实验室设备更新项目，总投入 330 万元。

组织申报省级实验教学示范中心和虚拟仿真实验教学中心。开展校内评审、推荐，并组织撰写材料、拍摄教学视频。最终，经济贸易实验教学中心获批河南省第 10 批实验教学示范中心，机械工程虚拟仿真实验中心获批 2017 年河南省高等学校虚拟仿真实验教学中心。

参与完成《中央财政支持地方高校发展专项资金河南工业大学 2017—2019 年项目建设规划》的论证及编撰工作。组织申报实验教学平台类项目，8 个项目进入学校 2017—2019 年建设规划，其中 2017 年获批建设项目 3 项，分别是化工与环境实验室建设项目 400 万元、生物技术公共实验平台建设项目 355 万元、工程训练中心建设项目 600 万元。

签订教学科研设备供货合同 113 份，合同总额为 6111 万元。所有项目均为政府招标采购，其中公开招标 41 份、金额 5726 万元，网上商城采购 94 份、金额 385 万元。

【财政支付申报、备案】 严格按照河南省财政厅的要求，进行申报、审批，然后按审批结果进行采购工作，并对合同、中标文件等进行网上备案。2017 年申报各类项目 266 项，申报金额为 11 668 万元。其中教学设备类项目 6152 万元，后勤处和后勤公司项目 2346 万元，图书馆项目 1024 万元，保卫处项目 247 万元，基建处项目 648 万元，党政部门项目 577 万元，其余项目 674 万元。

【仪器设备固定资产管理】 规范设备资产管理组织机构，将原有的一级管理拓展为处、科、室三级管理组织机构，制定资产管理三级组织机构代码，利用该代码能够准确定位每件实验设备，通过在线查询做到“所属部门清、负责科室清、管理人员清”。

经协调厂家调试、完善配套数据、联机检测运行、指导规范使用，启用网络版仪器设备资产管理平台，实现仪器设备资产网络化管理，提升了设备资产的信息化管理水平。利用该平台，2017 年验收、入账仪器设备 4690 台件，总金额 7435 万元，调拨资产 259 台件，涉及金额 154 万元。

组织各单位进行仪器设备资产报废工作，共接受报废设备 6253 件、价值 4953 万元，通过数据筛选，选出符合条件的设备 4135 件，总价值 3306 万元，经专家鉴定、组织报废材料等程序，通过河南省财政厅核查。

组织大型仪器验收及技术档案工作的规范管理，严格验收手续，2017 年验收仪器仪表类、机电类等大型仪器设备 40 台（件），总金额 2140 万元。引导大型仪器入网，指导教师使用共享平台，提供转账服务，2017 年转账 15 批次，涉及资金 36 万元。协调供货商进行技术培训服务。

【实验室安全】 安全教育 向新生发放《河南工业大学实验室安全手册》。组织各学院对于新生开展实验室安全教育培训；组织新生进行化学实验安全考核，涉及 6 个学院、17 个专业、2100 名学生。

安全检查 6 月份按照河南省教育厅《关于进一步加强高校实验室安全建设的通知》文件要求，面向实验室开展安全检查，统计易燃易爆、易制毒和剧毒化学品存量和日常用量，对全校实验室安全问题进行集中治理；对实验室开展安全隐患自查。

【实验室危险废物管理】 经过现场考察、研究对策、制订方案、任务分解、处置单位沟通、物资准备、分拣实施、暂存管理、环保局申报、签订处置合同及安排转运，历时 5 个月，共处理氰化物、三氧化二砷、氯化汞等剧毒危险品及不明废试剂

381 kg,实验室固态废试剂2440 kg,实验室液态废试剂4140 kg,化学废液及包装物4720 kg,全部移交专业公司处置,解决了主校区搬迁后十余年遗留的问题,消除危、废试剂所带来的安全隐患。

危险废物日常管理　加入郑州市危险废物物联网管理平台,实现危废物管理计划、台账管理、危废物转移工作的全部信息化;完善学校危险废物相关管理制度,包括:危废物责任体系、危废物管理制度、危废物事故应急预案,进一步明确相关工作流程和职责;接受高新区环保局监察,通过郑州市高新区2017年度危险废物规范化管理考核;做好危废物日常收集、暂存、转移工作,莲花街校区新增危废11吨。

【分析测试中心建设】　获批国家粮食建设质量安全检验检测能力建设项目资金400万元,按照政府采购程序要求,组织专家对需采购的设备论证、结果公示、召开招标会议。

3月11日,河南省质量技术监督局专家对分析测试中心的实验室检验检测资质进行复查,通过复查验收。

2017年收到师生待检样品数500个,检测的参数达1910个,出具实验报告500份。

【其他工作】　受河南省教育厅委托,完成河南省2017/2018年度高校实验室信息统计数据工作,完成河南省高校实验室安全检查;配合计算机科学与技术专业、机械设计制造及其自动化专业的工程专业认证工作;为学校博士点申报提供材料支撑;完成教学状态数据库所需数据;联系公司进行设备免费维修;提供购置设备的信息、建议及帮助询价等服务工作;仪器设备查询及资产转移工作;调剂仪器、合理利用现有资源;组织实验室工作交流活动。

(七)后勤管理

【概况】　后勤管理处是负责学校后勤服务保障规划、质量监管的职能部门。设有办公室、校产管理科、工程管理科、计划管理科、计划生育与社区管理科5个科室。

【履行工作情况】　节能减排　继续推进学校向绿色低碳校园转变。完成43号学生公寓太阳能和空气源热泵热水洗浴系统项目建设,满足了高层公寓5000余名学生热水洗浴需求,降低学校运营成本,减少污染排放。建成学校3D地下管网可视信息系统。探测包括水、排水、燃气、热力、电力、通信、综合管沟、废弃管线8类共计220多公里长度的管线,构建了1700多亩范围内的建筑物、路面、花坛、小品、树木、灯杆、停车场等的三维模型,涉及建筑物79幢,并对校园内的重点建筑物三维模型和景观进行美化,建立了包括管线、矢量图、影像数据、模型数据、建筑物5大类数据库。连续8年获得“省直节能工作先进单位”荣誉称号。

地铁十号线的征迁补偿　和郑州地铁建设总公司、郑州市拆迁办、中原区政府及评估公司积极沟通,多方协调,最终争取补偿金达2.92亿元,保证了学校利益最大化。

做好专项维修改造工作　安排专项维修改造工程20项,金额900余万元,为教学、科研提供了强有力的保障。

校园安全与绿化　加强灾害风险排查治理,制定防灾减灾工作预案,明确目标任务及责任分工。持续做好省级园林单位建设工作,继续在建设花园式校园上下功夫,高度重视校园环境绿化的科学规划与设计,把校园绿化建设作为一项长期的工作来抓,研究制定切实有效的措施,巩固提高绿化成果,加强精细化管理,确保绿化建设水平不断提高。

计划生育工作　全面落实国家和河南省实施全面二孩计划生育政策,积极宣传计划生育新条例,优化计划生育工作办事流程,提高办事效率和服务质量。办理婚育手续、生育证审批手续、围产报销手续等400余人次,统计了1000多名教职工及子女的信息,连续多年获得上级表彰。

老生活区管理　与老生活区所在社区沟通,以郑州市“双创”等为契机,在生活区卫生打扫、垃圾清运等方面加大对人员的监督管理力度。协调资金对老生活区公共部分进行美化和改造,整修道路和围墙,翻新生活区车棚,解决了电动自行车充电难、电线私拉乱扯的问题,消除安全隐患。加强对生活区出入车辆的安全管理,大门已全部安装门禁系统。

【资产管理】　建立两个校区的三

维仿真地图，实地测量14000多间房屋信息，包含房屋内部家具布置、使用人信息以及长、宽和面积等参数；采集能够展现校区、学院、部门风貌和特点的360度全景图；制作分辨率不低于1∶1000的DLG数字线划地图。

强化办公资产从购置、验收、调拨到报废等全过程的监管，形成一套较完善的管理体系，规范管理流程，杜绝盲目采购，减少闲置浪费。完成嵩山路校区大礼堂废旧家具和设备的清点、招标的组织和实施工作；对各单位废旧或不用的办公家具及时回收入库，并分类汇总报河南省教育厅审批后进行处置。强化固定资产定期盘点制度，主动服务，盘活各种老旧资源，提高固定资产使用效率。全年验收资产400多笔，金额300余万元。

（八）离退休工作

【概况】 离退休工作处是学校离退休职工管理服务工作的职能部门。有在职职工10人，下设办公室、离退休职工活动中心、综合服务科3个科室。有离退休职工966人，其中离休干部23人。

离退休工作处贯彻落实全国、全省老干部工作会议精神，健全完善工作制度，规范工作程序，切实加强离退休干部思想政治建设和党组织建设，认真落实离退休干部政治待遇和生活待遇，引导和激励离退休老同志发挥自身政治优势、经验优势和威望优势，为学校改革发展做贡献。

【党建与思想政治工作】 离退休处有在职职工党员8名，离退休党员342名，下设9个基层党支部。

推进“两学一做”学习教育常态化制度化　处党委结合离退休工作实际和离退休党员特点，组织广大党员干部和离退休党员学习党章党规，学习习近平总书记系列重要讲话精神，学习党的十九大精神。树牢“四个意识”，坚定“四个自信”，自觉维护党中央权威和集中统一领导，在思想上、政治上、行动上与以习近平同志为核心的党中央保持一致。

党员教育管理　创新学习载体，丰富学习内容，多种形式加强离退休党员教育引导。为迎接党的十九大胜利召开，处党委组织开展“畅谈十八大以来变化，展望十九大胜利召开”“建言十九大”座谈会，为65年及以上党龄的老党员过“政治生日”；组织支部书记、支委赴巩义豫西抗日纪念馆、徐州淮海战役纪念馆参观学习，开展“不忘革命初心、珍惜光荣历史、永葆政治本色”主题党日活动；教工党支部组织在职党员赴大别山红色教育基地开展“不忘初心、牢记使命”主题党日活动，开展党章党规知识测试，检验“两学一做”学习成效，强化政治纪律和政治规矩。2017年，处党委获学校2015—2017年度“先进基层党委”称号。1人获河南省高等学校“优秀共产党员”称号；2人获学校“思想政治工作先进个人”称号；1人获全省离退休干部“优秀共产党员”称号；20人获学校2015—2017年度“离退休优秀共产党员”称号，11人获学校2015—2017年度“离退休优秀党务工作者”称号。

老同志发挥余热及关心下一代工作　强化典型引领，鼓励支持老同志释放正能量。离休干部刘延辉受聘为学校“红色精神研究会”顾问，获学校“2017年度人物”、全省离退休干部“时代老人”称号；朱克庆教授获评为“首届全国发酵面食优秀科技工作者”。举办河南省高校关工委南片区2017年年会，学校关工委工作得到与会领导和兄弟高校的肯定和赞扬。

【各项活动】 以老年体协为依托，结合重大节庆日，组织开展文体活动，丰富充实老同志晚年精神文化生活。“夕阳红”合唱团举办庆祝建党96周年、香港回归20周年、建军90周年文艺演出；组织开展“迎接十九大、欢度重阳节”游艺活动和“庆祝太极队建队25周年”联欢活动，以及象棋、扑克牌双升、乒乓球、钓鱼、麻将、歌咏等日常比赛40多场次。

老年乒乓球队获省直西片区男子团体第三名，女子团体第一名；老年象棋协会获省直西片区象棋比赛团体冠军；学校代表队参加省直机关老年人广场健身操舞交流活动获两项金奖；何锐在“羲之杯”全国书画邀请大赛中获得金奖。

（九）东校区管理

【概况】 东校区管理委员会（以下简称“管委会”）是学校管理嵩山路

校区和中原路校区的派出机构,按照学校统一领导和部署,对东校区各项工作进行管理、协调、督查和应急处置,保证东校区安全、稳定、有序运行;对东校区各项资源的使用和开发提出规划建议。管委会下设办公室。成立东校区教育教学组、安全保卫组、基建工作组、资产管理组、产业经营组、后勤服务组和综合工作组。办公室是管委会的办事机构,工作人员4人,下设综合科。

【教学及住宿环境改善】 拆除实验楼的废弃实验室的试验台,改造为大教室和专业实验室,解决了大教室匮乏的问题,更好地服务教学。

整体维修学4楼和学7楼,为所有宿舍楼顶新铺设防水,更换上下水管道,维修宿舍窗户、桌椅、床柜和电扇,粉刷墙面,检修暖气设施,增设防盗窗,为新生配备全新床铺和桌椅,住宿环境明显改变。

【消除危废隐患】 管委会办公室会同实验室管理处和安全保卫组对建校以来存放在嵩山路校区老实验楼、中心实验楼及危险品仓库的废弃化学试剂进行全面排查,严格按照规章制度对存放的废弃化学试剂登记造册并进行封存。

暑假期间和国庆节后,管委会办公室和实验室管理处工作人员会同相关学院抽调的部分师生,分4批共500余人次,对废弃实验试剂和危险品进行分拣、清理和打包。参与清理的单位重视安全工作,对处理事宜进行周密部署,配备防毒用具等防护用品,圆满完成分拣和打包工作,对化学试剂进行数量清点和登记造册。

11月,管委会办公室组织相关人员将危房内化学试剂全部暂存到中心实验楼大厅妥善保管,禁止任何人进出,严防被盗和遗失,确保转运前暂存安全。

管委会办公室与各部门通力合作,历时5个月,共处理氰化物、三氧化二砷、氯化汞等剧毒危险品近381 kg,实验室固态废试剂2440 kg,实验室液态废试剂4140 kg,化学废液等4720 kg,全部移交专业公司处理,解决了主校区搬迁后十余年遗留的问题,消除危、废试剂所带来的安全隐患。

【资源经营开发】 本年度整体出租大礼堂和学1楼,续租原综合办公楼,盘活开发现有闲置资产,确保资产保值增值。对利用率较低的中心实验楼,会同相关部门,先后3次分类别对中心实验楼符合报废条件的固定资产按程序进行报废;对没有报废和不在账目的废旧家具进行清理清查,封存中心实验楼,为改造出租做好准备。

2017年度,实现经营收入3216余万元,较2016年增加营业收入860万元。

【校园安全管理】 管委会办公室会同安全保卫组、资产管理组和后勤服务组,进行消防教育,举行消防演练,完善消防设备,维修消防管道,更换消防器材;召开消防安全专项协调会和现场办公会,开展消防安全大检查和违法用电专项检查,消除安全隐患。

做好安全设施的基础建设工作,检修监控线路,更换摄像头;加大巡逻频率,强化治安防范,增加巡逻人数,丰富巡逻方式,提高巡逻效率和质量。中英国际学院还设有学生预备役二连巡逻队,统一服装,组织巡逻,构建安全稳定校园环境。

加强车辆出入管理,东大门车辆进出实行分道进出,对教职工设专用出入车道;行人和自行车与机动车分开进出;对外来办事车辆加大询问力度,对于外来非办事车辆严禁进入校园。加强人员出入管理:封闭南门,并对校内务工人员完善登记信息,严格管理;对于外来人员特别是形迹可疑人员,加大盘问力度。

管委会委员和相关单位班子成员坚持夜间和节假日值班,设有专门的值班室和值班电话,值班人员坚持按值班安排表按时到岗值班,并做好当日的值班记录。

· 教学科研服务设施 ·

（一）图书馆

【**概况**】 图书馆有在编职工50人，合同制职工16人。在编职工中，正高职称1人，副高职称14人，中级职称21人（中高级占72%）。硕士14人，本科23人，大专9人（大专以上学历人数占92%）。45岁以下职工16人，占32%。

获评河南省图书馆学会“管理与服务创新先进单位”荣誉称号；首次获中国图书馆学会“全民阅读先进单位”。“博雅·悦真人图书馆”项目获“全省高校精神文明建设优秀工作案例”一等奖。《博雅·悦真人图书馆》彩册、《河南工业大学图书馆微信公众号》获得河南省高校图工委全民阅读出版物评比一等奖。党总支首次获“全省高等学校先进基层党组织”荣誉称号。

【**重点工作**】 文献采购 开通“专家教授荐书绿色通道”，提高图书采购的针对性和精准性；分编入库新书10.4万册，馆藏总量达到255万册。订阅22个高水平中外文数据库。

文献信息综合服务 获批国家知识产权局“全国专利文献服务网点”，河南省仅有3家高校获此殊荣；首次开展基于ESI数据库的学科评价服务。

书香校园文化建设 创办“博雅·悦”书香校园文化基地。依托基地，开展丰富多彩的阅读推广活动：开办9期“博雅·悦”真人图书馆“真人图书”与读者面对面交流活动；举办庆祝4月23日“世界读书日”专题系列活动，如“为爱朗读”经典美文朗诵比赛、“遇见爱”第二届H5设计大赛、“书香校园”诗歌摄影大赛以及“品诗词文化，赏墨色书香”诗词书法展、“悦读经典，香染指尖”书签诗文竞猜活动，在微信平台制作推出图书馆大数据阅读报告等；5—6月份举办“毕业季”专题活动，如“毕业季——我与图书馆间不得不说的故事”征文，制作“读过的青春”借阅历史纪念卡向毕业生免费发放，开展毕业生图书捐赠活动；举办9月份“迎中秋”专题活动，如中秋节“寄秋思”活动“天涯共明月——中国巴基斯坦青年喜迎中秋佳节会”“书中世界，影评人生”书评影评大赛，制作“厚重河南 文化河南 旅游河南”专题展板；读者分享读书感悟的阅读沙龙“悦读空间”活动质量与数量均有上升；常年免费开办影视欣赏活动。

借阅服务 年度入馆人次超过280万，日均8000多人次，单日最高1.3万人次读者入馆学习，书库借阅管理工作劳动量大，阅览座位预约管理工作需时时督察，借阅区多媒体展示屏、触控屏、检索机、电子资源查询机、打复印机、创意体验区各种自动化管理设施设备软硬件的维修维护工作全周、全天不停歇。

【**文献资源建设**】 文献资源采购 全年采购图书33 862种，98 655册；采购期刊954册，码洋238 825.6元；报纸119份，实洋30 133.52元；外文原版期刊51种，实洋1 240 000元；外文购权刊12种，实洋210 202元；数据库采购实洋合计4 241 794元。

书刊编目加工 全年分编图书35 988种，104 055册，码洋5 856 685.87元；分编加工学位论文521种；分编光盘2720片；完成2273册新购图书的验收、数据下载、图书编目、粘贴条码书标及图书典藏、交送、上架。

特色资源建设 粮油食品与磨料磨具自建特色数据库不断完善；本学校硕士毕业生学位论文数据库新增论文514篇。

【**读者服务**】 各书库借还图书332 339册，其中借出图书165 638册，还回图书166 701册，上架新书104 055册；阅览岗位现刊签到11 437份；过刊验收典藏11 800册；通过汇文流通管理系统处理各类业务3000余件；管理书库和公共区面积逾3万m^2，管理阅览桌位5000个。完成新馆14个书库970 784

册流通图书的注册、倒架、定位、验收工作。

其他读者服务工作　包括新生入学教育,微信、微博服务推介、咨询解答,科技查新与论文查收查引,文献检索课教学,课题检索与跟踪,文献传递与馆际互借,服务与资源的宣传报道,网站、数据库管理,各种自动化管理设施设备的检查与维护等;举办读者座谈会,为"阅读之星"颁奖。

指导与培训　对"管理新媒体""真人图书馆"等阅读推广学生团队进行指导与培训。包括指导队员招募、选拔,学生骨干管理与学生团队建设;指导学生宣传图书馆各项专业服务、规章制度,及时发布图书馆最新资讯信息等;下半年图书馆新媒体影响力始终位于全校前三。

管理志愿者团队　维护3个志愿者QQ群,做到有问必答、快速回答,收集并反馈读者建议,了解读者真正需求。与各楼层志愿者组长保持每日联系,发布图书馆规章制度、设施设备使用方法等消息;制作图书馆志愿者宣传片,培训和提高新组长业务能力。

指导读者协会管理漂流图书室　"漂流图书"制作成电子目录在网上发布,并及时更新,方便读者根据目录快速找到想借阅或交换的图书。在6楼中厅建立漂流站,扩充图书漂流室开放空间,读者需要的辅导资料做到随用随取。

【党建与思想政治活动】　党总支活动　积极开展"两学一做"学习教育活动,制作专题展板;迎接党建评估,整理评估资料,重新布置"党员之家";高度重视,科学制定学习宣传贯彻党的十九大精神方案,并认真组织实施。

看望离退休老同志,慰问婚丧嫁娶、生病职工,开展"关爱教职工生日送健康"职工集体生日慰问活动;参与"工大美声"教职工卡拉OK比赛和朗诵比赛,有3个节目进入决赛,获优秀组织奖。

(二)网络教育管理中心

【概况】　网络教育管理中心的主要职能是制定教育信息化的发展规划、实施方案、规章制度和工作计划,组织、督促、协调教育信息化建设中的各项工作;负责组织网络应用的研究开发、培训推广工作;负责做好网络的运行管理、安全、技术支持与服务工作;负责做好数据中心的运行维护、保障核心数据安全工作;负责做好网络资源的规划、建设工作,负责研究、推动现代教育技术在教育教学中的应用,创新教学模式,指导网络课程开发制作等工作。有在编在职人员11人,校聘合同制非事业编制职工4人。设应用开发部、运行部、现代教育技术中心3个科室。

【全面完成信息化建设三年发展规划】　按照学校《教育信息化建设三年发展规划(2015—2017)》,完成信息化建设的"123"工程,初步建成智慧校园。

建成一套现代化的信息化基础设施,包括覆盖全校的有线无线一体化的高性能校园网、高标准规范的校园网核心机房、支撑各类信息化应用的云数据中心。建成以大数据为基础的信息化公共服务平台。包括统一身份认证、统一服务门户、数据集成交换、数据治理、数据分析挖掘和虚拟校园平台,实现所有系统的互联互通。建成包括数字资源中心、网络视频直播、图书管理系统、各类图书数据库、档案资源管理系统的数字资源平台,实现对视频、音频、图片、文档等非结构化资源的统筹管理和利用,并完成学校各类历史视频影像资料的数字化转换。

制定包含公共基础信息、单位、教职工、学生等在内的信息化编码标准。建立网络运行和应用服务监控系统,建成一套创新的运维管理体系,实现校园宿舍区、教学区运维服务全面外包。建成功能完善的网络安全保障体系,包括防火墙、WEB应用保护系统、堡垒机、信息交换安全隔离系统、VPN系统、上网行为管理系统、漏洞扫描系统、数据备份和容灾系统等。

【大数据建设】　数据挖掘分析系统不断开发完善。该系统包含教学、科研、学生、人事、图书资产后勤和个人数据服务6大类(约500项)专题和综合交叉数据分析项目,目的是为学校各级各类管理人员及师生提供全面、准确、综合的数据分析和决策支持服务,实现精确化、科学化管理。大数据平台已在材料学专业认证、教学检查和质量监控等工作中发挥重要作用。

【服务门户建设】　统一服务门户是学校智慧校园的门户,是大数据利用和个性化服务的网上办事大厅。它采用扁平化、场景化的理念设计、重组各种应用服务。个人数据展示系统可实现师生个人校园各类数据的全景化、系统化、个性化展示和分析。业务流程管理系统(工作流引擎)可实现各单位和跨部门业务流程自由定制、网上办理,大幅减少填表、盖章、签字等繁杂的事务性程序。

【应用系统建设】 6月,NFC手机校园一卡通开通运行。使手机具备校园卡的全部功能,同时实现空中发卡、空中充值、手机消费等功能。网络中心与联通合作分两批开展师生免费换卡服务。

9月1日,完成网站群系统部署,新改版的学校主页上线。通过网站群系统的部署,实现学校主网站和各二级单位72个网站统一后台管理,一举解决了学校及各单位网站建设中缺乏技术人员、安全隐患多、维护困难等难题。11月8日,学校邮件系统面向学生开放,每个学生都可以获得后缀名为@stu.haut.edu.cn的邮箱,解决了学生申请国外学校要求提供教育邮箱的问题。

12月15日,学校虚拟校园平台(一期)开发完成,上线试运行。该平台基于校园地理信息系统(GIS)开发,能够以可视化的形式呈现仿真三维校园、精细化微校园、全景立体漫游校园等多种校园地图形态,并可在地图上构建各种校园应用和服务,实现校园各业务系统的可视化呈现。

12月,协助学生处启用学工系统,为学生工作大数据的积累和利用打下基础。

网络考试系统继续在3门思政类课程中使用,3个年级的2万多人次完成了考试。网络中心还协助实验室管理处开通资产系统网络版,配合后勤管理处建设三维管网系统和房产管理系统,配合党委宣传部成立新媒体联盟。

【网络服务和技术保障】 保障多校区网络稳定运行,做好多线路接入、出口带宽管理和流量控制及一卡通系统的稳定运行。做好核心机房的运行管理,保障核心路由器、交换机、服务器、网络安全和管理系统、数据中心的安全稳定运行。完成图书馆数据资源系统流量监控端口镜像部署、6个校内虚拟仿真试验平台建设和各单位托管服务器维护等工作。保障30多个业务应用系统稳定可靠运行和应用及数据安全。对教学区网络电气间设备、线路进行全面整理。加强对学生宿舍区、教学办公区网络基础运维外包的监督,不断提高服务质量。

12月20日,学校接入并在部分区域开通下一代互联网IPV6网络。开始对无线网络升级改造。

组织协调电子迎新、电子离校工作,做好高考阅卷、招生录取、ACM大赛等专网建立和网络保障服务。完成英语四六级、省学位和学校期末考试等视频监考10多次30多小时,对标准化考场全面维护检修二次。做好教工移动终端的服务工作。完成软件正版化信息统计及上报工作。

【网络安全】 全面加强网络安全系统和技术措施的建设、部署,实施了6项措施:通过建设网站群系统对全校网站进行集中管理,解决各二级网站分散建设导致的安全隐患和问题。通过边界防火墙和WEB应用防火墙保护校园网安全。对重要应用系统如财务、考试、招生、改卷、一卡通等使用内部专网或部署网闸设备,确保网络隔离和数据可靠。部署上网行为管理系统确保上网记录可追溯,部署堡垒机系统对网络管理进行统一认证登录和记录。部署网络运维监控系统对故障和安全问题自动报警。部署漏洞扫描系统主动查找修补漏洞。今后将在舆情监控、容灾备份、等级保护等方面加强建设,不断减少网络安全短板。开展了网络安全宣传周活动,针对勒索病毒、Office漏洞等发布专项通知,完成各类网络安全类信息处理和上报50多次。

【信息化建设机制改革和服务外包】 根据学校与联通公司达成"双方合作共建、联通提供信息化综合服务"共建方案,完成招投标工作,推进16个信息化具体服务项目的落地,节省学校一次性投资,基本满足学校信息化建设进度需要。

【教育技术调研和建设】 为推进教育技术建设,网管中心奔赴省内外8所高校进行调研,着重考察信息化教室(多媒体教室、网络教室、研讨型教室、智慧教室)建设、教学资源制作、网络教学平台、教学改革和激励政策、教学理念等,完成了调研报告,为学校加强和改进教育技术工作提出建议。

11月,学校网络视频直播平台(IPTV)上线,日常提供5路电视信号转码直播服务,有重要活动时可通过该平台进行网络直播。毕业晚会、迎新晚会、收看十九大实况等活动都使用了该平台直播服务。

完成学校历史影像资料数字化转换,采集1500余盘磁带,数据量达13T,并编印资料目录送达各个部门方便查阅使用。

拍摄毕业典礼、开学典礼、运动会、教代会、粮食科技周、十九大精神宣讲、专业教学评估等学校大型活动38次,完成"道德讲堂"系列活动录制5次,为学校工作留存影像资料。制作视频新闻3部、专题视频3部,讲座视频5部。开展驻村帮扶工作,为南阳冠军村实地拍摄新农村视频素材。为20位教师参加河南省教学技能竞赛拍摄和制作教学视频。完成校级在线开放课程"大学生体育达标测试"录制。

【业务交流和自身建设】 4月,主任付晓炎受邀担任河南省教育厅教育信息化专家委员会委员。网管中心还参加中国教育科研网学术年会、中国高教学会教育信息化分会年会、教育网络安全工作研讨会、华中区教科网年会、河南省高校智慧教育应用与发展研讨会、河南省高校网络学习空间应用研讨会等学术或工作交流活动。接待河海大学、江苏科技大学、河南师范大学、河南省教科网等46家兄弟高校或单位来校参观或调研。

(三)学报

【概况】 学报编辑部有编辑人员10人,其中正式在编人员9人,外聘人员1人。编辑队伍中有编审1人,教授2人,副编审3人,编辑3人。编辑部下设自然科学版编辑室、社会科学版编辑室、粮油科技(英文)编辑室。

2017年出版《河南工业大学学报》(自然科学版)6期,刊发文章131篇;《河南工业大学学报》(社会科学版)6期,刊发文章117篇。

2017年7月,国家新闻出版广电总局同意学校创办《Grain & Oil Science and Technology》即《粮油科技(英文)》,国内统一连续出版物号为CN41-1447/TS,公开发行,主管单位为河南省教育厅,主办单位为河南工业大学,出版单位为《粮油科技(英文)》编辑部。

【办刊宗旨和特色】 《河南工业大学学报》(社会科学版)是哲学、社会科学和人文科学综合性学术期刊。设置的主要栏目有:粮农经济论坛,法学研究,经济学研究,管理学研究,新闻和图书情报研究,语言和文学、艺术研究,高等教育教学研究,其他研究。万方数据库、中国期刊网、中国学术期刊光盘版固定全文收录期刊,中国学术期刊综合评价数据库来源期刊、中文科学技术期刊数据库固定收录期刊、中国核心期刊(遴选)数据库收录期刊和中国台湾CEPS数据资料库固定收录期刊。

读者对象主要是有关研究机构的研究人员,高等院校师生及其他从事相关领域研究和管理工作的人员。

《河南工业大学学报》(自然科学版)是"全国食品工业类中文核心期刊""中国期刊方阵入选期刊"和"中国科技期刊精品数据库入选期刊",以刊登我国粮食、油料、食品、农产品精深加工等行业最新研究成果为主的学术期刊,同时刊登少量其他自然科学学科的优秀论文。读者对象为科研院所研究人员、大专院校师生、企事业单位科技人员和科研管理人员。

《河南工业大学学报》(自然科学版)被美国《化学文摘》、俄罗斯《文摘杂志》、英国《食品科技文摘》等国际著名检索文献列为固定收录刊源。被中国期刊网、CEPS中文电子期刊网、万方数据库和维普数据库全文收录。曾获"全国优秀科技期刊三等奖""全国高校优秀自然科学学报一等奖""河南省优秀科技期刊一等奖""河南省高校优秀学报一等奖""内贸部优秀科技期刊一等奖"等荣誉称号。

《粮油科技(英文)》刊载粮油食品科技领域研究新进展、新技术、新成果,促进学术交流,以提高我国在该领域的科研水平和学术影响力。

【办刊质量】 2017年《河南工业大学学报》(自然科学版)的学术水平和编辑质量继续在全国和全省处于领先水平,第6次入选全国中文核心期刊。由清华大学中国学术期刊光盘版和中国科学文献计量评价研究中心公布的《2017年中国学术期刊影响因子年报》中,《河南工业大学学报》(自然科学版)的复合影响因子0.918,综合影响因子0.569,排在全省同类期刊第1名。基金论文比例为83.2%,高级职称作者论文、博士论文和基金论文的比例为 92.4%。差错率为1.8/万。

《河南工业大学学报》(社会科学版)在 2015 年第二次入选 RCCSE 准核心期刊。《2017 年中国学术期刊影响因子年报》中,《河南工业大学学报》(社会科学版)的学报的复合影响因子 0.277,综合影响因子 0.155,Web 即年下载率 76%,指标位列全省同类期刊第 4 名。基金论文比例为 64.1%,高级职称作者论文、博士论文和基金论文的比例为 82.9%。差错率为 4/万。中国学术期刊光盘版杂志社统计,社会科学版学报的全球网络机构用户已达到5073 个,读者分布在 50 多个国家和地区,个人用户分布在 10 多个国家和地区。

【科研工作】 编辑部立项厅级科研项目 2 项,结项科研项目 3 项;发表学术论文 8 篇,其中,被 CSSCI 收录 2 篇;获得河南省教育厅论文二等奖、三等奖各 1 项。

编辑部参加业务培训、研讨会的编辑人员达 13 人次。在中国高校科技期刊研究会主办的"2017 年度中国高校科技期刊优秀个人"评选中,1 人获"中国高校科技期刊资深编辑"称号、1 人获"中国高校科技期刊优秀编辑"称号。在全国理工农医院校社科学报联络中心"四优"评比活动中,社科版学报编辑室获评优秀编辑部,1 人获评优秀主编,2 人被评为优秀编辑和 1 篇论文被评为优秀编辑学论著。

【其他】 《粮油科技(英文)》理清创刊思路,制定行动方案、工作日程和各项进度。按照办刊的行动方案,添置部分办公桌椅、柜子等。获得《粮油科技(英文)》的国际刊号和《中华人民共和国期刊出版许可证》;联系中国国际图书贸易集团有限公司等国内外刊物发行机构,办理《粮油科技(英文)》国内外的邮发代号。取得该期刊的条码。逐步推进《粮油科技(英文)》期刊创建工作:修订、确定《粮油科技(英文)》征稿简则。完成该期刊徽标、四封设计工作。确定该期刊的印刷数量和印刷费用标准。选定语言润色和编辑排版公司。确定该期刊的单价。初步组建期刊第一届编委会。

《河南工业大学学报》(社会科学版)编委会名单

顾　问 白美清　朱长国　郄建伟

主　任 戚世钧

副主任 陈复生　王玉斌　吴成福

委　员 (以姓氏笔画为序)

于建华　马玉梅　毛彦琴　王　晏　王玉斌　王庆斌　牛彦绍　卢彦超　刘广明
朱立峰　陈复生　吴成福　李利英　李焕锋　李学雷　李铜山　杨六栓　杨艳萍
尚恒志　姜振颖　赵豫林　赵榴明　赵予新　戚世钧　程振凯　靳义亭　魏明侠

《河南工业大学学报》(自然科学版)编委会名单

顾　问 盖钧镒　吴子丹　王录民

主　任 张　元

副主任 陈复生　卞　科　吴成福

委　员 (以姓氏笔画为序)

马传国　王振清　王凤成　王晓曦　王殿轩　王金水　卞　科　牛彦绍　田少君
刘亚伟　刘楠嶓　刘保国　张　元　张德贤　张宏伟　陈复生　李　琳　李永祥
吴成福　邹文俊　谷克仁　祝玉华　惠延波

（四）档案馆

【概况】 档案馆有工作人员9人，其中在编人员8人。下设综合档案科和人事档案科。主要工作内容有综合档案（包括党群、行政、教学、科研、产品、设备、基建、财会、出版、外事等10大类）的收集、保管、利用开发等；人事档案的接收、整理、保管、利用等；毕业生档案的接收、转递、保管、查询等；学校年鉴的组织编撰出版。馆藏档案由河南工业大学、郑州工程学院及郑州工业高等专科学校3个全宗构成，实行集中统一管理，采用人工与微机相结合的档案检索系统。

【重点工作】 行政执法监督检查　按照河南省档案局相关通知要求，档案馆逐条落实，查漏补缺。对综合档案科办公室进行物理隔断，建立独立的档案查询空间，加装监控摄像头。对2012年以来的党群、行政、教学、科研、基建等档案，从卷内文件目录到案卷封皮再到档案盒的脊背，从每份档案材料的页号到档案材料的装订，从实体档案到案卷文件的数字信息是否一致等都逐一进行详细的检查，对薄弱环节进行针对性的整改，认真准备佐证材料，撰写汇报稿。11月1日河南省档案局行政执法监督检查组来校检查，通过听取工作汇报和实地察看，档案馆获得优秀，被评为省档案行政执法监督检查工作先进单位，1人被评为先进个人。

服务学校各项中心工作　档案馆连续第4年开展"微笑服务"活动，以服务学校中心工作为档案管理工作的出发点和落脚点，认真做好各项服务，申博工作是学校的重点工作，暑假加班加点，为有关部门利用指导提供优质高效服务。对书记校长审计整改督查工作，及时有效地提供学校审计报告、财会凭证等各项材料。按照基层党组织专项评估的要求，协助38个基层党支部完成1051人次党员的入党信息核对工作。在对退休人员社保信息核查工作中，协助人事处，完成1056名退休人员的个人信息核对工作。

档案调研　档案馆到粮油等学院及科技处等职能部门就进一步做好档案管理、年鉴编撰、毕业生档案管理等工作进行走访调研，进一步深入了解学院及有关部门的工作内容和档案归档情况，并就有关档案收集等问题进行沟通和现场解决。

档案信息化　档案馆克服没有信息化专项经费的困难，完成学籍、科研等各类档案信息录入23 354条、扫描42 123页，并上传档案管理软件。其中，完成2017年各类新生录取名册的信息录入、扫描、上传档案管理软件等数字化工作，共计9674人。完成2017年各类毕业生学籍卡、成绩单等信息录入、扫描、上传等数字化工作，共计15 801条、21 809页。完成2007—2016年科研专利扫描、2014—2015年横向科研项目扫描共计19 829页。

档案育人　档案馆注重发挥档案的育人作用，坚持编撰好学校年鉴，利用国际档案日等做好档案宣传。搬入新馆后，利用走廊等设施做好档案宣传，发挥育人作用。2017年10月在河南省档案学会、河南省高校档案分会开展的《高校档案工作与大学文化传承》学术研讨会上，《河南工业大学高校档案工作与大学文化传承》经典案例获河南省档案学会优秀成果一等奖，并在研讨会上进行典型发言。

档案收集　档案馆采取电话、上门服务等方式与实验室管理处沟通联系，完成1973—2016年设备类档案的收集工作，完成2352件设备类档案的整理、编目、立卷及文件信息录入、上传及档案整理装盒、排架等规范化整理工作，丰富了馆藏。

档案编研　召开各部门年鉴供稿人员会议，经过对各部门材料的收集，数次反复的核对、修改和多次电话沟通、求证，完成50万字的《河南工业大学年鉴（2017）》的组稿、编撰、出版工作。经过近1年的反复查找档案资料、向老校友咨询，克服文革时期情况特殊，现存当时的档案资料不尽齐全，有的档案文件记载的内容与实际存在的事实还有出入等重重困难，完成了学校自建校以来《毕业生名册》初稿的编撰工作。

在职干部档案的规范化整理　档案馆多次与学校组织部联系，就干部人事档案的规范化整理进行情况通报和沟通，制订整理计划，按照中组部党委的干部人事档案整理要求，完成学校所有干部1802份档案的重新分类、排序、编目、编页码等技术加工，完成2053份在职干部和工人换新档案盒和脊背、封面的打印工作。完成251

份科级干部档案的装订工作。

毕业生档案EMS寄发试点

档案馆到郑州大学就业服务中心了解情况，与河南省机要局进行电话沟通，制订毕业生档案寄发方式的方案，决定进行试点。多次与高新区邮政局寄发过程进行沟通，提前印制寄发所需要的专用外包装袋、封条等必需的材料。及时召开会议，就毕业生档案整理、移交、寄发工作进行布置。对使用EMS寄发方式的学院进行专门的培训，派专人到采取EMS方式寄发的学院配合高新区邮政局进行现场指导，完成毕业生档案EMS寄发的试点工作。

【日常工作】 学习交流和培训

组织学习国家档案局《数字档案室建设指南》和《数字档案室评价办法》，参加全国高等教育学会高校档案分会、中南五省高校档案联盟、河南省档案学会及河南省高校档案分会学术交流会议，了解学习信息化建设好的高校的经验和做法，到同济大学、上海交通大学、重庆大学等进行调研；合理规划学校档案的信息化工作。

综合档案 完成党群、行政、教学、科研等10大类档案的收集、立卷归档、规范化整理、编目排架和编制案卷级、文件级目录检索工具工作。共计2935件，1902卷。其中党群、行政类，622件；科研类纵向、横向科研项目271卷、242件，科研专利176件，科研奖励37件；教学类文件397件，学籍类本科生553卷、研究生92卷、1042件、62561页；外事、出版、财会、基建等419件、986卷。

人事档案完成新进教职工人事档案69卷的接收工作。完成干部履历表、年度考核表等各种档案材料7187份的接收工作。完成各类教职工档案材料7127份的分类插卷及整理工作。人事档案查借阅1796人次，复印各种材料761页。

毕业生档案完成7623份毕业生档案的接收工作机要寄发档案3242份(含两年择业期满毕业生档案)，完成EMS寄发档案3071份，专程送达郑州市人事局390份档案(含两年择业期满毕业生档案)。接待毕业生档案查询、电话咨询，及时在档案馆的网页上更新毕业生档案寄发信息，便于毕业生的查询。

综合利用 为编史修志、工作查考、个人利用档案提供原始依据，接待查询档案1127人次，查借阅档案2722卷件，出具学历学位证明及核对出国学籍等160份。先后为专业认证、科研项目申报、学科建设评估、教师职称评审、毕业生查询利用提供热情服务。

(五)工程训练中心

【概况】 工程训练中心、数控技术实训基地主要承担学校的金工实习、电工电子实习、数控实习及专业实习教学任务，是国家模具CAD工程中心郑州应用中心、河南省数控技术培训中心、西门子数控技术郑州应用中心、郑州CAD工程应用技术中心，是校级实验教学示范中心建设单位、学校大学生机械创新实践基地，设有河南省人力资源和社会保障厅批准的国家职业技能鉴定所。

工程训练中心建筑面积12 704 m^2。有设备仪器370台(套)，每天可接纳500名学生进行实习、实训。在长期的实践教学中，逐步形成了一支由教师、工程技术人员、技术工人构成的精良的师资队伍。拥有教职工41人(其中非事业编制人员2人)，其中教授1人，工程师和实验师8人，高级技师1人，技师22人。教师中博士1人，硕士1人，本科8人，大专22人。

工程训练中心设有车工、铣工、刨工、磨工、钳工、钣金工、铸工、焊工、陶艺等常规训练项目；数控车床、数控铣床、加工中心、数控线切割等现代制造技术训练项目；电工电子技术训练项目。可供各专业一、二年级学生进行体验性工程实践、供三年级学生进行专业性实践；可接纳各专业学生进行创新制作。

【教学工作】 工程训练中心接待实训学生5463人次，完成实践教学工作量57 607人天。

教学管理 根据工程训练中心的运行情况，对管理制度进行完善和修订。修订《年终工作量津贴分配方案》，制订《劳动合同制人员聘期考核管理办法》，制订了《中心教职工额外工作量的暂行结算办法》和《关于教学培训收入分配管理暂行办法》。全面清查教学仪器设备，摸清家底，厘清账务，解决历史遗留问题，规范设备管理。聘任兼职安全员,完善安全管理、设备管理、卫生管理文件。配合材料科学与工程学院、信息科学与工程学院做好工程教育认证工作,做好教学资料的收集、完善、检查、保管等工作,维护教学资料的完整性。

教学改革　电子技术工艺实习中的“印制板设计和制作”课题实践教学中引进了“转印,曝光化学处理,自循环清洗四合一制版系统”印制板制作系统,增加“表面贴装技术(SMT)装配工艺”实践教学内容,丰富教学内容,提高学生的实践能力。为铸造实习设计制作了造型实训操作台,将造型训练由“地面”搬到“台面”上进行,避免型砂的流失,实习效果明显提高。

教师培训　完成2名非事业编制车工实习指导教师的岗位培训,组织7名实习教师参加考评员培训,其中数控铣工2人、电工4人,食品检验工1人,通过考核取得资格证书。

专业认证　电子信息工程专业工程教育专业认证专家组进校考察,高分子专业、材料科学与工程专业工程教育专业认证专家组来工程训练中心现场考察。金工实习是该专业实践性教学环节之一,配合学院做好认证专家现场考察准备工作。

【基本建设】　条件建设　实验室建设项目电子、铸造完成收尾工作,在实习教学中发挥作用;完成中央财政支持地方高校建设项目设备招标工作,购进M7120平面磨3台、XA5032立式铣床2台、XK713数控铣床6台,完成设备的安装及验收工作;申报实验室建设项目资金70万元,对7台济南产数控车床进行升级改造、同时购置带锯机1台取代切割机下料,减少对空气的污染,为各工种配齐教学挂图、展板等增加文化氛围,给水泥地面刷地板漆改善中心教学环境。

布局调整　铣工、磨工实习场地原位于北车间一层西北角,设备台套数明显不足,满足不了实习学生规模要求,增加铣床、磨床等设备后,将磨工实习调至西南角,腾出位置用于增添新的铣削加工设备。调整后,铣、磨实训场地教学组织更方便,也避免了两工种教学的相互干扰。

设施完善　改善工程训练中心教学、办公条件,对所有壁扇进行检修,对电工实习场地、教师休息室、教学办公室等多台空调进行维修,重新铺设上下水管道,将自来水引入实训场地,加装电热水器,解决实习学生饮水问题;申请电脑19台,更新线切割实习用电脑12台。改善实训车间环境,扩建小库房,按消防要求将物料分类存放,消除安全隐患。在车间吊物洞处加装不锈钢扶手护栏,解决学生实习安全问题。

【对外交流】　3月郑州航空工业管理学院工程训练中心、6月五邑大学工程训练中心来我中心调研;11月工程训练中心一行8人到河南理工大学工程训练中心参观学习;11月工程训练中心管理人员及相关工种指导教师赴山东济南参加山东、河南高校金工教学研究会联合学术年会,参观齐鲁工业大学、山东大学工程训练中心等。通过交流学习,开阔了视野,加速了中心的发展。

【培训与鉴定】　工程训练中心面向校内外开展职业技能培训及鉴定工作。2017年完成食品检验工、电工、数控车工三个工种两个批次的鉴定工作。通过技能鉴定,获得职业资格证书人数达527人,其中,食品检验工217人,电工238人,数控车72人。

【主要成果】　完成学校重点教研项目1项,发表教研、科研论文6篇;参编教材1部;中心自编的、具有本校特色的电工实习指导书各1部(胶印)。

(六)中国粮食博物馆筹建办

【概况】　中国粮食博物馆筹建办公室(以下简称“博物馆筹建办”)有工作人员6名,下设1个科室。

筹建办工作人员把政治学习和筹建工作相结合,体现在日常的筹建工作和自己的一言一行中。通过政治学习,强化政治意识、宗旨意识、服务意识、规矩意识,全办人员思想上有明显提高,作风上有明显改变,工作上取得显著成绩。

【预博馆运营】　预博馆是学校的特色文化交流中心,为充分发挥这一特色亮点作用,博物馆筹建办通过学校人事部门面向社会招聘优秀讲解员和管理员。组织、选拔、培训学生志愿者参与预博馆的运营管理和讲解工作,既锻炼了学生,也完成了各类预约参观和领导视察任务。制定日常参观和预约参观的安排流程,方便游客参观,保证参观质量，并确保安全。申请微信公众号“粮博荟”，运用新媒体手段，发布粮食文化知识、博物馆建设信息、预博馆开放信息等，已成为粮食博物馆志愿者团体对外宣传、沟通交流的主要平台，提升了中国粮食博物馆的知名度和影响力。鼓励志愿者举办各种特色活动，为更多的同学提供锻炼机会，更好地做好讲解及服务工作。志愿者团体在校内外举行的各种活动和比赛中获得很多奖项。

【接待宾客】 预博馆先后接待河南省人大检查团、河南省科技厅国际处、国际谷物协会主席团、共青团河南省委书记、中储粮北京分公司、陕西省延安市粮食局、四川省广安市粮食局、江苏省扬州市粮食局、福建省三明市粮食局、双鸭山市粮食系统、江门市粮食系统、郑州兴隆粮食国家储备库、镇江市粮食系统培训班，泰国中学校长代表团、台湾中原大学师生一行、华中科技大学李德群院士、一德期货有限公司；慕名而来的校外团体如河南校园记者站采风团、艾瑞德国际幼儿园、河南一创艺术发展有限公司等各类参观团队100多个，参观总数达4万多人次。

【完善馆内设施】 完善预博馆功能设施和展陈内容，以提升展示水平，提升文化氛围。改装馆内展示墙面26个，增加文物展品100余个，使馆内展陈内容更加丰富。在预博馆门头设计、安装了LED彩色显示屏，滚动播放欢迎词、接团新闻、《粮食》电影等相关图影，扩大了展示范围，提升了接待水平。在预博馆外墙，设计安装“中国粮食博物馆十大展区”简介图板，图文并茂地展示了博物馆建成后各展区的基本设想，扩展了展示面积，让观者充分了解建设内容，关心支持公益事业。

【展品管理】 继续加大文物征集力度，采用各种方式、利用各种渠道搜集粮食文物相关的信息，征集文物，妥善保管。考察各地博物馆、民俗馆、文物商店、古玩城，搜寻粮食相关文物，走访民间，获取文物相关信息，通过委托信息员收购的形式寻找散落在民间的粮食相关文物；通过与相关领导的沟通争取捐赠文物；通过各种关系获取文物线索，为进一步征集工作做充分的准备。起草文物收购合同，编写项目申报文件，修改反馈意见，配合学校相关部门进行文物招标征收工作，并组织文物专家鉴定文物的真伪和价值。组织人员对所有文物进行编目，分类存放，将每种文物的时间、地点、特点等内容进行详细登记，也为推进仓库数字化管理打下基础。

【对外交流】 11月，博物馆筹建办代表学校参加了由中国高校博物馆专业委员会主办的“第十四届中国高校博物馆学术研讨会暨第三届中国高校博物馆馆长论坛”。学校与北京大学、清华大学、武汉大学等十几所一流高校成为中国高校博物馆专业委员会常委单位，筹建办主任师高民教授被委任为河南高校博物馆区域负责人。

（七）中国粮食培训学院筹建办

【概况】 粮食培训学院筹建办专职人员5人，下设综合办公室、培训部。招聘临时工作人员4名，充实培训工作。

培训学院筹建办继续围绕学校提出的“国内粮食行业培训项目做大做强，精心打造援外培训项目品牌”工作目标，更加注重内涵建设，集各方资源；拓展空间，树立行业形象，努力提高服务社会的能力。以全国粮食行业（郑州）教育培训基地为依托，承担粮食行业技术与管理培训任务；以商务部援外培训项目执行单位为依托，承担国家对发展中国家援外培训任务。

随着学校改革深入，2016年下半年，学校对部分单位的运行机制进行了调整，培训学院筹建办等3个单位与粮油食品学院进行了机构合并融合。2017年在粮食大平台上尝试开展工作。

【粮食行业培训】 举办培训项目25个，集中培训1193人。

粮食高层次人才培训项目

国家粮食局就“深化改革，转型发展”开展大讨论，提出了大力发展粮食产业经济。为配合做好相关工作，在一年一度的粮食高层次人才培训项目设计及内容安排上，按照粮食行业当前存在问题、发展趋势和培训对象的实际需求，精心设计“粮油加工产业升级”主题，使参训学员更新了理念，项目受到主办单位国家粮食局人事司、仓储科技司的肯定。

机制创新　在统一标准的基础上,继续实施独立承办、合作承办和走出去承办三种模式,充分利用各种有效资源,调动各方面的积极性。如:与企业合作举办"高级制粉技术培训班"、协助粮油食品学院举办"重庆市仓储技术骨干人员培训班"、赴濮阳举办"2017 豫粮集团仓库主任培训班"和"濮阳市粮食工作培训班"等。

课程拓展　针对日益变化的培训需求,探索制定不同种类、不同层次、不同时间及要求的培训方案,坚持订单设计,主动满足需求。在前几年的基础上,加大了地市粮食系统管理干部的培训项目的探索,积极跟踪和参与国家局的顶层培训项目(福州培训、南昌培训等),主动观摩,拓展项目与课程,努力使培训项目覆盖粮食流通业务的各个领域,向委托单位提供丰富的课程选择,完成了赣州市粮食安全专题培训班、安徽省粮食系统干部培训班、宁夏回族自治区粮食局领导干部能力提升培训班等国家粮食局专项扶贫培训计划和省区粮食局委托项目。

【国家援外培训】　提升项目承办能力　2017 年是学校承办商务部援外培训项目的第十年,是培训学院筹建办执行援外培训任务的第五年。从 2013 承接 2 个培训项目 42 名学员 56 天教学日数的基础为起点,本年度承办 5 期培训班,其中,粮食主题班 3 期、武术主题班 2 期,培训日数 430 天,计划人数 100 人;实际完成培训人数 145 人。

拉大援外培训框架　河南是粮食大省,粮食主题培训在商务部援外培训单位中具有独特优势;增加培训主题,扩展培训口径,是近两年工作的一个重点,目前已实现对少林武术和陈氏太极拳两个培训项目的稳定需求,受援国家需求强劲,商务部援外司对武术项目的执行质量给予充分肯定。发展中国家少林武术培训班历时 6 个月,安排拳术、刀剑、棍术、对练套路等 13 门主训课程,安排学员到登封塔沟武校进行实习,参加第九届中国焦作国际太极拳交流大赛,取得 10 枚金牌、10 枚银牌和 9 枚铜牌。发展中国家陈式太极拳培训班历时 6 个月,安排拳术、器械、推手等 8 门主训课程,安排学员到太极拳发源地河南温县陈家沟、河北邯郸以及登封少林寺塔沟武校实习交流。参加第九届中国焦作国际太极拳交流大赛,取得 13 枚金牌、23 枚银牌和 24 枚铜牌,在集体项目中获得一等奖。

打造粮食培训精品项目　10 年来执行援外培训项目,已累计完成粮食主题培训 20 期。从项目设计、项目执行、项目总结三个阶段注重细节,提升受训者的体验优适度和主管部门的评价认可度。在项目设计与筹备阶段,更加注重项目设计的专业化、课程设置的合理化、师资配置的优选化、时间编排的效率化,使学员在有限的时间内,高密度、多视角、深层次对培训主题建立系统性概念。在项目执行中,规范关键环节的执行细节,例如教学环境、学员手册、讲义样式、讲座 PPT、课程翻译、开班与结业仪式、国别报告、礼品等,通过对细节的标准化处理,让学员感受到培训组织者的专业精神与认真态度。在项目总结阶段,规范组织学员评价、高规格组织国别报告、高水平制作培训学习回顾、认真编写项目总结,追求把每个项目办成精品的目标,不使学员留有遗憾。本年度 3 个粮食主题班,均以学员满意度 90 分以上的高分圆满结业。特别是发展中国家粮油食品加工技术厂长经理培训班,参加人数达到 44 人,培训课程设置与讲授、调研考察与参观、生活后勤与保障等环节深受学员的好评,培训取得了圆满收获。

表 11-1　2017 年承办国内粮食行业培训项目

序号	举办日期	培训项目名称	人数
1	2017.6.11—18	赣州市粮食安全专题培训班	70
2	2017.10.22—28	全国粮油加工产业升级高级研修班	70
3	2017.3.6—12	安徽省粮食系统干部培训班	62
4	2017.5.7—13	宁夏回族自治区粮食局领导干部能力提升培训班	48
5	2017.3.13—19	镇江市粮食系统领导干部能力建设培训班	37
6	2017.4.10—15	蚌埠市粮食系统干部培训班	44
7	2017.4.23—28	宿迁市粮食经济领导干部高级研修班	53
8	2017.6.18—23	江门市粮食流通管理业务培训班	49
9	2017.6.26—7.2	双鸭山市粮食系统业务培训班	46
10	2017.7.3—7	杭州市粮食系统干部研修班	46
11	2017.7.9—14	江门市粮食流通管理业务培训班(第二期)	48
12	2017.9.11—15	宁波市粮食系统领导干部研修班	51
13	2017.10.15—17	延安市粮食局青年干部业务能力强化班	25
14	2017.11.12—18	韶关市粮食系统干部培训班	41
15	2017.11.19—25	佛山市禅城区粮食流通管理业务培训班	22
16	2017.3.26—31	中储粮北京分公司基建业务培训班	42
17	2017.4.5—5.6	2017 年春季高级制粉技能培训班	10
18	2017.4.7—8	2017 豫粮集团仓库主任培训班	42
19	2017.5.16—19	佛山市顺德区储备粮管理总公司储备粮油管理业务培训班(第一期)	27
20	2017.5.23—26	佛山市顺德区储备粮管理总公司储备粮油管理业务培训班(第二期)	27
21	2017.9.14—27	重庆市仓储技术骨干人员培训班	86
22	2017.10.9—17	小麦制粉高级技术研讨班	27
23	2017.11.20—12.4	2017 河南工业大学青年农场主创业孵化培训班(第一期)	44
24	2017.12.10—25	2017 河南工业大学青年农场主创业孵化培训班(第二期)	46
25	2017.12.19—22	濮阳市粮食工作培训班	130
合计			1193

表 11-2　承办商务部援外培训项目一览表

序号	举办日期	培训项目名称	人数
1	2017.5.22—6.18	2017 年发展中国家粮油食品加工厂长经理培训班	44
2	2017.5.8—11.3	2017 年发展中国家少林武术培训班	31
3	2017.5.8—11.3	2017 年发展中国家陈氏太极拳培训班	30
4	2017.9.4—9.24	2017 年发展中国家粮食安全研修班	22
5	2017.9.4—9.24	2017 年发展中国家粮食储备管理官员研修班	18
合计			145

表 11-3　发展中国家少林武术培训班学员信息

序号	姓(英文)	名(英文)	国籍	性别	工作单位	职务
1	ZIMBUDZANA	LAWRENCE	津巴布韦	男	运动和娱乐部	省级官员
2	UNURBAYAN	ENKH-AMGALAN	蒙古	女	乌兰巴托州立大学	学生
3	SULEMAN	FARHAAD RICHARD MIODRAG	塞舌尔	男	塞舌尔 A 级独立学校	学生
4	SAMAWANO	VINCENT MAIMBA	赞比亚	男	伊夫琳·霍恩学院	毕业生
5	PUREVSUREN	SUVD-ERDENE	蒙古	女	乌兰巴托州立大学	学生
6	PASSANANTE SALAS	RICCARDO ANTONIO	委内瑞拉	男	梅里达委内瑞拉厨师学校	学生
7	NYAMDELGER	NYAMDAVAA	蒙古	男	乌兰巴托州立大学	学生
8	MWAPE	MEMORY	赞比亚	女	哈利米皮亚赞比亚学校	学生
9	MUSONDA	RAPHAEL	赞比亚	男	斯堪亚麻公司	职员
10	MITI	LUCKSON	赞比亚	男	圣约瑟夫学校	学生
11	MILLER	DAREN NICK NATHANIEL	格林纳达	男	榻磨公司	职员
12	MAMBO	KANDIREKI OSMAN	马拉维	男	衰彤高中	学生
13	MAGLOIRE	NOAH OANI	多米尼克	男	猎户座学院	学生
14	KHAN	MUHAMMAD IMRAN	巴基斯坦	男	巴基斯坦发塔卡匹克运动协会董事	运动教练
15	JACOB	ASHEL KETISHA SARAH	格林纳达	女	婚展社区学院	助理教师
16	GEORGIEV	DIMITAR STEFANOV	捷克	男	威威格斯柔公司	经理
17	FRANCIS	ESHMEAL	多米尼克	男	哈维哈赤公司	销售员
18	FRANCIS	SHELDON ISAAC	格林纳达	男	社区学院	学生
19	FELIPES ARCANI	NATALY MICHELLE	玻利维亚	女	圣安德烈斯大学	学生
20	ERDENEJAV	MYANGANSUVD	蒙古	女	乌兰巴托州立大学	学生
21	ERDENEBAATAR	BAYARKHUU	蒙古	男	乌兰巴托州立大学	学生
22	CHULUUNBAATAR	DELGERMAA	蒙古	女	乌兰巴托州立大学	学生
23	CHIGAGA	ETINESS	马拉维	女	衰彤高中	学生
24	BWALYA	MAMBWE	赞比亚	男	赞比亚玉彩学校	学生
25	BUYANKHISHIG	ENKH-AMGALAN	蒙古	男	乌兰巴托州立大学	学生
26	BELFON	RONJEAN BRENDAN IRWIN	格林纳达	男	斯玛特瑞中学	老师
27	BATBUYAN	KHISHIGJARGAL	蒙古	女	乌兰巴托州立大学	学生
28	BARRIA CARVAJAL	OMAR ANTONIO	巴拿马	男	苏珂餐饮公司	厨师
29	BALDAN	JARGALMOLOM	蒙古	女	乌兰巴托州立大学	学生
30	BAASANKHUU	MARGAD-ERDENE	蒙古	女	乌兰巴托州立大学	学生

表 11-4 发展中国家陈式太极拳培训班学员信息

序号	姓(英文)	名(英文)	国籍	性别	工作单位	职务
1	ZANDANPUREV	ENKHSARUUL	蒙古	女	乌兰巴托州立大学	学生
2	YAA	TAMBA ANDREW	塞拉利昂	男	塞拉利昂孔子学院	学生
3	UYER	ANUDARI	蒙古	女	乌兰巴托州立大学	学生
4	TURAY	ALUSINE	塞拉利昂	男	塞拉利昂孔子学院	学生
5	SMITH	ROYAN RANDOLPH	格林纳达	男	玛利亚社区学院	学生
6	SAKALA	SARAH	赞比亚	女	纳尔逊·曼德拉中学	学生
7	RETTALLY MARIN	IVONNE ELENA	巴拿马	女	美洲大学	国际商务学学生
8	PARRA LAPITZ	GONZALO	乌拉圭	男	DIRI 主管部门	总裁
9	OTGONGEREL	TSERENPUNTSAG	蒙古	男	乌兰巴托州立大学	学生
10	NGOSA	CARLOS	赞比亚	男	mwembeshi 中学委员会	学生
11	MUNKHBAT	ANU	蒙古	女	乌兰巴托州立大学	学生
12	MORRIS	ZINAR VICTORIA	格林纳达	女	玛丽亚社区学院	学生
13	LAHAI	JUSTINE WILLIAM	塞拉利昂	男	塞拉利昂孔子学院	学生
14	KAMARA	ABU BAKARR	塞拉利昂	男	塞拉利昂孔子学院	学生
15	KAMARA	MOHAMED SAIDU	塞拉利昂	男	塞拉利昂孔子学院	学生
16	KABIA	ALHAJI DEEN	塞拉利昂	男	塞拉利昂孔子学院	学生
17	HOWARD	MORIAH MARY	格林纳达	女	玛丽亚社区学院	学生
18	GOMBO-ULZII	KHISHIGPUREV	蒙古	女	乌兰巴托州立大学	学生
19	FLORES MAMANI	TATIANA LESLIE	玻利维亚	女	玻利维亚少林拳协会	老师
20	FEIJOO MALPARTIDA	JAVIER RICARDO	秘鲁	男	秘鲁科技大学	艺术基础教授
21	ENKHTUVSHIN	BILGUUN	蒙古	男	乌兰巴托州立大学	学生
22	ENKHBAYAR	ERDENECHULUUN	蒙古	女	乌兰巴托州立大学	学生
23	CONTEH	MUSTAPHA	塞拉利昂	男	塞拉利昂孔子学院	学生
24	CHOISUREN	ENKHBOLD	蒙古	男	乌兰巴托州立大学	学生
25	CHINGOMI	HENRY	赞比亚	男	赞比亚国家武术队	学生
26	CHILAHA	NAOMI	赞比亚	女	纳尔逊·曼德拉中学	学生
27	BWALYA	PATRICK CHANSA	赞比亚	男	赞比亚武术学院	学生
28	BELFON	AUBIN EUGENE VIVIEN	格林纳达	男	玛利亚社区学院孔子课堂	武术导师
29	BATSAIKHAN	TUVSHINJARGAL	蒙古	女	乌兰巴托州立大学	学生
30	BAH	ALPHA I.	塞拉利昂	男	塞拉利昂孔子学院	学生
31	AMARSAIKHAN	DOLGORSUREN	蒙古	女	乌兰巴托州立大学	学生

表 11-5　发展中国家粮油食品加工厂长经理培训班学员信息

序号	姓(英文)	名(英文)	国籍	性别	工作单位	职务
1	TUIOTIMARINERLEOTA	JASYNF	萨摩亚	女	萨摩亚信托公司	总裁助理
2	TIMALSINA	SACHIN	尼泊尔	男	西塔油公司	首席执行官
3	TETI	MZWANDILE	南非	男	农村发展和土地改革处	副主任
4	SHRESTHA	SURENDRA	尼泊尔	男	斯沃米公司	执行董事
5	SHRESTHA	AMNISHMAN	尼泊尔	男	凤凰农场	总裁
6	SHAH	INAYATHUSSAIN	巴基斯坦	男	巴基斯坦农业研究所	高级研究员
7	RODNIE	SANCHEZCASTILLO	巴拿马	男	农业发展部	销售员
8	ROBERTO	CHUNGMARTIMEZ	巴拿马	男	巴拿马大学营销学系	学生
9	PURI	SAGAR	尼泊尔	男	MAP 企业家私人有限公司	经理
10	PETERS	TEREIKAREBECAA	格林纳达	女	自营	面包店经理
11	PETELO	IUTITAAKENESE	萨摩亚	女	萨摩亚信托公司	生产和会计部门主任
12	PELELA	THATOPRESLEY	南非	男	个体	董事
13	PANYAYONG	SONEXAY	老挝	男	工业与商业部	工业区管理司司长
14	OBED	DOROTHY	瓦努阿图	女	基础建设与工业部	社区职工
15	NIDITHAWAE	ROBERT	瓦努阿图	男	基础建设与工业部	食品检验员
16	MURPBWAYIRE	CHRISTINE	卢旺达	女	私营企业联合会	常务董事
17	MUNYANKINDI	THEONESTE	卢旺达	男	鲁亨吉里主教管区	奶酪厂总经理
18	MELANIE	MORALESAMUY	巴拿马	女	巴拿马拉丁大学	营养学学生
19	MEKONNEN	TADESSE	埃塞俄比亚	男	亚的斯亚达斯工业公司	总经理
20	MAKOLOMAKWA	TSHEPOJUSTICE	南非	男	Ngaka Modiri Molema 自治区	执行市长
21	LOYRETTE	CRUZMORENO	巴拿马	女	哥伦布大学	学生
22	KIMBERLY	GONZALEZSANCHEZ	巴拿马	女	哥伦比亚大学	医学学生
23	JOSE	URENABROWN	巴拿马	男	个体	财务主管
24	JOCELIN	PITTIMIRANDA	巴拿马	女	农业部	专业咨询与服务部职员
25	IRIS	CHOYDELEON	巴拿马	女	拉马尔投资有限公司	经理
26	HIRUY	ASCHALEWFIKRU	埃塞俄比亚	男	工业部	农业加工与饮料生产主管
27	Henry	ARUZROIS	巴拿马	男	哥伦比亚大学	医学学生
28	GIZAW	MARKOSTADESSE	埃塞俄比亚	男	塔普食物有限公司	创始人
29	FREDY	RINCONRODRIGUEZ	巴拿马	男	ORQ 公司	销售经理
30	FAUMUINA	NOTISE	萨摩亚	男	萨摩亚研究与科学会	科学研究官员
31	EHSAN	FARRUKH	巴基斯坦	男	巴基斯坦农业研究理事会	科技部主任

续表 11-5

序号	姓(英文)	名(英文)	国籍	性别	工作单位	职务
32	CHWENEYAGAE	SEGAKOLODIAUDREY	南非	女	农村和土地改革司	副主席
33	CHITSA	MUNYARADZIMUNASHE	津巴布韦	男	工商部、企业发展部	经济学家
34	CESAR	BECERRAGITTENS	巴拿马	男	圣托马斯医院	医生
35	BOUNYILAYSONE	KHAO	老挝	男	工商部工业和手工业司	工厂管理处处长
36	BLABEK	BLABEKBIONGACHUIL	南苏丹	男	SSNBS	助理检查员
37	BILENETH	GONZALEZSANCHEZDECHU	巴拿马	女	巴拿马十字军大学	学生
38	BETEMARIAM	HABTAMUT	埃塞俄比亚	男	食品饮料与制药业发展研究所	油种加工总监
39	AYARIS	QUINTEROORTIZ	巴拿马	女	ORQ 公司	经理
40	ASRESSIE	ENDALKACHEWA	埃塞俄比亚	男	贡德尔公司	农产品加工及出口公司经理
41	ARUAI	ARUAIMAYENTHON	南苏丹	男	SSNBS 公司	助理检查员
42	ARELYS	ATENCIOLARA	巴拿马	女	国家农业联盟系统协会	农业系统专业服务援助
43	ANGEL	GONZALEZGONZALEZ	巴拿马	男	巴拿马十字军大学	营销学学生
44	AlI	WASSUE	埃塞俄比亚	男	WA 油脂工厂	副总经理

表 11-6 发展中国家粮食安全研修班学员信息

序号	姓(英文)	名(英文)	国籍	性别	工作单位	职务
1	TALIBOV	IZZAT	阿塞拜疆	男	农业部作物司	司高级顾问
2	REYESMATOS	YORDANYS	古巴	女	外贸外资部	调查部门主任
3	RAMDIN	KAAJALSWESTIKA	苏里南	女	苏里南大学	研究员
4	PHILIP	ESTHER	肯尼亚	女	农业部	官员
5	PARMESSAR	ASHVANTWARIE	苏里南	男	农业部	工程师
6	MANSARAY	ALHAJISIDIKIE	塞拉利昂	男	公共私营办公室	项目执行助理
7	LAMA	PASANG	尼泊尔	男	尼中工商会	运营经理
8	LAMA	TASHI	尼泊尔	男	尼中工商会	财务人事公关负责人
9	LABADIEZALDIVAR	ANNIA	古巴	女	外资外贸部	国际采购与销售部门专员
10	KOROMA	FATIMA	塞拉利昂	女	公共私营办公室	农业官员
11	HUBONNUNEZ	INDIRA	古巴	女	外贸外资部	调查部门副处长
12	GBORIE	ABIGAILBABYLOVE	塞拉利昂	女	公共私营办公室	项目执行助理
13	BOJANIC	NEMANJA	塞尔维亚	男	塞尔维亚诺维萨德大学技术学院	助教,博士生在读
14	BANGURA	ABDULAI	塞拉利昂	男	公共私营办公室	粮食仓储与加工主任
15	AMRITH	RANOECHANDA	苏里南	女	苏里南大学	秘书
16	ALKHATIB	AYMANAHMADM	约旦	男	工业与贸易部	粮食仓储工程师

续表 11-6

序号	姓(英文)	名(英文)	国籍	性别	工作单位	职务
17	ALIYU	MUSTAPHAKASSIM	尼日利亚	男	农业部	工程师
18	ALHARASIS	AHMADKAMALS	约旦	男	筒仓和供给总公司	粮食仓储与加工工程师
19	ALAQABAWI	OMARQASIMM	约旦	男	工贸供部	谷物进口检验工程生师
20	AIZPURUAMARTINEZ	AZAEL	巴拿马	男	管理部	议会项目发展协调员
21	ADAMU	AHMAD	尼日利亚	男	农业部	粮食副主任
22	ABBASOV	ZAUR	阿塞拜疆	男	农业部作物司	司高级顾问

表 11-7　发展中国家粮食储备官员研修班学员信息表

序号	姓(英文)	名(英文)	国籍	性别	工作单位	职务
1	SANKOH	ADAMATITY	塞拉利昂	女	农业部	农业官员
2	RAMADAN	JACOBMUDUKELIOPA	南苏丹	男	农业部	监测评价员
3	ORTEGAGONZALEZ	HUMBERTO	古巴	男	农业部	粮食专员
4	NGUGI	JOSEPHNGANGA	肯尼亚	男	郡政府	官员
5	NDHLOVU	OBRIAN	赞比亚	男	赞比亚大学	讲师
6	NATO	ALLANWACHIYE	肯尼亚	男	郡政府	官员
7	MUMBA	SIMON	赞比亚	男	农业部	农业部官员
8	MALUAL	ALUKERKOTTAKPINY	南苏丹	男	农业部外事部门	行政人员
9	LUOL	GABRIELGARANGDUANG	南苏丹	男	贸易工业部	贸易官员
10	LENO	AMARA	塞拉利昂	男	农业部	农业多样化官员
11	KAYONGA	MICHAEL	塞拉利昂	男	农业部	农业部资源官员
12	KALOKOH	IBRAHIM	塞拉利昂	男	农业部	农业官员
13	KAKANDELWA	DAVIES	赞比亚	男	赞比亚大学	讲师
14	KAGAI	KENNETHKINUTHIA	肯尼亚	男	郡政府	农业局局长
15	HOODIE	JEREMIAHSONNYM	塞拉利昂	男	农业部	土地官员
16	CHOL	MATHOUKPAWOULMAWAN	南苏丹	男	农业部外事部门	行政人员
17	CHIRWA	ALICK	赞比亚	男	农业部	高级市场开发人员
18	BERNALCORDOVA	GILBERTO	古巴	男	农业部驻阿尔特米萨	粮食专家

· 基建与后勤服务 ·

(一)基本建设

【概况】 基建处(新校区建设办)下设综合管理、工程管理、工程造价、规划4个科室,共有职工27人,其中,在编人员17名,编外人员10名。

【日常工作】 完善制度流程　重新修订和整理《新校区建设指挥部规章制度汇编》,修订《基本建设与修缮工程招投标管理办法》,制订《新校区建设招标代理库选定办法》和《新校区建设造价咨询库选定办法》,加强工程及服务项目的招投标管理。与河南省公共资源交易中心对接,加强政府采购和省重点工程项目招标管理与建设程序的学习,规范新校区建设材料设备的政府采购和省重点工程项目招标行为,明确工程项目尤其是勘察设计项目的公开招标、自行招标及委托勘察设计的有关要求和招投标过程中各部门职责权限操作程序及流程,在始终坚持纪委、审计等部门全过程监督审计的同时,树立了基建“程序化”管理理念。

提升管理水平　组织学习党章党规、习近平总书记重要系列讲话和党的十九大工作报告,组织党员赴红色教育基地驻马店、确山竹沟革命纪念馆,缅怀革命先烈,重温入党誓言,以增强搞好校园建设的责任感和历史使命感。开展专题组织生活会和民主评议党员,进行批评与自我批评,查摆问题清单10项,制订整改措施11项,改进了作风。邀请河南省建设工程咨询公司总工到新校区建设指挥部进行工程造价专题讲座,到原阳、南阳和灵宝参加专业培训,不断提升业务管理水平。

规范决策审批行为　在新校区建设过程中,始终坚持重大事项集体研究决策,科学确定项目规模、工程造价,严格执行立项、审批、备案程序,确保各项工作依法、合规、公开、透明。在规划阶段,树立了超前规划意识,结合新校区整体规划,提前做好新建项目的方案调研、专家论证。在手续办理上,多次协调省、市、区等有关部门,积极办理新校区人防、拟建项目报批报建手续。在设计阶段,广泛征求师生意见,确保设计科学合理,最大限度满足使用功能要求,避免后期不必要的变更。施工阶段,主动邀请校内外专家进行技术论证,加强工程监督。重点做好基础实验实训中心外立面施工方案论证,严格工程质量管理。

依照《招投标法》和学校《招投标监督管理办法》,完成基础实验实训中心配套材料设备招标和政府采购招标项目23项,签订合同23份,保证工程建设的规范性。

严把工程质量与安全关　健全工作例会制度,明确责任分工,狠抓工作落实,同时要求施工、监理单位加强制度学习,遵守学校各项规定,按规范施工,按程序办事。处领导班子坚持每日巡查工地、协调工程建设,工程竣工移交后,主动深入使用单位,做好回访和服务,认真听取用户意见,及时整改。

完善《工程变更、签证管理办法》,为加强工程造价控制打下了良好基础。为严把结算关口,多次召开专项会议,快速推进新校区二期工程竣工项目结算,同时积极应对诉讼,引据力争,全力维护学校利益。坚持监审部门全过程监督审计,坚持重大事项集体研究决策和多支笔会签制度。坚持签订廉政建设责任和工程建设廉政承诺书;会签各类会议纪要及备忘文件20余份,有效避免一言堂、一支笔等不良现象的发生,保证了工程建设的透明性。

【重点工作】 基础实验实训中心建设　完成基础实验实训中心室外道路管网工程、空调工程、外墙保温复合一体化板工程等10个项目的清单、控制价编审及招标采购工作。完成该项目1~3层外墙石材及门厅装修工程、车库出入口阳光板等配套施工,邀请校内外专家进行外墙复合保温一体化板施工技术方案论证,并组织施工。协调设计、监理、施工单位,及时解决各类难题,在严格工程质量与安全管理的同时,强力推进该项目工程建设进度,为基础实验实训中心全面交工创造条件。

粮食科创实验中心项目申报

粮食科创实验中心项目获批为中西部高校基础能力建设项目二期工程项目,争取到中央财政资金1亿元,同时努力争取省财政配套资金,为该项目开工建设提供了资金保障。通过招标及时选定粮食科创实验中心项目可行性研究报告的编制单位,完成可行性研究报告的初步编制工作。

校园综合治理　克服民扰等因素,完成大谢小学和大谢村委的搬迁,完成新校区西围墙临长椿路临时门的封闭和校园内大谢小学周边驾校、汽车修理厂等50多家经营户及百余名闲杂居住人员的清理,完成平房等临建的拆除以及周边垃圾清运,解决了多年未决的历史遗留问题,实现新校区的完整和封闭管理,维护校园形象,保障校园安全。多次协调高新区管委会及枫杨办事处等多个部门,由枫杨办事处出资1000余万元完成校园北侧围墙外垃圾清运,解决了校外垃圾山问题。同时完成新校区校园内西侧垃圾清运和北侧场地平整,实施校园西北角垃圾清运工作,努力为学校师生营造良好的周边环境。

基础设施建设　高新区区域变电站供电板位严重不足,将新校区供电高压双回路供电电源接入市政变电站,实现新校区供电高压双回路可靠性供电。实施新校区17号供电区域配电建设和新校区人防工程设计,启动新校区东大门和北门的设计,完善了新校区基础设施。配合东校区管委会实施嵩山路校区中心实验楼以及塑胶田径场改造等项目的招标及施工,启动嵩山路校区中心供电系统改造,完善了嵩山路校区配套设施。

土地证办理工作　由河南省教育厅协调,郑州市政府发函督办,协调郑州市土地局、高新区管委会、规划局,土地分局、枫杨办事处等十多个部门,解决新校区宗地地籍调查、土地完成征收、用地规划定界等问题,使新校区占压规划红线的宿舍楼等建筑物按照土地利用现状重新办理规划许可证和办理土地证的要求得到政府部门认可,为推进新校区土地证办理工作奠定基础。

(二)后勤服务工作

【概况】 后勤集团公司设有5个管理部门和9个专业化服务中心,在岗正式员工174人,其中:硕士学历4人,本科学历37人,大专学历53人;中级职称12人,高级技师1人,技师20人,高级工63人,中级工27人。完成校内全年的日常服务保障工作。

【中心工作及重大活动】 党建工作　2名预备党员转正,新发展党员1名,入党积极分子4名。根据工作需要,完成机关二支部、建安产业支部支委调整工作。所申报的《党员工人先锋岗在后勤服务中的先进性建设》项目推进顺利。开展后勤讲堂授课3场次,书记讲党课7场次,分两批次组织全体党员干部赴林州学习体验红旗渠精神、红色抗战精神、扁担精神和谷文昌精神,举办模范党员和党员示范岗授牌仪式,扎实推进"两学一做"常态化制度化。逐级签订党风廉政建设责任书、签订坚持标本兼治以案促改廉政承诺书,严格落实党风建设责任制。

工会工作　在第九届校运会上,以总分237.5分的成绩再次夺得教工团体总分第一名,并获得体育道德风尚奖称号。积极参加排球赛、羽毛球赛、合唱比赛、诗歌朗诵等学校各项文体活动,取得了优异成绩。组织召开后勤集团公司第二届第二次教代会,审议通过弹性工资调整方案。

餐饮服务工作　进一步强化食品安全责任制,加强食品原料的源头管理和生产加工过程管理,确保食品安全;加强餐饮公司监管和考核,逐步确立全托管模式下的有效监管机制;完成第一餐厅一楼经营权招标工作,并利用社会资金进行装修改造。完成E区餐厅、师生风味餐厅和一餐厅的天然气改造工程。全年伙食价格基本稳定,未发生食品安全责任事故。

学生公寓工作　围绕"家文化"品牌建设,在硬件、软件上持续提升。送走毕业生8200余人,调整搬迁4300余人,迎接新生8690人。完成嵩山路校区学4楼和学7楼学生公寓供电线路改造工作,引入限电系统,卫生间进行上下水管道改造工程,宿舍门全部更新。莲花街校区 F 区公寓实现监控全覆盖。举办学校第九届宿舍文化节。学生公寓管理服务工作总体安全、稳定、有序。

教学楼工作　承担教学楼、办公楼、会议中心等日常管理、设施维护和物业服务工作。对 174 间多媒体教室维修 1500 次。完成计算机、英语四六级、成人学位英语、全国硕士研究生考试等全国性重点考试保障工作。

水电气暖保障工作　承担 59 部电梯、5 套中央空调系统、6 台(共 28 吨)锅炉、11 个区域配、3 个热交换站的运行维护工作。保障供暖面积 80 万 m^2。对办公楼、教学楼、图书馆等中央空调,3000 台风机盘管、过滤网进行清洗维护。完成洛河路、伊河路生活区供热交换站向热力公司的移交工作。进一步健全完善预防预警机制。水电暖供应正常稳定。

维修服务保障工作　完成日常维修任务 3.8 万项,完成公共道路整修、学生公寓和餐厅整修、教学楼、办公楼和体育馆整修、中央空调和电梯维修、高压供电设施整修及预防性试验等共 16 项,450 万元的立项工程。全年校内维修服务整体高效有序。

校园环境管理工作　承担 32 万 m^2绿化养护、30 万 m^2 的环境保洁、1.3 万吨的垃圾清运以及三校区的环境秩序整顿任务。新栽种法国梧桐、海棠、枇杷等乔木 3200 多棵,女贞、黄杨、紫藤等灌木 4500 多株,补栽更新草坪 1.1 万 m^2。对莲花街校区 3000 多辆废旧自行车进行招标处理。校园环境面貌保持良好。

商业管理和生活服务工作　重点强化经营秩序规范化管理,确保后勤集团公司所管辖的商业网点经营有序、安全稳定。开水供应节能系统运行稳定。完成洗浴服务保障工作。装、拆、移、维护电话机 631 部次,配合联通公司完成通信光纤和交割电缆的施工工作,有效地保障了学校的通信畅通。

幼教工作　进一步完善管理机制,加强园所文化的建设,提高教师的教育教学水平。完成幼儿园后院(原社区车棚)活动场地的改造工作和外墙粉刷装修工作。完成秋季招生工作,在校幼儿 430 人。

【工作亮点及成绩】　推进机制创新,实施幼儿园管理体制改革,推行财务独立核算;分步推进校园环境和教学楼物业社会化。推进管理创新,优化临时用工机制合理减少临时用工数量,优化班车趟次安排,两项共节约经费 80 万元。推进技术创新,改革教工就餐为刷卡直补形式,既方便了教工,又节约了经费。推动微后勤、微公寓新媒体平台建设,影响力指数保持在全校前列。

制订《后勤集团公司水电管理办法》《后勤集团公司立项工程管理办法》;全面修订《后勤集团公司安全工作预案》,进一步提升规范化运作水平。

后勤集团被评为"2017 年度全国教育后勤新科技应用领跑单位";《"家文化"公寓育人》项目,获河南省普通高等学校校园文化建设优秀成果一等奖、河南工业大学思想政治工作优秀品牌;后勤集团公司被评为学校十大新媒体(微信)先进单位;杜月华被评为学校 2017 年度十大人物。公司半年为学校创收 948 万元。

(三)校医院

【概况】　校医院承担师生的医疗诊治、预防保健、传染病防控及各种医疗服务保障工作。有正式职工 20 人,合同制职工 28 人,临聘职工 11 人,其中副主任医师 4 人,主治医师 13 人,医师 5 人,副主任药师 1 人,主管药师 4 人,药师 1 人,主管护师 4 人,护师(士)11 人,检验技师 4 人,其他工作人员 12 人。

【工作情况】　完成全年的日常门诊医疗工作　莲花街校区校医院实行 24 小时值班制度,设有内科、外科、护理部、耳鼻喉科、眼科、妇科、口腔科、检验科、皮肤科、针灸科、放射科、彩超室。医保处方收入 1 086 432.75 元,自费处方收入 1792.69 元。药房收入 1 265 702.59 元。完成校内各种大型活动的医疗保障服务工作,包括学校学院各类运动会、大型晚会、新生军训、大学生素质测试、学校各类全国性考试、各类培训班、高考阅卷等医疗保障服务工作。走进体育学院、图书馆为师生进行健康讲座和急救知识培训,把健康送到学院。

传染病防控工作　完善各项规章制度,修订《传染病防治管理办法》及《传染病管理工作规范》。

制定传染病处理流程、结核病常规预防措施、结核病上报及消杀处理流程、预防保健科岗位职责、传染病疫情信息网络直报制度及直报员工作职责、在校学生休复学管理规定、突发公共卫生事件应急预案等。

开通传染病网络直报系统,做好传染病上报、登记、追踪工作。把好“门诊关”。本年度门诊上报传染病130例,其中细菌性痢疾8例,感染性腹泻114例,确诊肺结核病例8例。确诊为肺结核并在急性传染期的学生,准予休学进行隔离治疗,同时对该学生所在的班级和密切接触者进行胸透排查。按流程对所在宿舍、走廊、教室进行消杀处理。

走进学生宿舍发放健康教育宣传单,普及呼吸道传染病的防控知识。加强对腮腺炎、结膜炎等散发传染病的管理工作,发现病人及时隔离治疗。加强艾滋病、肺结核及传染病的防控。设有艾滋病自愿咨询检测点,进行艾滋病病毒的免费检测和提供相关防控知识。

邀请郑州市第六人民医院专家崔帷教授来校进行结核病防治知识讲座,并发放结核病宣传资料500余份。联合高新区疾控中心、土木建筑学院青年志愿者3次在钟楼广场进行艾滋病及其他传染病防控知识宣传,共发放宣传资料3万余份。

做好医院感染管理工作,避免医源性感染的发生。定期对诊室、治疗室、化验室、换药室进行空气消毒,按照《医院感染管理办法》的要求定期对重点部门的物表、空气、使用中的消毒剂、灭菌后的器械和医务人员的手进行微生物学监测,均能达到标准的要求。严格按照《医疗废物管理条例》的要求分类收集后由郑州市医疗废物处置中心集中回收处理。

健康体检工作　对8617名新生进行入学体检。发现疑似肺结核10例,经郑州市传染病医院确诊肺结核8例,保留入学资格休学一年离校治疗。肝功能化验结果异常者8人到上级医院进一步复查治疗。

对685名女工进行妇女病的普查,为未能按时体检的女教工另行安排补检。

新进教工入职体检116人次,学生入职体检67人次,外籍培训班学员体检141人次。学生参加各种比赛体检254人次。

学生医保工作　修订《大学生门诊医疗统筹管理办法》,提高学生门诊医疗待遇。校内门诊报销比例由50%提高到70%;增加意外伤害门诊转外报销,不设报销上限,报销比例为70%。

教工医保工作　为教职工申报门诊重症慢性病77人次,异地教职工的慢性病医药费报销、异地急诊住院备案及异地医药费报销工作共办理26人次。

异地就医直接结算工作　按照河南省社保局要求,为44名职工进行参保备案信息核实及数据上报工作。

党建与思想政治工作在钟楼广场,党员志愿者多次举办结核病、艾滋病等传染病知识宣传,增强防病意识,严防传染病的暴发流行。利用休息时间走进学生宿舍发放健康知识手册,宣传日常保健常识,督促大家开窗通风,养成良好的生活习惯。党员志愿者走进学府嘉园为教职工及家属开展医疗服务活动。

重视党风廉政建设,定期召开专题会议研究党风廉政建设相关工作,逐级签订责任书,严格考核。组织开展《廉政准则》和《警钟长鸣》专题片等相关内容的学习,落实党内监督制度,领导班子成员坚持述职述廉和各项报告制度,确保医院无违规违纪行为。

职工继续教育　集中业务培训4次,各科室自行组织业务学习10多次。在“5·12”护士节前开展护理技能比赛。对放射、检验科年轻职工进行理论知识测试和技术操作考核,提高其业务能力。

· 党建与思想政治工作 ·

（一）党委办公室工作

【概况】 党委办公室是校党委的综合办事机构，有工作人员7名，设综合秘书科、信息机要科。

【重要工作】 学习宣传贯彻党的十九大精神　牵头制定迎接十九大确保学校安全稳定工作方案，参与制定《学习宣传贯彻党的十九大精神的意见》，召开专题会议全面部署学习宣传贯彻工作，参加党委中心组学习研讨，举办专题培训班等工作，扎实推动党的十九大精神在学校的学习宣传贯彻工作。

协助党委履行全面从严治党主体责任　制定学校党委《履行全面从严治党主体责任清单》，进一步明确党委主体责任，细化党委书记第一责任人责任，厘清班子成员领导责任。配合党委书记认真履行第一责任人职责，班子成员履行“一岗双责”要求，协调校领导组织召开党建工作会议。

负责组织召开第五次党建与思想政治工作会议。出台《关于加强和改进新形势下思想政治工作的实施意见》等系列文件，全面落实全省高校思想政治工作会议精神。

认真开展“两学一做”学习教育常态化制度化。通过参加党委中心组集中学习，支部内专题研讨，上专题党课、微型党课，“重温入党誓词”等活动，认真学习党章和习近平系列重要讲话精神，武装头脑，做合格党员。

完成坚持标本兼治推进以案促改工作　通过制定工作方案、召开动员部署会、选取典型案例、深入剖析根源、明确整改措施，开展警示教育，用身边事教育身边人，营造风清气正的工作氛围

参与博士学位授予单位申报

配合校领导与上级机关的协调联系；负责主持材料组，撰写学校《申请报告》等多份重要材料；参与整理提供基础材料、视频制作等工作。

统筹推进“三重一院”培育工程　重点办协调有关学院，新获批2个省级科研平台，还参与河南省优势特色学科群中期验收，第九批省级重点学科申报工作。

巡视整改　根据省委巡视组反馈的《巡视意见》和整改要求，结合年度工作重点，对一些需要长期坚持和整改的问题，持续开展整改。协调有关部门，对个别具体整改事项的收尾工作进行监督检查，确保每个问题都整改全面、彻底、到位。

廉政建设　切实履行“一岗双责”，认真执行“廉政准则”“党内监督条例”及各项廉洁自律规定，办公室成员无任何违规违纪现象发生。

【日常工作】 当好参谋助手　起草学校年度工作要点、重要讲话和各种总结报告等综合材料150余份；起草、审核、印发党委文件和党办文件65份；审核、发布各类电子公告300余条；起草、印发与高水平大学建设相适应规章制度，努力提升服务质量和水平。

统筹协调　协调学习宣传贯彻党的十九大精神、高校基层党组织专项评估、博士授权单位申报、省委巡视督查、“两学一做”学习教育、“以案促改”等重大工作的组织实施；统筹协调推进“三重一院”工程、目标管理改革、硕士推免、八项规定落实情况回头看等重要工作的有效落实；参与二届三次教代会、党风廉政建设工作会议、群团工作会议、教师节表彰等10余场大型会议。

督促检查　将督查督办与目标管理、综合协调、基层调研相结合，综合运用专项督查、抽样督查、跟踪督查等方式，对党代会决策部署、年度工作要点、学校发展规划等进行督查督办，推动党委决策部署的落地生根。

服务保障　坚持高标准、严要求，不断规范程序、流程和细节，不断增强把握大局、服务中心的意

识、能力,切实完成好校党委会各项准备及会议决策的落实,履行好为党委、部门、基层和群众服务的职责。

机要工作　按照上级有关部门要求,全力做好国家安全和机要保密等专项工作。领取机要文件150余次,运转文件超过2000余人次。完成保密工作自查自评,通过全省普通密码安全保密专项检查。全年安全无失泄密事件,得到了郑州市国安局和河南省委保密办的好评。

维稳工作　作为学校维稳办,组织协调有关部门认真做好抵御和防范邪教向校园渗透及涉外、宗教、民族维稳工作,先后开展不稳定因素排查化解、重点人情况梳理排查等工作,切实保障了学校的安全稳定。认真做好信访工作,按照"首办负责制"的原则和以人为本的理念,切实做到"事事有回音,件件有着落",并协调各部门做好矛盾纠纷排查化解工作。本年度接受、处理来信来访20余件,都按照相关程序办理完毕。

(二)组织工作

【概况】　党委组织部与党校、机关第一党总支合署办公。在校党委的领导下,负责中层领导班子建设、干部队伍建设、人才队伍建设、基层组织建设、党员队伍建设和党校建设等,是校党委联系党员、干部和人才的桥梁,是学校的党员之家、干部之家、人才之家。为学校的改革发展和人才培养发挥组织保证作用。组织部下设干部科、组织科、党校办公室。

基层党组织　设置基层党组织27个,其中基层党委21个、党总支6个。党支部253个,其中教工党支部128个,离退休党支部8个,学生党支部117个。党员总数3818名,其中在职教工党员1307名,占教职工总数的57.1%;学生党员2169名,占学生总数的9.6%;离退休党员342名,占离退休人员总数的36.2%。全年发展学生党员999名。

机构设置　设置处级机构55个,其中党政管理机构25个,群团组织2个,教学机构20个,科研学术机构2个,教学辅助机构4个,后勤服务机构2个。科级机构208个,其中党政管理部门86个,群团组织8个,教学单位78个,科研学术5个,教辅科研12个,后勤服务15个,临时机构4个。

干部队伍　有校级领导干部9人,其中正高职称9人;博士学位4人,硕士学位2人,学士学位3人;平均年龄54.7岁。有处级干部209人,其中正处级干部81人,副处级干部128人;女干部46人,占22.01%;中共党员181人,占86.6%。平均年龄49.4岁。有科级干部220人,其中正科级干部194人,副科级干部26人。

【党建工作】　推进"两学一做"常态化制度化　召开推进"两学一做"学习教育常态化、制度化工作会议,对相关工作进行部署安排。印发《"三会一课"计划表》,进一步规范基层单位三会一课落实情况;"七一"前夕开展"两学一做"学习教育专题党课活动,校领导、各基层党委、党总支主要负责同志带头到所在支部或基层党组织为党员干部讲党课;把学习黄大年同志先进事迹纳入"两学一做"学习教育常态化、制度化重要内容,开展"学习黄大年同志先进事迹主题征文活动",获省级一等奖1项,二等奖1项。各基层单位结合自身实际,创造性地组织"两学一做"学习教育。

基层党组织专项评估　完成方案制定和部署动员,对照专项评估细则60个考核要点,分别编制校党委、基层党委党总支、党支部等自查整改任务书,开设专题网站、公共邮箱等,高质量推进自查整改;召开迎评工作推进会,组织各基层党委、党总支总结自评,并认真撰写上报学校自评报告、参评申请和自评结果,高标准做好自评申报;实地评估提前启动,全力以赴筹备党委汇报会、整理档案材料、部署基层走访等,高效率迎接实地评估。最终,获总分第一,被评为河南省高校基层党组织建设先进单位。

开展创先争优　对6个先进基层党委党总支、30个先进党支部、188名优秀共产党员、36名优秀党务工作者进行表彰。

强化经费保障　印发《关于进一步强化基层党建工作经费支持的通知》,将结余党费155万元、党建经费181万元划拨至各基层党委、党总支,用于基层党组织专项评估、党员教育、党建设施投入等。

【干部工作】　干部管理　配合做

好校领导的班子调整、年度考核以及省人大代表、政协委员推荐考察等工作。通过多途径宣传、多环节核对、多层面请示协调处理漏报，妥善做好个人事项申报。通过完善年度考核、严格出国境证件管理、建立信息数据库，推进干部管理规范化。

干部培训　依托上级培训机构，选派7名校、处级干部到国家教育行政学院、省委党校、省高校干训中心等学习培训。组织3名干部参加国家留学基金委行政管理人员出国研修班，就学生管理、后勤管理、学校综合管理等专题进行研修，学习先进的办学理念和管理经验。选派一名同志到国家粮食局挂职锻炼。

【党校工作】　举办十九大专题培训班、支部书记培训班、党务网络培训示范班、发展对象培训班、入党积极分子培训班等，全年培训入党积极分子3563名、发展对象1055名、支部书记228名、处科级干部409名。开展“决胜全面小康　让中原更加出彩”微型党课系列活动。

【驻村服务及其他服务】　选派新一批驻村第一书记，如期入驻邓州市张村镇冠军村，实现了新老第一书记对接。落实和完善“干部当代表，单位做后盾，领导负总责”的工作机制，协调校领导深入驻地调研指导工作10人次，设立校扶贫攻坚专项经费，组织各处级单位以结对帮扶、捐助物资、提供技术服务、捐赠扶贫资金等方式进行援助。

协助完成2016年度选派博士团成员服务期满的总结鉴定工作，选派3位同志分赴嵩县县委党校、黄河集团、河南红东方化工股份有限公司开展服务。

（三）宣传工作

【概况】　党委宣传部、新闻中心设有宣传部办公室、新闻中心办公室、思想政治工作科、精神文明建设科、校报编辑部（挂靠），有工作人员7人。日常主要工作包括思想政治、新闻宣传、新媒体、校园文化建设、精神文明建设、校报六个方面。

学校宣传思想文化工作高举中国特色社会主义伟大旗帜，深入贯彻习近平总书记系列重要讲话精神和治国理政新理念新思想新战略，贯彻落实全国高校思想政治工作会议精神，突出迎接宣传、学习贯彻党的十九大这条主线，突出稳中求进工作基调，着力深化习近平总书记系列重要讲话精神学习宣传，着力提高新闻舆论的传播力引导力影响力公信力，着力深化社会主义核心价值观建设，着力推进校园特色文化建设，着力夯实基层基础，为建设高水平大学提供有力的思想保障、精神动力和文化氛围。

【思想政治工作】　着力强化思想理论武装　注重加强校、院（处）中心组学习。校党委中心组集中学习15次。加强对学院教职工政治理论的指导与督察，促进学校各单位教职工政治理论学习科学化、制度化、规范化。理论宣讲团深入基层宣讲30余场。获河南省高校社科战线学习宣传贯彻党的十九大精神主题征文活动优秀组织奖。建立“两学一做”“喜迎十九大专题”等专题网站。

牢牢掌握意识形态主动权打好意识形态工作主动仗，与各单位签订《意识形态工作责任书》，确保不发生大的意识形态事件。建立意识形态责任制目标考核评价体系，定期召开学校意识形态工作小组成员联席会。严格阵地管理，强化责任意识，绝不给错误思想言论提供传播渠道。由宣传部牵头，对教材使用情况进行全面检查，严把教材内容政治关。

贯彻落实全国高校思想政治工作会议精神。认真做好第五次党建与思想政治工作会议有关工作。大力实施大学生思想政治教育质量提升工程。加强马克思主义学院建设和思政理论课改革，深入实施思想政治理论课建设体系创新计划。

【新闻宣传】　内宣质量进一步提高　牵头制作申博答辩视频片，为申博做贡献；首次启动评选“工大年度人物”，与十大新闻同时发布；喜迎十九大，刊发“奋进五载，工大出彩”系列文章24篇；参与学校首次校园开放日活动的组织、宣传工作，制作《大美工大》宣传片；与《粮油市场报》签订战略合作协议，探索“校媒合作”新模式。进一步规范校园网新闻发布管理，编辑发布校园网各类新闻近2000条。

外宣层次进一步提升中国教育报、中国科学报、新华网、河南日报、大河报、河南电视台等媒体先后重点报道学校新闻1000多条。在河南日报报业集团主办的“2017年度河南教育豫军总评榜”评选活动中,学校获评“河南十大领军高校”荣誉称号。

【新媒体】 学校官方微博(@河南工业大学)、官方微信(haut1956)、智慧校园(河南工业大学QQ公众号)的影响力日益增大。官方微信荣登全国高校公众号中部明星榜、获评河南省高校十佳微信平台;成立新媒体联盟,构建学校新媒体工作传播矩阵,增强宣传合力。获河南省教育厅“我是中国好网民 传递青春正能量”大学生网上接力活动优秀组织奖。

【校园文化建设】 校园文化景观建设 在莲花街校区3个校门口安装社会主义核心价值观标牌和校区平面示意图;在中心广场安装工大精神、校风、教风、学风的三维立体字;在学校办公楼北侧安装LED电子显示屏。为校处两级中心组定制了带有学校形象标识系统的十九大精神学习笔记本。

校园文化品牌建设 在河南省首届普通高校校园文化建设优秀成果评选中,学校后勤集团公司报送的《“家文化”公寓育人》项目获一等奖,校团委报送的《奉献在心中扎根青春在西部放歌》项目获二等奖;在第四届全省“礼敬中华优秀传统文化”评选中,选报的《民以食为天国以粮为安——“爱粮兴粮”粮食文化传承系列活动》获得一等奖,《传太极少林拳 扬中华武术魂——中华武术文化国际培训及传播系列活动》获得三等奖。

【精神文明建设】 师生道德建设 发布4期善行义举榜。刘玉兰老师入围“河南最美教师”前20名。李晓莉老师被评为郑州市“文明市民”,毕业生付立鑫同学获第四届“郑州市助人为乐道德模范提名奖”。范量老师被河南省教育厅评为“2017‘感动中原’年度教育人物”。

文明创建工作 学校邀请李杨老师举办礼仪知识讲座。组织开展6期“道德讲堂”。以春节、清明、端午、中秋等传统节日为载体开展“我们的节日”活动。一万多名师生成为郑州市注册志愿者。与桐柏路街道清城美苑社区结为共建对子。

帮扶工作 与中牟县韩寺镇潘店胡村签订第四轮结对帮扶协议,为潘店胡村捐赠4个不锈钢宣传橱窗,为潘店胡村小学捐赠了4台高清电视。

【校报】 弘扬主旋律 紧密围绕国家和学校发生的重大事件,积极策划,主动报道。特别是在宣传党的十九大精神和习近平新时代中国特色社会主义思想方面推出了一系列的专题、专栏报道,把握舆论导向,弘扬主旋律,起到了良好的宣传效果。

编辑发行 校报编辑各种稿件100多万字,出版报纸17期,40多万字。每期发行1万份,覆盖两个校区,成为师生精神生活的重要园地。校报在保留原有特色栏目的基础上,先后开辟了“学习园地”“喜迎十九大,‘奋进五载,工大出彩’”“劳动者之歌”“校园之声”等精品栏目。

(四)统战工作

【概况】 党委统战部下设办公室和党派科,工作人员3名。主要负责宣传、贯彻党的统战工作方针、政策;联系民主党派和无党派人士;协同相关部门做好党外代表人士培养选拔和安排使用工作;开展党的民族、宗教政策的宣传、教育;协同相关部门开展港澳台和海外统战工作;组织开展统战宣传、信息和统战政策理论研究工作;与上级有关部门、各民主党派省委进行工作联系和情况交流等。

【党对统战工作的领导】 统一思想 系统学习贯彻党的十九大精神、习近平总书记系列讲话精神,创建统一战线“同心讲堂”,组织召开“热议十九大 砥砺共奋进”等4期座谈会。

健全机制 走访各个学院、部门,与基层党委(党总支)主要负责同志座谈,明确统战工作第一责任人,实现“校统一战线工作领导小组—各基层党委书记—各基层党委统战委员—各单位统战信息联络员”四级网络全覆盖。

完善制度 开展“统战工作标准化制度建设年”活动,制定完善《河南工业大学统一战线工作制度汇编》,涵盖统战部门自身工作、各党派团体工作、党外知识分子工作、民族宗教工作、留学归国人员工作等共22项。

硬件保障 建成“河南工业大学统一战线之家”,集宣传、活动、会议等功能为一体,部分基层党组织建立了统一战线之家，为各民主党派和统战团体提供活动场地。

凝聚力建设创建统一战线“同心沙龙”，由民盟、民革、民进、九三学社分别承办，举办讲座、座谈。在河南省委高校工委、河南省教育厅举办的2017年度高校统战工作优秀案例征集评选、高校统战同心书画展作品征集评选、高校统战工作“凝聚力建设”征文比赛等活动中，有9名统战成员获奖，其中同心书画展获得优秀组织奖。

建档立册　按照统一格式和标准建立统战成员信息资料册，定时进行资料库更新，对新加入成员、职称职务有变动成员进行备案，保证统战成员信息准确、完备。各民主党派基层组织新增成员11人，其中博士3人，副教授以上职称4人。

理论研究　承担河南省委高校工委、河南省教育厅2017年度统战理论研究组织工作。在校内组建统战理论政策研究团队，开展相关统战理论研究。

【党外知识分子工作】　李利英副校长担任省知联会副会长、省政协常委候选人；民盟、民革、九三、民进主委分别担任所在党派省委委员；1人当选省欧美同学会理事；1人入选教育部首批创业导师人才库。召开党外人士建言献策座谈会3期，各党派团体10余项提案被国家部委、河南省里采用。九三、民盟主委获“河南省教育系统凝聚力建设”先进个人称号。

在民主党派和党外知识分子中开展定向服务工作，成立领导小组，制定工作方案，组建服务团队。组织专家团队赴商丘柘城产业集聚区金刚石产业基地开展定向服务，为企业免费讲课培训3次、开展技术服务咨询3次，合作研发的金刚石大单晶产品销往印度、斯里兰卡等国家。与柘城县合作开展“金刚石微粉企业转型升级”的课题研究。赴新蔡县开展定向服务，与县粮食局等部门进行对接并制定定向服务计划书，从小麦加工需求角度引导当地小麦品种及种植模式调整。赴邓州市冠军村开展帮扶工作调研。

支持、组织党外知识分子参加各级各类培训23人次。组织党外代表人士赴商丘柘城金刚石产业集聚区、愚公移山爱国主义教育基地参观学习、接受教育，赴郑州大学、河南理工大学、河南科技大学、洛阳理工学院交流工作。民盟刘玉兰再获中国粮油学会科技进步一等奖，知联会张浩军获省教学名师称号，九三学社栗正新获河南省科技进步一等奖，民进孙丽君获首届“河南省创新争先奖”。

【民族宗教工作】　成立民族团结进步创建工作领导小组，制定《河南工业大学关于深入推进民族团结进步创建活动进学校的实施方案》，以少数民族师生居多的国际教育学院为试点单位，深入开展五个一建设，开发“河南工业大学民族团结教育基地”微博平台，建设“民族团结进步宣传教育活动室”，开展以“高举民族团结旗帜，共建和谐文明校园”为主题的“民族团结宣传教育月”活动，评选出优秀组织特等奖1名，一等奖2名，二等奖3名，三等奖6名。

与马克思主义学院召开专题会议，研讨在思想政治理论课教学计划中加入马克思主义宗教观教育相关内容，要求思政课教师开设专章专节开展马克思主义宗教观教育；邀请河南省教育厅负责民族宗教工作同志到校为师生进行第一期宗教政策培训；组织在校学生参加第五届大学生宗教知识竞赛；开展抵御和防范校园传教渗透排查工作，制定《河南工业大学加强抵御和防范校园传教渗透 维护校园稳定的任务分解方案》，召开抵御和防范校园传教渗透工作协调会，分解任务、明确职责、责任到人，建成排查工作长效机制。

经过前期认真自评自查，学校被确定为首批“高校统战工作示范单位”参评高校。河南省委高校工委、省教育厅组成考核组莅临进行实地考核，听取校党委汇报，召开座谈会，并进行实地查看。

九三学社河南工业大学第三届委员会委员名单

荣誉主委　谷克仁

主　　委　栗正新

常务副主委　鲁玉杰

副　主　委　王国庆　苗保记　陈锡建　闫丽俐

民革河南工业大学第一届委员会委员名单

主　委　杨艳萍

副主委　黄跃武

民进河南工业大学支部委员名单

主　委　孙丽君

副主委　裴少峰

河南工业大学党外知识分子联谊会第二届领导班子成员名单

名誉会长　李利英　王　晏

会　　长　于亦文

副 会 长　刘保国　原　方　张国治　李晓云

秘 书 长　张国治(兼)

(五)纪委监察工作

【概况】 纪委(监察处)设纪委办公室,纪委办公室下设综合科和宣传教育科,工作人员5人。

在上级纪委和校党委的领导下,深入贯彻党的十九大和习近平总书记系列重要讲话精神,认真落实全面从严治党要求,切实履行监督责任,坚持以深化"三转"和落实"两个责任"为主线,以正风肃纪和纪律审查为抓手,积极协助校党委加强党风廉政建设、组织协调反腐败工作,在维护党纪、执纪监督、教育预防、纪律审查方面取得良好成效,为学校教育事业发展提供了政治保障。

【强化政治责任,深入学习贯彻十九大精神】 校纪委专题召开纪检监察干部学习宣传贯彻党的十九大精神动员部署会。纪检监察干部结合纪检监察工作实际,深刻领会十九大赋予全面从严治党新的战略定位,正确把握十九大对党风廉政建设和反腐败斗争形势的新判断和新要求,迅速掀起学习宣传贯彻十九大精神的热潮。纪检监察干部结合自身实际,认真撰写学习心得和体会。

【党风廉政建设】 制定出台《党风廉政建设责任制实施办法》《党风廉政建设责任制检查考核办法》,进一步完善党风廉政建设和反腐败工作体制和机制。制定《2017年纪检监察工作要点》《2017年度党风廉政建设和反腐败工作责任目标及任务分解书》,进一步细化责任内容,层层传导压力,将36项任务逐项分解到校领导、职能部门和学院,形成一级抓一级,级级抓落实的工作机制。召开党风廉政建设工作会议,逐级签订党风廉政建设责任书,建立责任制全覆盖体系。开展中期检查,修订完善考核检查指标体系,结合年度责任目标及任务的完成情况,对二级单位党风廉政建设责任制落实情况进行检查。把党风廉政建设责任制考核与各级领导班子和领导干部年度工作目标考核同部署,同落实,做到党风廉政建设责任制年初有部署、年中有督查、年末有考核。

【领导干部作风建设】 综合运用抓重要节点、抓具体问题、抓执纪监督等有效手段,紧盯重要节点,加强教育和督查力度，强化正风肃纪，保持驰而不息纠正“四风”的定力韧劲。制定《领导干部操办婚丧喜庆事宜暂行规定》，完善公务接待、因公出国（境）管理等制度，加强作风建设长效机制建设。认真开展集中排查整治违规公款购买消费高档白酒、落实“八项规定”精神制度建设执行情况等3项专项治理工作。

【惩防体系建设】 制定《招生监察工作暂行办法》《职称评审工作监督暂行办法》《人才引进工作监察暂行办法》《采购招标工作监督暂行办法（试行）》等制度，从监督内容、监督形式、监督环节等方面理清业务主管部门的监管职责和纪委的监督职责，有效提升业务主管部门履行监管职责的主体意识和监督实效。以处级及以上干部为重点对象，以人财物管理为重点领域，以决策与执行为关键环节，制定《关于加强廉政风险防控体系建设的实施意见》，协调督促有关部门修订完善相关制度，扎紧制度反腐的笼子，加强对干部人事、招生资助、招标采购、基建维修、财务管理、科研经费、校办产业、后勤服务等监督监察，不断健全完善廉政风险防控体系。

【队伍建设】 狠抓纪检监察干部队伍建设。以深入开展“一准则、一条例、一规则”学习教育和“讲忠诚、守纪律、做标杆”活动为契机，纪委制定工作方案，通过发放学习资料、组织集中学习、专题辅导、研讨座谈、知识测试等方式，认真抓好专兼职纪检监察干部的学习教育。活动被河南省纪委专题网站报道4次、河南教育纪检监察信息报道1次，在省管高校纪检监察系统“讲、守、做”活动主题演讲比赛中获得二等奖、三等奖各1项。制定纪检监察干部能力素质提升计划，通过专题培训、实践锻炼等多种方式，先后选派3人次参加纪检监察工作业务培训、省委巡视等工作，提高纪检监察干部履职尽责的能力和水平。

【廉政文化建设】 把加强廉政文化教育作为科学有效防治腐败的重要措施，切实抓好反腐倡廉宣传教育。开展“喜迎十九大，共扬廉洁风”廉政文化教育月活动，组织纪检监察干部到河南廉政文化教育馆参观学习，组织重点部门、重点岗位的科级干部到高新区检察院廉政警示教育基地接受廉政教育，组织党员干部观看警示教育纪录片《沉沦》《无处可逃》等。开展廉洁教育优秀案例评选、廉政文化作品征集、廉政文化征文等活动，获优秀组织奖和多个单项奖。加强廉政理论研究，在中国纪检监察学会机械分会组织的论文评选中，获一等奖、三等奖各1项。根据省纪委安排部署，制定工作方案，明确目标任务，加强督导检查，用好纪委的案例资源，发挥身边案例的警示教育作用，切实抓好以案促改工作。

【信访办案】 牢固树立“抓早抓小、违纪必究、快查快结、从严执纪”的执纪理念，坚持把纪律和规矩挺在前面，积极践行监督执纪“4种形态”。制定《监督执纪工作实施细则》《反映党员干部问题线索处置办法》《党风廉政建设约谈办法（试行）》等规章制度，进一步加强纪律审查工作规范化建设。校纪委、监察处收到信访举报件15件，其中谈话函询5件、了结1件、转二级单位办理9件，全部按照规范程序进行调查核实和处理查办。约谈、廉政提醒谈话5人次。

（六）保卫工作

【概况】 党委保卫部、保卫处合署办公，是学校党委和校行政直属职能部门，下设办公室（含户籍管理室）、治安科（校卫队）、消防科、政治保卫科4个科室。其主要职能是负责维护学校政治稳定、治安防范、打击刑事和邪教犯罪、应对各种突发事件和群体事件、治安综合治理工作、平安校园创建工作、消防安全以及出国人员政审、户籍管理等工作。保卫处分布在两个校区、21个执勤点。现有管理人员9人，校卫队员26人，劳动合同制人员1人，聘用88名保安。正式职工35人，其中党员18人，副高职称2人。

【重点工作】 *落实各项值班制度*

坚持保卫干部24小时值班带班制度，处理当班期间突发事件，发挥保卫干部表率和监督作用。坚持校卫队“110”报警24小时值班制度。接到师生报警、求助电话208人次。制止处理打架斗殴事件5起、群体事件1起；帮助学生找回丢失财物8件，价值4000余元；抓获盗窃嫌疑人2名，协助学生找回丢失的电动自行车5辆，价值

10000余元。坚持保安24小时巡逻制度。白天每小时巡逻校园一次,夜间23点至次日6点巡逻校园制度,坚持就餐时间餐厅巡视、不定时蹲守制度等,加大校园巡查力度。坚持视频、消防监控室24小时值班制度。充分发挥校园技防功能,提高安全防控效果。

强化车辆门禁管理　开展校园交通专项整治。加强车辆门禁系统管理。对车辆实行分类管理,有效解决外来车辆穿行校园问题。加强校园车速管理,校园主要道路安装国标减速带,有效降低各种车辆行驶速度;安装限速、禁鸣、避让、禁停等各种标识牌165个,警示司机按章行驶。解决机动车辆穿行中心广场问题。加强校园停车秩序管理。增设停车位265个,对乱停车者采取贴条、电话告知、锁车、进入门禁系统黑名单禁止入校园等措施,加强停车秩序管理。

加强消防基础设施建设　为学生公寓楼各房间安装消防烟感自动报警系统;对学生公寓B、C地下消防管道和消防阀门进行改造更新;更换维修应急灯、安全出口灯;购置张贴消防标识;购买、审验灭火器;建立微型消防站。

加大隐患排查力度　开展治安、消防安全隐患大排查4次。主要检查学生公寓楼、学校财务重地、机要室、危化品实验室、图书馆、档案馆、网络中心等重点要害部位以及人群密集场所。

确保校园和谐稳定　建立信息员网络,密切联系业务管理部门,通过学校有关职能部门、学院等渠道全面掌握师生员工的思想动态,建立少数民族新生及国外留学生、外教信息档案。密切关注国家重大节日和重大事件敏感期的政治稳定,积极配合有关部门做好重点人员的防控工作。开展“三项排查”工作,积极预防和妥善处理各类不安定事端,切实维护校园的政治稳定。学校协助郑州市宗教局和郑州市公安局国保支队取缔“馨香团契”非法传教组织。学校连续3年被评为河南省公安厅和郑州市公安局“高校维稳安保工作先进单位”。

加大安全宣传力度　开展以“提高安全意识,创建和谐校园”为主题的治安教育宣传周活动、“让绿色拥抱大地、让火灾远离校园”“关注消防,珍爱生命”等为主题的消防安全宣传月活动。制作安全宣传展板,悬挂安全宣传条幅,发放安全宣传材料,举办“消防安全知识讲座”。向新生发放“大学生防盗防诈骗”宣传册;开展灭火实战演练,联合高新区消防大队在43号高层学生公寓开展灭火紧急疏散实战演练。发挥“平安工大”微信平台宣传作用。向广大师生提供微信实时互助服务、发布校园维稳和消防安全等方面的知识和技能、法律与法规以及安全警示等资讯,更快捷地让师生了解和掌握各类安全信息和法律知识。

【日常工作】　落实安全责任制

坚持“谁主管,谁负责”“管业务必须管安全”的原则,代表学校与二级机构签订《治安综合治理责任书》《消防安全目标责任书》,明确主体责任、监管责任,全面落实安全责任制。

强化校园综合治理　开展景观湖区周边安全专项治理行动。设置安全警示牌,24小时不间断对湖区及周边进行巡查,提醒湖区游玩的人员注意安全,查处垂钓和用湖水冲洗车辆人员。开展校园违规用电专项整治行动。对学生宿舍使用违章电器和电动车违规充电开展专项整治行动,查处隐患,排除火情隐患。对存在违规用电的单位要求限期整改。开展“ofo”共享单车整治行动。清理“ofo”800余辆,责成“ofo”公司限时将所有投放到校园的“ofo”清理出校。明确共享单车公司进驻校园必须经学校相关部门批准,签订安全责任书、明确管理办法并在保卫处备案后方可进驻。开展校园“三乱”现象清理整治行动。配合高新区管委会和城市管理执法队,对学校无证摊点进行清理。

加强外来人口管理　联合公安部门,定期对校内各部门使用的合同工、临时工进行排查,建立用工档案。今年,排查校内流动人口600余人,查出安全隐患5起,清理无相关手续6人,补填流动人口信息表300余份。

户籍管理　为师生、新生儿办理户口迁入、迁出,因户口变更等原因改迁改派。

校园安保　参与完成“学校春季运动会”“学校教代会”“高考评卷”“第二届全国粮食科技周”“河南省大学生第十六届足球锦标赛”等30多场次学校承办的大型活动的安保及秩序维持任务,做到零事故发生。

【亮点工作】　加强校园安全规范

化和长效机制建设,学校首次获评省级“平安校园”荣誉称号,实现平安创建工作新突破。

(七)工会工作

【概况】 学校工会负责主持教代会和工会的日常工作,指导二级教代会和基层工会工作,下设办公室、组织宣传部、文体部、女工部和综合工作部。全校共有34个基层工会,12个教工文体协会。

【教代会工作】 学校召开第二届教职工代表大会第三次会议,听取审议《坚持稳中求进,聚焦内涵建设,努力开创河南工业大学教育事业发展新局面》的校长工作报告和《关于2016年财务运行及2017年财务预算的报告》,听取《关于河南工业大学第二届教职工代表大会第二次会议提案处理情况的报告》,表决通过《河南工业大学第二届教职工代表大会第三次会议决议》。

召开第二届教职工代表大会职称工作专题会议,听取《河南工业大学专业技术职务自主评审工作情况说明》,审议《河南工业大学专业技术职务自主评审实施方案(草案)》,通过《河南工业大学第二届教职工代表大会职称工作专题会议决议》。

【技能竞赛】 学校21名教师参加由河南省教育厅、河南省教育工会举办的高等院校文科、理科、工科3个科目的河南省教育系统教学技能竞赛。12位教师获一等奖并被授予“河南省教学标兵”称号,7位教师获二等奖,2位教师获三等奖。

【组织宣传工作】 扎实推进“党政工共建一个家”,在党委领导、群众为主、行政支持、工会运作4个层面做好文章,规范职工之家建设内容、标准、程序,宣传“建家就是建校”的理念。继续投入专项经费用于各基层工会“教工小家”建设,下拨活动经费支持基层工会开展文体活动。对各基层工会工作及“教工小家”建设进行考核验收。

利用学校新闻网、工会网、宣传橱窗、展板、新媒体等宣传阵地发表新闻稿件,宣传各级工会组织的重要及重大活动。全面、翔实地宣传报道工会工作,编发宣传学校工会工作的特色与亮点的简报。组织基层会员认真调研,撰写工会理论论文,评选出调研论文一等奖2篇、二等奖7篇、三等奖9篇,并将一等奖论文推荐给河南省教育工会。

【文体工作】 持续对教职工文体协会给予大力支持和帮助。羽毛球协会举办教职工羽毛球培训班,会员们利用业余时间切磋技艺、共同提高;书法摄影协会、乒乓球协会、足球协会、瑜伽协会常年活动交流不断。优化教职工艺术团、合唱团的环境,定期排练激发教工合唱团的活力,丰富教职工艺术团的内涵。

坚持开展群众性体育活动,举办第六届教职工排球赛、第三届教职工羽毛球赛、田径及趣味运动会等传统的群众性体育项目,为教职工提供锻炼身体、增强凝聚力的平台。搭建教职工风采展示平台,举办首届“工大美声”卡拉OK和朗诵比赛,来自18个基层工会的90名教职工进入决赛。举办“喜迎十九大,健步赢未来”环校健步走活动,34个基层工会,近1600名教职工参加此次活动。举办教职工迎新年联欢会,有150余名演职人员参与本次活动。有3100多人次参加校内文化娱乐项目,有1500人次参加大众竞技项目,达到丰富文化生活,全民参与健身的目的。

【女职工工作】 女工委以“创新开拓,持续有效发展”为思路,以“规范化、系统化、品牌化、规模化”为目标开展工作,实施“女职工建功立业工程”。开展“三八”节送快乐趣味活动和女职工维权行动月系列活动;开展“培育好家风——女职工在行动”先进典型评选活动;关注女性身心和谐发展,为女职工做妇科检查和咨询;组织开展瑜伽、健身操,促进女职工参加体育锻炼的积极性;认真调研女职工在教学科研生活方面的情况,建立单身、困难女职工档案;开办工会讲堂,举办内容涉及幼儿英语、儿童心理、家庭教育的讲座;通过微信等新媒体,宣传建功立业典型,推送女性关怀、女性维权等资讯。

【职工生活福利工作】 教职工因病住院,工会都给予及时的关心;教职工或直系亲属去世,工会也及时地给予慰问。每逢重大节假日,校工会与相关部门看望和慰问老干部遗属、重病病人等特殊困难职工,把学校的关心送到每个教职工的心坎上。在新年期间,开展扶贫济困送温暖活动,关怀经济比较困难的职工,帮助重病职工申请省级帮扶。为满30、40、50、55、60岁的248位职工送去生日慰问,为结婚的、生子的送去相关祝贺与慰问。假期走访招生工作人员,给他们送去慰问品。协调接洽高新区教育局以及伊河路小学、高新区外国语小学、荣邦城小学、兴华中学、高新区外国语中学,解决教职工直系子女就近入小学、中学问题。帮助7位子女升大学的困难职工得到河南省教育工会“金秋助学”资助。本着“职工福利大家办,集思广益为职工”的思路,充分考虑职工的意见与建议,工会集中采办与基层工会自主采办相结合,年初下拨福利费20余万元,通过问卷调查、市场调研和招标对比完成上半年、下半年、年终3次8个品种总计近355万元的福利品采办发放任务。

【师生公寓分配工作】 配合学校师生公寓建设指挥部,做好停车位第二次选售和引进人才的师生公寓选房、挑车位工作。按照《河南工业大学学府嘉园、学府欣园停车位选售方案》,协调财务处和师生公寓管理中心,进行停车位的第二次选售。组织14名符合条件的引进国(境)外博士选房、挑车位。

第二届工会经费审查委员会

主　任　蒋明伟(—2017.8)
委　员　张冬生　蒋明伟　程云喜

第二届工会女工委员会

主　任　胡　捷
副主任　王　影　晏玉珍
委　员　丁继侠　王　影　胡　捷　钟月双　晏玉珍　郭　瑞　焦　丹

(八)学生工作

【概况】 学生工作部(处)是负责学校学生思想教育、学生日常管理、为学生成长成才服务的职能部门,与学生资助管理中心、就业指导服务中心、学生发展教育中心、学生心理健康教育中心、武装部合署办公。总体职能有:确保学生安全稳定;学生思想教育与管理;学生心理健康教育与辅导;毕业生就业服务与指导;学生奖学金、助学金的评选、发放与国家助学贷款管理;学生勤工助学的审批与管理;学生发展教育;网络的建设、管理和使用;学生国防教育及拥军优属。

【思想政治教育】 出台《河南工业大学学工系统立德树人实施方案》和学院实施方案,召开思想政治工作会议精神推进座谈会,形成抓好立德树人根本任务的基本框架。开通“工大学工”官方微信公众号,实现学生工作传统模式与现代新媒体技术优势的有效结合。开展“大美学工”先进单位、优秀人物和活动品牌评选,发挥先进典型的示范引领作用。组织参加河南省校园文化活动展演演出活动,展示学校思想政治教育成果。“学生绿色成长服务队”被评为学校思想政治工作十大品牌项目。

【学生管理】 “学生管理信息系统”正式上线,“工大学工”微信公众号投入运营,学生工作信息化建设迈出实质步伐。全面修订学生管理规章制度,以人为本、依法办事原则进一步落实。以“学生绿色成长服务队”为抓手,开展“诚信工大”教育活动,以诚信学风与道德建设等为主题,开展形式多样的教育活动。开展“榜样工大”宣传活动,以大学生年度人物、学习标兵、自强标兵、创新创业标兵等评选活动为基础,深入挖掘大学生道德模范典型。开展“平安工大”建设活动,发挥“学生安全联防队”的重要作用,通过信息报告、校内巡逻、秩序维持、应急处理等方式,构建完善的校园安全事件预防、管控和处理机制。

【心理健康教育】 入围河南省首批12个大学生心理健康教育示范单位，获得经费支持10万元。组织心理健康教育宣传周活动，开展心理素质拓展竞技会、心理委员技能大赛等系列活动。持续开展心理志愿者培训，组织学生参加国家三级心理咨询师培训和考试。开展"心灵驿站"辅导员交流12期，借助小组的力量相互支持、共同成长。开展大学生心理健康教育活动月，通过心理情景剧大赛等系列活动，促进同学们直面自我、不断成长。组织14校联合"心语杯"手语大赛，心理健康教育示范单位示范作用进一步彰显，《中国科学报》《河南日报》对学校心理健康教育工作进行报道。

【大学生资助管理】 学校紧紧围绕"不让一名学生因为家庭经济困难而失学"的工作目标，资助与育人、帮困与强能结合的多元化解困，将扶危济困、立德树人、励志强能融入日常资助工作中，提升资助育人的效果。新认定家庭经济困难学生10 707人，新办理国家助学贷款9439人次，评审发放各类奖助学金24 708人次，提供勤工助学岗位2650个，通过新生绿色通道入学1790人，发放各类奖励资助资金突破一亿元。国家助学贷款违约率为0.49%，获得国家助学贷款风险补偿金奖励148万元。河南省资助工作考核优秀，省诚信校园行校园短剧大赛优秀组织奖。由100多名学院领导和学工干部对校建档立卡贫困生进行走访，"资助工作的故事"让资助育人的成效进一步彰显。

【就业指导服务】 牢固树立、自觉践行新发展理念，继续把高校毕业生就业摆在各项工作的首位。推进《大学生职业发展与就业指导》课程教育教学改革，《大学生职业发展与就业指导》校级优培课程结项；探索线上线下相结合的教育教学方式，从2017级开始实行《创新创业教育》模块线上学习。做好毕业生的就业指导与服务，共举办校园招聘会407场，其中专场招聘388场，行业双选会13场，综合招聘会6场，进校招聘单位共计1876家。继续实施就业市场开拓"十百千计划"建设，相继走访蚌埠、扬州、盐城、连云港、长沙等地的相关用人单位，进一步丰富了单位联系库。与广东省储备粮管理总公司、上海良友集团、广州市粮食集团、中国一拖、百盛集团、广州创汇实业有限公司等近20家企业合作继续推行"预就业模式"，累计选拔200余名大三"预就业"学生到企业顶岗实习。做好困难毕业生帮扶工作，324名毕业生获得省级求职补贴90.3万元；做好毕业生就业数据的统计及核查工作，毕业生一次性就业率93.18%，居省高校前列。

【创业指导帮扶】 组织河南省创业体系建设引导扶持资金申报，获批9个项目，获扶持资金58万元；与谦祥万和城达成合作协议，获得500 m^2 创业场地；组织互联网+创新创业大赛，申报项目1100多项，获省级奖励12项，获优秀组织奖；创业培训全面铺开，GYB培训2600人次、SYB培训360人次；持续做好创业园项目动态管理，对在孵项目考核2次，园区项目更新率达50%，年内新增工商注册企业40余个；推荐教育部首批创新创业导师，2名校内教师和5名校聘创新创业导师入围导师库；做好创新创业典型人物的培育、挖掘及宣传，收集整理创业者的故事20篇；完成"正大杯"双创营销大赛，校代表队获东中南十省区冠军，代表学校到泰国游学。

【国防教育】 做好大学生应征入伍工作，共有127名大学生参军入伍，获河南省征兵工作先进单位称号，军训教官郑泽政作为全国唯一在校大学生代表参加全国学习贯彻习近平总书记给新入伍大学生回信精神座谈会并发言；加强"国防预备役连"建设，开展清明祭英烈、百名学子进军营、黄河百里拉练等活动，国防预备役连党支部正式成立；全面实施学生军训教官模式，开启大学生军训工作的新篇章；推进"国防大讲堂"建设，邀请国防大学孙旭来校做国防教育报告；成立"退伍大学生联谊会"，充分发挥退伍大学生的思想政治优势；认真做好复、退、转军人的节日慰问，确保退伍军人的各项待遇得到落实。《中国教育报》对学校国防教育工作进行全面报道。

【队伍建设】 新引进博士辅导员2名、硕士11名，辅导员队伍的数量和结构得到极大改观。持续做好辅导员职业能力大赛、辅导员年度人物评选、辅导员教学技能大赛3项赛事的组织工作，做好辅导员外出访学、攻读博士、考取职业认证资格等管理工作,做好赴辉县市张村乡裴寨村学习调研及征文大赛、《习近平的七年知青岁月》的学习研讨等教育活动,全面提升辅导员职业能力和理论水平。学工干部获得教育部思想政治工作专项课题2项、立项省级辅导员精品项目1项,推荐省级优秀辅导员、优秀心理健康教育工作者各2名。

(九)共青团工作

【概况】 校团委机关有8名人员,分设组织部、宣传部、社团部(大学生科技创新部)、艺术活动指导中心4个科室;负责指导学校学生会、研究生会、青年研究中心、大学生艺术团、有线广播、新媒体运营中心等学生组织。下设19个基层团委,1138个团支部,学校有团员31 898名。专职团干27名,兼职团干70名。

【工作职责】 紧紧围绕学校中心工作和上级团组织的工作要求,充分发挥共青团组织优势,切实为团员青年的成长成才服务,团结和带领广大团员青年积极投身学校的改革与发展。开展青年思想政治教育,基层团组织和专(兼)职团干队伍建设;负责团员发展与团籍管理工作;组织开展大学生创新创业、志愿服务、社会实践、校园文化等活动;组织推荐优秀团员作为党的发展对象工作;指导校学生会、研究生会日常工作;做好团的宣传工作等。

【思想政治教育】 开展"十九大精神""永远跟党走""两学一做""学习四个全面""践行社会主义核心价值观宣传月"等专题活动。以"工大讲坛""大学生论坛"为平台,以动员会、交流会、座谈会、宣讲会、报告会、研讨会等多种形式,深入学习、宣传、践行党的最新理论、最新成果、举办"与信仰对话"主题报告会200余场。

推进"新媒体"思想引领新格局,发挥校团委新媒体运营中心的作用,致力于整合各种媒体资源,重点打造"河南工业大学团委"微博、微信、空间等多个新媒体品牌,发挥其传播校园文化、引导青年成才、服务青年成长的功能。在河南高校共青团新媒体工作联盟成立大会上,学校获选新媒体联盟理事长单位。获2016—2017年"河南省最具影响力高校团委微博"。原创作品多次被团中央学校部、河南共青团等新媒体平台转发,网络文章多次获奖。

【组织建设】 开展"活力提升工程",加强校、院、班三级团组织建设,深入实施"4321"计划。持续开展主题团日活动创意联赛,共有238个项目进入立项评审,100个项目进行立项,80个项目通过结项验收。在第二届全国基层团建创新典型案例征集展示活动,学校的"高校团学系统重构之'一心双环'"案例获创新典型案例奖,成为全国8个获奖高校之一,是河南省唯一获此殊荣的高校。在河南省"五四"表彰中,获评"河南省'五四'红旗团委""河南省'五四'红旗团支部",1人获评"河南省优秀团干部",1人获评"河南省优秀共青团员";在2017年度全省团干部直接联系青年"最美青春故事"评选活动中,土木建筑学院1人入选。学校五四表彰了6个五四红旗团委、6个基层学生会,158个先进团支部、801名优秀共青团干部、1653名优秀共青团员。创新"青年马克思主义者"培养模式,试行分期开班,分为秋季班和春季班,注重实践授课环节;开展"团组织评星定级、团员评星创先、团干部评星争优"活动,让团干部更像团干部、团员更像团员。指导举办校第四次学代会第二次全体会议,完成第十四届学生会换届和培训。做好"智慧团建"创建工作,"1+100"服务青年工作。

【创新创业】 规范三级创新创业竞赛平台,以"年级—学院—学校"层层递进式发动学生参与创新创业工作。举办校第十一届大学生创新大赛与第八届大学生创业大赛。在第十五届"挑战杯"中国银行全国大学生课外学术科技作品竞赛中,学校获得二等奖3项,三等奖3项,获优秀组织奖,团体总分继续领跑河南省高校,位居全国高校前列。在第十三届河南省"挑战杯"竞赛中,有40项获得优异成绩,其中6项作品获得特等奖、4项作品获得一等奖,学校喜捧"优胜杯"。在河南省"互联网+"大学生创新创业大赛暨第三届中国"互联网+"大学生创新创业大赛河南赛区选拔赛中,获得一等奖1项、二等奖3项、三等奖9项,1人被评为"优秀指导教师",学校获评"优秀组织奖"。

【志愿服务】 选拔31名优秀志愿

者奔赴新疆、西藏等地开展志愿服务。组织召开西部计划学生欢送会,走访西部计划校友。完善河南工业大学青年志愿者协会制度建设。举办校院两级志愿服务项目大赛。校青年志愿者协会的“呵护残障儿童,互动释放童真”志愿服务项目被确立为省级示范项目。在由团中央指导的“2017 年阿克苏诺贝尔中国大学生社会公益奖”评选活动中,“触摸古建灵魂,助力古建保护”项目获得银奖,“灯下影,戏中人”项目获得铜奖。在 2017 年青年公益创投大赛活动中,创行团队的“毅客空间”助残创业发展项目获金奖,“三青鸟”公益项目、“灯下影,戏中人”公益项目分别获得大赛银奖、铜奖。学校获省级示范项目创建活动“优秀组织奖”。在河南省大爱郑州志愿服务中心举办的第三届“稻草人杯”评比中,校青年志愿者协会获“优秀志愿服务集体”称号。举办欧莱雅真情互动校园义卖活动,募集资金近 12 万元。

【社会实践】 按照职业发展教育课教学实践环节要求,组织学生参加暑期社会实践。坚持“全员化参与、基地化建设、项目化管理、社会化运作、精品化推进”的工作思路,加强前期培训,强化过程管理。社会实践团队总计 732 支,其中红色主题教育类 267 支、志愿服务类 194 支、考察调研类 185 支、创新创业类 12 支、爱校荣校寻访类 12 支、其他类 62 支。建立社会实践基地 200 多个,撰写社会实践日志 700 余篇,发表社会实践论文十余篇。学校被团中央评为“暑期‘三下乡’社会实践活动优秀单位”。在团中央、未来网组织的评比中以全国第一的成绩获“优秀组织奖”,有 11 支团队获得“优秀团队”称号。在人民网“三下乡”暑期社会实践“千校千项”成果遴选活动中,《砥砺前行的大陈人》团队入围“深化改革行知录”(全国共 30 支)。“卓越飞扬”实践团队获评团中央学校部、中国电信集团组织的“天翼·互联网+教育”进城镇暑期实践活动优秀团队(全国共 20 支)。实践活动受到河南电视台、未来网、中青网、人民网、中国日报网、中国共青团网等近百家媒体数千次报道。

【新媒体建设】 利用新媒体开展团员青年思想引领。2017 年,团委微信共发布文章 310 余篇,阅读总量达 50W+。团委微博共发布网文 3250 条,阅读总量达 1200W+,其中关于学习十九大的原创微博转发量达 9 万多次,被新浪河南评为 2016—2017 年“河南省最具影响力高校团委微博”。团委 QQ 空间发布动态 1500 条,浏览量达 150W+,其中“工大创意垃圾桶标语”相关动态引起巨大反响,受到团中央的转发,腾讯公司 QQ 智慧校园评选中,获“活力示范院校”称号。在由中共河南省委宣传部指导,河南日报报业集团与河南省思想政治工作研究会主办的河南高校新媒体评选活动中团委新媒体被评为“最佳新闻表现奖”。团委微博、微信同时被评为河南工业大学十佳新媒体平台。承办河南高校共青团新媒体工作联盟成立大会,当选为理事长单位。

【社团活动】 整合全校志愿资源成立河南工业大学青年志愿者协会,进一步推进校级学生组织改革,重组工作走向深水区。进一步提升社团活力,各级各类社团通过校、院两级支持,举办活动 320 余场,涉及文化娱乐、学术探讨、科技创新、思想教育、知识普及、体育项目等多个方面,有力地推动校园文化建设,提高学生艺术修养,促进青年学生文化素质的提高,培养学生的责任意识。大学生足球协会再次获“全国百佳校园足球社团”奖。

【文体活动】 开展科技文化艺术节、“戏曲进校园”“梦想起航”主题迎新晚会、“夏日奏鸣曲”钢琴音乐会、“飞得更高”主题毕业晚会、“艺术展演季”“春天的芭蕾”师生音乐会等品牌文艺活动。开展以“青春杯”足球联赛和“华光杯”篮球联赛为代表的阳光体育活动竞赛体系。篮球协会承办“全国大学生院系篮球挑战赛”河南赛区工大专场校园赛;足球协会承办“青春杯”足球联赛;RK 轮滑社承办河南省第四届高校轮滑新人邀请赛。此外,深入开展以“悦动工大”竞步赛、荧光夜跑为代表的阳光体育活动。在由团中央、全国学联、全国青少年足球文化与发展中心联合开展的“校园足球主题文化作品评选”中,学校获一等奖 2 项、二等奖 3 项、三等奖 9 项、优秀奖 2 项,获奖总数位居全国第一,获得奖金 11 500 元。在“喜迎十九大”河南省高校广播主持人大赛中,全省有 10 名选手获奖,学校获三等奖 2 项。在河南省首届“打击传销　净化校园”文化作品征集大赛中,学校获一等奖 1

项、优秀奖5项,1人获优秀指导老师奖,学校获优秀组织奖,其中1个作品获漫画类比赛唯一的一等奖并获得奖金5000元。

表13-1 第十五届“挑战杯”中国银行全国大学生课外学术科技作品竞赛获奖作品

序号	作品名称	作　者	获奖等级	指导老师	所在学院
1	β-FeOOH@PEDOT纳米棒的制备及其用作钠离子电池负极的研究	杨红义　杨承松　韩殿辉　等	国家级综合竞赛二等奖	张　猛 魏雪芹	材料科学与工程学院
2	《分布式连接全装配式RC楼盖平面内刚度计算方法与参数分析》	付　豪　张鹏飞　黄路环　等	国家级综合竞赛二等奖	庞　瑞	土木建筑学院
3	凝心致力于补齐精准扶贫中的短板——对大别山核心革命老区新县的调查与分析	苏子超　杨绍闻　刘艺航　等	国家级综合竞赛二等奖	李铜山 马松林	经济贸易学院
4	脱贫“智”路——智慧农业助力农村脱贫的实践探索调研	庄旭阳　冯　磊　虎玮雅　等	国家级综合竞赛三等奖	刘　威 张宝强	管理学院
5	农村一二三产业融合发展缘何异彩纷呈——基于河南省西峡县的调查与透视	王山峰　李西龙　李　莉　等	国家级综合竞赛三等奖	梁瑞华	经济贸易学院
6	再造乡土,孵化梦想:大学生返乡创业如何走向成功——基于河南省百名返乡创业大学生创业实例的调研	陈　宇　付文佳　宋泽宇　等	国家级综合竞赛三等奖	翟书斌 邝金丽	经济贸易学院

表13-2 第十三届“挑战杯”河南省大学生课外学术科技作品竞赛获奖作品

序号	作品名称	作者	获奖等级	指导老师	所在学院
1	β-FeOOH@PEDOT纳米棒的构建及其用作钠离子电池负极的研究	韩殿辉　杨红义　张　齐　等	省部级综合特等奖	张　猛 魏雪芹	材料科学与工程学院
2	分布式连接全装配RC楼盖平面内 刚度计算方法与参数分析	付　豪　张鹏飞　黄路环　等	省部级综合特等奖	庞　瑞	土木建筑学院
3	凝心致力于补齐精准扶贫中的短板——对大别山核心革命老区新县的调查与分析	苏子超　刘艺航　杨晓松　等	省部级综合特等奖	李铜山	经济贸易学院
4	农村一二三产业融合发展缘何异彩纷呈——基于河南省西峡县的调查分析	王山峰　李西龙　李　莉　等	省部级综合特等奖	梁瑞华	经济贸易学院
5	脱贫“智”路——智慧农业助力农村脱贫的实践探索调研	庄旭阳　冯　磊　虎玮雅　等	省部级综合特等奖	刘　威	管理学院
6	再造乡土,孵化梦想:大学生返乡创业如何走向成功——基于河南省返乡创业大学生的实例分析	陈　宇　付文佳　宋泽宇　等	省部级综合特等奖	翟书斌 邝金丽	经济贸易学院
7	铝-空气电池氧还原稀土催化剂的制备及表征	宋青青　尹　帅　赵玉帆　等	省部级综合竞赛一等奖	王庆伟 陈秋玲	材料科学与工程学院
8	亚临界丙烷萃取浓香型辣椒籽油的动态分析及脱溶研究	杨亚洁　宁思博	省部级综合竞赛一等奖	刘华敏	粮油食品学院
9	“互联网+”浪潮中河南省县域电商发展模式研究	蒋自立　何英豪　陈昊天　等	省部级综合竞赛一等奖	钟　镇	管理学院
10	如何破解校园网贷乱象——基于郑州市各高校及P2P公司的调查与研究	苏　斌　余琪睿　杨　博　等	省部级综合竞赛一等奖	李文启	经济贸易学院
11	金属铝增强堇青石陶瓷的制备及性能研究	龙　飞　郭文倩　龚祥明	省部级综合竞赛二等奖	夏　熠	材料科学与工程学院
12	超硬材料陶瓷磨具的微波制备及其性能研究	袁永帅　邱文星　李　静　等	省部级综合竞赛二等奖	赵志伟 马武刚	材料科学与工程学院

续表 13-2

序号	作品名称	作者	获奖等级	指导老师	所在学院
13	麦麸白腐菌发酵处理对馒头品质影响研究	谢宇航　张　弛　刘洋洋　等	省部级综合竞赛二等奖	马　森 李　力	粮油食品学院
14	木瓜籽胶的流变学特性研究	解爱军　朱春燕	省部级综合竞赛二等奖	刘华敏	粮油食品学院
15	河南省高等学校创业教育实施困境及破解策略	朱思敏　李京徽　胡锦科　等	省部级综合竞赛二等奖	李小珍	经济贸易学院
16	高大平房仓通风隔热屋面	汪鹏鹏　王路飞　周争辉　等	省部级综合竞赛二等奖	陈　雁	土木建筑学院
17	速解魔方智能机器人	陈帅印　赵　翔　张　托　等	省部级综合竞赛二等奖	王　威	电气工程学院
18	用废腈纶制超级吸水材料	徐金杰　郭晨阳　王清雪　等	省部级综合竞赛二等奖	王天贵	化学化工与环境学院
19	智能康复助理拐杖	高偌霖　黄家福　林禹辛　等	省部级综合竞赛二等奖	王明旭	机电工程学院
20	新型高效节能降耗蒸馏助力器	何伟业　孙宇航　张　玲　等	省部级综合竞赛二等奖	满　勇	化学化工与环境学院
21	密闭式防侧翻漏斗	贺佳佳　李招兄　黄汉育　等	省部级综合竞赛二等奖	满　勇	化学化工与环境学院
22	番茄红素的浓缩提取工艺研究	刘中生　姚甜甜	省部级综合竞赛三等奖	刘文举	化学化工与环境学院
23	聚合离子液体组装磁性吸附剂对印染废水吸附性能的探究	赵　翔　胡　榕　郑淑敏　等	省部级综合竞赛三等奖	何丽君	化学化工与环境学院
24	转型新动力:河南绿色金融在行动	白少光　王江丽　李芳菲　等	省部级综合竞赛三等奖	汪来喜	经济贸易学院
25	敢问路在何方":资源枯竭型城市工人再就业问题与对策研究——基于平顶山市的调查分析	刘宇翔　杜安琪　王金垚　等	省部级综合竞赛三等奖	李　震	国院教育学院
26	粮食主产区农村产业融合推进策略研究——以河南省临颍县为例	代浩申　梁圆圆　魏云孟　等	省部级综合竞赛三等奖	穆庆榜	管理学院
27	乘新形势之风,启迪秸秆资源化利用新思路——\基于河南嵩县和南乐县调研分析	代钰雯　李春英　徐　敏　等	省部级综合竞赛三等奖	关浩杰	经济贸易学院
28	新生代农民工手机媒体使用与城市融入问题研究　——基于郑州市的调查	贺梦云　凌紫怡　杨皖玉　等	省部级综合竞赛三等奖	黄俊华	新闻与传播学院
29	共享城市梦:农民工城市创业影响因素分析——基于河南 5 市 15 县的调查数据	李梦杰　陈玉莹　赵凌昊　等	省部级综合竞赛三等奖	王晓刚	管理学院
30	巾帼创出新天地——农村留守妇女电商创业现状调研	李明杨　姚夏爽　吕　芳　等	省部级综合竞赛三等奖	刘　威	管理学院
31	聚力架起脱贫致富桥——河南省三个贫困村的合作社发展模式转型及成效调研	刘　唐　张致铖　尹振霖　等	省部级综合竞赛三等奖	刘　威	管理学院
32	饲用大豆及其制品中脲酶活性快速检测管	李　硕　安　娜	省部级综合竞赛三等奖	王金荣	生物工程学院
33	基于互联网+智能限高架	张　坦　尤　鑫　刘华禛　等	省部级综合竞赛三等奖	沙　杰 孙占利	中英国际学院
34	新生报到服务系统——新生掌中宝	陈　玥　王宇琦　陈　锴　等	省部级综合竞赛三等奖	李　滨 常德海	信息科学与工程学院
35	自动摊铺设备	米　欢　刘　浩　温洪帅　等	省部级综合竞赛三等奖	孙福艳 吕宗旺 张建华	信息科学与工程学院

续表 13-2

序号	作品名称	作者	获奖等级	指导老师	所在学院
36	带拉杆体系的散装粮食半地下平房仓仓型研究	丁书苏　王艳林　王　岩	省部级综合竞赛三等奖	张庆章	土木建筑学院
37	超高层建筑弯扭耦合风振气动弹性模型试验	谢雁杰　杨　柳　黄贝贝　等	省部级综合竞赛三等奖	郑德乾	土木建筑学院
38	新型智能灯控制系统	顾雪亮　宋　燚　丁文龙　等	省部级综合竞赛三等奖	吕宗旺 樊　超 孙崇峰	信息科学与工程学院
39	南瓜无糖酸奶	王鹏云　韩青晓　王俊凯　等	省部级综合竞赛三等奖	田双起	粮油食品学院
40	粮仓粮堆轮廓扫描仪	严冲喜　李　征	省部级综合竞赛三等奖	徐回忆	电气工程学院

表 13-3　其他科技创新国赛获奖情况

序号	竞赛名称	作品名称	作　者	获奖等级	指导教师	所在学院
1	美国大学生数学建模竞赛	Merge After Toll	姜　垚　李伟男　潘　达　等	国家级单项竞赛二等	曹建莉 肖留超	理学院
2	全国大学生数学建模竞赛	“拍照赚钱”的任务定价	杨美钰　蔡思瑜　宗欣怡	国家级单项竞赛二等	王玉雷	理学院
3	美国大学生数学建模竞赛	The Rebirth of the Zambezi River	李邓阳　张颠峰　刘　鑫	国家级单项竞赛二等	曹建莉	材料科学与工程学院
4	美国大学生数学建模竞赛	The Rebirth of the Zambezi River	田文晗　王　永　黄林林	国家级单项竞赛二等	曹建莉	材料科学与工程学院
5	第九届全国大学生广告艺术大赛	青春照亮你的美(vivo X9)	杨　健　李优优　申勉勉　等	国家级单项竞赛二等奖	许俊义	新闻与传播学院
6	第九届全国大学生广告艺术大赛	酵苏毕业季篇	夏怀城　陈　昂　史怡菲　等	国家级单项竞赛二等奖	徐春玲 高桂桢	新闻与传播学院
7	第九届全国大学生广告艺术大赛	爱华仕箱包—跟着心灵出发	张栗晶　李卓姶	国家级单项竞赛二等奖	宋若涛	新闻与传播学院
8	2017 年第 42 届 ACM-ICPC 亚洲赛区(西安站)	ACM-ICPC 亚洲赛区	秦睿阳　陈丁山　鱼　坤	国家级单项竞赛二等奖	杨卫东	信息科学与工程学院
9	2017 年第 42 届 ACM-ICPC 亚洲赛区(青岛站)	ACM-ICPC 亚洲赛区	秦睿阳　唐蕴梦　陈丁山	国家级单项竞赛三等奖	程　立	信息科学与工程学院
10	美国大学生数学建模竞赛	Sustainable Cities Needed!	陈昱瑾　史维清　田肖帅	国家级单项竞赛三等奖	全　然	理学院
11	美国大学生数学建模竞赛	Merge After Toll	毕明红　孙彤彤　魏　宁	国家级单项竞赛三等奖	王俊岭 魏　涛	理学院
12	美国大学生数学建模竞赛	Managing The Zambezi River	班胜楠　张思飞　胡景琨	国家级单项竞赛三等奖	程　涛	理学院
13	美国大学生数学建模竞赛	Cooperate and navigate	张晨玉　赵佩琳　石龙飞	国家级单项竞赛三等奖	王玉雷	理学院
14	美国大学生数学建模竞赛	Cooperate and navigate	吴世英　杨安妮　王忠建	国家级单项竞赛三等奖	肖留超	理学院
15	美国大学生数学建模竞赛	Sustainable Cities Needed!	杨春欣　李双妤　蔡　恒	国家级单项竞赛三等奖	党　健	理学院
16	美国大学生数学建模竞赛	Managing The Zambezi River	于世强　郭必诞　张朱鹏	国家级单项竞赛三等奖	李明浩 韦雷雷	理学院

续表 13-3

序号	竞赛名称	作品名称	作　者	获奖等级	指导教师	所在学院
17	第九届全国大学生广告艺术大赛	一个亿小目标	时璐瑶　张文静　何　跃　等	国家级单项竞赛三等奖	徐春玲	新闻与传播学院
18	第九届全国大学生广告艺术大赛	vivo X9，唯我，照亮你的美	陈志生　田筱玥　夏怀城　等	国家级单项竞赛三等奖	徐春玲	新闻与传播学院
19	第九届全国大学生广告艺术大赛	停不下来之娃哈哈 ad 钙	刘企盼　陈佩雨　吴梦姣　等	国家级单项竞赛三等奖	许俊义	新闻与传播学院
20	第九届全国大学生广告艺术大赛	酵苏夏季来临篇	夏怀城　陈　昂　史怡菲　等	国家级单项竞赛三等奖	徐春玲 高桂桢	新闻与传播学院
21	第九届全国大学生广告艺术大赛	中国精神无私奉献	夏怀城　刘雪洁　陈　昂　等	国家级单项竞赛三等奖	徐春玲 高桂桢	新闻与传播学院
22	第九届全国大学生广告艺术大赛	娃哈哈与青春做伴	尚　宽　高冠英　万春晖　等	国家级单项竞赛三等奖	徐春玲	新闻与传播学院
23	美国大学生数学建模竞赛		刘腾飞　楚士军　献一帆	国家级单项竞赛三等奖	曹建莉	材料科学与工程学院
24	美国大学生数学建模竞赛		宋青青　尹　帅　马丽君	国家级单项竞赛三等奖	曹建莉	材料科学与工程学院
25	第九届全国大学生数学竞赛		马　曦	国家级单项竞赛三等奖	理学院指导教师组	材料科学与工程学院
26	第十一届全国周培源大学生力学竞赛		张梓健	国家级单项竞赛三等奖	刘起霞	土木建筑学院
27	金犊奖广告设计竞赛	我一直都在	任冉冉	国家级单项竞赛优秀奖	李　珂	设计艺术学院
28	第十一届全国周培源大学生力学竞赛		朱广杰	国家级单项竞赛优秀奖	周志强	土木建筑学院
29	第十一届全国周培源大学生力学竞赛		王向阳	国家级单项竞赛优秀奖	周志强	土木建筑学院
30	第十一届全国周培源大学生力学竞赛		曾　超	国家级单项竞赛优秀奖	周志强	土木建筑学院
31	第十一届全国周培源大学生力学竞赛		曹　朔	国家级单项竞赛优秀奖	周志强	土木建筑学院
32	第十一届全国周培源大学生力学竞赛		陈思远	国家级单项竞赛优秀奖	周志强	土木建筑学院
33	第十一届全国周培源大学生力学竞赛		张鹏宇	国家级单项竞赛优秀奖	王　萌	土木建筑学院
34	第二十六届时报金犊奖广告设计竞赛	多喝水——life 篇、beautiful 篇、light 篇	王大平　郭　纯　帖玉涵　等	国家级单项竞赛优秀奖	许俊义	新闻与传播学院
35	第二十六届时报金犊奖广告设计竞赛	邂逅	侯权威　李　威　荣美娜　等	国家级单项竞赛优秀奖	许俊义	新闻与传播学院
36	第二十六届时报金犊奖广告设计竞赛	永和豆浆——好孕处脐，浆心传承	王大平　续小艳　郭　纯　等	国家级单项竞赛优秀奖	许俊义	新闻与传播学院
37	第二十六届时报金犊奖广告设计竞赛	掌阅有声书——让阅读回归私人体验	廖婧婷　刘彬彬　蒋志勇　等	国家级单项竞赛优秀奖	许俊义	新闻与传播学院
38	第二十六届时报金犊奖广告设计竞赛	掌中图书馆	林小娜　简玉枝	国家级单项竞赛优秀奖	许俊义	新闻与传播学院
39	第二十六届时报金犊奖广告设计竞赛	不想多解释，那就多喝水	闫　炎　刘冰冰　王雯倩	国家级单项竞赛优秀奖	许俊义	新闻与传播学院

续表 13-3

序号	竞赛名称	作品名称	作　者	获奖等级	指导教师	所在学院
40	第九届全国大学生广告艺术大赛	青春之路 vivo 记录	王士焕　王璐莹　郭珂静　等	国家级单项竞赛优秀奖	许俊义	新闻与传播学院
41	第九届全国大学生广告艺术大赛	新“四大邪术”	徐毅然　李艳平　吴彦竹　等	国家级单项竞赛优秀奖	徐春玲	新闻与传播学院
42	第九届全国大学生广告艺术大赛	vivo 逐梦篇	史怡菲　陈　昂　刘雪洁　等	国家级单项竞赛优秀奖	徐春玲 高桂桢	新闻与传播学院
43	第九届全国大学生广告艺术大赛	酵苏,让你美丽复苏	凌紫怡　王双玲　佟冠男　等	国家级单项竞赛优秀奖	许俊义	新闻与传播学院
44	第九届全国大学生广告艺术大赛	娃哈哈,陪伴是最长情的告白	韩晓磊　赵露红　常晨晨　等	国家级单项竞赛优秀奖	徐春玲	新闻与传播学院
45	第九届全国大学生广告艺术大赛	酵苏红绿灯篇	刘　潇　李优优　陈　威　等	国家级单项竞赛优秀奖	陆　南	新闻与传播学院
46	第九届全国大学生广告艺术大赛	娃哈哈—好喝藏不住	牛冰洁　崔高洁　罗正敏　等	国家级单项竞赛优秀奖	许俊义	新闻与传播学院
47	第九届全国大学生广告艺术大赛	活力苏醒	王晶钰　高　雅　高　倩　等	国家级单项竞赛优秀奖	许俊义	新闻与传播学院
48	第九届全国大学生广告艺术大赛	团结凝聚力量,勤劳铸就梦想	朱瑞婷　张　月　马微冰	国家级单项竞赛优秀奖	徐春玲	新闻与传播学院
49	第九届全国大学生广告艺术大赛	匠人匠心	李　桐　荣美娜　靳柳青　等	国家级单项竞赛优秀奖	徐春玲	新闻与传播学院
50	第九届全国大学生广告艺术大赛	厉害了我的家乡	夏怀城　陈　昂　刘雪洁　等	国家级单项竞赛优秀奖	徐春玲 高桂桢	新闻与传播学院
51	第九届全国大学生广告艺术大赛	无间道之 AD 钙奶	杨　健　李优优　孙伟朔　等	国家级单项竞赛优秀奖	许俊义	新闻与传播学院
52	中国大学生机械工程创新创意大赛“卓然杯”第八届过程装备实践与创新大赛	绿色高效连续化散粮卸船装置	张　宇　黄　冲　马建宇　等	国家级行业协会特等奖	王明旭 曹宪周	机电工程学院
53	第七届全国大学生电子商务“创新、创意及创业”挑战赛	郑州索腾乐器有限公司	肖　国　连世辉　冯志源　等	国家级行业协会一等奖	韩　江	管理学院
54	第十届“高教杯”全国大学生先进成图技术与产品信息建模创新大赛	机械类 个人全能	高偌霖	国家级行业协会一等奖	何文平 牛红宾	机电工程学院
55	第十届“高教杯”全国大学生先进成图技术与产品信息建模创新大赛	机械类 三维建模	高偌霖	国家级行业协会一等奖	何文平 牛红宾	机电工程学院
56	第八届蓝桥杯全国软件和信息技术专业人才大赛个人赛国赛	C/C++程序设计大学 B 组	陈丁山	国家级行业协会一等奖	杨卫东	信息科学与工程学院
57	第八届蓝桥杯全国软件和信息技术专业人才大赛个人赛国赛	C/C++程序设计大学 B 组	唐蕴梦	国家级行业协会一等奖	程　立	信息科学与工程学院
58	2017 世界机器人大赛格斗机器人大赛	无差别轮式机器人 1V1	程世龙　徐瑶通　华军明　等	国家级行业协会一等奖	张　杰 尚庆松	电气工程学院
59	中国大学生广告艺术节学院奖第 15 届春季赛	小快克表情包及扩展品应用	王小长　卢菡清　明梦杰	国家级行业协会金奖	岳鹏珍 晏玉珍	设计艺术学院

续表 13-3

序号	竞赛名称	作品名称	作 者	获奖等级	指导教师	所在学院
60	第八届蓝桥杯全国软件和信息技术专业人才大赛个人赛国赛	C/C++程序设计大学 B 组	秦睿阳	国家级行业协会二等奖	徐振强	信息科学与工程学院
61	第八届蓝桥杯全国软件和信息技术专业人才大赛个人赛国赛	C/C++程序设计大学 B 组	张 宇	国家级行业协会二等奖	程 立	信息科学与工程学院
62	第八届蓝桥杯全国软件和信息技术专业人才大赛个人赛国赛	C/C++程序设计大学 B 组	韩柳青	国家级行业协会二等奖	徐振强	信息科学与工程学院
63	第八届蓝桥杯全国软件和信息技术专业人才大赛个人赛国赛	C/C++程序设计大学 B 组	鱼 坤	国家级行业协会二等奖	王 珂	信息科学与工程学院
64	第八届蓝桥杯全国软件和信息技术专业人才大赛个人赛国赛	单片机设计与开发大学组	杨 敖	国家级行业协会二等奖	王彩红	信息科学与工程学院
65	第八届蓝桥杯全国软件和信息技术专业人才大赛个人赛国赛	软件创业团队赛	王恩临 吴 银 熊希平	国家级行业协会二等奖	梁 艳	信息科学与工程学院
66	SuperMap 杯第十五届全国高校 GIS 大赛	移动应用组	王宇琦 陈 玥 陈 锴 等	国家级行业协会二等奖	李 滨 常德海	信息科学与工程学院
67	第十届“高教杯”全国大学生先进成图技术与产品信息建模创新大赛	机械类 三维建模	符 记	国家级行业协会二等奖	牛红宾 朱红瑜	机电工程学院
68	第十届“高教杯”全国大学生先进成图技术与产品信息建模创新大赛	机械类 三维建模	张春洋	国家级行业协会二等奖	朱红瑜 武照云	机电工程学院
69	第十届“高教杯”全国大学生先进成图技术与产品信息建模创新大赛	机械类 尺规绘图	蒋 坤	国家级行业协会二等奖	武照云 何文平	机电工程学院
70	第十届“高教杯”全国大学生先进成图技术与产品信息建模创新大赛	机械类 尺规绘图	张跃朋	国家级行业协会二等奖	牛红宾 朱红瑜	机电工程学院
71	第十届“高教杯”全国大学生先进成图技术与产品信息建模创新大赛	机械类 尺规绘图	高 举	国家级行业协会二等奖	朱红瑜 武照云	机电工程学院
72	第十二届“思科网院杯”2017 年度大学生网络技术大赛	ITE 赛项	王硕哲	二等奖	谷保材	中英国际学院
73	第十二届“思科网院杯”2017 年度大学生网络技术大赛	ITE 赛项	朱高帅	三等奖	谷保材	中英国际学院
74	第十二届“思科网院杯”2017 年度大学生网络技术大赛	ITE 赛项	郭 庆	三等奖	谷保材	中英国际学院
75	“上纬杯”第三届全国大学生复合材料设计与制作大赛		李晨阳 郑帅杰	国家级行业协会三等奖	巴文兰 蔡刚毅	机电工程学院
76	第八届全国中、高等院校学生“斯维尔杯”建筑信息模型(BIM)应用技能大赛		郭金聚	国家级行业协会三等奖	黄海荣 陈桂香	土木建筑学院

续表 13–3

序号	竞赛名称	作品名称	作　者	获奖等级	指导教师	所在学院
77	第八届全国中、高等院校学生“斯维尔杯”建筑信息模型（BIM）应用技能大赛		李静卢	国家级行业协会三等奖	黄海荣 陈桂香	土木建筑学院
78	第八届全国中、高等院校学生“斯维尔杯”建筑信息模型（BIM）应用技能大赛		秦肖伟	国家级行业协会三等奖	黄海荣 陈桂香	土木建筑学院
79	第八届全国中、高等院校学生“斯维尔杯”建筑信息模型（BIM）应用技能大赛		魏　铭	国家级行业协会三等奖	黄海荣 陈桂香	土木建筑学院
80	第八届全国中、高等院校学生“斯维尔杯”建筑信息模型（BIM）应用技能大赛		袁嘉蔚	国家级行业协会三等奖	黄海荣 陈桂香	土木建筑学院
81	2017 年全国高等院校 BIM 应用技能比赛	BIM 施工项目管理应用技能大赛	黄　森　黄贝贝　秦振涛	国家级行业协会三等奖	李建光 黄海荣	土木建筑学院
82	2017 年全国高等院校 BIM 应用技能比赛	BIM 造价应用技能大赛	周亚中　王利源　陈家宝	国家级行业协会三等奖	黄海荣 董润润	土木建筑学院
83	第四届全国虚拟仪器大赛	基于虚拟仪器的矿井提升机综合检测仪	位帅豪　吕　鹏　杜许歌　等	国家级行业协会三等奖	徐回忆	电气工程学院
84	2017 世界机器人大赛格斗机器人大赛	无差别轮式机器人 1V1	牛　林　马伯臻　吴二博　等	国家级行业协会三等奖	张　杰 尚庆松	电气工程学院
85	2017 世界机器人大赛格斗机器人大赛	仿人机器人	段帅朋　许　健　林斯和	国家级行业协会三等奖	张　杰 尚庆松	电气工程学院
86	中国大学生广告艺术节学院奖第 15 届春季赛	陪伴是最长情的告白	毛亚珍	国家级行业协会优秀奖	李　珂	设计艺术学院
87	中国大学生广告艺术节学院奖第 15 届春季赛	无聊的一天	王璐珊　明梦杰　石　法　等	国家级行业协会优秀奖	李　珂	设计艺术学院
88	中国大学生广告艺术节学院奖第 15 届春季赛	终会相遇	周子明　王璐珊　明梦杰	国家级行业协会佳作奖	李　珂	设计艺术学院
89	中国大学生广告艺术节学院奖第 15 届春季赛	燕京鲜啤之在遇见篇	郑汪海　李秋雨	国家级行业协会佳作奖	李　珂	设计艺术学院
90	中国大学生广告艺术节学院奖第 14 届秋季赛	心声	任冉冉　周子明　郑汪海	国家级行业协会佳作奖	李　珂	设计艺术学院
91	中国大学生广告艺术节学院奖第 14 届秋季赛	下一个	宗晓丹　任冉冉　周子明	国家级行业协会佳作奖	李　珂	设计艺术学院
92	“萌番姬杯”第四届国际大学生农业创新创业大赛（中国赛区）	番小糖—发酵型果蔬奶片	彭凯秀　郭玉霞　章天婵	国家及行业协会优秀创业团队奖	王远辉	粮油食品学院
93	2017 年全国高等院校 BIM 应用技能比赛	BIM 造价应用技能大赛	谢雁杰　马　颖　魏　铭	国家级行业协会优胜奖	黄海荣 董润润	土木建筑学院
94	2017 年全国高等院校 BIM 应用技能比赛	BIM 施工项目管理应用技能大赛	江水美　李金洙　陈　阆	国家级行业协会优胜奖	李建光 黄海荣	土木建筑学院
95	第十四届全国高等学校建筑与环境设计学生美术作品大奖赛	海底世界——画瓷	叶美帆	国家级行业协会优秀奖	蔡雪辉 黄向前	土木建筑学院

续表 13-3

序号	竞赛名称	作品名称	作　者	获奖等级	指导教师	所在学院
96	第十四届全国高等学校建筑与环境设计学生美术作品大奖赛	方城	孙小雅	国家级行业协会优秀奖	蔡雪辉 黄向前	土木建筑学院
97	第十四届全国高等学校建筑与环境设计学生美术作品大奖赛	浴火	管　彤　李昱蓓　冯园园　等	国家级行业协会优秀奖	蔡雪辉 黄向前	土木建筑学院
98	第十五届中国大学生广告艺术节学院奖	寄小读者番外	毛倩颖　张景丽于　洁	国家级行业协会优秀奖		新闻与传播学院
99	第十五届中国大学生广告艺术节学院奖	炫“腹”	冯玉珍	国家级行业协会优秀奖		新闻与传播学院
100	第十五届中国大学生广告艺术节学院奖	敢尝鲜，让感受常鲜	王大平　郭　纯	国家级行业协会佳作奖	许俊义	新闻与传播学院
101	第十五届中国大学生广告艺术节学院奖	爱你	冯玉珍	国家级行业协会佳作奖		新闻与传播学院
102	第十五届中国大学生广告艺术节学院奖	有你真好	冯玉珍	国家级行业协会优秀奖		新闻与传播学院
103	第十五届中国大学生广告艺术节学院奖	耶	冯玉珍	国家级行业协会优秀奖		新闻与传播学院
104	第十五届中国大学生广告艺术节学院奖	魔法橡皮	进宝宋	国家级行业协会佳作奖		新闻与传播学院
105	第十五届中国大学生广告艺术节学院奖	别什么都扛	许小雨　洪　丽	国家级行业协会佳作奖		新闻与传播学院
106	第十五届中国大学生广告艺术节学院奖	每一次盼望，都不会浪费	舒　敏	国家级行业协会优秀奖		新闻与传播学院
107	第十五届中国大学生广告艺术节学院奖	每个公举都该由骑士来守护	张景丽　于　洁　毛倩颖	国家级行业协会优秀奖		新闻与传播学院
108	第十五届中国大学生广告艺术节学院奖	酷玩篇	汪乐萌　冯桂源　秦泽宇　等	国家级行业协会优秀奖	王威达	新闻与传播学院
109	第十五届中国大学生广告艺术节学院奖	美丽方程式	冯桂源　汪乐萌　秦泽宇　等	国家级行业协会佳作奖	王威达	新闻与传播学院
110	第八届蓝桥杯全国软件和信息技术专业人才大赛个人赛国赛	单片机设计与开发大学组	李　征	国家级行业协会三等奖	吕宗旺	信息科学与工程学院
111	第八届蓝桥杯全国软件和信息技术专业人才大赛个人赛国赛	C/C++程序设计大学 B 组	王易扬	国家级行业协会优秀奖	王　珂	信息科学与工程学院
112	第八届蓝桥杯全国软件和信息技术专业人才大赛个人赛国赛	单片机设计与开发大学组	周炫锦	国家级行业协会优秀奖	孙福艳	信息科学与工程学院
113	第八届蓝桥杯全国软件和信息技术专业人才大赛个人赛国赛	单片机设计与开发大学组	顾雪亮	国家级行业协会优秀奖	孙福艳	信息科学与工程学院
114	SuperMap 杯第十五届全国高校 GIS 大赛	图书三维快速查询定位系统	周宇航　刘赵杰　吕材瑞	国家级行业协会优秀奖	王星东 王玉华	信息科学与工程学院
115	第四届全国虚拟仪器大赛	基于 my RIO 的智能魔方还原机器人	李兴本　张　斌　陈帅印　等	国家级行业协会优秀奖	王　威	电气工程学院

·人　　物·

（一）省级特聘教授简介

殷丽君　教授

殷丽君，女，1971年8月生，中国农业大学教授，博士，中国农业工程学会农产品加工分会理事，中国食品科学技术学会大豆食品分会理事。主要研究方向为生物技术在农产品加工中的应用，生物分离工程，植物有效成分提取及检测，农产品的加工技术以及功能性食品。主持国家自然科学基金项目2项，留学回国人员科研基金1项等。著有专业著作3部，代表性专著《大豆加工与利用》（副主编，主笔16万字）。发表近70篇论文，其中33篇SCI、EI收录。2013年4月25日受聘为河南工业大学省级特聘教授。

汤宝平　教授

汤宝平，机械设计及理论学科省级特聘教授，博士，重庆大学博士生导师，机械工程国家一级重点学科学术带头人，兼任全国高校机械工程测试技术研究会副理事长、中国振动工程学会动态测试专委会副主任等，是中国机械工程学会高级会员，中国仪器仪表学会高级会员，国家自然科学基金机械学科通讯评议专家，863计划同行评议专家，《振动、测试与诊断》《电子测量与仪器》杂志编委，《Mechanical System and Signal Processing》等期刊审稿人。近年来，汤宝平教授先后主持了国家自然科学基金重点项目2项、863项目5项、国家自然科学基金面上项目等10余项国家级项目，研究成果获1项国家科技进步二等奖、5项省部级一等奖。发表论文80余篇，科学出版社出版专著1部。享受国务院政府特殊津贴，获教育部新世纪优秀人才、中国机械工程学会青年科技成就奖、重庆市杰出青年基金、霍英东青年教师基金、重庆市有突出贡献的中青年专家、全国百篇优秀博士学位论文提名奖等重要学术奖励及荣誉。2013年4月25日受聘为河南工业大学省级特聘教授。

文成林　教授

文成林，控制理论与控制工程学科省级特聘教授，上海交通大学（2009）和上海海事大学博士生导师（2004），曾任河南大学计算机与信息工程学院副院长。现兼任自动化学报编委、中国自动化学会技术过程的故障诊断与安全性专业委员会委员、中国自动化学会智能控制专业委员会委员等，是我国控制科学与工程领域的知名专家，在信息融合与目标跟踪、故障诊断与健康管理技术等领域具有非常高的学术地位。近年来，文成林教授先后已主持承担1项国家自然科学基金重点项目、1项国家自然科学基金重大研究计划培育项目、3项国家自然科学面上项目（已完成），主要参与2项国家自然科学基金重点项目及其他省部项目20余项。发表学术论文100余篇，其中有80余篇/次被SCI/EI收录；以第一作者出版学术专著3部。2013年4月25日受聘为河南工业大学省级特聘教授。

魏冬青　教授

魏冬青，河南驻马店人，博士，上海交通大学教授，博士生导师。主要研究方向为生物信息学、生物物理学。目前担任Springer期刊《交叉科学——计算生命科学》主编，国际交叉科学家联合会主席，中国交叉科学学会副理事长，《原子分子物理学报》《高压物理学报》等12家期刊的编委，2014年被推荐为加拿大皇家科学院院士候选人，至今发表SCI收录论文200多篇，主编专著5本，主持完成国家863项目1项，完成6个国家自然科学基金项目以及2个省部级重点项目，获得日立化学“横山亮次奖”一等奖，授权软件著作权13项。2014年5月28日受聘为河南工业大学省级特聘教授。

Dennis R. Salahub 教授

Dennis Salahub，男，1946 年生，博士，加拿大卡尔加里大学教授，加拿大皇家学会院士，美国科学促进会会员，曾获得 J. C. Polanyi 奖，卡尔加里大学授予基拉姆研究领袖奖，是目前最常见的量子力学的数值模拟方法——DFT 理论的建立先驱，发表论文 250 余篇、出版书籍 4 部、国际演讲报告 300 余篇，在量子化学及其应用等领域做出了杰出的贡献。2015 年 4 月 24 日受聘为河南工业大学省级特聘教授。

李兴华 教授

李兴华，男，1978 年生，博士，西安电子科技大学教授，博士生导师。近年来在国内外重要学术期刊和国际会议发表学术论文 30 余篇，其中 SCI 检索 7 篇，EI 检索 20 余篇，获得授权专利 10 项。先后主持国家自然科学基金 3 项，华为基金 2 项，南京大学计算机软件新技术国家重点实验室等开放课题 4 项。先后获得中国通信标准化协会科学技术奖二等奖，陕西省科学技术一等奖，陕西省科技进步二等奖，陕西高等学校科学技术奖一等奖。代表华为公司参加 IEEE 802. 11ai 国际标准的制定。2015 年 4 月 24 日受聘为河南工业大学省级特聘教授。

郑学玲 教授

郑学玲，女，1972 年生，河南工业大学教授，博士生导师，主要从事谷物化学与品质、谷物资源综合利用等方面的教学和研究工作。获得国家、省部以及学会等科技进步奖 8 项；获得授权发明专利 3 项；制修订国家及农业部标准 4 项；编写著作 5 部，发表文章 50 余篇，其中 7 篇为 SCI 收录，1 篇 EI 收录。近年来主持教育部新世纪优秀人才项目 1 项、国家自然科学基金项目 2 项、国家科技支撑计划项目子课题 2 项等国家和省部级项目 10 余项。2015 年 4 月 24 日受聘为河南工业大学省级特聘教授。

（二）教授名录

安宏周 白海燕 白丽媛 白旭光 毕晓勤 毕艳兰
卞 科 蔡静平 曹建莉 曹宪周 曹晓雨 曹 毅
曾长女 陈复生 陈富安 陈桂香 陈 洁 陈金身
陈雪琳 陈志成 程云喜 程振凯 丁 华 丁永刚
董宇鸿 杜明芳 段爱玲 段汉明 樊志琴 范 璐
范艳峰 冯兰芳 冯亚明 傅洪亮 富笑男 高海辰
高美玲 耿 铁 谷克仁 谷秀娟 管军军 郭兴凤
郭秀兰 郭祯祥 韩 萍 韩 阳 何 方 何 娟
何丽君 何伟春 何文平 侯惠芳 侯永改 呼青英
胡继云 胡元森 华 勇 黄建水 惠 明 惠延波
江秀明 姜振颖 蒋笃君 蒋华伟 焦素敏 焦万堂
金华丽 靳义亭 康涌泉 邝金丽 李 琴 李道荣
李焕锋 李立平 李利英 李瑞芳 李铁成 李铜山
李秀娟 李学雷 李雪琴 李 颖 李永祥 李长春
栗正新 梁瑞华 梁少华 梁义涛 刘保国 刘广明
刘国勤 刘克非 刘来亭 刘楠嶓 刘亚伟 刘於勋
刘玉兰 刘增学 刘长虹 刘志敏 刘钟栋 刘自然
鲁玉杰 陆启玉 吕玉花 马传国 马宏丽 马晓录
马兴科 马玉梅 毛广卿 毛 璞 毛彦琴 孟丽莎
慕运动 穆健康 宁 祎 牛进平 牛彦绍 彭 进
戚世钧 齐兵建 钱同舟 钱向明 乔发东 乔俊杰
秦海敏 任顺成 阮竞兰 沙 杰 尚恒志 邵 兴
申建勇 申小刚 师高民 师旭超 石 凯 宋伟强
孙国俊 孙会霞 孙丽君 孙中叶 田少君 田 勇
汪学德 王岸娜 王 斌 王春华 王殿轩 王凤成
王改民 王高平 王 辉 王金荣 王金水 王 军
王 莉 王庆斌 王若兰 王天贵 王 薇 王卫国
王卫国 王晓曦 王 晏 王燕平 王有安 王玉斌
王志山 王志涛 魏宏亮 魏明侠 温纪平 吴才章
吴海宏 吴建勋 吴文瀚 吴兴泉 伍 毅 武文斌
向国强 肖咏梅 肖昭然 谢文磊 谢岩黎 熊新民
徐三魁 徐卫河 闫丽俐 杨国龙 杨红卫 杨亮茹
杨六栓 杨 茂 杨铁军 杨卫军 杨晓轼 杨艳萍
于建华 余传杰 袁夫彩 袁秀珍 原 方 翟书斌
张德贤 张公信 张国治 张浩军 张红梅 张宏伟
张慧档 张慧茹 张来林 张庆辉 张同斌 张雪萍
张应奇 张玉军 张玉荣 张 元 章绍兵 赵俊廷
赵排风 赵仁勇 赵永亮 赵豫林 赵豫新 赵志伟
甄 彤 郑学玲 周显青 朱春山 朱 耕 朱 靖
朱立峰 邹凤羽 邹文俊 左宏森

· 2017 年党发、校发文件目录 ·

表 15-1　2017 年党发文件目录

文　号	题　名
校党发[2017]1 号	关于印发《河南工业大学二〇一七年工作要点》的通知
校党发[2017]2 号	关于处级单位任期目标管理责任制 2016 年度及 2014 年—2016 年任期考核结果的通知
校党发[2017]3 号	关于推荐提名河南工业大学出席中国共产党第十九次全国代表大会代表候选人初步人选的报告
校党发[2017]4 号	关于免去宁祎同志职务的通知
校党发[2017]5 号	关于公布 2016 年度处级干部考核结果的通知
校党发[2017]6 号	关于到河南工业大学进行干部考察的请示
校党发[2017]7 号	关于确定祝玉华同志为省管专科高校校(院)长考察对象的请示
校党发[2017]8 号	河南工业大学 2016 年度落实党风廉政建设主体责任况报告
校党发[2017]9 号	关于同意召开河南工业大学第二届教职工代表大会第三次会议的批复
校党发[2017]10 号	关于 2016 年度作风建设和反腐倡廉建设自查自评情况的报告
校党发[2017]11 号	关于祝玉华同志任职的请示
校党发[2017]12 号	关于成立经营性资产管理委员会的通知
校党发[2017]13 号	关于设立“河南工大资产经营有限公司”和公司董事会、监事会及人员组成的通知
校党发[2017]14 号	关于印发《河南工业大学校办产业规范化建设实施方案》的通知
校党发[2017]15 号	关于印发《河南工大资产经营有限公司组建方案》的通知
校党发[2017]16 号	关于印发《河南工业大学 2017 年落实全面从严治党主体责任清单》的通知
校党发[2017]17 号	关于做好 2015—2017 年度先进基层党组织、优秀共产党员、优秀党务工作者评选推荐和表彰工作的通知
校党发[2017]18 号	关于评选河南工业大学思想政治工作优秀品牌的通知
校党发[2017]19 号	关于评选河南工业大学思想政治工作先进个人的通知
校党发[2017]20 号	关于转发《中共河南省委高校工委关于开展高校基层党组织专项评估工作的通知》的通知
校党发[2017]21 号	关于印发《河南工业大学推进“两学一做”学习教育常态化制度化实施方案》的通知
校党发[2017]22 号	河南工业大学关于有关人选推荐情况的报告
校党发[2017]23 号	河南工业大学 2017 年度党风廉政建设和反腐败工作责任目标及任务分解书
校党发[2017]24 号	关于印发《河南工业大学申报博士学位授权单位工作实施方案》的通知
校党发[2017]25 号	关于开展 2017 年度党风廉政建设责任制中期检查的通知
校党发[2017]26 号	关于表彰 2015—2017 年度先进基层党组织、优秀共产党员和优秀党务工作者的决定
校党发[2017]27 号	关于表彰河南工业大学思想政治工作优秀品牌的决定
校党发[2017]28 号	关于表彰河南工业大学思想政治工作先进个人的决定

续表 15-1

文　号	题　名
校党发[2017]29 号	关于 2016 年度王玉斌等 9 名同志考核等次推荐意见的报告
校党发[2017]30 号	关于印发《开展案件剖析做好以案促改工作方案》的通知
校党发[2017]31 号	关于成立以案促改工作领导小组的通知
校党发[2017]32 号	关于到河南工业大学进行干部考察的请示
校党发[2017]33 号	关于确定考察对象的请示
校党发[2017]34 号	关于蒋明伟同志退休的通知
校党发[2017]35 号	关于庆祝 2017 年教师节有关工作的通知
校党发[2017]36 号	关于卞科同志任职的请示
校党发[2017]37 号	关于加强和改进新形势下思想政治工作的实施意见
校党发[2017]38 号	关于印发《河南工业大学辅导员队伍建设实施办法》的通知
校党发[2017]39 号	关于王威同志退休的通知
校党发[2017]40 号	关于成立河南工业大学基层党组织专项评估工作领导小组的通知
校党发[2017]41 号	关于免去谷克仁同志职务的通知
校党发[2017]42 号	关于刘广普同志退休的通知
校党发[2017]43 号	关于召开第二届教职工代表大会职称工作专题会议的批复
校党发[2017]44 号	关于申请高校基层党组织专项评估的请示
校党发[2017]45 号	河南工业大学推选情况报告
校党发[2017]46 号	关于印发《中共河南工业大学委员会关于认真学习宣传贯彻党的十九大精神的意见》的通知
校党发[2017]47 号	关于印发《关于深入学习宣传贯彻党的十九大精神　进一步推进“两学一做”学习教育常态化制度化的通知》的通知
校党发[2017]48 号	关于张元等 11 位同志正常晋升薪级工资的请示
校党发[2017]49 号	关于俞兵同志退休的通知
校党发[2017]50 号	2017 年度基层党委、党总支书记抓基层党建工作述职评议考核工作方案
校党发[2017]51 号	关于做好处级干部 2017 年度考核工作的通知
校党发[2017]52 号	关于举办学习贯彻党的十九大精神专题培训班的通知
校党发[2017]53 号	河南工业大学关于第十二届省政协委员推荐人选的报告
校党发[2017]54 号	河南工业大学关于第十三届省人大代表推荐人选的报告
校党发[2017]55 号	河南工业大学 2017 年度落实党风廉政建设主体责任情况报告

表 15-2　2017 年校政发文件目录

文号	文件标题
校政发〔2017〕1 号	关于印发《2017 年学院人员经费核定方案》的通知
校政发〔2017〕2 号	关于印发《河南工业大学“校园开放日”活动实施方案》的通知
校政发〔2017〕3 号	关于支持河南辅读中等职业学校设立河南工业大学科信应用技术学院的请示
校政发〔2017〕4 号	关于印发《河南工大资产经营有限公司章程》的通知
校政发〔2017〕5 号	关于印发《河南工业大学校办企业国有股权代表管理暂行办法》的通知

续表 15-2

文号	文件标题
校政发〔2017〕6 号	关于印发《河南工业大学经营性资产监督管理办法》的通知
校政发〔2017〕7 号	关于印发《河南工业大学校办企业改制资产评估及资产处置管理办法》的通知
校政发〔2017〕8 号	关于印发《河南工业大学校办企业管理体制改革改制实施细则》的通知
校政发〔2017〕9 号	河南工业大学关于申请博士学位授予单位和博士硕士学位授权学科的报告
校政发〔2017〕10 号	河南工业大学关于河南工大设计研究院、河南大公置业有限公司规范化建设工作的请示
校政发〔2017〕11 号	关于申报 2018 年省节能减排专项资金备选项目的报告
校政发〔2017〕12 号	关于印发《关于进一步做好专业技术职务推荐评聘工作的若干意见(修订)》的通知
校政发〔2017〕13 号	关于成立河南工大设计研究院、河南大公置业有限公司规范化建设工作小组的通知
校政发〔2017〕14 号	河南工业大学关于反馈学位授权审核材料有关问题的报告

·表彰与奖励·

1.2017 年评先评优名单

2017 年“挑战杯”河南省大学生课外学术大赛优秀指导教师

张　猛　魏雪芹　庞　瑞　李铜山　马松林　刘　威
张宝强　梁瑞华　翟书斌　邝金丽

2017 年“挑战杯”中国银行全国大学生课外学术科技作品竞赛

二等奖

杨红义　杨承松　韩殿辉　张　齐　郑　卿　付　豪
张鹏飞　黄路环　孙聪利　刘定坤　马致远　马锦涛
陈　浩　苏子超　杨绍闻　刘艺航　杨晓松　周雪莹
潘盼盼　唐翠仪

三等奖

庄旭阳　冯　磊　虎玮雅　吴　薇　孙浩然　何　枫
方贻意　夏思凡　王山峰　李西龙　李　莉　尚晨曦
周道锐　孙冰梅　张　静　董碧心　陈　宇　付文佳
宋泽宇　董晓雪　常　靳　王晨昉

2017 年“挑战杯”河南省大学生课外学术科技作品竞赛

特等奖

韩殿辉　杨红义　张　齐　杨承松　郑　卿　付　豪
张鹏飞　黄路环　孙聪利　刘定坤　马致远　马锦涛
陈　浩　苏子超　刘艺航　杨晓松　周雪莹　唐翠仪
潘盼盼　王山峰　李西龙　李　莉　张　静　董碧心
尚晨曦　周道瑞　孙冰梅　庄旭阳　冯　磊　虎玮雅
孙浩然　方贻意　吴　薇　何　枫　夏思凡　陈　宇
付文佳　宋泽宇　魏春莹　孔祥茹　董晓雪　常　靳
王晨昉

一等奖

宋青青　尹　帅　赵玉帆　王国晴　张中文　潘禹锡
李　洁　杨亚洁　宁思博　蒋自立　何英豪　陈昊天
王梦超　王策策　张　爽　牛广亚　宋刘记　苏　斌
余琪睿　杨　博　许前骏

二等奖

龙　飞　郭文倩　龚祥明　袁永帅　邱文星　李　静
刘晓慧　张岩鹏　胡华栋　欧阳平　谢宇航　张　弛
刘洋洋　蒲晓庆　杨松竹　陈雪华　解爱军　朱春燕
朱思敏　李京徽　胡锦科　曹婷婷　周豆豆　王明远
汪鹏鹏　王路飞　周争辉　马小朋　金　龙　张帅辉
王晨昉　陈帅印　赵　翔　张　托　任立猛　徐金杰
郭晨阳　王清雪　万　磊　杜佳燕　高偌霖　黄家福
林禹辛　符　记　张跃朋　曹江涛　闫佩瑶　何伟业
孙宇航　张　玲　曹蓓玲　刘奕晴　贺佳佳　李招兄
黄汉育　刘琳欧　欧阳武东

三等奖

刘中生　姚甜甜　赵　翔　胡　榕　郑淑敏　黄汉育
郭福虎　杨广涛　白少光　王江丽　李芳菲　刘志敏
史顺辉　刘宇翔　杜安琪　王金垚　祝　溪　赵将领
代浩申　梁圆圆　魏云孟　周晓云　张桐析　代钰雯
李春英　徐　敏　郭　晶　宁　飞　许晓博　李　莹
贺梦云　凌紫怡　杨皖玉　黄　欢　彭卫国　葛青青

李　文　李梦杰　陈玉莹　赵凌昊　包靖雯　牛蒙蒙
李明杨　姚夏爽　吕　芳　王若琳　赵帅琦　郑兴旺
杨真宁　薛天洁　刘　唐　张致铖　尹振霖　陈美霓
吴京啸　陈　珍　李　硕　安　娜　张　坦　尤　鑫
刘华禛　朱月松　李海洋　李帅锋　刘青菁　郭梦圆
陈　玥　王宇琦　陈　锴　丁　露　米　欢　刘　浩
温洪帅　王　博　阚孟菲　张　俏　戴　鑫　安有为
丁书苏　王艳林　王　岩　谢雁杰　杨　柳　黄贝贝
葛文东　禹金涛　高杨杨　胡浩晨　顾雪亮　宋　燚
丁文龙　胡军委　邢茹萍　孙　瑞　朱桂瑶　王鹏云
韩青晓　王俊凯　徐家星　赵宇辉　郭军华　严冲喜
李　征

2017 年美国大学生数学建模竞赛

二等奖

姜　垚　李伟男　潘　达　杨美钰　蔡思瑜　宗欣怡
李邓阳　张颠峰　刘　鑫　田文晗　王　永　黄林林

三等奖

陈昱瑾　史维清　田肖帅　毕明红　孙彤彤　魏　宁
班胜楠　张思飞　胡景琨　张晨玉　赵佩琳　石龙飞
吴世英　杨安妮　王忠建　杨春欣　李双妤　蔡　恒
于世强　郭必诞　张朱鹏　刘腾飞　楚士军　献一帆
宋青青　尹　帅　马丽君

2017 年第 42 届 ACM-ICPC 亚洲赛区（西安站）

二等奖

秦睿阳　陈丁山　鱼　坤

三等奖

秦睿阳　唐蕴梦　陈丁山

2017 年第九届全国大学生广告艺术大赛

三等奖

时璐瑶　张文静　何　跃　田筱月　陈志生　田筱玥
夏怀城　杨雯洁　董林林　刘企盼　陈佩雨　吴梦姣
李　乐　刘雪洁　陈　昂　史怡菲　杨旖宁　尚　宽
高冠英　万春晖　郑　晶

优秀奖

王士焕　王璐莹　郭珂静　胡凤祥　许小雨　徐毅然
李艳平　吴彦竹　汤小涛　田筱玥　史怡菲　陈　昂
刘雪洁　杨旖宁　夏怀城　凌紫怡　王双玲　佟冠男
邓桢泓　陈　超　韩晓磊　赵露红　常晨晨　刘宇贤
常音音　刘　潇　李优优　陈　威　于　涵　牛冰洁
崔高洁　罗正敏　刘宇贤　李　颖　王晶钰　高　雅
高　倩　朱弘熙　朱瑞婷　张　月　马微冰　李　桐
荣美娜　靳柳青　张亚芳　夏怀城　陈　昂　刘雪洁
杨旖宁　史怡菲　杨　健　李优优　孙伟朔　周艺萌
申勉勉

2017 年第九届全国大学生数学竞赛

三等奖

马　曦

2017 年第十一届全国周培源大学生力学竞赛

三等奖

张梓健

优秀奖

朱广杰　王向阳　曾　超　曹　朔　陈思远　张鹏宇

第二十六届时报金犊奖广告设计竞赛

优秀奖

任冉冉　王大平　郭　纯　帖玉涵　续小艳　侯权威
李　威　荣美娜　贺　帅　廖婧婷　刘彬彬　蒋志勇
张书玮　林小娜　简玉枝　闫　炎　刘冰冰　王雯倩

中国大学生机械工程创新创意大赛“卓然杯”第八届过程装备实践与创新大赛

特等奖

张　宇　黄　冲　马建宇　刘　威　马　芳

第七届全国大学生电子商务“创新　创意及创业”挑战赛

一等奖

肖　国　连世辉　冯志源　陆　筵　尚晨曦

第十届"高教杯"全国大学生先进成图技术与产品信息建模创新大赛

一等奖

高偕霖

二等奖

符　记　张春洋　蒋　坤　张跃朋　高　举

第八届"蓝桥杯"全国软件和信息技术专业人才大赛个人赛国赛

一等奖

陈丁山　唐蕴梦

二等奖

秦睿阳　张　宇　韩柳青　鱼　坤　杨　敖　王恩临
吴　银　熊希平

三等奖

李　征

优秀奖

王易扬　周炫锦　顾雪亮

2017 世界机器人大赛格斗机器人大赛

一等奖

程世龙　徐瑶通　华军明　黄腾龙

三等奖

牛　林　马伯臻　吴二博　许振鹏　段帅朋　许　健
林斯和

中国大学生广告艺术节学院奖第 15 届春季赛

金奖

王小长　卢菡清　明梦杰

优胜奖

周子明　王璐珊　明梦杰　郑汪海　李秋雨　任冉冉
宗晓丹　王大平　郭　纯　冯玉珍　进宝宋　许小雨
洪　丽　冯桂源　汪乐萌　秦泽宇　吉黎娅　杨海涛

SuperMap 杯第十五届全国高校 GIS 大赛

二等奖

王宇琦　陈　玥　陈　锴　丁　露

优秀奖

周宇航　刘赵杰　吕材瑞

第十二届"思科网院杯"2017 年度大学生网络技术大赛

二等奖

王硕哲

三等奖

朱高帅　郭　庆

"上纬杯"第三届全国大学生复合材料设计与制作大赛

三等奖

李晨阳　郑帅杰

第八届全国中　高等院校学生"斯维尔杯"建筑信息模型(BIM)应用技能大赛

三等奖

郭金聚　李静卢　秦肖伟　魏　铭　袁嘉蔚

2017 年全国高等院校 BIM 应用技能比赛

三等奖

黄　森　黄贝贝　秦振涛　周亚中　王利源　陈家宝

优胜奖

谢雁杰　马　颖　魏　铭　江水美　李金洙　陈　阆

"萌番姬杯"第四届国际大学生农业创新创业大赛(中国赛区)

优秀创业团队奖

彭凯秀　郭玉霞　章天婵

第四届全国虚拟仪器大赛

优秀奖

李兴本　张　斌　陈帅印　赵　翔　周　颖

2017 年度河南省先进班集体

粮油食品学院　粮食工程 14EIE 班
粮油食品学院　食品科学与工程 F1403 班

粮油食品学院　食品质量与安全 1401 班
机电工程学院　机制 F14EIE 班
机电工程学院　车辆 1501 班
机电工程学院　机制 1609 班
土木建筑学院　道桥 1403 班
土木建筑学院　土木 F1404 班
土木建筑学院　工管 1403 班
土木建筑学院　道桥 1501 班
信息科学与工程学院　电信 14EIE 班
信息科学与工程学院　物联网 1404 班
信息科学与工程学院　计科 F1501 班
信息科学与工程学院　空信 1501 班
化学化工与环境学院　应用化学 15EIE 班
化学化工与环境学院　应用化学 14EIE 班
生物工程学院　制药 1401 班
生物工程学院　制药 15EIE 班
材料科学与工程学院　材料 14EIE 班
材料科学与工程学院　高材 1502 班
电气工程学院　自动化 1503 班
电气工程学院　自动化 1605 班
电气工程学院　自动化 1606 班
管理学院　电商 1304 班
管理学院　工商 1403 班
经济贸易学院　财政 15EIE 班
经济贸易学院　金融 1502 班
理学院　数学 F1403 班
外语学院　英语 F1405 班
法学院　法学 F1404 班
新闻与传播学院　广告 1401 班
新闻与传播学院　广电 1502 班
设计艺术学院　环境 F1503 班
国际教育学院　食品科学与工程 F1403 班
国际教育学院　生物技术 F1502 班
国际教育学院　会计 F1403 班
中英国际学院　艺术设计 F1506 班
中英国际学院　金融与证券 1504 班
中英国际学院　软件技术 1603 班
中英国际学院　工程造价 1505 班
职业技术学院　材料 1505 班

2017 年河南省优秀学生干部

李龙乾　刘紫鹏　张平原　苏林林　刘　悦　孙培耕
郭俊乐　秦肖伟　郭金聚　盛卫国　刘玉祥　任明辉
李　新　赵彦楠　曹蓓玲　程少鹏　刘岳丞　邓伟华
赵晓鹏　马祥斐　吉则羽　徐庆刚　张琪垚　刘世界
李　阳　秦振飞　杨　帅　何兴林　雷超凡　高　晗
刘　昕　鞠润康　孙伟朔　王　丹　姚　欣　韩　澍
姚洁琼　杨翔宇　陈慧东　白天文　段盛旺

2017 年河南省三好学生

胡文娜　韩志远　赵芷莹　齐静静　崔开南　杨培珍
裴昊铭　陈园园　欧宗明　张鹏举　李岚昕　袁　森
顿　润　秦　松　冯佳路　韩　天　孙　宇　陈艳雷
张跃朋　李欣竺　黄嘉威　杨迪开　王　权　曾　勋
王子涵　任甭优　谢雁杰　于明阳　许路凯　李　超
郭明哲　米　欢　邹　洋　陈　岩　任殷林　袁珂晨
王旭博　李振辉　魏丽佳　刘　琳　钟　媛　宋媛莉
刘　肖　张云霞　孙宇航　黄威亚　沈怡帆　王舒超
丁　超　李延利　柳　辉　闫大强　焦笑霞　邓龙飞
李　健　王君谊　周　轶　许永春　王　森　杨宝强
李　戈　杨敏娜　朱靖文　张心悦　常陆雨　龚亚娟
田万珍　胡扬波　郑晓芸　冯海峡　李　航　殷笑晗
杨班琪　刘　飒　李天赐　井梦茹　胡　蝶　吴世英
周红丹　沈凌波　王子琦　吴丽红　李　威　朱弘熙
贺梦云　周艺萌　李　超　崔世龙　方　珊　汪明龙
俞子婕　李雪连　张　宇　梁俊琦　刘博雅　靖御斌
王银磊　郭　颖　刘　觅　孟　萍　陈怡梦　郭梦圆
焦　点　吴顺妞　刘　铭　刘青菁　魏珺孺　张　震
李　强　高文倩

2017 年上级团组织表彰名单

2016 年度河南省五四红旗团委
机电工程学院团委
2016 年度河南省五四红旗团支部
粮油食品学院食品科学与工程专业 1503 班团支部
2016 年度河南省优秀团干部
新闻与传播学院团委书记范新爱
2016 年度河南省优秀共青团员
国际教育学院学生陈韵秋

2017 年度全省团干部直接联系青年“最美青春故事”名单

土木建筑学院团委书记王萌

2017 年度“中国电信奖学金 · 飞 young 奖”

信息科学与工程学院电科 1402 班王恩临

化学化工与环境学院化工 1402 班徐金杰

2. 获河南省学业奖学金人员名单

河南省学业奖学金（博士）

管理学院

邵开丽

化学化工与环境学院

侯丽芬　纪俊敏　吴立根

经济贸易学院

孙红霞

粮油食品学院

刘远方　岳清华　张　浩　李明菲　王香玉　闫慧丽
岳媛媛　张丽丽　杜　艳　刘远晓　苗世远　孙晓洋
田萍萍　王　峻　张耀磊

土木建筑学院

段君峰

信息科学与工程学院

段珊珊　周　颖　包　晖

河南省学业奖学金（硕士）

材料科学与工程学院

黄庆飞　刘鑫鑫　赵远勇　朱肖华　窦志强　王丽晶
谢育波　张红娟　韩志静　晋　凯　宋英桃　苏　凯

电气工程学院

孟　蒙　宁子健　邢军辉　张钦尧　张紫烨　刘　磊
闫　东　岳朋闯　张立良　赵艳阳　郭晓东　何前磊
刘任波　孙道辉　陶平平　王文博　韩晓磊

法学院

许小凡　许玉楼

管理学院

郭春辉　原晓雪　张雅鸽　赵　艳　葛　孟　王慧敏
尹　璐　陈　玮　高尚晗　广黎明　郭思源　冀　欣
李宇明　刘姣姣　逯　洋　孙　青　孙文迪　王梦超
王　莹　吴小艳　姚　双　柴亚茹　常冷雪　付　凯
高京霞　李贵伟　李　欣　苗　绘　任迎迎　孙昊楠
张静雅　张凌波　张　梦　张　松　祝瑞彦　米　燕

化学化工与环境学院

程少鹏　胡怡洁　李　艳　李云飞　柳　欢　张　衡
暴晨光　陈银玲　高春利　韩佳静　段俊跃　黄志鹏
金绍锋　刘琪琳　刘　洋　宁可可　王　磊　王　龙
熊云飞　杨登辉　杨　振　朱军亮　左慧颖　侯国辉
张　明　李　闯　李　招　王金双　郑亚丽　周怡芳
余林达　杨俊杰　曹恩泽　曹文胜　李飞宏　李　琦
汪亚楠　吴来荣　陈兆辉　马　琳　王慧慧　王　昆

机电工程学院

祁莉霞　李永喆　盛　洁　王婼楠　方　恒　张　鑫
陈艳雷　马建宇　王　攀　王维豪　赵　耿　靳航嘉
李冲冲　李　聪　邵启鹏　宋昊举　朱月松　李宾军
徐嘉辉　庄召鹏　陈晓阳　程晓辉　符文静　胡金中
林冬华　闫泽民　张家恺　张　卓　陈　静　李　端
李　显　秦得超　尚　坤　汪杨智　宣德坤　杨　雷
郑金勇　陈留记　高东恩　凌　晗　王志敏　杨明超

经济贸易学院

白冰洁　高　卫　郭迎春　胡淑燕　李　昂　李宁飞
刘丰华　南　琼　申子钰　杨晓娜　张　睿　朱叶红
贾刘伟　孔繁华　雷超凡　刘　金　刘津梦　潘　晨
史红彦　王晨璐　王　惠　王丽丽　王梦佳　叶丽丽

袁霄飞　郑竞放　周　帅　何青畔　王格格　赵璐璐
孟延涛　王长春　王亚冉　李新颖

理学院

刘金刚　陈飞跃　朱威峰　王永俊　周瑞芳　王丹丹
张晓菲　张文秀

粮油食品学院

霍鸣飞　马　彬　马昀钊　郭　续　冀　乐　张振军
陈　卓　单常尧　何梦婷　侯居东　黄依林　康宇龙
李霁瀛　凌冬冬　杨　涛　陈丛丛　陈　红　金珍珍
刘　畅　刘天天　刘　艳　麻梦含　屈小燕　王　好
杨月月　郑桂娟　张晨霞　陈秋平　仇记红　崔文慧
杜耕安　杜　娟　段菲菲　高国祥　高　晴　高雅君
郭莹莹　郭永生　胡惠影　胡玉兰　焦婷婷　李建飞
李晓晓　李雅娴　李永恒　李宇健　刘成龙　路光辉
吕　宁　毛青兰　皮江一　申　倩　石　飞　宋　斌
孙　榈　檀　静　王崇崇　王璐阳　王　威　王英丹
王莺颖　魏茂林　谢庆方　薛晓程　杨　龙　杨　明
殷晶晶　尹惠双　袁青丽　张贝贝　张鹏举　张　倩
张　勤　赵树南　赵　爽　赵益菲　周锦芬　左贯杰
陈　晨　炊宁玉　邓金良　董慧燕　付鲜丽　耿军凤
韩思萌　贺　星　姜少磊　雷雅男　李潮鹏　李　晨
李　蕊　李婷婷　梁会会　刘静静　陆　应　吕丁阳
罗　杰　马钧婷　宁梦鸽　潘润森　庞锦玥　钱晓洁
秦士博　邵　珂　宋梦锟　孙亚森　汤桂云　万梦飞
王宝婷　王晨光　魏秋瑞　魏贤之　夏子文　徐咏宁
闫景峰　闫小孩　严婷婷　杨思齐　姚　宁　于小帅
张春雨　张　迪　张飞鸿　张家枫　张家豪　张润阳
张　雨　赵　飞　赵　冉　周龙正　朱晓阁　安　迪
白复笑　常慧敏　陈　莉　崔明玉　崔晚晚　韩　雯
李慧芳　李婕妤　李柯柯　李　琳　李雁飞　刘锦铭
刘露露　刘素慧　刘　颖　齐　婧　秦瑞旗　田　甜
仝　桐　汪　翔　王　晨　王海杰　王红亮　王俊俊
王　培　王晓丹　王艳丽　王游游　许晓兰　杨　婷
杨莹琦　叶俊芳　于文秀　余晓宇　岳金霞　悦燕飞
张梦涵　张明丽　张　玮　张元薇　张　政　赵格格
赵璐玲　赵自通

马克思主义学院

陈鸣澌　丁其兆　兰慧娟　王幸美　赵晓燕　赵　云
柴淑婉　崔　璨　罗洒洒　杨　琪　赵　晖　赵　雅
冯颂颂　刘　文　皮明辉　宋伯森　袁　苑　张　蔚
周　欣

设计艺术学院

崔东杰　郭文静　苏超然　王文静　张倩倩　郭亚丽
李婉雪　刘　沛　刘　珊　刘　颖　朱婉雪

生物工程学院

付笑飞　马青松　唐　静　陈　菲　陈志强　秦素雅
张璐洁　符运会　孟　瑶　石妍妍　耿瑞蝶　郭钰婷
马文文　吴亚东　袁文静　朱冰洁　邓珍丹　李　龑
秦逸飞　张　博　张甜甜　张月阳　陈　昶　潘　磊
史艳楠　郑丽博　刘政伟　王丽洁　张瑞玲　黄　巍
位启先　刘仕飞　沙　宇　石微妮　赵佳瑞　朱嫚嫚
彭华康

土木建筑学院

陈剑桥　管晓旭　王　聪　程彬彬　王　磊　原振华
刘晓娜　闫泽文　周　铎　毕来宾　陈旭斌　高亚飞
李明月　李倩倩　李喜全　刘超赛　南少伟　士贺飞
张盼盼　张玉佩　李腾龙　凌　航　刘丹丽　刘　杰
刘　军　刘　勇　牛鹏飞　孙　蕾　孙运德　田栓柱
王永刚　王　珍　魏世广　杨安伦　张天鹏　周长明
朱东东　冯先超　蒋　赛　李志谦　廉晓敏　田栋杰
王世豪　谢飞亚　闫勇勇　周　秀　胡　娟　霍承鼎
李东桥　王　强　王　硕　徐　晨　尹淑君　金亚婷
刘文磊　王怡晓　王子嘉　张瑞元

外语学院

杜增辉　方喜军　王聪聪　谢碧云　杨春雨　肖艳伟
杨　霞　姚　竹　周昊亮　樊梦鹤　卢　静　秦　昕
徐　勤

新闻与传播学院

钱奕李　迟　源　洪　洋　孙美艳　王灵玲　郑佩敏
陈长飞　李传浩　王亚慧　徐梦梦　赵　宇

信息科学与工程学院

汪俊峰　樊亚锋　冯鸿超　刘东丽　王启明　熊　伟
张　鑫　蔡春花　桂　便　江昆鹏　李　航　理金龙
徐路路　张如青　李　浩　王　宇　赵文君　庞闻辉
李瑞洋　余　今　冯　斌　郭平飞　张津源　曹培格
贾曼曼　李鹏鹏　晁永阳　陈　岳　郭亚菲　李亚飞
万晨霞　万　静　姜芃旭　任方涛　宋雨佩　王姣姣
吴艳丽

3. 2017年获国家奖学金人员名单

国家奖学金(博士)

粮油食品学院

夏义苗

新闻与传播学院

任聪喆

信息科学与工程学院

秦　鹏　赵奎斌

国家奖学金(硕士)

材料科学与工程学院

杨宝震

电气工程学院

白薇薇

管理学院

王小魁　翟梦凡

化学化工与环境学院

安　振　王泽华

机电工程学院

陈雅福　赵俊杰

经济贸易学院

杨绍闻　刘　赟

理学院

刘丽杰

粮油食品学院

安柯静　陈佳丽　贺梦雪　侯雪贝　刘紫鹏　王高尚　魏晓博　郑家宝　闫洒洒

马克思主义学院

高文倩

设计艺术学院

许　辉

生物工程学院

纪小国　刘帅楠

土木建筑学院

李　萌　刘　兵　赵　婉

外语学院

孙　强

国家奖学金(本科)

材料科学与工程学院

朱艳琳　孙绪绪　张镇峰

电气工程学院

陈　鹤　李　刚　贾　勉　郑启圣　刘玉莹

法学院

李　森

管理学院

贾宗雅　张晓雪　周　星　孙小艺

国际教育学院

倪馨郅　赵　静　张浩雯　许　柠　赵文熙

化学化工与环境学院

范鹏榆　何伟业　张冰玉

机电工程学院

马慧欣　刘书如　席雪萌　孙　辉　梁高帅　郭锐阳

经济贸易学院

李慧慧　付　媛　娄慧敏　孙艳蕊

理学院

李鹏飞　张艳艳

粮油食品学院

李　斐　周　瑜　杨亚洁　郭军华　郭潇瑾

设计艺术学院

王　丹　孙红阳

生物工程学院

李静文　宋　爽　刘亚南

土木建筑学院

曾　超　李艺彤　赵潇羽　黄宜文　张　赏　张心语

外语学院

陈　哲　李佳颖

新闻与传播学院

秦　越　张亚芳　周艺萌

信息科学与工程学院

米　欢　冯婧涛　王思琦　郭志强　徐蕴琦　陈　岩

专科国家奖学金名单

职业技术学院

孟敏敏

中英国际学院

陈怡梦　郭梦圆　吴顺妞

4.2017年获国家励志奖学金人员名单

材料科学与工程学院

刘　琪　洪莉睿　姜紫凌　屠菊萍　马　贺　秦光宇
王邵瑀　马丽君　王久福　张　蔷　白雪薇　张晨阳
刘友通　王泽川　凡莉花　李茹雪　岳怡彤　惠　资
王秋月　李邓阳　张湲茗　杨素杰　郭　旭　李艳婷
周俊杰　马　曦　曾献伟　李华清　张茂林　李　昂
胡芳芳　曹　博　韩金钊　刘腾飞　张　倩　刘雪涛
王继超　焦笑霞　宋青青　张建红　裴人杰　郭志全
李　洁　沈凯月　杜一帆　刘亚东　闫　迪　刘　洋
刘青松　张　硕　董浩永

电气工程学院

陈飞飞　何永强　管广域　李　丰　边兴邦　李思远
贾宗连　刘光辉　苏涵玥　位帅豪　卓美玲　刘　莲
乔　琳　李　珂　王　通　彭　阳　屈银松　赵永玻
张秀敏　刘俊鹏　左自强　郭俊煌　靳芳芳　徐耀辉
李　鑫　曹春雨　韩　琳　常林肖　杨志伟　赵悦林
陈梦茹　李　倩　薛礼啟　张浩书　孙桐妍　叶佳南
张国振　赵利达　曹　冉　胡义真　郑岚岚　葛　涛
裴亚晨　穆帅飞　张国瑞　楚　昕　尚媛芝　周亚帅
刘嘉雯　杨永胜　陈希翔　孔雅婷　齐永兰　刘星灿
王　盼　熊保全　宋春玉　毕清博　郭园园　李　洋
吴雪萍　王伟杰　董昌昊　马二腾　黄腾龙　李海艳
刘博士　张　畅　李小雨　周江龙　张佳明　宋明明

法学院

陈　全　张海庆　高拉杰　孙倩倩　田帅杰　邓嘉琦
汪亚枫　焦　蕾　刘芳如　程晓青　陆园春　王　奕
杨怡莹　张会蒙　马婉茹　杨　晶　李泽坤

管理学院

王亚真　周静想　郅　倩　黄大志　张明杰　常陆雨
卢燕莉　孟晓杭　翟晓雪　杨　灿　周院军　路　会
郑佳美　张心悦　王　博　郭梦琳　李俊亨　张梦雨
郭妮诗　刘　巧　周　归　刘紫薇　曹　颖　陈玉莹
孙丽燕　柳晔珍　张晓蒙　高珊薇　李　雪　代冬霞
李佳佳　罗　芳　李梦杰　孙秋荷　刘倩倩　户　召
李春荷　杜　新　施有倩　李锦锦　赵李琳　韩丽婷
祝会霞　何舒雅　邓　凯　马文博　刘雅婷　李洁清
苏能能　张　倩　刘　景　韩　倩　张雪彤子
杨运琼　刘乐乐　陈丽丽　崔闻迪　郭凤君　韩　丽
刘艺琳　雷婧祎　曹彦彦

国际教育学院

曹晶飞　雷乐瑶　李晓玲　汪冰倩　李康玮　顾泽玮
赵征美　张莹香　钟　丽　刘小璐　孙　娅　范　璐
朱　虹　钭菁华　刘　慧　王雅琼　赵蕴璐　王　菲
吕利兰　程韵颖　李彦仪　李淑娜　关彬彬　臧北辰
李晓妍　祝　溪　黄　瑞　俞子婕　杜安琪　田　妮
董颖杰　郭　颖　种俸亭　于　皓　耿东雪　李　沛
刘士莹　胡陈琪　王楠楠　李潇雅　邢晨阳　韩坤宸
姚洁琼　马忠婕　李　垒　谢　旭　李雪连　曹露方
崔子怡　赵春艳　辛如月　殷晓琳　韩　澍　邵宣淳
邢云青　张　莉　李超楠　孟文凤　刘登旭　黄宗文
陈婷婷　王玉龙　林梦瑶　李金怡　郑晓晗　徐嘉欣
江海宙　陈　爽　王彩玲　张力凡　李　想　孙　宾

陈小雨　黄春艳　朱闪闪

河南辅读中等职业学校(联办)

刘　硕　谢冠磊　张铭会　周　建　王　震　杨秋晨　张克文

河南应用技术职业学院(联办)

王慧娟　王书锴　王晓敏　张亚鹏　陈世琪　于梦梦

化学化工与环境学院

梁晶晶　陈硕硕　姚剑康　章小云　徐家洛　李鹏凯　李海东　杨秋婷　钟　嫄　郑向前　刘冉冉　李浩博　毕　航　朱金凤　张伟凡　徐南豪　周会杰　刘　俊　杜育东　侯莉宇　王清雪　陈孟杰　刘　慧　张纯青　赵英伦　林莎莉　王　颖　卜丹丹　苏露瑶　殷缓缓　胡扬香　王　露　段培宇　吴东明　熊安贤　郭　滢　孟德康　张　翠　王旭东　李　宁　耿文达　范贝贝　闫鹏泉　江立雨　徐　品　徐忆晗　杨海迪　于亚楠　蒋　宇　胡　童　刘贝贝　翁越华　彭　方　张卓琳　张　瑾　张作粮

机电工程学院

王海清　宋　泽　史维清　李振涛　毕素涛　王旭亮　代　佳　耿　彬　初虎波　王　绮　陈晓玉　丁亚阁　管志伟　杜帅辉　张路路　刘亚洲　张雪晴　刘彦胜　吕家玉　张双双　洪　丽　焦世鹏　孙光辉　胡　静　张鹏辉　郝建涛　张　玲　李　娜　丁乐乐　林　鑫　冯军伟　姬学欢　霍之琳　朱桃桃　侯趁意　李小军　刘依依　高梦媛　杨云鹏　杜志浩　李　怡　闫文涛　李晓婷　李亚平　任洪涛　卫梦圆　关俊豪　张志明　王亚震　任俊飞　高倩倩　王　欢　徐照宁　史志峰　邱文珂　贺文斌　陈博利　赵帅涛　竹跃可　刘佳星　岳天宝　杨永瑞　张强威　王　菲　田松林　薛耀东　蒋寸才　柴子元　高偌霖　刘　洋　张事成　胡田睿　周亚琳　夏铭浩　高　正　田　亮　秦　雷　郝肖华　祁理科　杨战伟　刘美娜　王　琳　刘　健　王银富　王　佳　张春洋　史子麟　宋世光　周　研　赵前程　李柠盈　屈世阳　杨　轩

经济贸易学院

段海林　周红梅　陈希琳　余琪睿　周豆豆　侯亚敏　刘　飒　王　晨　刘艳丽　冯海峡　孙冰梅　潘盼盼　张仪琳　康　苗　闫有文　张　静　王文君　李　幸　王林阳　王山峰　何琴慧　周　悦　马荟馨　代佳莉　陈　浩　徐亚北　赵钰琳　许　悦　陈　宇　刘群菲　陈白玉　张　宁　吕肖童　叶甜甜　肖山修竹　马晓翱　曹婷婷　付文佳　李　莉　韩　璐　冯　甜　张露露　张池慧　韩笑笑　柴剑云　李宪坤　高永伟　仇　琳　郑晨丽　孙英男　宋亚培　李　勤　靳摇摇　梁梦杰　宋振楠　曾广梅　朱思敏　陶　柯　关菁华　朱辰雅　刘阳阳　刘真真　任雪珂　张冬冬　张孟姣　尚晨曦　宋孟韩

理学院

范晶晶　王艳芳　钱荟卉　刘肖会　张新瑜　李双好　张孟娜　张路瑶　郭必诞　李秋实　李朝柱　朱智慧　张　琦　彭晓青　周　雯　王　倩　王小庆　吴世英　苏行松　马国龙　任雨霞　次静轩　梁俊超　梁　洁　蔡　恒

粮油食品学院

杨丹丹　程子航　王蒙蒙　刘　璐　刘一丽　王璐璐　闫　颖　杨　婕　杨晨晨　陈　婷　王梦韦　肖　禄　皇甫新燕　王芳敏　荆　卉　史亚新　陈小洁　纪晨雪　贾婉婷　李　凡　霍珊珊　张宇宵　袁洪闯　张娜威　田瑞瑞　王　诗　任丽圆　王倩玉　戴灵娟　邵之晓　耿海永　苏　芮　赵智慧　张　太　杨梦瑶　柯莹莹　冯文娟　秦洁茹　赵俊朋　王　状　李小萌　张瑞迪　郑云凡　陈园园　陈　平　陈启飞　王艳琼　胥婷婷　孟　楠　潘佳静　许一琦　程丽萍　郑洋洋　郭　庆　彭　蕊　赵　晴　郭　琼　刘晓影　陈文彦　于文杰　姬阳天　孙杨雪　史莉莉　段杏柯　江　聪　郭玉霞　张卓亚　黄如梦　娄小方　任晶晶　谢选盈　张　琛　程舒雅

漯河工学院(联办)

刘二峰　胡春亚　平　倩

设计艺术学院

苗景玉　季　雯　孟　萌　吴亚茹　林嘉敏　郑乾雨　常一博　田丽丽　代靓琦　齐欣悦　许俊杰　叶学琴　杨　柳　汪明龙　冉萌鑫　樊靖远　唐　乾　周子明　李芃良　张佳佳　常怡雯　马宇飞　周江成　崔世龙　李　薇　李秋羽　王路遥　苏　杭　张靖睿　张　萌　孟德凯　黄盼杰　田　纹　李　欣

生物工程学院

郝超毅　冯倩倩　李喜阳　崔慧敏　鲍军秀　付　蕾

刘思雨　刘　琪　李宁红　聂俊玲　李　琳　高　歌
杨玉洁　李　静　陈艳蝶　陈思佳　段香媛　张丽萍
徐欢欢　穆棒棒　段烨红　孟祥阳　刘春雨　井曼曼
关兴磊　商　娜　苗青沛　刘俊浩　丁洋洋　李瑞盈
程安娣　王　旋　李　成　刘利华　陈玉梅　朱秋美
韩冰清　高伟欣　徐梦蔚　马晓云　吴长涛　詹　萍
侯婉毅　丁鑫芳　李晨月　吴嘉莎　梅玉影　张玉雪

土木建筑学院

花艳楠　胡健坤　王梦森　谢雁杰　戴梦婷　张鹏宇
高慧芳　柴博文　宋雅博　张鹏飞　林泽辉　朱　贺
于　鑫　付立欣　陈　旭　杜瑞瑞　刘　涵　王　韶
郭俊乐　顾文俊　徐尉豪　冯玲香　程　琳　邵兴文
郭金聚　马义娟　郜俊豪　黄路环　马小朋　陈晓帅
王　权　刘梦梦　张迎宾　黄莎莎　薛俊超　陈小伟
宋　珂　张帅辉　谢云飞　李嘉欣　陈卓婷　刘　博
王子涵　景雅蓝　余　帆　席晓莹　张娜娜　秦肖伟
张　岩　李　冉　马晨宇　程素雅　徐凯凯　赵志新
杨迪开　骆　倩　张　楠　常　楠　纪伟伟　李云鹏
李旭蕊　梁　瑞　蔡　衡　于明阳　韩　爽　赵要康
辛勇慧　郝金钱　梁　迪　王焕焕　管　彤　陈　锐
朱广杰　潘　樊　唐　静　韩祝奇　叶美帆　周华昆
周　琳　轩圣武　刘永帅　李　建　陈　宇　吴建新
李家乐　李　东　郑彬彬　张艺帆　刘盼盼　刘定坤
杨　柳　王　力　范文方

外语学院

康耀文　王家昕　陈明玮　贾鑫怡　程凌云　段亭如
位　展　赵　丹　赵京鹤　吴亚辉　刘方杰　武淑婷
焦　玲　李　明　邓园园　李建培　韩璐璐　李婷婷
罗秀雅　张　彤　李　源　汪　琼　张佳佳

新闻与传播学院

赵景亮　赵　蕾　赵鑫梦　谢雅昕　常　靳　刘萌萌
胡笑颖　双　雪　王媛媛　王　明　刘雪洁　时璐瑶
夏怀城　张文静　张云梦　杨皖玉　于　铭　郑俊儒
李莉莉　朱会霞　刘露雯　邢圣爱　宋慧芸　王晨光
吴梦姣　侯权威　刘润锋　舒　敏　张文宁　汪乐萌
赵　倩　范赛华　张圣洁　罗　芳　裴丽华　李　晨
李志翔　许阳光　佟冠男　黄　欢　雷婕妤　胡　晓
刘盈杉　卫思远　刘嫒璇　段婷婷　李　莹　刘满连
裴　菲

信息科学与工程学院

赵小斐　樊文静　张静雯　王　琪　汪志鹏　苏格格
豆晨晨　慕方方　苏　杰　王春燕　刘东旭　安有为
袁珂晨　李　阳　刘忠源　余丹丹　张玉巧　范诚诚
马博杰　李　宁　王　晴　王旭博　郝志鹏　张桂硕
曹新雷　王恩临　钟　洁　季玉双　罗传威　何贺贺
卢梦晨　任殷林　李　凤　孙晓旭　丁梦迪　刘　坤
袁蕊甜　李正豪　周　游　杨园利　叶　婷　孟令昌
杨炳玮　周建强　张国汉　王明慧　韩云霞　焦亚楠
王仲元　张亚如　陈凯燕　张　铮　李　杰　卫云凤
郑彬彬　郭田雨　李琳琳　刘婷婷　宋广辉　苏亭亭
王　赛　吴少林　陈建生　张琳琳　白文超　杨思栋
陈　锴　梁　正　王豪杰　王芳芳　王海廷　魏素华
闫明洋　张定文　方　瑜　朱可莹　杜俊康　郭明哲
刘　坤　于子勇　吕国锋　包　俊　郝士倩　马亚卿
彭亚斌　张方园　张　淼　吴思琪　李志恒　肖郑磊
高　天　郭丽萍　赵晨言　周俊兴　吴　银　汪文豪
宋志豪　吴兆青　胡文博　段培培　张星娜　姚东阳
李　晨

职业技术学院

李耀坤　石如霞　刘婷婷　李心梦　魏新铭　赵康尧
赵叶娜　薛豫龙　尹培宝　邓云茹　范春芝　李晨飞
刘　薇　王　雪　董一彤　张延龙

中英国际学院

孟　萍　周港华　焦　点　段莹莹　杜欣凤　薛淑敏
王言言　刘青菁　袁　涛　万艺阳　杨婉君　吕福勇
白天文　侯家铠　周炳焱　马振宇　王　硕　米增玉
范贝贝　王艺颖　刘　莹　侯冰杰　史留星　房晓环
宋　满　崔楚楚　栾程翔　吉　雪　梅清灵　耿强伟
胡玉哲　杨　珂　贾志豪　寇俊豪　皮宽宽　杨翔宇
马传冰　刘　港　田壮壮　武晓倩　朱高帅　李悟通
王硕哲　王艳阳　池国华　吴峰峰　张　震　吴春阳
邢洋洋　张会娟　杨　溢　展　羽　刘晓丹　苏　芮
谢亚龙　辛欣欣　刘　铭　彭亚兰　申庆悦　霍海洋
李雨菲　陈佳乐　潘诗瑞　刘晓雪　周荣悦　夏　旸
张凯雯　朱瑞元　马雅洁　周　岩

· 毕业生名单 ·

1.2017 届研究生授学位名单

表 17-1　2017 届博士研究生授学位名单

序号	姓名	学科(专业)名称	论文题目	导师	博士类别
1	李智慧	食品科学与工程	储粮温度分析与预测理论及技术研究	甄　彤　祝玉华	工学
2	郝莉华	食品科学与工程	酶法同步提取花生蛋白和油脂体机理的研究	陈复生	工学
3	张　苗	食品科学与工程	基于压力传感器的粮仓储粮数量检测理论与方法研究	张德贤　张　元	工学
4	郭小波	食品科学与工程	基于近红外光谱和深度学习的小麦品质检测理论与技术	张庆辉　张德贤	工学
5	陈家豪	食品科学与工程	散装粮堆空间压力场理论与试验研究	王录民　韩　阳	工学

表 17-2　2017 届硕士研究生授学位名单

序号	姓名	学科(专业)名称	论文题目	导师	类别
1	樊晨希	应用经济学	基于关联网络的区域金融发展收敛性研究	谷秀娟	全日制学术学位
2	陈飞晓	材料学	陶瓷结合剂 CBN 磨具的微波制备及其性能研究	赵志伟	全日制学术学位
3	王彦行	应用经济学	郑州航空港经济综合实验区发展的金融支持研究	谷秀娟	全日制学术学位
4	池优阳	机械工程	钢索管式刮板输送机数值模拟与研究	阮竞兰	全日制学术学位
5	侯凡一	食品科学与工程	肉桂酸型酚酸的亲脂化改性对其抗氧化活性的影响研究	刘　伟	全日制学术学位
6	杜少轩	土木工程	胶圈接口管道与土摩擦及滑动特性研究	韩　阳	全日制学术学位
7	林绿叶	机械工程	基于液晶高分子注塑成型过程的微流动研究	王志山	全日制学术学位
8	韩　雪	食品科学与工程	挤压处理麸片回添粉的储藏及品质研究	郭祯祥	全日制学术学位
9	张　宇	化学工程与技术	新型微孔聚合物固载钼基催化剂的制备及催化性能的研究	杨新丽	全日制学术学位
10	李小辉	材料学	不同工业氧化铝粉在加热过程中物相和形貌的变化	毕晓勤	全日制学术学位
11	宋亚博	食品科学与工程	中试条件下微波处理对发芽小麦品质的影响	赵仁勇	全日制学术学位
12	李　洁	建筑学	中英交通规划决策系统对比研究	张　旭	全日制学术学位

续表 17–2

序号	姓名	学科(专业)名称	论文题目	导师	类别
13	李怡霖	建筑学	养老院公共空间环境设计研究——以郑州地区养老院为例	郭全生	全日制学术学位
14	冯　铎	马克思主义理论	“共享发展”理念下十六大以来财政惠农政策变迁研究	刘晓欣	全日制学术学位
15	王文婷	外国语言学及应用语言学	图式理论视角下《骆驼祥子》两英译本中文化负载词的翻译对比研究	轩治峰	全日制学术学位
16	张　爽	企业管理	网站的交互记忆对社交商务意向影响的实证研究	魏明侠	全日制学术学位
17	何亚琼	马克思主义理论	社会主义新农村建设中的家庭建设研究	杨六栓	全日制学术学位
18	李　超	信号与信息处理	压缩感知在有限反馈预编码中的应用研究	傅洪亮	全日制学术学位
19	耿超亮	材料学	高韧性聚晶立方氮化硼(PcBN)复合片的制备及性能研究	邹文俊	全日制学术学位
20	纪小会	材料学	铝空气电池弱碱性电解液体系的研究	王庆伟	全日制学术学位
21	高　元	材料学	溶胶–凝胶法 R–ZBS 低温陶瓷结合剂的制备与表征	侯永改	全日制学术学位
22	李广锋	材料学	低温陶瓷/铁基金属结合剂的制备与表征	侯永改	全日制学术学位
23	何静远	材料学	磁性物含量对人造金刚石微粉性能的影响研究	栗正新	全日制学术学位
24	李　娟	材料学	金刚石工具用铜基预合金粉末的制备及性能研究	肖长江	全日制学术学位
25	代晓南	材料学	高性能金刚石线锯快速电镀制备工艺研究	何伟春	全日制学术学位
26	张晓玲	材料学	钛合金专用树脂 CBN 磨具的制备与磨削性能的研究	徐三魁	全日制学术学位
27	刘俊龙	材料学	微晶 α–SiO_2 高压相变制备高性能纳米柯石英、斯石英多晶的研究	李　颖	全日制学术学位
28	吴龙超	材料学	三聚磷酸铝改性及防腐蚀性能研究	宋伟强	全日制学术学位
29	王园园	材料学	金属/树脂复合结合剂的制备及性能研究	彭　进	全日制学术学位
30	李　敏	材料学	固定化葡萄糖氧化酶用纳米金刚石的分散及改性研究	栗正新	全日制学术学位
31	申宝星	工商管理	重污染企业社会责任评价研究	秦海敏	全日制学术学位
32	刘时雨	管理科学与工程	P2P 网贷市场生态系统演化机理研究	魏明侠	全日制学术学位
33	樊留强	控制科学与工程	基于矢量字体的机械臂控制技术研究	惠延波	全日制学术学位
34	芦文彬	控制科学与工程	基于 Android 的仿生机器人调试平台	宁　祎	全日制学术学位
35	赫刘勤	控制科学与工程	赤霉病麦粒光电检测应用技术研究	胡继云	全日制学术学位
36	郭长卿	控制科学与工程	小麦制粉能耗模型及控制方法研究	刘楠嶓	全日制学术学位
37	郭爱芹	控制科学与工程	双足仿生机器人柔顺步态控制算法研究	宁　祎	全日制学术学位
38	崔伯渊	控制科学与工程	矿热炉节能降耗技术的研究与应用	牛群峰	全日制学术学位
39	贾玉珊	控制科学与工程	镁合金拉伸矫直过程中材料参数在线辨识	文成林	全日制学术学位
40	焦晶晶	化学工程与技术	磁性石墨烯复合物对有机污染物的吸附性能研究	何丽君	全日制学术学位
41	陈宁宁	化学	黄曲霉毒素印迹聚合物合成及在食品分析中的应用	何　娟	全日制学术学位
42	李伟杰	化学	香豆素的芳基化及喹啉 N–氧化物的芳基化和磺酰化研究	肖咏梅	全日制学术学位
43	胡定炜	化学	层层自组装高效液相色谱固定相制备及评价	江秀明	全日制学术学位

续表 17-2

序号	姓名	学科(专业)名称	论文题目	导师	类别
44	莫璐璐	化学	锂离子电池正极材料 $Li_3V_2(PO_4)_3$ 复合物的合成、电化学性能及表面改性研究	曹晓雨	全日制学术学位
45	王翔翔	工商管理	食品企业的风险交流、交易成本与破产风险:基于 50 家上市公司的经验证据	王志涛	全日制学术学位
46	杨耀旭	应用经济学	我国新型农村合作金融发展研究	丁　华	全日制学术学位
47	赵鹏飞	机械工程	热拔制大型汇气管模压成型工艺及热塑性成形技术研究	刘保国	全日制学术学位
48	黄金来	机械工程	轴系动力学特性测试系统关键技术研究	刘自然	全日制学术学位
49	张　双	机械工程	碾米机中物料流流体动力学分析	阮竞兰	全日制学术学位
50	高宗权	环境工程	硫酸根对缺氧脱氮影响的研究	张书良	全日制学术学位
51	王彬彬	环境工程	调理剂改性及其在污泥堆肥中对氮素形态变化的影响	刘永德	全日制学术学位
52	熊义锋	环境工程	活性污泥对可溶性有机物的选择性吸附	张书良	全日制学术学位
53	张鹏飞	食品科学与工程	赤霉病小麦麸皮中脱氧雪腐镰刀菌烯醇挤压降解效果研究	卞　科	全日制学术学位
54	王太军	食品科学与工程	麸皮乳酸菌发酵改性及其在馒头中的应用	温纪平	全日制学术学位
55	母健康	运筹学与控制论	若干类非线性系统的有限时间控制问题研究	张应奇	全日制学术学位
56	郭　鹏	数学	两类有限 ρ-群的因子分解数	王玉雷	全日制学术学位
57	王中洲	应用经济学	粮食最低收购价政策效果分析及改进路径研究	李利英	全日制学术学位
58	霍道伟	应用经济学	互联网金融对商业银行发展的影响研究	谷秀娟	全日制学术学位
59	马　琼	应用经济学	河南省经济转型升级的金融支持研究	赵予新	全日制学术学位
60	渠顺奇	应用经济学	我国安全评价行业类企业并购整合研究	汪来喜	全日制学术学位
61	马雪玲	应用经济学	博弈分析视角下第三方支付的监管问题研究	张树忠	全日制学术学位
62	刘彦孜	应用经济学	金融支持对粮食加工企业技术效率的影响研究	丁　华	全日制学术学位
63	陈松森	应用经济学	普惠金融视角下商业银行小微企业信贷问题研究——以河南省为例	李绍玲	全日制学术学位
64	耿曼璐	食品科学与工程	植物油甘油三酯及其氧化聚合物分析方法研究	陆启玉	全日制学术学位
65	李海玲	食品科学与工程	芝麻枯萎病菌毒素鉴定及病害条件下芝麻籽粒品质分析	苗红梅	全日制学术学位
66	王　萍	食品科学与工程	富含羟基酸的蓖麻油甘油解的反应规律研究	孙尚德	全日制学术学位
67	班　珺	食品科学与工程	基于核酸适体的黄曲霉毒素 B_1 检测方法的研究	谢岩黎	全日制学术学位
68	拱姗姗	食品科学与工程	醒发工艺对馒头品质影响研究	刘长虹	全日制学术学位
69	李　央	食品科学与工程	硒处理对糙米储藏期脂质氧化的抑制作用研究	陈复生	全日制学术学位
70	毕文雅	食品科学与工程	闽北优质稻最佳储藏条件研究	张来林	全日制学术学位
71	徐广维	食品科学与工程	共轭亚油酸乙酯的制备、结构表征及氧化稳定性的研究	毕艳兰	全日制学术学位
72	杨永杰	食品科学与工程	馒头加工制作及贮藏过程中品质、营养素变化研究	王岸娜	全日制学术学位
73	李继锋	食品科学与工程	酸面团馒头生产工艺参数的优化	赵仁勇	全日制学术学位
74	胡爱鹏	食品科学与工程	植物油料及加工产物中 PAEs 的研究	刘玉兰	全日制学术学位

续表 17-2

序号	姓名	学科(专业)名称	论文题目	导师	类别
75	李昊阳	食品科学与工程	挤压膨化预处理辅助亚临界水法提取玉米皮多糖的研究	魏安池	全日制学术学位
76	许利丽	食品科学与工程	玉米胚及加工产物中呕吐毒素研究	刘玉兰	全日制学术学位
77	朱　伟	食品科学与工程	芹菜在储藏与烹饪过程中营养品质变化及营养素降解动力学模型的研究	吕莹果	全日制学术学位
78	左祥莉	食品科学与工程	不同虫态的蛀食性害虫对小麦蛋白组分及特性的影响	张玉荣	全日制学术学位
79	张振辉	食品科学与工程	挤压处理对麸质物料粉碎特性及全麦粉品质的影响	郭祯祥	全日制学术学位
80	刘远晓	食品科学与工程	赤霉病小麦中呕吐毒素的过热蒸汽降解技术研究	卞　科	全日制学术学位
81	李若昀	食品科学与工程	芝麻 11S 蛋白制备抗氧化肽研究	张国治	全日制学术学位
82	沈耀衡	食品科学与工程	马铃薯面条的工艺研究	陆启玉	全日制学术学位
83	马梦苹	食品科学与工程	马铃薯全粉食品工艺优化及储藏稳定性研究	张来林	全日制学术学位
84	丁璇子	食品科学与工程	猕猴桃糖蛋白与多酚的相互作用及其抗氧化特性的研究	王岸娜	全日制学术学位
85	宋燕燕	食品科学与工程	不同粒度对小麦粉特性及挂面品质影响	陈　洁	全日制学术学位
86	符　杰	食品科学与工程	蛀食性害虫生长繁殖对小麦品质的影响及危害度预测	张玉荣	全日制学术学位
87	朱远坤	食品科学与工程	杜仲籽油的制备及其内源性抗氧化物的研究	张振山	全日制学术学位
88	贺国亚	食品科学与工程	青麦仁面包制备及品质调控规律研究	张国治	全日制学术学位
89	马鹏阔	食品科学与工程	麻球用糯米粉品质评价指标研究	周显青	全日制学术学位
90	赵吉凯	食品科学与工程	短粉路生产全麦粉的技术研究	王凤成	全日制学术学位
91	吴　远	食品科学与工程	小麦淀粉生产副产物糖化工艺条件研究	王若兰	全日制学术学位
92	张雷雷	食品科学与工程	长柄扁桃仁蛋白提取及其应用研究	魏安池	全日制学术学位
93	魏玲玲	食品科学与工程	芝麻苗中黄酮类抗氧化成分提取及纯化工艺研究	毕艳兰	全日制学术学位
94	李晓栋	食品科学与工程	提高冷榨芝麻油氧化稳定性的研究	汪学德	全日制学术学位
95	李莹莹	食品科学与工程	硫酸软骨素的生物学效应及其掺假检测研究	刘钟栋	全日制学术学位
96	王龙飞	食品科学与工程	藜麦蛋白提取及其特性研究	赵仁勇	全日制学术学位
97	余　寒	食品科学与工程	面条蒸制工艺对其品质影响的机理分析	陈　洁	全日制学术学位
98	池永清	食品科学与工程	类可可脂的组成与其应用特性关系建立	徐学兵	全日制学术学位
99	左　娜	食品科学与工程	米糠谷氨酸脱羧酶与钙调素结合方式的研究	陈　洁	全日制学术学位
100	曾维鹏	食品科学与工程	挤压膨化处理麸皮及其在馒头中的应用	赵仁勇	全日制学术学位
101	王　亚	食品科学与工程	油脂中芝麻酚的抗氧化活性、热损耗规律及其转化机理研究	毕艳兰	全日制学术学位
102	张　克	食品科学与工程	淀粉组分及其衍生物对面条品质的影响研究	陆启玉	全日制学术学位
103	温运启	食品科学与工程	植物油料及加工产物中多环芳烃的研究	刘玉兰	全日制学术学位
104	黄　婷	食品科学与工程	酶解对大豆蛋白抗原性的影响及调控机理研究	布冠好	全日制学术学位
105	袁定帅	食品科学与工程	西兰花加工过程中营养品质及抗氧化特性研究	陈　洁	全日制学术学位
106	康莎莎	食品科学与工程	罗非鱼鱼皮明胶制备及其改性机理研究	陈复生	全日制学术学位
107	江潇潇	食品科学与工程	湿热处理对发芽小麦品质及其淀粉组分的影响研究	郑学玲	全日制学术学位

续表 17-2

序号	姓名	学科(专业)名称	论文题目	导师	类别
108	陶金亚	食品科学与工程	不同储藏条件对红豆品质稳定性的影响研究	张来林	全日制学术学位
109	蒋志磊	食品科学与工程	棕榈硬脂制备人乳脂替代品及质量评价	梁少华	全日制学术学位
110	徐启恩	食品科学与工程	超声辅助酶法提取麦麸阿拉伯木聚糖的工艺优化	温纪平	全日制学术学位
111	彭田园	食品科学与工程	热处理对全麦粉中烷基间苯二酚的影响研究	赵仁勇	全日制学术学位
112	江　鹏	食品科学与工程	营养强化成分对面条品质影响的研究	陆启玉	全日制学术学位
113	刘白瑞	马克思主义理论	马克思主义生态文明视野下的宪法环境权分析	谭　波	全日制学术学位
114	陶彦平	马克思主义理论	新常态下大学生弱势群体问题研究	杨六栓	全日制学术学位
115	王潇蓉	农业昆虫与害虫防治	不同储藏技术处理条件下小麦中呕吐毒素含量变化研究	王殿轩	全日制学术学位
116	刘淑丽	农业昆虫与害虫防治	高温驯化对赤拟谷盗热胁迫生态适应性的影响研究	吕建华	全日制学术学位
117	苗世远	农业昆虫与害虫防治	38 种储粮昆虫中 Wolbachia 的共生情况调查及 Wolbachia 对杂拟谷盗生殖调控的研究	鲁玉杰	全日制学术学位
118	赵亚茹	农业昆虫与害虫防治	利用 DNA 条形码技术对拟步甲科主要储粮害虫鉴定的研究	鲁玉杰	全日制学术学位
119	赵海鹏	动物营养与饲料科学	我国主要储粮区域储粮昆虫分布特性研究	王殿轩	全日制学术学位
120	郑　祯	农业昆虫与害虫防治	五种主要储粮害虫高温期发生发展规律检测研究原题目:我国高温高湿区主要储粮害虫发生发展规律研究	王殿轩	全日制学术学位
121	董　震	农业昆虫与害虫防治	赤拟谷盗成虫对小麦粉挥发物的触角电位和行为反应	曹　阳	全日制学术学位
122	江亚杰	农业昆虫与害虫防治	我国常见鞘翅目储粮害虫系统发育研究	曹　阳	全日制学术学位
123	毕振原	微生物与生化药学	麦胚球蛋白的抗炎活性及组织修复作用研究	黄继红	全日制学术学位
124	徐　艳	建筑学	大型商业建筑室内外空间导向研究	郭全生	全日制学术学位
125	张丽娟	建筑学	城市微型公园景观设计研究	刘世声	全日制学术学位
126	杨琳康	建筑学	中原地域标志性建筑的符号学设计研究	李长春	全日制学术学位
127	彭　珂	马克思主义理论	习近平治国理政思想研究	杨卫军	全日制学术学位
128	高　翔	马克思主义理论	友善价值观的当代意蕴及其践行路径研究	刘晓欣	全日制学术学位
129	张恩爽	动物营养与饲料科学	超微粉碎粒度与热处理对棉籽粕功能特性的影响	王卫国	全日制学术学位
130	赵笑笑	动物营养与饲料科学	灵芝多糖分子特征及吸收机制的研究	张慧茹	全日制学术学位
131	李　溪	动物营养与饲料科学	降解玉米赤霉烯酮酵母菌株的选育及其降解性能的研究	王金荣	全日制学术学位
132	陶　源	植物病理学	PVY 引起马铃薯块茎坏死相关基因研究与抗病毒药物筛选	吴兴泉	全日制学术学位
133	张会娟	发酵工程	黄酒色泽形成机制及其与营养物相关性研究	惠　明	全日制学术学位

续表 17-2

序号	姓名	学科(专业)名称	论文题目	导师	类别
134	李超楠	微生物与生化药学	抗菌肽 CGA-N12 降低线粒体膜电位机制初步研究	李瑞芳	全日制学术学位
135	胡晓伟	微生物与生化药学	葡萄酒中抗白癜风潜药多酚氧化酶的分离及其性能研究	王卫国	全日制学术学位
136	陶宜辰	微生物与生化药学	腊肉白斑的研究及降血脂潜药 1,3-甘油二酯的制备与纯化	王卫国	全日制学术学位
137	李　阳	药物化学	脂蛋白相关磷脂酶 A2 免疫层析法的建立及初步应用	王云龙	全日制学术学位
138	李瑞静	微生物学	芽孢杆菌抗菌脂肽对禾谷镰刀菌作用机制的研究	陈　亮	全日制学术学位
139	雷　阳	微生物学	LaeA 调控黄曲霉毒素合成的胞外蛋白研究	胡元森	全日制学术学位
140	王亚君	微生物学	禾谷镰刀菌 Rab7 效应因子 VPS26 与 VPS29 的研究	蔡静平	全日制学术学位
141	王　珏	土木工程	筒仓散体储料空间静压力试验研究	韩　阳	全日制学术学位
142	胡　颖	土木工程	海洋环境下混凝土结构基于遗传算法的耐久性优化设计	金立兵	全日制学术学位
143	周　闪	土木工程	粉土地区螺杆桩承载特性的应用研究	杜明芳	全日制学术学位
144	李晓朋	土木工程	BIM 在复杂工程项目协同管理中的促进效果分析	陈桂香	全日制学术学位
145	张淑媛	土木工程	塑料-混凝土地下粮仓中塑料连接件的抗拔试验研究	王振清	全日制学术学位
146	李　会	建筑学	城市结构的多维性和复杂性——以兰州市为例	段汉明	全日制学术学位
147	刘瑞丽	计算机科学与技术	地下储粮新仓型及其构造措施研究	王　薇	全日制学术学位
148	张李建	信号与信息处理	奶粉中违禁添加物的太赫兹光谱分析方法研究	张　元	全日制学术学位
149	周海琴	模式识别与智能系统	基于多标记学习的食用植物油分类识别与掺伪检测研究	张红梅	全日制学术学位
150	邵　浩	土木工程	粮食荷载作用下密肋房式粮仓复合墙体整体受力性能分析	丁永刚	全日制学术学位
151	郭祝辉	土木工程	偏心卸料筒仓与粮食散体材料相互作用研究	蔡正银	全日制学术学位
152	赵晓伟	土木工程	粉土地区螺杆桩施工挤土效应影响研究	杜明芳	全日制学术学位
153	崔晨星	土木工程	基于响应面法的地下筒仓结构体系可靠度分析	陈桂香	全日制学术学位
154	陈众威	模式识别与智能系统	基于卷积神经网络的盲人图像触觉识别方法研究	张庆辉	全日制学术学位
155	姚金魁	信号与信息处理	基于射线跟踪法的粮仓无线信道特性研究	朱春华	全日制学术学位
156	王君茹	食品科学与工程	微波耦合壳聚糖覆膜处理小麦胚芽技术研究	苏东民	全日制学术学位
157	代慧慧	食品科学与工程	芝麻油微胶囊的制备及其应用研究	魏安池	全日制学术学位
158	王瑞红	食品科学与工程	大豆蛋白及其酶解产物复配对面条品质的影响机制	郭兴凤	全日制学术学位
159	雷永鹏	土木工程	基于丝瓜微结构的超轻仿生结构设计与热、力学分析	王　辉	全日制学术学位
160	李　明	计算机科学与技术	海绵城市背景下的海绵校园研究——以河南工业大学为例	王　薇	全日制学术学位
161	刘鹏展	材料学	树脂堆积磨料及其在砂带中的应用研究	邹文俊	全日制学术学位
162	高　顺	机械工程	稀土镁合金负极对镁空气电池性能影响研究	马晓录	全日制学术学位
163	李　媛	食品科学与工程	黑豆皮花青素与三价铁及麦醇溶蛋白相互作用的研究	谢岩黎	全日制学术学位

续表 17-2

序号	姓名	学科(专业)名称	论文题目	导师	类别
164	汤培培	食品科学与工程	碱热处理玉米粉及其粉质特性研究	刘亚伟	全日制学术学位
165	岳纲冬	食品科学与工程	不同虫态蛀食性害虫侵害小麦后其淀粉组分及品质变化规律研究	张玉荣	全日制学术学位
166	尚佳萃	食品科学与工程	木薯淀粉脂类包合物的制备及特性研究	刘　洁	全日制学术学位
167	李　焕	食品科学与工程	食用小麦麸皮安全特性及品质改良研究	郑学玲	全日制学术学位
168	杨雅新	食品科学与工程	芝麻种子甘三酯组成特征的变异及其在种子发育加工过程中的变化	郑永战	全日制学术学位
169	孙令令	数学	Darcy-Stokes 问题的非协调有限元分析	肖留超	全日制学术学位
170	田晓会	食品科学与工程	酵母发酵及老面发酵馒头品质及营养特性比较研究	郑学玲	全日制学术学位
171	冯苏敏	食品科学与工程	基于核酸适体的玉米赤霉烯酮快速检测方法研究	谢岩黎	全日制学术学位
172	李雷通	马克思主义理论	习近平绿色发展观研究	李海涛	全日制学术学位
173	房　露	计算机科学与技术	基于 iPhone 的增强现实研究与应用	于俊伟	全日制学术学位
174	杨　娜	信号与信息处理	粮食产量预测方法研究	杨铁军	全日制学术学位
175	侯晓菊	外国语言学及应用语言学	词汇衔接视角下《杀死一只知更鸟》中译本的对比研究	乔　颖	全日制学术学位
176	杨体迪	企业管理	面向家庭农场的供应链金融模式及运行机制研究	肖开红	全日制学术学位
177	孔德培	微生物与生化药学	双歧因子棉籽糖和游离棉酚在亚洲棉诱变后代中含量变化规律研究	屈凌波	全日制学术学位
178	刘斐骁	土木工程	基于等效化方法的混凝土细观损伤断裂研究	金立兵	全日制学术学位
179	李海月	发酵工程	ATP 荧光技术快速检测 8 种常见食源性致病菌研究	黄继红	全日制学术学位
180	赵　孟	计算机科学与技术	电子政务网的网络安全评估技术研究	谭玉波	全日制学术学位
181	肖　蕾	食品科学与工程	储藏环境下优质稻谷细胞衰老研究	王若兰	全日制学术学位
182	刘胜强	食品科学与工程	微波辐照麸皮对全麦粉品质及其储藏稳定性的影响	王若兰	全日制学术学位
183	原　林	食品科学与工程	冷冻冷藏预制面制品微生物菌群分析和质量控制	丁长河	全日制学术学位
184	姚　欣	外国语言学及应用语言学	评价理论介入资源视角下《归家》的人际关系研究	鲍成莲	全日制学术学位
185	孙晓莎	食品科学与工程	荞麦黄酮对小麦淀粉特性影响及其相互作用研究	任顺成	全日制学术学位
186	王　昕	外国语言学及应用语言学	香水广告中语用预设分析	闫丽俐	全日制学术学位
187	刘文秀	工商管理	自然资源绩效审计指标体系构建及应用研究	牛彦绍	全日制学术学位
188	温　泉	建筑学	多维度视角下的中国传统聚落人居环境阐释? 以赣北地区传统聚落人居环境为例	王　薇	全日制学术学位
189	宋宝宝	计算机科学与技术	混合交通环境下十字信号交叉口组织优化方案研究	张　旭	全日制学术学位
190	丁亚琳	马克思主义理论	红旗渠精神的当代价值及对青年学生的启示研究	靳义亭	全日制学术学位
191	高　华	计算机科学与技术	基于云平台的储粮害虫检测识别技术研究	祝玉华	全日制学术学位
192	宋飞如	土木工程	小麦剪切特性的三轴试验研究	王　媛	全日制学术学位

续表 17-2

序号	姓名	学科(专业)名称	论文题目	导师	类别
193	王靖云	食品科学与工程	微量成分对近红外检测植物油酸价和过氧化值影响的研究	毕艳兰	全日制学术学位
194	张　珂	食品科学与工程	茶多酚与醇溶蛋白相互作用对生鲜面贮藏过程品质影响研究	陆启玉	全日制学术学位
195	徐泽健	食品科学与工程	花生油体制备及其稳定性研究	章绍兵	全日制学术学位
196	张耀磊	微生物学	利用过氧化氢酶活性变化预警玉米储藏期间污染 AFB1 的研究	蔡静平	全日制学术学位
197	孟　萌	建筑学	兰州城市景观文化基因的研究	段汉明	全日制学术学位
198	陈陆阳	马克思主义理论	大别山精神的当代价值及对青年学生的启示研究	靳义亭	全日制学术学位
199	孙　超	马克思主义理论	习近平总书记“四个全面”战略布局研究	杨卫军	全日制学术学位
200	孙纳纳	材料学	Ti_2SC 导电陶瓷的合成及性能研究	关春龙	全日制学术学位
201	王立博	食品科学与工程	小麦阿拉伯木聚糖-大豆分离蛋白双网络凝胶体系构建及性能研究	陈复生	全日制学术学位
202	郭发	马克思主义理论	基于思想政治教育视角下的高校创业教育问题研究	刘广明	全日制学术学位
203	李　胜	食品科学与工程	谷维素/谷甾醇与单甘酯复合凝胶油制备及特性的研究	马传国	全日制学术学位
204	张佳佳	化学	热重分析法同时测定粮食中主要成分的含量	展海军	全日制学术学位
205	郑焕青	材料学	聚氨酯超精密磨具的制备与性能研究	彭　进	全日制学术学位
206	申长璞	机械工程	大产量原粮振动清理筛的动力学优化设计	李永祥	全日制学术学位
207	杨卫敬	建筑学	平原城市住宅小区雨水调蓄系统设计	韩　阳	全日制学术学位
208	冯腾飞	机械工程	基于离散元理论的局部粮情处理机器人机构研究	岳龙旺	全日制学术学位
209	潘芳芳	马克思主义理论	河南省高校大学生马克思主义信仰状况研究	钱同舟	全日制学术学位
210	李晓阳	马克思主义理论	意识形态安全视域下的高校历史虚无主义思潮研究	戚世钧	全日制学术学位
211	安　飞	食品科学与工程	木薯淀粉凝胶特性改良研究	刘亚伟	全日制学术学位
212	朱珊珊	机械工程	新型双质体直线振动筛筛分机理及结构研究	武文斌	全日制学术学位
213	李文娟	化学	LiV_3O_8/电活性聚合物复合正极材料的设计合成及电化学性能研究	曹晓雨	全日制学术学位
214	卢昊宇	控制科学与工程	基于激光标定与图像处理的粮仓储粮数量检测系统	吴才章	全日制学术学位
215	李永刚	土木工程	埋地管道周围土压力分布规律的试验研究	韩　阳	全日制学术学位
216	史志乾	土木工程	分仓储粮对粮仓侧压力影响的离散元模拟	曾长女	全日制学术学位
217	李婷婷	土木工程	地铁联络通道冻结施工温度场、渗流场和应力场三场耦合的数值模拟	肖昭然	全日制学术学位
218	岳君君	工商管理	企业社会责任与财务绩效关系的实证研究——跨期影响视角下的面板数据分析	蔡永灿	全日制学术学位
219	郭二东	机械工程	单 AGV 最优路径规划及其系统开发	刘楠嶓	全日制学术学位
220	郭帅辉	建筑学	兰西地区城市规模分布及空间形态研究	段汉明	全日制学术学位
221	黄　轲	建筑学	兰西地区城市功能的协同整合研究	段汉明	全日制学术学位
222	刘兴家	信号与信息处理	基于复杂道路图像的车道线检测研究	樊　超	全日制学术学位

续表 17-2

序号	姓名	学科(专业)名称	论文题目	导师	类别
223	王怡凡	英语语言文学	基于注意假设的非英语专业大学生英语词汇磨蚀的原因研究——以郑州成功财经学院为例	成泅涌	全日制学术学位
224	吕清显	计算机科学与技术	砂土中静压管桩桩周土压力及承载特性的模型试验研究	肖昭然	全日制学术学位
225	杨苗苗	企业管理	企业社会责任、知觉的组织支持感与员工忠诚——项跨层次研究	程云玺	全日制学术学位
226	王　婵	应用经济学	新生代农民工收入状况与消费行为实证研究——基于郑州格力工业园的调查研究	杨　茂	全日制学术学位
227	张书惠	英语语言文学	功能语法视角下《奥普拉脱口秀》的人际意义研究——以采访奥巴马夫妇一期节目为例	鲍成莲	全日制学术学位
228	王红涛	英语语言文学	象似性视阈下的罗伯特？弗罗斯特诗歌研究	武　娜	全日制学术学位
229	伍　鲲	化学	含氮杂环金属配合物的合成、结构及其与 DNA 的相互作用	刘　捷	全日制学术学位
230	李雅楠	食品科学与工程	甘薯粉的制备及其在冷冻熟面中的应用	卞　科	全日制学术学位
231	毛佳琦	食品科学与工程	真空浸渍钙离子对采后葡萄细胞壁多糖演化规律影响的研究	杨宏顺	全日制学术学位
232	张俊霞	食品科学与工程	电化学快速检测食品中维生素 C 研究	何保山	全日制学术学位
233	刘彦杰	马克思主义理论	我国农村土地流转过程中农民权益保障问题研究——基于濮阳县的考察	赵排风	全日制学术学位
234	程尚坤	模式识别与智能系统	基于深度学习的储粮害虫检测方法研究	张德贤	全日制学术学位
235	刘二真	应用经济学	中韩自贸区建立对中国农产品出口贸易的影响研究	吕玉花	全日制学术学位
236	李文浩	计算机科学与技术	基于无线通信的粮情测控物联网关键技术研究	杨卫东	全日制学术学位
237	张　冰	英语语言文学	基于顺应论的中国高校网页简介英译研究	闫丽俐	全日制学术学位
238	王颖颖	食品科学与工程	芝麻酱理化特性及多环芳烃含量的研究	侯利霞	全日制学术学位
239	姜海洋	食品科学与工程	基于乙酰胆碱酯酶传感器的马拉硫磷、克百威检测研究	金华丽	全日制学术学位
240	杨德梅	信号与信息处理	基于探地雷达的地下管网信号处理技术研究	秦　瑶	全日制学术学位
241	李亚云	控制科学与工程	粮仓清理机器人机械臂避障空间的路径规划研究	曹　毅	全日制学术学位
242	彭　云	化学	基于天然多糖缓释肥料的研究	楚晖娟	全日制学术学位
243	王　奎	机械工程	基于燃油喷射系统 PWM 高速数字阀性能研究	田　勇	全日制学术学位
244	董蒙蒙	计算机科学与技术	基于神经网络的非晶硅 EPID 剂量标定方法研究	杨红卫	全日制学术学位
245	吴超钧	化学	赭曲霉毒素 A 替代模板分子印迹聚合物固相萃取性能研究	何　娟	全日制学术学位
246	石　洋	建筑学	建筑屋顶交往空间设计研究	刘世声	全日制学术学位
247	董　烁	土木工程	基于厚板理论的梁板结构开洞对板墙受力性能的影响	肖昭然	全日制学术学位
248	宁　涛	控制科学与工程	噪声相关系统的融合滤波方法研究	文成林	全日制学术学位
249	王志芳	马克思主义理论	老龄化社会背景下的孝道研究	钱同舟	全日制学术学位

续表 17-2

序号	姓名	学科(专业)名称	论文题目	导师	类别
250	王尚荣	计算机科学与技术	基于图像处理的贮料流态对筒仓侧壁压力影响研究	原　方	全日制学术学位
251	王　娜	食品科学与工程	中文题目:小麦面粉熟化过程中蛋白质聚集特性研究	郑学玲	全日制学术学位
252	纪浩杰	化学	基于 BRCA1(846-871)活性肽的设计、合成及其与靶肽 Rad51(158-180)的相互作用	卢　奎	全日制学术学位
253	王雷雨	企业管理	高绩效工作系统、组织认同与组织公民行为的关系研究	冯亚明	全日制学术学位
254	刘彦旭	机械工程	热拔制大型汇气管电磁加热工艺电磁热耦合场分析	刘保国	全日制学术学位
255	赵理想	机械工程	双足仿生机器人实验平台设计研究	宁　祎	全日制学术学位
256	李海洋	机械工程	基于"互联网+"的智能售卖系统关键技术研究	沙　杰	全日制学术学位
257	张伟峰	控制科学与工程	食品电励处理实验装置智能测控技术研究	王　威	全日制学术学位
258	吴　阳	机械工程	三维扫描点云数据处理技术研究	惠延波	全日制学术学位
259	刘中宁	外国语言学及应用语言学	英语学习动机与自我认同变化关联研究——以万方科技学院三年级英语专业学生为例	马玉梅	全日制学术学位
260	孙晨曦	企业管理	知识结构、知识转移与企业创新绩效关系研究——以制造企业为例	王　斌	全日制学术学位
261	王　娴	食品科学与工程	降血糖复配米加工工艺及其功能评价研究	周显青	全日制学术学位
262	刘蒙蒙	管理科学与工程	创业家与淘宝村的形成	雷　兵	全日制学术学位
263	刘静静	化学	功能性纤维素/石墨烯复合材料的制备及其性能研究	魏宏亮	全日制学术学位
264	李升涛	凝聚态物理	B_c介子衰变过程中 ρ-ω 混合对 CP 破缺的研究	吕　刚	全日制学术学位
265	柳甜甜	微生物学	酸面团发酵过程中麦谷蛋白大聚体的降解	王金水	全日制学术学位
266	李晓丹	微生物学	水-沉积物界面细菌可培养效率的提高及菌种多相分类研究	屈建航	全日制学术学位
267	李　博	马克思主义理论	大学生志愿精神培育问题研究——基于新乡市四所高校的实证调查	程印学	全日制学术学位
268	朱开锋	马克思主义理论	河南省大学生"三下乡"社会实践育人研究	姜振颖	全日制学术学位
269	任　健	马克思主义理论	焦裕禄精神的当代价值及对青年学生的启示研究	靳义亭	全日制学术学位
270	张　强	建筑学	城市公共休憩空间设计研究——以郑州航空港区为例	王庆斌	同等学力
271	贾　靖	建筑学	基于地域水系特征的滨水设计研究——以新郑市黄水河滨水景观规划设计为例	刘世声	同等学力
272	吴　汉	土木工程	中原城市群装配式建筑生产基地布局研究	庞　瑞	同等学力
273	郭　玮	建筑学	新农村互动性景观设计研究——以新郑市为例	王庆斌	同等学力
274	侯宝柱	土木工程	"一带一路"政策下的菲迪克合同条件应用	陈桂香	同等学力
275	张　锐	建筑学	国内新城市主义城镇化的规划设计模式研究	刘世声	同等学力
276	王　浩	土木工程	海外交通工程管理研究	陈桂香	同等学力
277	娄　青	建筑学	城市规划与房地产开发的关系研究——以郑州市郑东新区为例	郭全生	同等学力
278	孙小飞	新闻与传播硕士	"汽车 912"APP 设计及推广策略研究	吴成福	全日制专业学位
279	陆丰羽	新闻与传播硕士	大学生网络直播参与行为调查报告—以郑州市为例	李晓云	全日制专业学位

续表 17-2

序号	姓名	学科（专业）名称	论文题目	导师	类别
280	李　冬	新闻与传播硕士	人民网和新浪网医患关系报道对比研究	乔俊杰	全日制专业学位
281	叶亚南	农村与区域发展	平舆县小磨香油产业发展研究	杨　茂	全日制专业学位
282	张鲲鹏	农村与区域发展	鹿邑县农村义务教育发展问题研究	喻新安	全日制专业学位
283	欧阳笃耘	农村与区域发展	宜章县特色农业产业化发展路径研究	孙中叶	全日制专业学位
284	李　凯	农村与区域发展	孟州市构建农产品质量安全追溯体系研究	丁　华	全日制专业学位
285	周超然	农村与区域发展	西华县逍遥镇胡辣汤特色产业发展研究	曹利强	全日制专业学位
286	傅帅伟	农村与区域发展	河南省农科院现代农业科技示范园区发展研究	裴少峰	全日制专业学位
287	张梦舟	农村与区域发展	遂平县休闲观光农业发展研究	杨　茂	全日制专业学位
288	赵焕生	艺术硕士	学龄前期儿童文具的互动设计与研究	李长春	全日制专业学位
289	张森玉	艺术硕士	基于共享经济的旅游 APP 界面设计研究——以“伴旅”为例	李长春	全日制专业学位
290	邢文艳	艺术硕士	生态理念下包装设计的探索与应用——以禹州中药材包装设计为例	李长春	全日制专业学位
291	何　晨	艺术硕士	罗山皮影艺术结合现代动画设计的应用研究	王庆斌	全日制专业学位
292	黄　芹	艺术硕士	扮装自拍摄影的发展脉络及应用研究	王庆斌	全日制专业学位
293	马　蕊	艺术硕士	城市空巢老人家庭健康监测产品的研究与设计	王庆斌	全日制专业学位
294	孔一敏	艺术硕士	涂鸦艺术在现代绘本中的应用价值研究	李长春	全日制专业学位
295	刘金环	新闻与传播硕士	河南市县政府门户网站现状与提升策略研究	乔俊杰	全日制专业学位
296	吉海静	新闻与传播硕士	互联网 IP 剧受众研究	吴成福	全日制专业学位
297	祁婉君	新闻与传播硕士	大河网 APP“眼遇”的社群化运营研究	于建华	全日制专业学位
298	陈　飞	新闻与传播硕士	纪录片《青春助力摘掉贫困帽》创作报告	尚恒志	全日制专业学位
299	林　子	新闻与传播硕士	河南电视台新农村频道产业化发展战略研究	于建华	全日制专业学位
300	许　森	新闻与传播硕士	付费语音问答平台知识变现模式的选择与优化	李晓云	全日制专业学位
301	张毅楠	新闻与传播硕士	新媒体背景下借势营销的传播机理及策略研究	吴文瀚	全日制专业学位
302	申　琪	农村与区域发展	林州市坡地农业经济发展问题研究	吕玉花	全日制专业学位
303	郭俊楠	农村与区域发展	洛阳市依托牡丹产业促进一二三产业融合研究	李铜山	全日制专业学位
304	庄雨晨	农村与区域发展	永城面粉产业发展问题研究	吕玉花	全日制专业学位
305	李　浩	农村与区域发展	河南省粮食生产与生态环境协调发展研究	赵予新	全日制专业学位
306	聂　涛	农村与区域发展	上蔡县精准扶贫问题与对策研究	翟书斌	全日制专业学位
307	韩苏玉	农村与区域发展	沈丘县精准扶贫问题研究	李铜山	全日制专业学位
308	王金凤	农村与区域发展	黄泛区农场小麦精准化生产研究	梁瑞华	全日制专业学位
309	邵凯超	农村与区域发展	周口市蔬菜产业生产及影响因素研究	高美玲	全日制专业学位
310	徐国栋	农村与区域发展	环境成本约束下驻马店市化肥最佳投入量研究	刘增学	全日制专业学位
311	刘颖真	农村与区域发展	汝南县特色农业发展研究	刘克非	全日制专业学位
312	叶　思	农村与区域发展	封丘县农村电子商务发展研究	丁　华	全日制专业学位
313	鲁　翠	农村与区域发展	滕州市马铃薯主食产业化发展路径研究	翟书斌	全日制专业学位
314	孙培茂	农村与区域发展	内乡县“互联网+”农业发展研究	曹利强	全日制专业学位

续表 17-2

序号	姓名	学科(专业)名称	论文题目	导师	类别
315	王 欣	农村与区域发展	开封市祥符区农村经济转型发展研究	杨 茂	全日制专业学位
316	李新庚	农村与区域发展	河南省产业融合发展研究	张占仓	全日制专业学位
317	务 鑫	农村与区域发展	郑州国家中心城市建设背景下农产品市场网络的研究	孙宏岭	全日制专业学位
318	张丰铄	农村与区域发展	郑州市农业科技金融创新发展研究	翟书斌	全日制专业学位
319	王亚辉	农村与区域发展	鄢陵县休闲农业发展研究	吴海峰	全日制专业学位
320	刘庆庆	农村与区域发展	梁园区粮食供给侧结构性改革问题研究	李铜山	全日制专业学位
321	朱晓语	农村与区域发展	兰考普惠金融改革试验区建设发展的金融支持研究	谷秀娟	全日制专业学位
322	郑 建	农村与区域发展	习水县乡村旅游发展研究	丁 华	全日制专业学位
323	王 强	会计硕士	河南省高新技术企业研发投入与组织绩效关系研究-基于上市公司的经验证据	秦海敏	全日制专业学位
324	刘宛宁	会计硕士	互联网企业并购的财务绩效——基于优酷并购土豆的案例研究	魏明侠	全日制专业学位
325	杨 浩	会计硕士	时间驱动作业成本法的应用设计研究——以 Z 活塞公司为例	秦海敏	全日制专业学位
326	银福玲	会计硕士	家族企业治理结构对投资效率的影响:基于制造业的实证研究	程云玺	全日制专业学位
327	尹世文	会计硕士	上市公司内部控制与盈利能力相关性研究	杨艳萍	全日制专业学位
328	李 谦	会计硕士	基于 DEA 的河南省节能减排绩效评价体系构建及实证研究	程云玺	全日制专业学位
329	刘 红	会计硕士	基于价值链的企业战略成本控制:格力电器的案例研究	吴建勋	全日制专业学位
330	王 谦	会计硕士	股权激励对公司绩效的影响研究——基于苏泊尔公司的案例分析	肖开红	全日制专业学位
331	刘盼盼	会计硕士	为何堵不上亏损的漏洞？优酷土豆的案例研究	王志涛	全日制专业学位
332	韩 凯	会计硕士	企业社会责任对财务绩效的影响——基于 14 家电商公司 2011—2015 年面板数据	程云玺	全日制专业学位
333	杨 培	会计硕士	互联网企业 EVA 绩效评价及影响因素研究	张宝强	全日制专业学位
334	任 旭	会计硕士	基于价值链的 S 公司成本控制优化研究	秦海敏	全日制专业学位
335	付 冰	会计硕士	经营模式与公司绩效-格力电器的案例研究	吴建勋	全日制专业学位
336	刘馨钰	会计硕士	公立医院融资租赁的风险识别与控制研究	肖开红	全日制专业学位
337	潘 曦	会计硕士	为什么不上市？——华为公司的案例研究	吴建勋	全日制专业学位
338	齐 影	会计硕士	股权激励存在择机行为吗——双鹭药业的案例研究	肖开红	全日制专业学位
339	李新冰	会计硕士	扭亏为盈是否能改善公司的收益质量？华昌化工的案例研究	秦海敏	全日制专业学位
340	白若钒	会计硕士	关联交易的动机与效应——佛山照明案例研究	秦海敏	全日制专业学位
341	李嘉慧	会计硕士	基于 PPP 视角城市轨道交通建设投融资模式研究——以郑州为例	魏明侠	全日制专业学位

续表 17-2

序号	姓名	学科(专业)名称	论文题目	导师	类别
342	娄慧方	会计硕士	股权激励方案设计与会计处理——以国有控股公司为例	申小刚	全日制专业学位
343	彭娜娜	会计硕士	资产负债率、公司绩效与经营风险:金杯汽车案例研究	王志涛	全日制专业学位
344	高　方	农村与区域发展	完善农产品产地初加工补助政策的研究	穆中杰	全日制专业学位
345	王　帅	计算机技术	应急粮食调拨路径优化算法研究与实现	蒋华伟	全日制专业学位
346	周少珂	计算机技术	基于 RFID 技术粮食周转系统标签防碰撞算法研究	邓淼磊	全日制专业学位
347	张龙啸	计算机技术	基于遗传编程的粮食价格预测模型的研究与应用	王高平	全日制专业学位
348	李　贝	计算机技术	基于 SVR 的粮仓储粮数量检测模型与系统实现	张德贤	全日制专业学位
349	黄　茜	物流工程	基于 MS-VAR 模型的郑州航空港经济试验区产业联动研究	刘　哲	全日制专业学位
350	张志勇	会计硕士	金融创新还是利益输送？焦作万方收购万吉能源的案例研究	吴建勋	全日制专业学位
351	刘　胜	会计硕士	进口大众汽车销售端财务分析	王晓刚	全日制专业学位
352	樊姣姣	会计硕士	实物期权还是赢者诅咒？联想并购摩托罗拉的案例研究	王志涛	全日制专业学位
353	宁梦晓	会计硕士	管理者背景特征、治理机制与过度投资——来自我国钢铁行业的经验证据	程云玺	全日制专业学位
354	腰林林	会计硕士	宇通客车股权激励案例研究	张宝强	全日制专业学位
355	徐　璐	会计硕士	我国中小企业板上市公司高管薪酬与企业业绩相关性的实证研究	牛彦绍	全日制专业学位
356	杜　斐	会计硕士	公司成长、股权结构与盈利能力:格力电器的案例研究	吴建勋	全日制专业学位
357	任秋臣	会计硕士	互联网金融的发展对我国商业银行盈利状况的影响研究	张宝强	全日制专业学位
358	翟　琳	会计硕士	上市公司治理结构对财务重述的影响研究	张宝强	全日制专业学位
359	田万珍	会计硕士	PE 为何青睐医药行业？GS 投资有限公司的案例研究	王志涛	全日制专业学位
360	于　琼	会计硕士	轻资产盈利模式在格力电器的应用研究	肖开红	全日制专业学位
361	李晓焕	会计硕士	P2P 网贷出借意愿影响因素的实证研究	魏明侠	全日制专业学位
362	孙俊晓	会计硕士	持续亏损类国企负责人离任经济责任审计评价——基于濮阳龙丰纸业的案例研究	张宝强	全日制专业学位
363	杨朋伟	会计硕士	“营改增”对房地产业影响效应分析——基于 WK 企业的经验数据	杨艳萍	全日制专业学位
364	程　鹏	会计硕士	并购能否提升创业板公司业绩？三聚环保的案例研究	王志涛	全日制专业学位
365	朱　瑶	会计硕士	企业年金对上市公司财务绩效的影响研究	魏明侠	全日制专业学位
366	薛存凯	会计硕士	基于 EVA 的并购绩效评价体系应用研究——以青岛海尔并购斐雪派克为例	牛彦绍	全日制专业学位
367	康玉勋	建筑与土木工程	基于多边形夹杂的复合材料力学与声学性质研究	王　辉	全日制专业学位
368	寇颜铄	建筑与土木工程	地热井下换热器变工况运行模拟实验研究	雷廷宙	全日制专业学位

续表 17-2

序号	姓名	学科(专业)名称	论文题目	导师	类别
369	丁苹聚	建筑与土木工程	基于模糊理论的公路混凝土耐久性评估	金立兵	全日制专业学位
370	张芝荣	建筑与土木工程	筒壁卸料动态侧压力试验研究	原　方	全日制专业学位
371	王　魁	建筑与土木工程	明挖地下综合管廊施工阶段数值模拟分析	巴松涛	全日制专业学位
372	郭明明	建筑与土木工程	复杂地质条件下路堑高边坡稳定性分析	饶卫国	全日制专业学位
373	殷　城	建筑与土木工程	基于可变模糊集理论的大直径浅圆仓仓顶施工方案综合效益评价	戴本良	全日制专业学位
374	代志宇	建筑与土木工程	三维激光扫描系统在变形监测中的测量误差分析	肖昭然	全日制专业学位
375	李精昆	建筑与土木工程	TRD 工法在黄河冲击平原地区基坑支护中的应用技术研究	杜明芳	全日制专业学位
376	张百忍	建筑与土木工程	BIM 技术在某商业综合体项目中的应用价值研究	陈桂香	全日制专业学位
377	杜海洋	建筑与土木工程	隔震支座橡胶材料力学性能实验研究	韩　阳	全日制专业学位
378	闫超亚	计算机技术	盲人触觉图像生成及处理技术研究	张庆辉	全日制专业学位
379	张宜志	计算机技术	基于 Android 的粮食储备与决策系统客户端的设计与实现	朱春华	全日制专业学位
380	张志永	计算机技术	基于人体腹部的触觉替代视觉系统研究	张庆辉	全日制专业学位
381	郭丽纯	计算机技术	基于视频序列的人体动作识别研究	王　峰	全日制专业学位
382	郭　伟	计算机技术	面向互联网创业公司的云模式项目管理系统的研究与实现	刘　扬	全日制专业学位
383	陶文浩	计算机技术	基于云平台的关联规则算法优化及应用研究	祝玉华	全日制专业学位
384	贺松杰	计算机技术	Lora 在智慧农业传输层中的应用研究	张　元	全日制专业学位
385	陈军涛	计算机技术	粒子群优化算法在储粮通风控制中的应用研究	祝玉华	全日制专业学位
386	郭汉宇	计算机技术	RFID 安全认证协议的研究与实现	邓淼磊	全日制专业学位
387	王震磊	食品加工与安全	小麦后熟过程中面筋蛋白交联聚合介导的品质改善机理研究	王金水	全日制专业学位
388	王秋燕	食品加工与安全	秋葵功能成分的提取鉴定及综合利用研究	惠　明	全日制专业学位
389	孔祥东	建筑与土木工程	渗透地层纯流体—多孔介质界面传热实验研究	陈　雁	全日制专业学位
390	赵宪强	建筑与土木工程	砂土中静压群桩承载力特性和桩与桩相互作用研究	肖昭然	全日制专业学位
391	张珂华	建筑与土木工程	球墨铸铁管道柔性接口在往复荷载作用下力学性能试验研究	韩　阳	全日制专业学位
392	常晨辉	建筑与土木工程	塑料—混凝土地下粮仓中聚丙烯构件连接节点试验研究	王振清	全日制专业学位
393	杨兴医	建筑与土木工程	大口径双曲线管廊顶进施工关键技术应用研究	杜明芳	全日制专业学位
394	崔光雷	建筑与土木工程	小麦剪切特性的离散元研究	曾长女	全日制专业学位
395	冯照剑	建筑与土木工程	基于数字图像测量技术的小麦剪切过程三轴试验研究	王　媛	全日制专业学位
396	张　达	建筑与土木工程	高大平房仓粮堆底部压力及侧压力数值模拟研究	陈桂香	全日制专业学位
397	魏　茹	建筑与土木工程	反复荷载作用下软土地基的长期沉降计算	师旭超	全日制专业学位

续表 17-2

序号	姓名	学科(专业)名称	论文题目	导师	类别
398	李旭光	建筑与土木工程	回填轻量土——支挡结构联体模型在陡坡路基中的模拟应用研究	冯　永	全日制专业学位
399	袁　磊	建筑与土木工程	循环荷载下农田浅部土层应力状态研究	师旭超	全日制专业学位
400	李亚龙	建筑与土木工程	基于实物期权理论的粮仓 PPP 项目风险分配与担保研究	韩建军	全日制专业学位
401	陈鬏桔	建筑与土木工程	河南省成品住宅发展问题与对策研究	陈桂香	全日制专业学位
402	高松贞	建筑与土木工程	Q460 高强钢焊接 T 形截面压杆残余应力试验研究	金立兵	全日制专业学位
403	王英彬	建筑与土木工程	装配整体式综合管廊主体部分横向连接受力性能分析	韩　阳	全日制专业学位
404	张新丽	建筑与土木工程	微生物对混凝土耐久性的侵蚀机理与防护	金立兵	全日制专业学位
405	王　琦	建筑与土木工程	成品粮应急储备库的选址研究——以北京为例	韩建军	全日制专业学位
406	张孟阳	建筑与土木工程	基于数据包络分析和模糊综合评价法的粮仓建筑综合效益分析	原　方	全日制专业学位
407	员帅博	工商管理硕士	河南省公安微博运营策略研究	程国平	全日制专业学位
408	刘　强	农村与区域发展	贸易投资一体化背景下我国粮食企业"走出去"问题研究	孙中叶	全日制专业学位
409	黄乾坤	食品工程	赤霉病小麦加工工艺设计及其呕吐毒素去除效果评价	卞　科	全日制专业学位
410	李垚然	食品工程	芝麻湿法脱皮优化、设计及其溶出多糖的结构表征	汪学德	全日制专业学位
411	鲁丽媛	食品工程	基于核酸适体传感器的赭曲霉毒素 A 检测方法研究	卫　敏	全日制专业学位
412	刘　豪	食品工程	麸皮改性对面制品品质影响的研究	王岸娜	全日制专业学位
413	桑璐媛	食品工程	环糊精对 κ-卡拉胶凝胶特性的影响及其应用研究	刘亚伟	全日制专业学位
414	张康迪	食品工程	基于低共熔溶剂液-液萃取-高效液相色谱法分析油脂中的酚类成分	刘　伟	全日制专业学位
415	吕红霞	食品工程	散装运输对面粉品质的影响	赵仁勇	全日制专业学位
416	李明月	食品工程	主食马铃薯全粉配粉工艺及食用品质研究	陈志成	全日制专业学位
417	裴彤彤	食品工程	青麦仁全粉理化特性的研究及饼干制作应用	安红周	全日制专业学位
418	李东辉	食品工程	年产 10000 吨结晶木糖醇的车间设计	刘钟栋	全日制专业学位
419	李　丹	食品工程	以麦麸为基料的代餐粉制备工艺研究	任顺成	全日制专业学位
420	王小丽	食品工程	婴幼儿多谷物营养颗粒面的制备及性质研究	谢岩黎	全日制专业学位
421	王小磊	食品工程	盐肤木果制油工艺及产品品质研究	刘玉兰	全日制专业学位
422	陈　焕	食品工程	市售浓缩及预混合饲料中油脂品质的评价及其储存过程中变化规律研究	毕艳兰	全日制专业学位
423	李　沿	食品工程	光皮梾木果油主要成分及氧化稳定性研究	魏安池	全日制专业学位
424	南永远	食品工程	小麦淀粉与阿魏酸相互作用性质的研究	谢岩黎	全日制专业学位
425	夏书磊	食品工程	谷物糊化特性的测定方法与相关性研究	张玉荣	全日制专业学位
426	王稳新	食品工程	马铃薯生全粉制备工艺及对面条品质影响研究	陈　洁	全日制专业学位
427	李　岩	工商管理硕士	餐饮类网络团购消费者购买偏好研究	雷　兵	全日制专业学位

续表 17-2

序号	姓名	学科(专业)名称	论文题目	导师	类别
428	张晓风	工商管理硕士	旅游风险感知与旅游行为决策关系研究——以河南省(洛阳市)为例	乔光辉	全日制专业学位
429	胡　昶	工商管理硕士	客户关系管理(CRM)系统在诺华制药的应用策略研究	程国平	全日制专业学位
430	王文甲	工商管理硕士	新型城镇化和新型工业化的整合与协调——获嘉县亢村镇的案例研究	王志涛	全日制专业学位
431	王云霞	工商管理硕士	新能源是一种合理的战略定位吗——宇通公司的案例研究	王志涛	全日制专业学位
432	李海良	工商管理硕士	"阿米巴经营模式"在中机六院的应用研究	邝金丽	全日制专业学位
433	王伶俐	工商管理硕士	A 公司发展战略研究	司林胜	全日制专业学位
434	方培亚	工商管理硕士	医药企业网络舆情分析人才招聘研究	于建华	全日制专业学位
435	孟　展	工商管理硕士	城市污水处理 PPP 项目的交易结构与交易边界条件确定	冯德显	全日制专业学位
436	谷广杰	工商管理硕士	区域环境竞争力的评价体系构建及实证分析——中原城市群视角	程云玺	全日制专业学位
437	魏宝光	工商管理硕士	粮食行业门户网站评价方法研究——基于 IA 构建	谷建全	全日制专业学位
438	范新华	工商管理硕士	PPP 模式导入棚户区改造项目的风险分担研究——以河南省沈丘县 XH 棚户区改造项目为例	秦海敏	全日制专业学位
439	罗劲松	工商管理硕士	中部地区农村信用合作联社竞争力评价研究-以河南省 Z 市为例	于亦文	全日制专业学位
440	张鹤馨	工商管理硕士	情绪劳动对服务岗位员工工作倦怠及离职倾向影响的实证研究	罗士喜	全日制专业学位
441	张正军	工商管理硕士	大学生征兵问题及对策:基于河南省的调查研究	魏明侠	全日制专业学位
442	叶　青	工商管理硕士	PX 项目争议事件的环境伦理透视与对策探讨	冯德显	全日制专业学位
443	任俊峰	工商管理硕士	"互联网+"背景下房地产营销模式选择影响因素研究——以郑州市为例	吴建勋	全日制专业学位
444	马　媛	工商管理硕士	信息交流、市场规模与网上信用风险:一个双案例研究	魏明侠	全日制专业学位
445	高润泽	工商管理硕士	实体书店营销策略研究——以开封市新华书店为例	陈雪琳	全日制专业学位
446	赵　地	工商管理硕士	大企业税收如何管理?——以驻马店地税局为例	牛彦绍	全日制专业学位
447	毋静宜	工商管理硕士	全面风险管理在价格认定工作中的应用研究	蔡永灿	全日制专业学位
448	张　爽	工商管理硕士	商业银行中小企业融资业务发展研究——以 GS 银行信阳分行为例	司林胜	全日制专业学位
449	赵宇华	工商管理硕士	工作-家庭冲突、组织支持对女性员工离职倾向的影响——基于 BJ 公司的案例研究	罗士喜	全日制专业学位
450	高　翔	工商管理硕士	华安证券郑州区域经纪业务的竞争与创新研究	张宝强	全日制专业学位
451	李　娅	工商管理硕士	基于客户满意度的供电公司优质服务体系构建及其应用研究——以 X 供电公司为例	肖开红	全日制专业学位
452	刘　柯	工商管理硕士	AX 证券公司全面预算管理的应用研究	秦海敏	全日制专业学位

续表 17-2

序号	姓名	学科(专业)名称	论文题目	导师	类别
453	来茜茜	工商管理硕士	企业社会责任对企业竞争力影响的关联分析——基于河南省 12 个企业的样本数据	程云喜	全日制专业学位
454	常晓伟	工商管理硕士	客户重购意向在房地产营销中的应用研究	吴建勋	全日制专业学位
455	刘　杉	工商管理硕士	经验曲线与财务风险控制:宇通客车的案例研究	王志涛	全日制专业学位
456	赵　鹏	工商管理硕士	军队三甲医院聘用卫生技术人员职业倦怠及影响因素的调查分析	杨艳萍	全日制专业学位
457	杜建涛	工商管理硕士	ZK 卷烟厂岗位绩效工资体系设计	冯亚明	全日制专业学位
458	张晶晶	工商管理硕士	基于能力素质模型的青年志愿者管理研究——以信阳大别山青年志愿者为例	冯亚明	全日制专业学位
459	李　萌	工商管理硕士	N 市地税部门绩效管理体系建设研究	孟丽莎	全日制专业学位
460	马跃飞	工商管理硕士	视网融合下传统电视节目创新策略研究——以《武林风》栏目为例	张惠民	全日制专业学位
461	张文豪	工商管理硕士	基于企业社会责任的石化行业市场规范竞争研究	王　斌	全日制专业学位
462	李远清	工商管理硕士	基于生态环境保护的自然资源资产离任审计研究	牛彦绍	全日制专业学位
463	潘　华	工商管理硕士	基于大数据分析地县市场化妆品品牌影响力提升研究——以佰草集品牌为例	申小刚	全日制专业学位
464	刘文潮	工商管理硕士	郑州 AW 公司的网络营销策略研究	穆健康	全日制专业学位
465	叶中秋	工商管理硕士	郑州市 KH 公司绩效管理体系优化方案研究	雷　兵	全日制专业学位
466	梁　建	工商管理硕士	互联网+共青团工作:基于平顶山市的经验研究	魏明侠	全日制专业学位
467	白一冰	工商管理硕士	河南地方土特产品营销策略研究——以青农联公司为例	蔡永灿	全日制专业学位
468	王文静	工商管理硕士	我国跨境母婴电商顾客保留策略分析	张宝强	全日制专业学位
469	任惠丽	化学工程	三丁酸甘油酯纳米脂质体的制备及其性质研究	王宏雁	全日制专业学位
470	牛振华	化学工程	异养和电化学氢自养协同降解水中高氯酸盐的研究	李道荣	全日制专业学位
471	韩玉香	化学工程	无机与有机杂化材料的制备及其催化油脂酯交换反应的研究	谢文磊	全日制专业学位
472	张江帅	化学工程	米糠油成色机理的研究	谷克仁	全日制专业学位
473	卢飞强	建筑与土木工程	基于时间序列分析法的软土地基沉降预测研究	师旭超	全日制专业学位
474	冯智富	机械工程	用于超级电容器电极的新型碳材料的研究与制备	吴海宏	全日制专业学位
475	吕翔飞	机械工程	激光熔覆碳纳米管增强生物陶瓷涂层的制备与研究	王迎春	全日制专业学位
476	李超越	机械工程	基于 LabVIEW 内圆磨床砂轮修整监控系统关键技术研究	李焕锋	全日制专业学位
477	郑金锋	机械工程	基于逆向工程的油库热力系统三维数字化设计与应用	惠延波	全日制专业学位
478	雒福生	机械工程	面向客户的船用装卸臂智能化设计平台开发	王　赞	全日制专业学位
479	孙彬彬	机械工程	叉举式 AGV 结构设计及稳定性研究	刘楠嶓	全日制专业学位
480	薛永鹏	机械工程	反共振惯性往复振动筛振动参数的设计与应用	胡继云	全日制专业学位
481	董超帝	机械工程	温度变化引起的液晶微流动测量技术研究	刘春波	全日制专业学位

续表 17-2

序号	姓名	学科(专业)名称	论文题目	导师	类别
482	曹　洋	机械工程	聚焦超声汽雾冷却系统在磨削加工中的应用研究	李　华	全日制专业学位
483	蔚川乐	机械工程	基于 MSC. Marc 的光伏玻璃压延成型数值模拟及实验研究	耿　铁	全日制专业学位
484	王少英	机械工程	玉米粒收后清理干燥一体化设备的研发	李永祥	全日制专业学位
485	冯创举	机械工程	有序排布精密电镀金刚石工具关键技术研究	崔仲鸣	全日制专业学位
486	李　旗	机械工程	基于 PLC 的钢轨打磨机控制系统设计	刘自然	全日制专业学位
487	刘若兰	机械工程	长纤复合材料注塑件结构材料及工艺一体化设计	吴海宏	全日制专业学位
488	徐东明	机械工程	巷道堆垛立体仓库货位优化及多任务调度研究	陈雪琳	全日制专业学位
489	刘　爽	食品工程	不同储藏时间三大主粮品质特性变化研究	郑学玲	非全日制专业学位
490	刘　涛	建筑与土木工程	社区人居环境设计研究	段汉明	非全日制专业学位
491	刘亚丽	食品工程	华南地区玉米储存技术与经济性评价	王若兰	非全日制专业学位
492	娄跃伟	建筑与土木工程	中储粮 RZ 粮油储备库工程可行性研究	韩建军	非全日制专业学位
493	陆启明	食品工程	玉米生物活性肽关键技术研究与开发	陈志成	非全日制专业学位
494	彭　敏	食品工程	鲁北地区高水分玉米储存方案与储存效益研究	张来林	非全日制专业学位
495	尚贵兵	建筑与土木工程	河南矿业集团项目开发成本控制研究	陈桂香	非全日制专业学位
496	施　钧	建筑与土木工程	养老院运营模式研究——基于郑州市航空港区养老院案例	冯　永	非全日制专业学位
497	王焕贵	建筑与土木工程	商丘国之泓新天地项目开发研究	陈桂香	非全日制专业学位
498	王净铂	建筑与土木工程	某地铁车站深基坑排桩支护方案研究	师旭超	非全日制专业学位
499	吴　昊	建筑与土木工程	桥梁独柱墩验算及加固在工程中的应用	冯　永	非全日制专业学位
500	武铂睿	机械工程	基于计算机仿真的喷丝板微孔全自动化加工技术的研究	阮竞兰	非全日制专业学位
501	晏　丽	机械工程	散粮输送泵车关键结构设计及性能分析	阮竞兰	非全日制专业学位
502	杨可孟	食品工程	平房仓储条件下小麦品质变化规律	张玉荣	非全日制专业学位
503	叶萧然	机械工程	基于计算机仿真的喷丝板底孔全 CNC 加工技术的研究	阮竞兰	非全日制专业学位
504	袁　淏	食品工程	高酰基结冷胶的开发与生产技术研究	陈　洁	非全日制专业学位
505	张　洋	建筑与土木工程	豫东 DWQ 中型灌区节水配套改造工程项目可行性分析	韩建军	非全日制专业学位
506	张　烨	建筑与土木工程	轨道交通跨江连续梁桥施工监控技术研究	韩　阳	非全日制专业学位
507	张义林	机械工程	多层 PCB 式汽车电器盒的设计	吴海宏	非全日制专业学位
508	智文莉	食品工程	铁棍山药多糖的提取、分离、纯化及抗氧化活性研究	陈　洁	非全日制专业学位
509	周　毅	食品工程	浅圆仓储粮性能研究	张来林	非全日制专业学位
510	安西友	食品工程	鲁西南地区均温型谷物冷却机控温储藏稻谷生产应用研究	王殿轩	非全日制专业学位
511	蔡　巍	食品工程	鲁西地区高大平房仓储存散装稻谷品质变化规律研究	王若兰	非全日制专业学位
512	常　佳	建筑与土木工程	人行悬索桥设计过程研究	胡霞光	非全日制专业学位
513	杜永玲	食品工程	空调控温技术在玉米储藏中的应用研究	王若兰	非全日制专业学位
514	范　磊	食品工程	玉米烘干技术在山东应用的可行性分析	张来林	非全日制专业学位

续表 17-2

序号	姓名	学科(专业)名称	论文题目	导师	类别
515	管庆磊	机械工程	小波神经网络在滚动轴承故障诊断中的应用研究	刘自然	非全日制专业学位
516	何 况	建筑与土木工程	地铁施工中既有建筑物锚索处理技术研究	原 方	非全日制专业学位
517	蒋士勇	食品工程	甲酸乙酯对微小害虫的作用	王殿轩	非全日制专业学位
518	李春帅	食品工程	华北地区实仓储藏稻谷的品质变化及控制研究	张玉荣	非全日制专业学位
519	李建伟	机械工程	面粉自动包装机关键技术及结构设计研究	马晓录	非全日制专业学位
520	刘金雯	机械工程	面粉自动包装机械手及 PLC 控制系统研究	马晓录	非全日制专业学位
521	刘 鹏	食品工程	基于物联网技术的智能粮库集成系统设计与实现	甄 彤	非全日制专业学位

2. 2017 届本、专科毕业生名单

材料科学与工程学院

本科

张滨海 李龙玺 方 迪 张海燕 王 琳 李嘉骥
杨中山 冯乾铖 王加义 王 帅 余海翔 徐长青
钱光民 于玉然 汪 磊 翟欢欢 单雪虎 杨 琳
丁礼森 李春龙 王晓龙 季嘉度 李鑫武 袁明理
杜新阳 周淑慧 智雪霞 崔瑞娇 雷斯蜜 苏 凯
黄泓毅 叶 亮 常龙飞 张 川 唐胜兵 晋 凯
马银钊 邵明阳 张金旭 田景荣 张 建 毕道广
韩新伟 魏立臻 马鑫钰 关中相 肖 迪 刘文龙
张勇斌 刘 成 仵康康 付朝拓 屈 静 曹倩芸
田立君 娄诗涵 齐志娜 刘孟涛 仝奇昆 彭雄飞
尤卫星 郭 莹 娄 兰 周朝阳 李启枝 刘 勋
吕靖坡 石其坤 王胜杰 武少帅 刘 峰 楚 鑫
张 开 程相岩 施晓荣 刘雯婧 胡婷婷 百晓丹
刘丹丹 杨 坤 陆甲杰 陶炫旭 杨乐民 温洪伟
张 磊 杨 涛 曹艳涛 张国强 李 鑫 杨会凯
孙春雷 任志东 王 挺 彭 飞 张新异 张 浩
袁天顺 刘自强 贾晓莎 谢 梅 李 鹏 鲍德全
王署亮 杜永强 赵子铁 陈 雄 王 琛 韦光雷
尹胜光 余红蒴 商奕铖 李晓婷 皇甫姗姗
秦秀明 王 盼 班方林 朱 博 吴 琼 王 鹏
朱振伟 刘晓燕 王 韧 葛鹏辉 樊银龙 刘东东
白兆辉 王晓宇 王 瑞 徐朋辉 王天伟 华 松
张 航 李 彬 林彦辉 陈富豪 张得恩 李栋涯
王 军 吴 举 李松伟 李开开 苏梦婕 李婉霞
李明亮 张晓凡 齐晓明 刘 蕊 卢锐阳 陈晓朴
徐 弘 喻明洋 刘崇现 委庆辉 程广盟 樊卫豪
孙世伟 聂广闯 马昊宇 乔士亚 张松涛 郭秋艳
李春晖 保金灼 朱滢滢 张 佩 李 琳 吴书航
雷震彪 覃 涛 张伟华 林继鑫 闫 昊 程习彤
付 飞 唐 傲 刘思远 宋 贺 王金金 刘云鹏
王 月 梁梦晓 苏 梦 赵若男 孙超越 康新尉
李艳祥 芦浩浩 蒲博威 韩 笑 许胜东 潘远冲
王志展 刘贵来 徐林川 雷霄越 史玉涛 赵 伟
王新志 周 游 李雨聪 王 凯 那 乐 贾明强
冯 烜 杨文龙 秦梦圆 涂 涛 刘亚琦 卢有权
莫艳彩 游亚荣 张永厚 范 昊 李 威 王云龙
郭少文 王 超 杨 昊 王海蓉 张彦锋 楚恒灿
王志斌 程志磊 赵诗宇 宋金闯 常 庚 丁 冲
贾贤潇 张青青 付存福 徐星星 何友赛 张吉祥
潘艺安 孟学鹏 韩铜楹 丁 钰 万帅杰 乔 梁
杨浩亮 陈亚强 周志涛 刘 恒 杨 豪 陈云豪
马 耀 汪 洋 高雪振 李学斌 孟魏东 丁 磊
李 鹏 戚军培 孙 睿 王思远 单峙霖 杨强杰
田 汉 孙海森 张世锋 王 朋 甘超强 孙铁应

张建坡 郭 闯 田红军 兰 坤 张纪辉 陈帅鹏
刘 畅 侯志强 苑妙忠 张春光 陈万里 赵文光
骆礼燕

专科

张尔阳 赵 阳 管亚峰 刘方超 曹桂岳 康宇林
李 准 李亚龙 王 双 冯亚方 刘可非

电气工程学院

本科

李渴望 贾向军 陈 振 张军贺 张永超 刘进旺
谷灿灿 王海风 王 颖 王淑聪 孔垂恒 高文浩
侯晓文 李庆明 李鹏飞 肖则俊 李炳军 张紫烨
闵 博 李 行 付春杰 户盼盼 张绍林 齐永亮
刘 勇 赵千钧 李丹丹 高才才 莫念雷 魏云常
王中将 吴闻起 何 焜 周彦辉 胡啸林 杨昊天
毛志鑫 刘少军 韩豫鹭 姚 远 王照兴 周 贺
杨龙飞 汪晶晶 罗 健 唐世栋 彭衍顺 肖 冰
吴 斌 李 绍 曲 参 范启超 丁梓涵 郭慧世
姚艳艳 朱梦佳 李明哲 张江伟 赫亚磊 游志浩
张 恒 夏 松 董 磊 张跃峰 张高阳 张汉元
刘东洋 张 然 王廷胜 王丹峰 张建伟 刘东东
王佳康 刘帅涛 杜栋梁 王 轲 郑明迪 李保森
胡振原 李文山 邹 鑫 崔振振 张文涛 韩 斌
凡文斌 徐礼华 刘纪锐 李晓兵 牛延利 岳民航
候丹丹 马俊超 冯荣宇 张万隆 王 鹏 庞 晨
张 奎 孙 帅 毛红文 赵一博 田留阳 朱岸锋
张 军 陈科宇 周世康 牛玉东 高 健 姜春风
崔政豪 于润哲 石 涛 庞超磊 张梦琦 李 晨
刘文辉 王浩宇 王龙飞 王腾蛟 王 龙 潘现峰
许二攀 郭豪杰 夏前前 巩 睿 李长林 焦新雨
刘 阳 孟铭奎 徐传宝 李 融 郭启明 付 粲
吴泽峰 耿 欣 艾 宽 杨 蕾 梁慧怡 周 芳
李泽洲 张茜冰 李 哲 余晓博 宗梦然 李 明
左西宁 赵爱钦 张胜善 务孟鑫 赵士豪 刘 畅
金太浩 徐铭良 孙林杰 王 帅 马晓宇 禹龙飞
扈智勇 冯晓曼 王雅楠 全紫莹 袁攀科 田 源
游骐宁 刘修华 康 鑫 李 健 赵东亮 周 强
沈江涛 崔峻华 王 蕊 何贝贝 姚 浩 郑 鹏
刘怡琳 秦 凯 吴启亮 王伊斌 李鉴博 张胜乐
杨 森 郭洛洋 邓家伟 于锦航 徐嘉明 胡 浩
齐凯旋 彭成成 孟旭超 李尚澄 张 哲 史 玮
侯怡爽 索发霞 王 露 冯毓慧 杨亮辉 丁明明
孙 科 韦帅深 李志刚 赵振桥 刘晓霖 李光辉
廖 欣 王胜森 徐志磊 顾李帆 张军浩 赵书毅
谢诗楠 周 新 李 浩 张晨曦 田 辉 张 策
徐佳宁 高华威 张强强 魏贵军 吴海波 郭秀杰
刘 冰 程全义 骆 赛 路 岳 张帜栋 付 强
李治学 赵 萌 王近光 李东坤 王 平 张 宁
孙亚光 郭城阳 陈高攀 王志飞 蒋广敬 肖劲松
郑 璐 张福俊 宋勇鹏 闫亚峰 李小康 戴欢欣
王翠霞 郑定贵 程 鹏 张 程 陈鹏阳 张亚男
陈云辉 关敬文 王真君 李 赛 许浩乐 李 超
吴艳飞 刘超峰 王 晨 王 宇 周冰洋 张舒庆
李清泉 芦付阳 杨 力 喻祥伟 梁志胜 王泽路
高英瀚 汤 博 吴江巍 李 杨 王 政 罗元汲
王 镀 王高升 彭爽豪 李景学 梁 晓 黄贝贝
谢向阳 石 浩 苑青青 王福利 张瑞琪 李天智
宋魏魏 闫宇龙 林世宇 李 响 秦 涛 李泽旭
陈兴志 张鲁鹏 赵鹏程 陈得文 汤清权 董志奎
李小华 狄龙寿 郑朋威 罗腾飞 张彦奎 李兴宇
黄承锴 尚 玉 雷星星 赵 鹏 孙帅伟 何同辉
李 欣 张俊峰 郝振远 雷 超 王鹏辉 刘英扬
张彦奇 杨如意 黄 凯 张 鹏 王 垒 韩顺邦
雷海洋 梁 刚 郝留鑫 王放旗 黄 凯 段心旺
孙汉栋 张超烽 张志坚 胡瑞祥 陈大鸿 马少奎
刘建邦 高 朋 张 涛 李 健 刘洪泰 刘 恒
夏毓坤 吴明皓 卢 勇 刘玉伟 施俊辉 李永强
王建国 李明伟 兰 鑫 何 思 王成良 杨玉洁
谭 珊 马 涛 吕天宇 翟校辉 张俊方 李鑫超
车玉帅 张超超 汪文胜 张海翔 李 帅 彭梦星
李程辉 刘斌祺 施亚洲 李 洋 薛燕彬 李 微
江 正 李琪想 潘 超 宋雅男 师 展 张钟天
蒋贤坤 吴金龙 张鹏涛 吴文荣 吴家伟 杨世鹏
梁南南 张云豪 喻 伟 田利朋 吴万里 王要中
刘昊伟 陈玉杰 马 森 刘 旭 李雨顺 陈卫辉
陈 超 韩刚刚 魏 然 王瑞杰 秦玮淇 梁 凯
杨慧敏 张 桥 马骜杰 毛振武 宋玲玲 胡秀敏
孙泽义 宋晓东 刘浚哲 牛丽博 魏子凯 查明亮
曹功炜 冯子凯 黄 威 岳鹏旭 洪 波 刘云哲

王钢 牛中镇 刘强 丰鹏 付成龙 苗凯
孙文凯 张中杰 朱德康 娄帅军 王冠 王杰
袁千金 董新杰 张慢慢 窦妍 王强生 刘家俊
郑凯文 赵许鹏 辛鹏英 柴伟朋 郭跃东 余立强
曹枭 方岩 孟伟伟 荀率珂 程冰冰 许垚
周雪松 杨睿 郭鑫 郑金辉 杨宸 刘来阳
张启明 申志宁 韦成 刘铭洋 李云剑 高泽
姚新甜 陈昱圻 余芳亮 杨彬 朱建勇 王志鹏
范钦臣 汪泽兵 吴晓博 王琪琪 李乐 余志鹏
孙文 张振强 张永振 于洪昌 郭磊 殷志伟
赵公田

法学院

本科

陈怡嘉 杨新龙 秦粲然 赵治 花天奇 张震国
裴非凡 吴迪 刘洋 薛鹏伟 肖梦兰 谷若云
邵娇娇 黄金 王芳芳 侯瑞婕 刘璐 杨一帆
张苏南 朱莹莹 孟凌雲 刘正义 王珍珍 陈英
张彦 邹茜薇 闫海涛 夏晨阳 刘明明 许玉楼
刘昕欣 陈子彦 胡丽 冷瑞 张文梳 冯萌雷
王英 周利平 闫铭珠 姚亚坤 董秋柯 贾有星
杨少奎 董光辉 彭保玉 李妍瑀 张志超 韩敏
王磊 史慧鑫 李苑溪 潘垒阁 张露平 阳瑜琳
杨欢 豆林杰 王煊 刘岩 梁其智 李冠宇
尹伟昊 陈小龙 孙磊磊 梁佳惠 高雅娟 李小娜
王灵 周思光 韦浩博 王潇培 魏进垒 史孟起
杨浩 马云霞 王曼 陆海洋 李珍珍 李莹莹
李静哲 牛金鸽 刘丽 闫明威 李英强 张胜利
张盼 顾俊永 陈思 李子琦 吕梦萦 邝馨
李孟真 胡月 李瑞飞 张诗瑶 陈永斌 张玲玲
胡书慈 高宇帆 周处波 王莓郡 白佳 张卫豪
甄宏龙 郭瑞南 史卫华 黄艳平 任军毅 高原
刘胤 邴丽萍 罗咏珊 文安旺 梁康元 葛雪如
马江帆 孙福平 徐宜语 倪秀林 黄麒麟 张梦琴
张亚娟 张贝贝 黄碧霞 邹明宇 杨宇燕

管理学院

本科

刘萌 李朝辉 朱小琮 王亚倩 张茹鑫 李逗
武永上 王英奇 王贞 郭洪峰 梁珈溢 李雨赛
徐忠涛 郭恩丰 黄鹤宇 史豪杰 佟姗珊 李书敏
彭鑫梁 王梦雅 吕海婷 黄涛 张辛辛 尹璐
王甜 刘新爱 杨柳 王磊 刘倚彤 李超
祝语泽 万家兴 张萌 张静雅 王春秋 班静莲
高雨莎 秦子君 张梦露 杨玉胜 张晓君 张力文
胡凤娇 李国毅 孙天顺 简锋 李亮 屈环钢
周致彤 张中凯 黄恩杰 辛文丽 喻琴 赵然
郭洪燕 黄珍 游美玲 闫佳佳 李佩佩 王慧敏
章菡菡 关忠慧 连帅星 王玉莹 陈倩 张琪
贾慧丽 孟闪闪 姚鑫 张朝阳 聂航 王巧灵
刘志华 祝孔维 金俊 李豪强 周浩 刘豪
翟亮亮 王亚鹏 胡松松 孙圣龙 付维正 王巧霞
陈再庭 王奥 袁莉 王杰 李兰 刘星
张慧 石珍珍 张雨晴 李奇 田颖 邵蕊蕊
薛志旭 苏卉 姬玲玲 王可 智佳欢 王伟
毋开刚 宋志鹏 邱凯旋 朱振东 郭培丽 胡瑞全
李斌 杨咪 倪鹏波 王仲华 张洁 李乐
顾凤兰 黄凯 殷宝帘 符新冬 胡婷婷 李万里
王礼易 董天酬 张欢 严红 张孟 周晓明
安云云 刘秀珍 王培 王笑笑 王亚蒙 陶行知
张春兰 马思博 司珂 高尔康 周钦 王洋洋
曹坤峰 朱有发 柳结华 韩站 向小明 马争辉
张迪 田豪 王影 曾婧婧 陈玉心 甘云霞
林素芬 李冰冰 邝秋丽 张婷 陈苗苗 韩歌飞
张萌 宋晓帆 赵沙沙 贾淑敏 靳羽莹 宋哲
张志宁 禹童喆 陶广阔 瞿红红 朱玉鑫 张玉宝
王勇 万小东 杜可望 孙玉杰 桂宁 袁少卿
吴玉亮 麻伊婷 胡佳 李欣媛 赵慧敏 陈庆梅
董彦艳 蹇佳宴 周倩文 王倩 朱梦镃 董美江
史明明 胡晓雨 阮萍 宋文杰 刘巧巧 刘欣
李凯威 李亚军 杨威武 潘志贤 姚志彬 李权威
安宁 金一彦 吕哲 潘豪 李田振 胡苏豪
蒋超凡 田小斌 徐士强 薛文静 刘瑛 史久婷
张恒 董梦佳 罗甜甜 王玉真 郭珺鹏 张倩倩
靳智会 郝容 刘欠欠 胡淑艳 李成琳 尚玲
徐冬慧 田佩蒙 赵莎 李勇 王汉哲 张意强
袁何涛 王锋果 秦振起 钟世豪 姜聪聪 朱彦锦
马小涵 张华 白茹 陈英美 叶小端 田影
吴满满 袁菩 施雅梅 张静静 何梦星 王慧慧
霍辉红 鄢小莉 李容容 刘雪荣 赵帅 陈焕炽

张　凯　孟祥窑　李帅帅　王贵涛　虞烘鉴　吴礼鹏
高建明　李琪健　高云贺　琚玉豪　袁广杰　王丽楠
杨明慧　何　浩　李梦妍　王艳艳　李　丽　张　妍
马　换　刘静雯　杨秋爽　郭明玉　李梦媛　马俊伟
王子晗　王　萌　叶欢欢　刘　丹　欧阳玉铬
刘梦梦　王　琦　李　影　韩中家　唐　琪　司抒情
赵奋飞　曾黎明　翟果果　张玲玲　宋　旭　庞　乔
凡滇玉　何正卿　易清发　堵江堰　闫旭珂　韩　光
丁元化　曾召司　付朝阳　季　辰　乔水清　宋海涛
葛耀文　刘宗豪　宣鹏宇　张鹏飞　张建伟　杨越宁
朱亚博　毛前胜　李　锋　刘永强　马　菲　张　林
刘　源　关华越　马　雯　石玉莹　张文文　李可可
张　丽　肖　瑶　古　煜　刘景琛　侯鹏举　李　漫
田立新　李雨晴　徐兴誉　张菊红　那　楠　刘蒙蒙
焦秋平　王　洁　宋光锋　王宁宁　刘　敏　吴　健
李宁宁　冒祥瑞　李志锋　张　强　田玉燕　曹珂珂
潘　姣　王淑敏　姚姣姣　薛含笑　刘孟皓　王　盼
庞莎莎　朱会子　杨梦娇　王超楠　张亚飞　万泰鹏
张　浩　张明垒　宋俊玉　单志杰　钟震山　董鹏峰
刘超杰　董　洋　尹启洋　高　志　付仕奇　王家兴
张朋飞　马志文　孙启源　申贝贝　万雨婷　王艺博
郭憾月　潘　翠　李先鸿　孟颖颖　郝敬雯　于小蕊
王玉莹　张缓缓　岳晨阳　游　雯　孟恩光　张　涛
王骁勇　申卿正　张银辉　马文杰　黄良帅　黄安东
王稼祥　王连超　吕少强　高　宾　李志豪　王晏晖
李聪慧　胥昊东　刘阿飞　谢亚姣　包文媛　陈秦秀
糜家璐　武万莹　崔银雪　李　晗　陈冰莹　石家玲
赵贝贝　丁学丽　张泽兰　赵梦函　史红彦　李丹洋
杨恩德　向亚辉　王登辉　董勇博　王陆泉　赵育涛
许艳飞　梁宗元　符岐祥　丁玉冰　何任杰　何　卓
王春伟　杨　宁　何　浩　王思敏　范倩雯　肖杨柳
张　然　李　华　张敬敬　李　欣　闵芳芳　唐铭霞
范琳珂　林　晶　张晓蕾

国际教育学院

本科

杨思琪　杜冠群　王　啸　冯　爽　孙慕启　邢露伟
郭　攀　武宜田　马靖洁　柳玉莹　张　寒　刘　鹏
王诗惠　程俊睿　冯小珏　黄世一　王晨楠　刘　鹏
孙亚健　马婉玉　李　楠　李　宽　王作辉　高　邓
王相儒　曹悦梁　曹恒源　蔡成龙　陈　哲　苏文婷
吉雅琼　周　楚　黄　静　任婧涵　石子平　贾胜婷
黄　薇　孙心怡　陈　蒙　宋易阳　仵文文　寇婧文
熊　樱　郭祥宇　杨　越　姚　丹　陈飞越　徐　玥
邵亚楠　蒋志弘　张　勉　贾　也　缪雯羽　田　钰
蒋钰雯　欧程立　沈思齐　岳　凯　顾思灏　李　豪
颜映宇　魏嘉蔓　孙静怡　薛　森　郭莉莉　郭思杰
王　智　徐　维　魏雪童　刘　畅　韩思雨　周璐瑶
柴亚茹　顾稼欣　宋德第　程佳鑫　刘家波　王子祥
赵炳辉　曹志斌　肖　鹏　魏显锋　陈　洁　宋紫阳
温枫焱　鹿鸿悦　任　影　李诗慧　董　莹　刘锦航
孙如枫　刘亚博　李虹梅　吕晓娟　杨　晨　张方方
李红霞　吴奕臻　丛　爽　王君慧　丁　杰　锁　瀚
徐　启　宋海川　魏元进　滕杨杰　李　聪　刘　宇
张倩倩　张　鑫　屈　伸　刘逸然　赵梦园　张鹏雍
宗家冰　毛英惠　吴赛赛　门思颖　傅钰倩　尹卓贤
牛潇潇　王逸舟　张晓宇　姜　旭　徐　梦　张亚南
蒲　曼　姜　珊　董一涵　高　雅　白之光　陆凌影
宋珊珊　杜孟和　赵　丽　柴悦一　赵明明　余佳彪
张朝聘　吴　鑫　郭志鹏　刘旭然　孙苗苗　宋　雪
罗　妍　郭安安　张瑞静　闫海博　张艳丽　周一诺
刘　洋　孙晓霞　宋　艺　王俊颖　孙　萌　刘仁帅
耿　靓　顾吟佳　周钦之　李　通　夏　旻　赵国强
王　帅　罗年琪　秦帅昌　韩晨阳　孙晓彤　刘　涵
高佳萍　赵梦青　张月欢　李　欣　高曼玉　彭秀朝
潘奕潼　李　彤　王柳逸　王兆楠　马盛开　王　遥
杨明宇　王璐瑶　桂其成　田　雅　肖欣雨　原康丽
李佳卉　赵　霞　王　靖　赵甜甜　王亚楠　皮明辉
杨少山　谢尚罡　张　旭　雷跃川　王家柱　何炜思
雷星昀　张家奕　彭玉屏　郭超群　李映红　陈思琪
李　晴　窦本娟　陈嘉瑛　肖净雯　张　露　张琳曼
张　茜　蔡　蕾　赵兵奎　黄怡文　苏　秦　张　莉
刘　颖　李银芳　冯芊芊　杜天宜　王文仲　陈　婕
张永珂　朱紫睿　冯瑞娟　杨菁菁　范　博　秦威峰
李　强　王　妍　宋禹昕　段然菲　杨　彬　刘佳静
于文礼　鲜雨婷　杨思涵　李　菲　刘珍珍　张　欣
王怡沁　吴艳玲　马梦园　冀媛媛　杨　颖　赵景翌
韩梦阁　罗　倩　曹煜炜　龚文博　陈雪红　成　霖
莫文婷　徐　隆　安培东　彭诚越　史浩锐　陆逸飞

刘虎辰 谢明灼 晁晴 杨筱琛 任珺瑶 李雨霏
王昊苏 叶绮雯 李甜 张梦月 荆怡斐 悦茜茜
崔蒙 申丹丹 陈婷 郭媛媛 宋美娟 任禾
曹宁 段怡 王雪阳 赵婷 蒋宛真 徐亦娇
张笑笑 杨军杰 王艺锦 赵琦 付美慧 陈舒舒
朱艺菡 黄宁一 赵梦薇 赵亚坡 赵廷渊 李兆鹏
陈正弘 张家辉 高诗岚 孙君怡 王钧超 张冰青
穆晨 董好好 李佳佳 王静雅 李金晓 冯硕
黄燕 胡旭浩 杨鑫鑫 戴子君 雷利 周春苗
唐小婷 张佩佳 孙佳雯 宋国睿 宫朝辉 汪田野
李浩源 李逗逗 岳煜 王一哲 薛滢 刘雅迪
黄瑜欣 丁翘明 吴优 魏甜甜 庄婕 颜晓玉
李文博 陈婧 杜娟 刘文阳 郭丹 李芳芳
康淑敏 李娜 金星航 季春华 葛亦胤 白保罗
喻江宁 秦川杨 潘泽禹 董亮 崔童 韩俊岭
林家兴 张政 刘梦珂 田荔嘉 谈晨锐 杨雅琴
吴祉萤 唐飞燕 郭珊珊 王莉 李颜歆 张婷
王亚芳 刘子瑜 李丹颖 余阳 张瑞 李雪玲
胡钰婷 高青青 聂世豫 葛佳喜 王怡思 孙佳
曹永会 李冰锐 刘梦姣 胡越 郝银波 朱子博
谢思艺 肖培培 王琪然 陈建超 侯来宁 蔡一铭
徐梦思 张佳欢 曹俊婕 徐立菁 刘畅 李锦玲
申高岩 马青 尹铭 王子凌 朱天娇 朱草叶
范慧珍 周昕玥 高金蕊 崔梦迪 解姗姗 刘宇松
伊文哲 朱文涛 宋沛阳 赵建凯 徐光一 许朔
王梦蕊 刘思芸 马茜媛 周舒婷 杨悦 张彤
徐梦圆 王景萱 胡宇 甘立 张泽坤 夏玮
闫玥童 位利平 张红 岳扬凯 宋克勇 陈豪杰
边高 李振华 李泓烨 胡真新 高昱辉 张川
阮芬 余成林 魏超 韩玉涓 靳连禹 洪迎迎
书鑫 华烨 唐嘉鑫 宋钰琦 李雅楠 安慧洁
范佳丽 卜嘉文 洪淑瑶 杨冰 乔姝婷 魏逸杰
孙濛奇 刘雨薇 温衡乐 朱健 郭泽洋 张高珲
赵龙龙 舒露 翟炜 勾新雅 张琳格 李兵
郭夏均 刘晓蕊 徐丽娜 张炯炫 沈方圆 孙新颖
郭俊轩 李舒雅 殷雨 何斯敏 谢小雨 岑钰
董江川 李政 王天琪 毕士伟 孙铭 谢旭升
吴光辉 夏志远 王亚平 王思涵 周芷颖 王翔
孙冉 胡凌雪 张雪 霍青颖 樊晓珂 张明慧

马雨晴 李进妹 杨晨 高佳宁 艾玲 叶晓雯
李深圳 张斌 林泽宇 杨朝鹏 李亚安 时红鑫
胡佳彬 薛燚焘 朱海涛 刘鹏 温娜娜 冯洁
唐韵 唐晓诗 王文婷 陈九菊 李威 班岚
郭敬萱 张莹莹 李梦影 张孔超 沈琛 贾皓然
李凉 康优然 方家舟 刘阳 李悦涵 贺玉祺
黄薇 陆思颖 孔敏怡 李静 马欣妍 刘若男
李淦棪 李秦 张星奕 方昕 王安宁 杨彤
宋卓迅 韩记豪 吴博文 黄铮 马凯奇 褚龙吉
岑曦 齐崇 张大勇 杨改洁 郭剑慧 李明明
邓佳佳 杨彬楠 马玲娜 张宇彤 胡晓璐 谭颖
顾佳奕 陈琪壬 王逸杰 孟林菲 姜明伟 徐楚天
吴亚东 杨宏弈 祁安东 卢洋 王苑力 阮雪皎
孙鹏晰 李宇盛 武闯只 白珺 王潇 谢书阳
殷楷程 王静宇 刘润超 赵旭 胡奇恒 赵雷
沙宇 董礼翔 刘仕飞 王兆德 关文兵 孙阳
郭顺业 石微妮 郎艺凡 朱蓉 侯潇 丁博
郭洋 周俊臣 李彪 丁一真 孙千婷 李姊奕
徐家玉 胡晓火 邹婉莹 刘达 包木其日
张隽豪 朱辉 沈鸣豪 尚文杰 赵培云 张龙浩
李芝友 李轩昂 杨若雨 刘文豪 蔡晨晨 张珊
孙杨 王冕 徐莹莹 罗霄 刘亚男 刘佳
柏玎旸 郑碧蔚 刘思源 张敏 杨方圆 逯怡萌
耿瑞蝶 李沛杰 邹浩杰 梁焱阳 赵鹏展 杜宝玉
王洁琨 李小涛 何埃伦 高鸿飞 梁双双 张霞
刘书航 任佳影 张丹妮 贾文颖 郑思迪 吕芳
史琮 杨徐宁 周雪 王凯玥 刘文韬 陈刚
梁冲 毕灵潇 邵帅 周龙正 刘安伟 胡祎滨
景悦 李蕊 王慧洁 张婷 刘雪淼 靳雨田
侯楚璇 孙小斌 李千千 王晨玮 陈昕博 耿栋辉
高春祥 聂娇 郭炎 刘柯汝 董是 姚盼盼
史俊 林秋节 杨起帆 王皎洁 卢梦瑶 任雪寒
秦臻 何莹 安鑫 李翔 夏天 安志国
鲁明瑜 唐希 马光亚 钟顺发 孙佳瑞 邱玥彤
赵靖雯 李梦杰 任静 陈思丽 邢智彬 张明该
万梦飞 李思嘉 张磊 徐迪 黄有胜 崔印怀
杨绍铭 晏晨曦 柳虎 嵇昱皓 沈瑜 诸思越
范炎坤 陈泽阳 吕心怡 师佳宁 侯铭伦 兰振彦
王凯 张阳 王宁 闫楚楚 徐晓辉 史菁

袁方博　张宏声　张明明　卢书芳　刘　通　杨东杰
张　磊　王　尧　刘　煜　吕　磊　王　宁　雷　林
陈　梁　高新磊　商天赐　王康熙　魏吉娅　陈伊雯
陆昕怡　徐云天　周舒熠　雷　敏　裴　奎　姚　达
刘圣杰　秦　俭　高　峰　叶钦青　宋嘉宝　艾萌萌
邵逸锋　范翌飞　伍弘蕾　王菁雯　白敏力　薛佳学
何　奎　陈　奎　刘　威　闫帅帅　王海飞　于　洋
吴君辉　朱月辉　李鹏辉　李旭徽　李乐谱　吴聪聪
孙芸霞　马　迅　张世尧　邹贝贝　廖萍萍　田　璐
贾淋淋　贾雪晴　陈凯波　张建文　孙　逊　邵云蛟
肖中文　张　鑫　孙浩然　廖凌枫　范金亮　张钰恺
翟沛鑫　王文凡　王蒙蒙　盛　鼎　宋玉杰　李　悦
刘琳琳　牛欢月　李国彬　陈马烈　谢佳申　杨林森
余　淼　李梦飞　苏祥鹤　李图南　彭礼凯　齐文豪
张　震　王龙彪　赵心怡　康佳宁　王冠懿　苗庆文
郑雨萌　张小芳　李晓旭　王姗姗　郭　颖　翟睿华
张天一　刘　通　黄佳伟　胡凯文　刘岐山　刘　冲
曾一飞　王运玺　胡　鹏　任晓格　杨俊鹏　时慧君
杨玉鑫　薛娟娟　王梦笛　谢婉秋　张金枝　彭婧颖
崔　雪　王锦涛　李　娜　李鹤芳　王佳瑶　杨玉冰
陈佳奇　赵康森　于　晴　孟妍伟　陈　磊　罗　煜
程若男　王占雷　孙任翔　许　慷　赵旭光　石广豪
郑　勇　钱德森　马迎旭　王梦尧　申亚利　刘栩菡
李云鑫　李泽昌　缪　宇　段鲲鹏　陆久君　李　娜
闫新宇　王嘉梅　王文茹　葛　雪　龚祥慧　张　平

化学化工学院

本科

蒋雪建　高亚平　梅燕乐　杨思蒙　陈　震　杨　振
陈　庚　聂广康　蒋　衡　聂　军　冯文超　边启龙
黄志鹏　杨　航　李成奇　金绍锋　王文松　李　明
曾繁林　许晨永　张玉珠　黄　琴　曹莹雪　宋振宇
常云赛　许　磊　彭晓琳　李明明　宁可可　刘琪琳
肖明阳　赵召辉　郭志强　刘　佩　耿宇杰　谢全鸿
梁庆磊　娄旭华　张汉晨　张　炯　史振平　朱军亮
霍炳臣　耿清华　明卫芳　杨宏伟　孙克虎　郭晨浩
李永鹏　张运存　屠应菊　左慧颖　沈雪萍　余加琳
刘亚倩　何　攀　任龙飞　杨登辉　贾　祁　张　威
陈　行　李用刚　申　奥　樊佳佳　张泽强　周子龙
房本尧　宁园旋　樊　超　郑启琛　时晓光　何俊辉
冉聪俐　秦龙飞　李向丛　方明世　郭思玉　王盼盼
王思慧　关冬彩　温玉洁　崔亚娟　李　爽　秦子言
刘少华　闫俊杰　李德超　付　豪　刘明辉　薛明伟
潘永凯　徐　静　王乾江　胡金博　葛梦茹　刘　过
刘现辉　黄　石　部鹏伟　王　龙　刘　路　李景志
张梦丽　谷荣彩　张　芳　周燕燕　樊燕飞　张晓露
刘　哲　陈思全　郭　勇　班西冠　张东兴　周永平
张天亮　冯耀荷　石　岩　赵光辉　胡　敏　梁羽翀
郑德培　韦启铭　李琦玮　王泽凝　班孝展　吕团结
王晓伟　温帅帅　张东浩　董晓辉　陈　雨　卢欢欢
岳聪聪　宋美珍　康　米　陈彩云　谭莹莹　马雪华
刘　璐　熊泽源　颜姗姗　彭子尚　王尚乾　邓　乔
黄燕飞　王正南　王　威　赵　明　聂向通　白　鹏
李俨潮　朱俊霖　秦登毅　杨　楠　董鸿熙　赵佳奇
王宏文　李　瑶　刘方方　李笑笑　刘小静　王　蕊
赵媛丽　王亚飞　武　宁　卢　汉　李晓龙　孙　伟
朱海林　张　伟　张呈勇　蔡志楷　毛正鑫　张　万
吴清河　韩思辰　张超志　蒋云鹏　乐恢赏　聂吴默
睿梁靖　翟会丽　谷婷婷　郝慧玲　郝海霞　陈昌粉
赵晨曦　赵万方　王　贺　王鸿川　姚舜禹　陈亚君
王乾才　王新昊　李浩文　陈小辉　赵景龙　孙维成
张　宇　陈兆辉　薛　珂　黄　威　瞿维文　刘国祥
陶永辉　赵　哲　何紫晨　李恩良　刘德康　康伟博
聂熊虎　祁　瑞　郭　提　苏　崇　李　霄　张　建
吕秋玉　董　净　王　方　冯　榆　宋莹莹　熊慧玲
张语情　孟　雅　陈　恒　王昊翔　苏聪超　赵　胜
王浩然　左家栋　徐扬帆　柴小龙　贾会鹏　刘　煜
李新洪　朱永鹤　华　辉　闫骥浩　宋来鹏　齐夏磊
马　鹏　刘　京　王　昆　陈　瑶　张林林　刘　杨
王　娟　胡贝贝　郭继敏　尚昱芳　钱晓东　亚　涛
张　木　丁磊博　赵生者　安江龙　孙　宇　李　震
闫文凯　王　铎　王石浩　史　敏　姜鹏成　庄瀚扬
闫　嵩　关晓明　刘润田　肖应鹏　李　赟　胡森浩
周海东　申思远　张春梅　李栩辉　马　琳　郭　倩
王慧慧　卫雅伟　刘　敏　张明月　胡华强　王文亮
高昊云　张　璐　姜燕锋　韦雪梅　许凯伦　耿繁宇
郭红利　邵超锋　荀满航　魏中豪　侯　杰　皮　函
刘　彬　王向茜　李锐莹　李金枝　孟玉平　李秀秀
葛淑婷　徐晨虹　李亚静　柴　玲　徐志申　余乐乐

王　敏　宁宗阳　牟俊松　倪　冬　张泽群　熊云飞
吴莉平　郭建勋　李维坤　申志强　魏作校　曹　帅
委旭宁　王建华　周晓亚　赵小朵　张高珂　韩丽君
乔东霞　时　凤　程慧敏　岳丽君　李梦君　梁亚楠
刘翠萍　牛顺喜　尚景宇　王强强　程晨晨　吴雪松
秦昱寰　王国伟　杨　奇　刘　灿　尹民雷　张贤志
丁　阔　刘　艳　袁良丰　唐桂林　施挽秋　张素宁
贾亚丽　郭丹璐　吴香香　陈　星　马明伟　宋欢欢
唐国新　黄文添　刘沛利　段朝江　张玉金　牟　磊
马福宏　张　淼　丁国春　史建国　杨　琴　陈　阳
储雪莹　王　兰　李丹青　何彩霞　高一然　丹志超
董玉静　王　磊

机电工程学院

本科

牛俊杰　靳棒棒　陈柳青　沈丹雄　郭跃辉　姚夙杰
王　畅　赵士杰　刘思超　汪文博　党金贵　刘　博
聂朝峰　刘奇峰　赵　见　王寒东　郭文然　李润哲
李月起　崔佐君　卢新乐　齐万里　熊有名　朱文超
葛　聪　林小芳　丁北辰　张　瑜　王晓雪　梁旭波
周兵林　崔　鑫　徐达鹏　崔登峰　张　磊　李海星
姜李鑫　黄新旺　李业茂　雪文超　程群超　李思佳
李铂川　练小风　杨招弟　周全信　陈　彤　徐萌萌
王强强　张　转　雷　涛　张　川　陈　锐　周文杰
袁　齐　任书海　罗　焕　王　迪　袁鱼滔　谢振坤
宋均恒　周俊杰　张兰权　张家铭　韩丙贺　马玉航
姚犇犇　张弘扬　陈　晨　尤广辉　师青峰　张冬冬
项闯闯　刘　斌　卢善江　俞飞虎　杨伟闯　陈思颖
张俊岭　薛士浩　杨根元　惠　赢　张一鸣　陈振凯
宋蕾蕾　毛铁柱　詹学良　连发财　霍丙炎　宋志明
邱帅兵　史　越　张　鑫　李世超　方　恒　汤汉东
梁胜龙　郑志祥　李蒙蒙　徐龙飞　李　万　付彬彬
邢静轩　张　喆　范智奇　胡万洪　蒋佳敏　邹永倩
李怡博　温林秀　朱　岩　张　雨　余　丛　郑　通
符敏章　张献华　尹振国　周江林　王　蛟　李海乔
王　磊　王阳阳　刘玉林　陈央央　杨　鹏　鞠亮亮
李西彪　刘广志　王　岩　辛军军　符生富　王　旭
钟明亮　宋鹏举　郑　吕　朴勇柱　冯靖宇　李洪伟
张　乾　张　迪　周凯超　郭　涛　张　波　智小辉
徐富祥　李傲坤　罗根成　李广超　邹泽玉　徐　栋
孙　昆　张艺博　邓　岗　李　林　吕　昊　常　昊
张举阳　钊冬冬　罗　闯　赵　赢　侯读睿　刘光明
徐　帅　张少晗　梁　畔　梁　琼　谢泽锋　庞翔宇
孙志伟　宁朋涛　邓春雨　王志飞　廖礼宇　胡庆广
陈俊奇　赵艺龙　蒋　印　董梓雄　王　瑶　张巍辉
郑　辉　马武超　王　博　张利明　王豪杰　韩世杰
吕　鑫　吴太跃　张海潮　周文岭　张　正　李永康
王　杰　司明智　王俊峰　秦　通　刘俊文　葛东利
阎　勇　贾小二　孙　博　杨　野　王智林　王宏伟
韩向阳　徐　航　万　龙　贺胜伟　孙百川　桑伟科
冯昆栋　荣令魁　尹宏运　汪杨智　宣德坤　杨　雷
孙道锡　韦甜甜　刘　蕾　张　宇　刘浩翔　王　朋
徐振雷　王锦超　邵新愿　安　阳　韩玉龙　代　权
鲁来雨　刘　帅　蒋　朴　王苏康　邱慧娟　孙闪闪
张　永　杨旭阳　李君帅　殷晨辉　张小伟　刘　凯
王　宁　常子良　崔垚鹏　黄早鸣　房宇飞　陈　醒
张黎明　刘战定　贾　攀　龙文博　朱建涛　闻　豪
于罡鉴　李乐鲜　晁岳星　张震东　周磊磊　宋宇宙
穆晓光　宋智伟　徐朋朋　李庭东　刘志远　张志鹏
李　冰　王天雨　田浩男　杨涛涛　裴建永　朱增光
蔡世博　赵鹏飞　殷久雨　唐阳平　姚岚才　孟祥超
王会然　鄢洪川　贾海峰　孔冲冲　丁慧珂　侯　超
朱艳斌　徐国庆　李全辉　尹赛赛　阮祥明　张　开
刘立业　陈平安　杨冉冉　黄小丽　徐彦伟　张卫盼
李松伟　张少华　杜习春　李笑猛　侯艳辉　陈家栋
谢　涛　郑　燚　王　磊　张仲玺　周洋洋　王春草
刘德续　周婷婷　李小杰　陈珊珊　刘煜圣　李俊俊
司彦星　李　昊　李文学　陈佳乐　王　博　李　白
刘高领　胡坤震　谢宋宋　田肖肖　王梅香　张　翼
吴鹏辉　杨利杰　于文华　靳忠尚　李　康　安宏艳
楚郑旗　黄　涛　冯远庆　张家福　马林森　张小青
徐鹏飞　李正炜　田胜杰　彭柳铭　付玉鹏　李海云
邓梦楠　陈　曦　袁统帅　付霄飞　张　豪　刘　鹏
常　帅　高正亭　肖　力　马　强　张鹏鹏　张　斌
黄奇鹏　杨景岚　刘　威　冯帅辉　熊梦辉　孙珍满
华　杰　赵　琨　连小伟　张文帅　程晓阳　张聪伟
陈　豪　王乔琪　林明威　张孟龙　陈泊宇　王梦韩
梁帅帅　吕佳航　马　芳　高云龙　刘军杰　刘　宁
刘　坤　鲁俊中　司　爽　任鹏程　宋克洋　罗　斌

张　宇　陈天帅　候红帅　谈隆旺　王中良　郭梦奥
苍　雨　梅俊飞　喻山州　张博钦　王艳超　惠亦叶
孟　乐　陈　炅　贾琦翔　郝晨光　张　坤　赵兴隆
徐　炜　李德芳　张杵杵　单士博　张园满　游蛟龙
高　超　郭向阳　张一波　张泽夏　饶圣云　赵志祥
杜　阳　范丽娟　何云飞　胡　彬　杨　捷　蔡俊杰
寇海涛　张　宇　许　迪　郭龙洋　许海帅　李义新
李严举　杨亚辉　张雅文　邹　凯　龚盼光　靳　刚
肖　伟　徐文凯　李亚涛　常傲天　袁科龙　黄坚彬
张　彤　刘东克　修博文　刘　恒　符昌富　杨亚飞
朱垂孟　李政轩　杨孟阳　刘　超　黄晓迪　栗志明
吕　志　曲志强　叶　斌　毕龙飞　石平安　王　浩
娄胜尧　江沛轩　孙　浩　王中锋　王辰鹏　刘亚奇
焦科辉　董一君　马晓冬　李世豪　王振举　高　庚
朱丹丹　王慧超　梁典典　丁宇鹏　王江涛　张鹏凯
冯浩南　贾秦顺　杨慕怀　刘　征　韩海洋　董煜坤
王　悦　杨晨光　刘　鹏　朱　帅　陈超彬　潘新如
刘政通　王若圻　齐文康　郭悦洋　李　磊　王亚飞
赵守强　苗　强　吴　凯　申利彬　赵开放　宋路生
刘雪松　闫文举　倪佳炜　徐冬阳　丁行行　阮华杰
杨　鑫　李翌阳　吴旭刚　吴保虎　高　路　申永文
吴　朋　姜明明　刘　鑫　贺凯杰　赵鑫龙　郭新恒
姜　升　王红波　宣　超　韩　晴　陈　耀　蒋小涵
许帅帅　庄召鹏　赵振腾　吴军伟　屈士启　周少同
文慧君　吴　涛　舒永睿　汤自强　徐少中　陈垚炜
汪　俊　付博涵　赵　浩　乔理想　赵政恺　蒋　哲
季伟强　张　豪　杜春虎　陈金良　张亚宝　闫腾飞
史洪星　朱品璋　张　迪　叶　磊　冯　辰　赵伟忠
钟瑞洲　李金涛　陈亚飞　王　威　陈　陈　李彩阳
赵昱琨　付轲琦　孟佳佳　韩子龙　周　祎　朱龙龙
赵鹤伟　李思宇　尚崇飞　许业春　鱼鹏飞　孙宇飞
朱桂阳　荣亚飞　张光周　史春波　许晓龙　冯帅博
杨立威　杨小猛　徐嘉辉　王艳博　毛龙锐　田　硕
杨幸超　牛瑞征　龚孟文　陶文强　李　辉　陈飞仰
潘文科　陈　美　姚记亮　张毓兰　高　祥　蔡志源
库晓东　唐海洋　游宇嵩　胡晓宇　邹欣欣　张秀梅
张　鹏　芮意翔　王春雷　平建伟　杜　磊　卓超群
李庆彬　陈龙锋　李志文　刘贝贝　魏元浩　栗　阳
邹明甫　冯　鑫　李子明　张云东　肖远杰　韦晓明
郑忠利　殷姗姗　陈彩霞　刘高杰　李程博　李笑言
朱腾飞　陈　阳　陈　浩　李宗泽　羊创英　陈建亮
贾洋洋　崔智阳　薛　浩　姚　乐　张硕桦　姬琳辉
张宇翔　姚伊超　房　军　梁霖浩　李书伟　彭　涛
武科迪　何　静　刘婠婠　刘　灯　马恒涛　王滔滔
许振振　范婉婉　邓丽婷　焦亚朋　蔡　涛　代新杰
朱海洋　张豪杰　刘　洋　张清何　刘文超　王坤坤
余桧鑫　李云峰　宋　昊　吴乾坤　李琼洋　李　柱
何　冰　柳忠政　周　浩　陈　思　刘　盼　刘智扬
彭　明　刘军辉　卢　杰　韩献阳　陈胜忠　楚刘峰
李　浩　马晓龙　薛双龙　范帅帅　吴贺松　马东东
车博文　吴　越　刘双龙　卓冠群　徐婉婷　赵秋红

经济贸易学院

本科

程　昕　何燊炜　魏晓雨　雷超凡　李　俊　付飞隆
李梦玉　张瑶瑶　张　硕　许洋洋　张朝阳　温　俊
丁　航　李乐骏　刘中强　张姣姣　梁家辉　韩　莹
李明珠　张逍东　张沙沙　孙青青　许桂芳　孙　瑞
姚　童　许凯文　吕　骁　王　凤　耿博文　董　沁
尹好飞　马　慧　雷雨田　樊星妤　万彩霞　赵钰琴
刘鹏鹏　满晓晨　汪　清　李艳培　何汶倩　闫　佳
杨　欢　朱　玥　孟婷婷　吴　妍　苗　帅　张浩若
赵梦博　曹小平　陈甜甜　王　泽　丁银凤　张　倓
黄文霞　冯奕霏　各　根　李屹华　吕凯歌　刘雅杰
浦酮浠　雷　真　孙金花　程　涛　李　坤　王承程
常昊宇　陶继成　徐　郢　袁文广　刘　婷　李雪艳
朱淼莹　郭思好　刘思成　王　浩　龚光伟　许家辉
张平静　马文军　申思远　王云飞　李文辉　王　曦
王佩珍　贾　淼　王　洵　魏凌锟　秦胜南　吕花瑞
王晓晓　胡　勇　栾婷莉　赵雅丽　杨凯莹　曾慧杰
戴京京　余明明　王卓然　孙　刚　田方莉　杨恒林
庞昌锐　高小婉　李晓美　袁春洪　王梅瑾　曹贝贝
李庆华　韩晓美　滑燕燕　马若楠　史建睿　王　镱
陈汐诺　李　娜　方程威　高世龙　陈龙念　安刘冉
莫金玲　胡小艳　陈　娜　刁莉萍　李怡娴　周　鑫
方苗苗　黄秋蕊　陈菲菲　张梦仙　游博文　崔　源
刘帅帅　杨　欢　高正基　吴赞涛　田　寒　赖炎志
吴焕才　陈秋实　陈　达　贾新齐　张伊轲　钱丹丹
颜　艳　隋萍萍　苗佳男　唐慧芳　刘　源　郑欣媛

张亚楚 张瑾瑾 谢观霞 赵　锦 郭倩倩 周诗语
赵灵利 董炳华 李　冉 柳　伟 王　栋 亢　珂
赵　檬 赵媛媛 翟胜利 于耀潭 侯淑娟 梅　勋
赵景辉 蒋非凡 梁雪莹 张友慧 王金辉 邢　磊
吉蕾合 王　旭 凌育华 姜　琪 李砚田 朱　琦
田鹏宇 刘加福 姜守军 李雨霞 王　蕾 陈　婧
谢幸杰 杨明达 周晓艳 鲁　政 李军友 宗彩霞
刘盛业 侯朝英 谢挚辉 祝光辉 乔发明 胡鹏程
胡婷婷 邓婷婷 刘俊娜 郭亚萍 朱文娇 皮永娟
郝佳丽 张沛莹 行　帆 黄雅丽 刘安澜 杜　丹
陈　静 杨梦瑶 王亚彩 张梦蝶 王　琼 王红鸽
黄　鹤 陈　静 张湘豫 张凤鸣 宋浩杰 刘招娣
李橙橙 毛　玄 卢　锦 李孟佳 顾　伟 武墨涵
周亚蕾 尚倩睿 丁　羚 朱梦东 徐克强 马明哲
刘小健 王亚楠 王　策 杨　新 乔小胖 牛笑笑
熊小铭 秦亚娟 史　璇 张　明 侯旭辉 蒋梦绮
薛亚珂 吴景霞 李曼曼 木　花 马莉华 吴　玲
刘　璐 常　乐 史开放 张　伟 陈延豪 段冰花
许宝晶 侯　宁 张丽飞 余海文 闫　翠 任诗梦
郝玉明 陈宣宇 梁曙光 石　瑛 张　珂 麻瑞佳
许　静 李　洋 王　科 王思坤 易　坤 耿波涛
汪程扬 马奔康 吕念念 杜苗苗 王双双 雷云晓
侯文韬 郭寒玉 曹　智 祁炳森 李　振 翟丽朵
牛兴龙 张　妍 贺　宁 杜瑞敏 李晓路 庄园园
苏亚冰 李晓玉 荆莹莹 卢素英 冷相梦 李　梦
薛月姣 何明月 陈奇盈 安玉曼 张曦予 胡雪莹
李　栋 王　路 梁京京 司慧娜 冯　璐 尹佳音
夏　俊 孙　骞 龚洪浪 王　持 李　凡 周　涛
周功林 王宇涛 段定一 陈英侠 陈晓琴 杨文迪
马平平 汤婉迪 张虹汐 张　旭 王思羽 黄　莹
王　艺 杨通虹 孙铭雪 刘依婷 张倩倩 王怡然
余灏哲 刘伯畅 赵川曦 龚望兴 王佳晨 李晓芳
梁文龙 武　静 芮　萍 刘　文 李安琪 冯胜南
刘彩霞 谢安欣 邓　莹 李晓爽 谢小璐 孙　健
何峡峡 柯慧慧 朱舒雅 李新颖 范　菁 刘晨阳
王　富 周　康 张　冲 李　伦 陈昭阳 王　真
秦建伟 和以宁 姚俊强 段兆邦 岳昌强 刘望敏
栗荣菲 张美灵 王　涛 叶　凯 彭孟子 吴李欣
杨玛丽 王　健 周义伦 李　磊 左金源 杨路宾
于朋朋 张　佑 何　哲 李之振 周艳秋 缑函函
刘园园 金玲妃 胡瀚文 郭　涛 裴　杰 程宇卓
闫　晨 贾少聪 林　萍 陶亚飞 王　波 孟　迪
史雪琦 曹健超 郑竟放 殷伟康 田宇飞 孙正林
李云龙 刘皓恒 刘　丽 吕清波 闫人杰 雷红阳
赵德峰 刘海洋 吕宝锋 霍　恒 王森龙 黄　玲
路钰莹 刘佩明 薛冯杰 邵红伟 宋林洁 闫静文
李冬颖 金亚楠 牛娟娟 肖梦娇 梅婷婷 王　旭
冯小娟 张　璇 杨林焱 罗韶辉 张力心 张　冰
李帅梅 李忠帅 李宗临 桑乾坤 张志浩 鲁　迪
王嘉威 楚鹏飞 王昊鹏 王宁坤 龚敬杰 李奕博
武　枫 杨　洋 王亚冰 常　兴 李潇洒 徐梓萌
郜　原 原宇辉 韩珊珊 黄英歌 王书影 周明明
王二女 黄琼珠 吴凡凡 王俪静 李玲玲 穆欣宇
赵代男 郭海文 汪金金 韦德喜 袁　媛 刘冰洋
冯张国 李成姣 赵浩喻 赵　远 陶文锐 刘子昂
温凯博 贾鹏帅 李　伟 马向阳 刘俊杰 谢云涛
范意晨 娄　爽 张之苄 郭亚珂 刘亚绰 梁晶晶
卫梦雅 王　妮 高　钰 王梦瑶 肖　倩 郭思言
蔡琳琳 王泽群 娄娜娜 朱　迎 孙玲玲 李缓缓
刘　扬 杨一帆 赵克乐 余祺霖 罗志发 任清盛
杨　超 李曜舟 宋　健 王阿会 李　帅 杜永帅
郭中华 司炜炜 孔令佳 李嘉雯 靳嘉琳 安倩倩
张　恒 龚梦伟 薛海宁 龚　俐 马银娇 李亦彬
吕晓亚 雍晓庆 郭　澜 李一琛

理学院

本科

常晓星 马金科 刘永青 杨　鹏 孟　杰 杨　娅
陈芳娇 马　聪 顾邦泰 周亚洲 万亚涛 李明睿
唐　占 高帅强 戴　懿 赵　磊 杨晶晶 杨春怀
吴宇航 王　哲 孙广玲 金　浩 王宇翔 王长锁
曹金琰 智家男 刘云飞 李　利 吴元春 李吉莹
刘　威 王苛苛 李若琦 陈春绮 周嘉诚 魏骊晓
蒋春艳 栗　莹 蒋佳金 桑晓果 闫俊远 宋科论
王齐坤 谈　军 才振涛 王有风 秦丹丹 谭婷婷
张卫奎 郭　坤 段楚航 陈云刚 闫梦龙 江　源
李加加 魏兴隆 田　敏 孙慧梦 王雪妍 黄　博
孙立宝 张　明 张蒙蒙 刘玉春 易　帆 蒋　壮
余　光 朱　乐 赵　庆 鲁　克 李文斌 李　翔

赵　亮　崔其彬　王帅鹏　张世豪　郭　麒　苗得雨
龙明世　朱金波　汪梦奇　李嘉祺　莫海弦　刘格昌
郭学耕　刘荫隆　李高帅　胡英初　李　鑫　杨国庆
王帅帅　方佳佳　郝玉莹　陈远强　周代友　师鑫鑫
高金福　张明可　唐文佳　李　静　张东冬　罗文曼
顾林超　徐克侠　徐　鼎　张华然　张　恒　张　旺
王　彬　黄以琳　朱文举　宁森森　吴　鑫　胡智雨
张快理　段世非　陈幸福　李　志　李海洋　朱明浩
魏召永　施　翌　陈海霞　卢　磊　许　蔚　杨　盛
刘永超　吴刚辉　贾新伟　李国军　姚鹏辉　梁恒瑜
杨晓远　张一帆　李　丹　杜亚蔚　张　博　武　晗
李振杰　刘　琼　刘钊池

粮油食品学院

本科

朱传锴　凌冬冬　赵　飞　李正哲　孔院庭　郭金宝
张俊文　王志豪　李昌盛　陈昌泽　杨英杰　刘洋洋
张　弛　刘嘉平　黄　辉　晁　贝　张国涛　吴　焘
刘　炜　黄　秀　尚娅琳　许俊锋　谢家文　王俊飞
雷梦续　夏　军　郑　放　刘峰松　王文凯　王　琳
郑有昌　王子逸　刘　康　张先果　谢长月　孙玉卿
郭　丰　马新静　杨　硕　石培琦　施华坤　苗永刚
张大志　张天语　王　燮　万士雄　王兵兵　李潮鹏
苏　鹏　王　刚　张帅帅　李苏波　赵愚谨　田　晴
侯守娟　崔永存　于帅杰　邓家汶　章仕强　李晓宁
赵琛琛　巩艳菲　王珊珊　屈亮亮　赵艳珍　胡盼盼
凌梦阳　赵　洋　马仁幸　王罡明　樊冰飞　王　梅
刘红艳　蒲慧婷　韩碧莹　王　微　赵聪瑞　张浩然
董志胜　王　军　邱　鹏　卫　娟　张慧芳　董怡婷
王　珂　王　爱　罗晶晶　施桂林　李燈辉　邹　林
杨国飞　覃琼献　朱永博　赵捷飞　陈月和　周　彬
周长基　刘中岳　杨　涛　王　航　潘润森　赵生芳
肖　冰　李　晨　付鲜丽　巩园园　郑慧如　刘镇伟
耿　超　张　申　李　晓　陈　卓　牛斌鹏　张怀望
康金玲　刘　莉　李　娇　姚树英　陈栩楷　李　涛
梁绍全　郑明亮　张　振　李泽泽　黄胜兰　张云月
舒　垚　陈　晨　张大伟　王英杰　王　遵　魏尚昊
陈东宇　赵西艳　温淑英　郑婷婷　黄会娜　黄雅婷
白冰倩　杨　林　杨延芝　张莹莹　王后政　柴智慧
黄思雨　黄亚萍　宋梅红　王明远　张晓娟　张璐璐
张　芳　相　洋　王宗旭　刘新新　马率军　廉博博
尹凯静　刘　慧　赵亚菲　贺艳飞　周可蒙　张永礼
张　柯　黄玉婷　耿军凤　张琨阳　赵众欢　陈　冲
王晓博　秦士博　吴本阳　张仙仙　魏秋瑞　鲁丽群
邢素娇　尹蒙萌　于泱洋　许嘉华　程广金　张国楠
杜云豪　吕丁阳　韩　丹　贺　超　张朋超　梁龙龙
谢少秋　夏加林　赵海洋　熊红丹　刘雄雄　吴　涛
李汉霖　时兆楷　徐　雪　徐咏宁　张梦迪　何梦婷
曹珍珍　陈茜茜　郝　爽　高塬博　张嘉麒　夏子文
苏　钰　樊　恒　李世豪　陈学良　吴文芳　范金宇
崔悦贤　曹彦杰　莫柳斯　刘世辉　孟延飞　尹天舒
孙书杰　屈经纬　刘　浩　万　盈　张子敬　朱　聪
陈传波　范加祥　付乾帅　杨晓乐　余长旗　卫海莲
穆小蕾　刘　杰　庞雪宁　李沅泽　王艺颖　乔晓鹏
韩如梦　刘华建　黄依林　孟宏杰　吕照慧　赵勇帅
杨　淼　杨　光　盛　磊　朱现振　王俊涛　高宇曦
王栩琰　杨　雪　张梦晴　杨　红　李谷雨　刘静静
杨雪洁　朱　玉　陈界强　都楚君　李可佳　刘松林
贾香园　张文祥　谭雅艺　叶明涵　周　贝　常攀登
李　丹　汪志朋　张　挺　马会雨　高露雨　王随随
朱　慧　张　柳　刘晓文　霍大龙　郑东妮　孙翔宇
张超杰　余　良　李　阔　徐　斌　封慧丽　卢　姗
江　哲　崔晓兰　许瑶瑶　谭红娟　李慧慧　李佳羲
李娟娟　王智颖　韩银双　马树杰　郑晓竹　任烟霖
尚培楠　侯晓琦　赵　磊　沈旗星　王晨阳　李天豪
理　芳　王亚维　雷钟玲　刘加林　陈相楠　张　月
刘玉洁　冯丽芳　焦宏勋　谭怡曼　娜日苏　李　闽
张　雯　张家枫　付云云　陈　晨　徐小青　李钰景
宋强强　郭　玲　李　晨　李桂花　徐　莹　董　静
董申倩　唐　睿　袁梦蕾　李元元　李　辉　孙辉熠
刘诗仪　马靖烨　李俊艳　王润泽　何德水　韩启迪
钟　新　张军亚　申金田　刘腾鹏　崔素利　周　方
魏贤之　王金梦　张婷婷　李大云　王　静　李　爽
杨佳兴　吴　豪　刘晓强　郑家希　王　豪　臧树林
高占一　段俊跃　陈灵扬　郑彦坤　吴志瑜　王　露
陈权权　陈传军　常龙飞　彭贞贞　牛莉梅　张荣玲
王笑雯　金巧巧　胡丽如　冯记红　王静含　张东旭
郭楠楠　王莹莹　郭梦雅　崔迎迎　梁秀俊　石　畅
赵新田　贺　星　智　豪　杜润峰　黎　颖　梁家豪

杜　勇　邓金良　王　亮　李雪林　刘　芳　李生梅
刘　畅　史春红　张　瑞　杨　凡　张　迪　李玉丽
张　进　錡小兵　王旭娟　钱晓洁　黄美琳　罗　杰
刘艳林　陈珍妮　夏永刚　侯居东　吴　昊　胡兆航
李自帅　任冠一　刘俊杰　付毅豪　李　帅　张天鹏
和博延　张　婷　岑华坤　曾　勇　王飞翔　张　森
彭百祥　刘迎东　苗胜兰　张斐斐　黄晓春　王亚娟
陈淑利　张　浩　王亚婷　张兆蕊　梁芷茵　梁　岑
汪　涛　牛　清　罗　玉　王　尉　张　瑞　詹慧杰
姚若男　高　巍　李霁瀛　黄　杰　杨利平　张　雨
董效泽　王　钦　王云飞　刘春筱　王　骆　石志强
史铁柱　沈　鑫　李涛涛　李彩红　褚巧灵　张春雨
张　佳　韩月月　赖玉茹　颜东琼　赵梦瑶　吴慧改
郭秋霞　曹　娜　李　明　孙诗倩　丁凯龙　黄　金
桂正宇　张　培　韩金永　康卓然　阮冲冲　马孟南
周志豪　杨　磊　杨艳杰　杨向阳　李向东　曾　诚
颜祥坤　闫小孩　郭凯丽　郑英杰　姚小红　吴兰花
滑　怡　解国姣　杨鹏程　王文洁　李　菲　娄珊红
周连妹　朱亚男　史玉娟　李梦丽　王利杰　魏　利
宁梦鸽　张　帆　辛灵坤　陈宝兴　李伟平　姬宏丽
毛　超　洪泽翰　赵　威　徐　潇　潘　登　袁添璠
王鹏程　吴丽珍　陈爱贤　方　晓　李美玲　王亚飞
魏小燕　林　萍　王培娇　宋　森　孙颖华　李　坤
邓暖暖　刘　敏

设计艺术学院

本科

吴宗珂　张强强　丁倩倩　申绍村　刘凤霞　张秀华
宁怡帆　邓　垚　王小玉　甘　露　范娇艳　赵远天
温　娜　王维康　赵雪莹　琚孟隆　赵雪芳　王中圆
范宗良　赵　鑫　林加伟　徐嘉豪　纪合鹏　孙雅倩
李紫君　肖　楠　李俊严　宋晶晶　闫　迪　龚小飞
王晓洁　刘　笑　吴紫瑜　何文思　李夏层　李　杰
王　森　林丽萍　翟崎崎　王　洁　廉亚坤　王　泽
孟　田　马　程　赵　飞　雷深振　冀慧慧　张　敏
宋超群　张静爽　刘绮雯　汤亚菲　邱月欣　郭培成
曹　威　徐海平　刘续涛　翟恩豪　韩鹏斐　李鹏鹏
王永生　靳雪亮　白　洁　张顺博　李　帆　贾　康
罗任和　段德盟　杨赛赛　冯　阳　徐小青　岳文玉
霍　颖　郝青芳　张　玲　贾存香　许　哲　杨湉湉

史文捷　孙浩博　赵国庆　孙恒昌　时珊珊　徐小凡
方　乐　张开泰　刘婉婷　王文靖　李宝娟　丁娜娜
赵璐瑶　刘思宇　桑雨蒙　张文珍　杨智慧　束娇娇
李思琪　卫　婕　田碧滢　张培杰　叶贺倾　刘鲁杰
姜沛元　于亚萌　李　姗　杨　玲　王玲玉　李　超
刘　博　陈晓艺　雷　昊　郭　睿　黄陈丽　赵庚天
李霄豫　聂欣欣　张　慧　刘懿媛　张　影　魏莹莹
程天慧　张盼盼　原　森　刘明强　单文琪　杨春芝
陈　颖　章梦淇　刘　珊　李西洋　于恒晨　陈一功
马逍焓　王梦云　佟傲冉　扶庭波　沈　莹　杨建南
杜　冲　张　梁　李龙翔　李梦齐　赵培霖　王慧敏
郑绍丹　刘彩琳　吴　寒　毛宇杰　王　璞　魏　珂
马璐鑫　王梦星　韩佳芮　贾晋翔　宋天娇　马丽丽
张冰冰　白　靓　黄　晨　孟继亮　杨　婷　徐晨宇
崔　灿　韩佩彤　朱梦瑶　仵静静　曾祥军　齐志鹏
尹一帆　张美玲　吕　晋　王子川　曹宴荣　刘梦非
周　丽　史轲鑫　曹辰扬　秦晨凯　高旭彬　成超超
杨　琨　王帮坷　张伟纳　董　浩　刘　楠　马　萌
刘帅国　张金波　慕海涛　孙同月　李争艳　刘孝庆
杨　鑫　炊轶稹　杨敏捷　陈晓静　赵慧敏　赵云倩
呼怡帆　丁　锋　高　枫　姚　诚　祁朝仁　吴昊阳
许怡曈　郭泽中　季　晨

生物工程学院

本科

赵明明　李　勐　陈勇江　曹锦承　李　昊　李张枫
杨　耀　马　杰　孙程远　陈钦胜　赵常吉　张封东
蔡文超　丰　盛　孙帅超　刘　明　李　涛　郑　鑫
王洋洋　韩菲菲　侯燕飞　周　颖　李瑞泰　刘　月
李昕朔　徐慧敏　秦　毅　郑建樟　袁栋梁　张　光
吴煜婕　程　婷　盛中威　宋艳芳　阮婷婷　武洋洋
卢津仑　施云强　李　梦　李国辉　刘佳维　张建新
刘艳杰　盛晓慧　许白雪　杨舒垄　冯蒙恩　张努亮
李　猛　王长青　易岑明　韩尹泽　薛　超　章　迟
何孟远　郑佳宝　徐孟孟　李　帅　唐远刚　张　宏
张洪涛　董汉毅　邵潇亿　史燕杰　朱冰洁　王梦可
李　晴　袁文静　李颖慧　侯亚博　闫路路　邢良擎
靳宏伟　牛　健　燕　鸣　苗一鸣　余　河　刘晓婷
李海峰　史建平　罗广娟　朱世东　张鹤馨　金　盼
李晓玉　陈　晨　蔡艳婷　吴亚敬　吉佳云　郑旭涛

张碧丽　李乐云　余京亭　姚伟达　李亚东　任长春
王　浩　蒋清波　王赪琛　元世昌　杜敬阳　王建威
王全盟　韩少鹏　史学鹏　张成飞　耿云鹏　韩荣超
陶俊昌　闫志军　魏信涛　薛富强　付　祥　祁飞翔
刘　向　喻永辉　赵元帅　段静华　陈梦颖　魏萍萍
刘　芳　周　芮　孙东东　田　媛　王依心　李敬文
王衎麟　汪洋洋　林希杰　王超杰　孟博伦　李凤娇
崔　勇　解亮邦　马伟博　张艳梅　张树彬　叶傲君
周娟娟　陈道森　时志成　王梦祎　赵珍珠　王　佳
涂苗苗　卢飞飞　罗　娟　林　阳　夏娜娜　胡玉虎
殷　浩　邢胜伟　刘锦涛　郭瀚钰　牛松峰　张晨飞
李官林　刘　越　侯雪飞　李忠杰　马芳婷　江增强
郑全振　张　鑫　周贵忠　崔有旺　石　贵　郭晓娜
赵俊杰　王青青　杨梅桂　安亚静　孟鑫鑫　赵怡楠
邹俊梅　谭亚云　冯　瑞　李　砚　沈福杰　卢　华
杨　韬　张　辉　王振南　赵　业　李　撒　张琼阳
张世福　梁明东　张　涛　陈华文　赵长松　邓　辉
蒙曼丽　赵静敏　朱清娟　王田田　樊艳叶　李登科
龙　岚　敖雅琪　王　瑞　李　娜　赵佳瑞　杨贝贝
朱灵灵　张小真　李跃丰　吴旭光　杨　易　付晓鹏
狄江涛　马鹏林　张亚鹏　梁自强　肖留榜　陈志强
杨　路　熊从根　谢寿强　王向阳　刘　然　谷明谦
何晓晓　管旭冉　张晶晶　罗珺轲　刘梦影　曾　慧
郑　婷　刘旭阳　纪玉杰　杨静杰　孟彩婷　王珍珍

土木建筑学院

本科

周剑坤　李少军　吴建为　张浩东　王亚超　宁秉正
张宝强　刘钲为　杨宗海　朱鹏举　苌　鹏　杨金秋
庄禹尧　曹秋华　吕德满　刘宇杰　李曼姝　杨传明
王倩倩　万　彬　赵欣宇　王虎城　任子贤　陈兵兵
杨　康　马　奥　陈向伟　余彦军　易怀琼　莫林海
李　浩　胡　凯　魏贺伟　周　昕　杨晓锋　韩鹏超
韦文皓　麻世垄　弋冰冰　梁振雷　彭志豪　范亚鹏
陶　晖　杜灵杰　贾宝良　闫　磊　邓　坤　谢　辉
兰振文　张　爽　甘　超　马洋洋　陈　雪　姚锦柯
谢松波　董攀飞　郑发强　房　硕　翟家栋　吴　蕾
王明飞　袁一搏　冯泽权　黄　鑫　杨　凯　徐国涛
李　强　杨玉乐　凡凯歌　司柏通　王富强　郭有地
潘欢欢　王雯辉　陈　前　车茂礼　刘　星　解世行
韩博霖　王世立　杨立伟　冯闪闪　赵世颖　李攀伟
何文涛　郭龙阳　谭振洋　叶宗新　朱明辉　王朋举
吴　哲　徐　健　程晓明　楚培豪　周晨博　梁昌鸿
杜亚彬　高子云　常中杰　彭明明　魏海舰　王　彬
李晨晨　晁宇昂　颜子一　贺文博　毛宇翔　王帅彭
曾　锐　蔡冬宇　王勇坤　李　伟　李俊材　魏　梦
夏　迪　罗生银　律振金　朱永祥　张　帅　李　薇
张斯斯　宋丽娜　徐荧荧　牛梦娟　孙　瀚　崔　慧
周云静　张　婷　魏　淼　韩舒斌　韩奥飞　朱益军
郭宏圆　甄帅峰　张一波　杨帅飞　江令旭　邱亚蒙
赵郑涛　谢文曲　李建辉　孙茂盛　宋加强　宋志强
王泽宇　王亚东　邓　超　信靖哲　周训明　郭　振
刘　勇　严家磊　王俊伟　邢青青　曾丽玲　武光霞
王李彭　王赛飞　郑兰兰　靳璎蕾　周仪恒　胡艺璇
梁　欣　刘　畅　王鸿雁　秦会英　王培帅　熊冠军
姚松峰　廖锡武　张李一　郭　磊　吕德珩　张云潮
刘　超　雷　力　张志元　周润发　刘庆庆　吴双龙
王　磊　朱延申　王　涛　裴黎明　姚　磊　严　锦
张园园　康小莉　吕艳红　王玲莉　朱璐璐　陈晓倩
张　婧　刘　冲　姚　拓　卢　乾　訾庆凯　郑东生
路景翔　杨　炎　张伟伟　孟凡洪　凡林飞　陈炫旭
张龙龙　尤志诚　张志启　张少博　彭浩江　卢明志
王和儒　马俊杰　张晓怡　曾现丽　赵晓峥　何　艺
张媛媛　马　爽　张欢欢　孙翔君　梁雅茗　李阳阳
刘丹丽　赵广义　宋佩峰　方晓明　张世平　郭志鹏
史军伟　蔡　煜　黄文强　施佳焱　刘正良　张亚洲
张　珂　刘　恒　李　强　刘威屹　朱正国　韩沙洛
方佳宁　朱　梦　刘心裕　肖紫臻　李连菊　桂茹昕
姚　云　付艺伟　张瀚月　李　青　王　仰　詹成伟
褚　天　刘　可　王斌杰　崔佳鹏　王　戈　黄森江
王永祥　杨　栋　畅舒心　林万青　杨　杰　邢照虎
龙志磊　李　越　李振平　刘　彬　宋　磊　吴京城
陈　帅　郑　薇　黄金洲　胡　波　胡　岩　任　帅
陈　琼　崔思远　李军奎　吕天增　陈云飞　文成涛
黄义良　黄贯州　张明辉　张宝杰　李浩霖　赵自江
闵　奇　张钰渲　高庆飞　周　帅　程川川　李兆鹏
贾大伟　陈　林　轩帅飞　张　永　梅象瑾　蒙贤钰
赵新立　燕晓雯　郭锐敏　刘清华　李彦阁　赵龙飞
詹泽超　杨　魁　柴超杰　王昱博　张生帅　张　野

蒋树伟　吴松林　李　伟　邢本晓　俞运明　方　晓
张艳勇　李　帅　张永强　郑家富　崔国冬　张聚璐
刘庆喜　伊建伟　杨友照　常莉峰　田振涛　尹孟杰
栗　浩　梁　硕　贾振江　王　冠　赵纪崇　王　博
范前树　武金城　赵　晨　文夏楠　张　辉　张瑞元
王　浩　李亚宁　马李建　李贺飞　王　浩　宋建宇
李　宁　徐　沛　黄俊峰　娄超博　赵炜哲　胡军辉
程送圆　张　毅　聂　帅　唐　莉　高鹏辉　刘鑫瑞
陈红安　黄进宝　刘兴宇　王留飞　郭梦雪　刘义琛
孙海帅　李瑞珂　宗文龙　易　隐　刘　豁　鲁帅兵
赵　强　张　澳　任祝相　牛志颖　王留永　张梦梦
许安琪　宗洋川　徐志凯　李模华　马晨轩　马楠楠
缪友亮　张阳阳　陈息克　李亚龙　黄京生　郝　顺
王尚学　丰永先　柳喜均　刘嘉晖　茹鹏飞　梁保柱
李思雨　钟亚波　王豪杰　翟超强　柴云鹏　孙锦盟
郭　冲　王龙龙　宁旭昊　李圣权　范应金　刘　明
王培成　辛伟昌　马　祥　李　攀　周　醒　胡海洋
王子嘉　范修辉　方　凯　张钐锋　郭新闫　李利峰
李　洋　李　鹏　李　虎　豆全康　潘　攀　刘　朴
周　宇　张　晗　方腾霄　游　锐　张凤阳　陈　浩
张　祺　张新新　杨　壮　李超鹏　张志辉　郑广举
陈宝生　赵晓哲　余振华　许　睿　方　原　徐　倩
李颖霏　张　宪　吕晓丽　陈丹丹　李　想　黄　明
范伊琳　石　佳　黄丰硕　单麒宇　马红琰　王　凯
王云杰　李可昭　雷腾飞　陈海阔　李金航　魏世方
马威风　孙迎喆　陈竞宇　李　蕊　吴依珍　罗少聪
阴培培　兰梦瑶　韩明明　吴思宇　孙　慧　张　青
陈　熙　王　硕　武　霄　王　豪　殷　航　吴培栋
鲁天子　黎才延　王博闻　刘志浩　刘　通　汪佳星
李　雪　赵德军　孙佳伟　江敏晟　林显玉　杨笑然
杨若凝　贾珍珍　黄妍妍　孙乙淇　李　真　张　珂
申枚欣　崔　航　吕鹏飞　刘文强　周凯文　郑　洲
赵军飞　刘　峥　梁卫杰　王　钰　顾锡沛　杨　杰
卢　凯　赵一鸣　李宜衡　闫明辉　李振伟　张　琦
葛圳东　黄　帧　徐向楠　陈劲林　王怡晓　朱晨阳
王春光　徐　超　董浩林　吴　磊　刘长文　马振宇
郭宇婷　李丹丹　李　晨　郭晓强　李正辉　陆　地
常　哲　娄亚烽　卢金生　孟　潮　高　涵　李心静
于剑波　李晨辉　刘会江　宋岩锋　王振赛　崔少冲

王云瀚　郭　徽　孙延嘉　李斯潇　董　迅　张海潮
石温声　张纪超　章凯华　杨双定　徐子强　潘　军
孙梦琪　高明钦　乔　凯　杨松健　李晓伟　郭大卫
李震啸　王君楠　陈嘉伟　王亚飞　孟艳山　牛思宇
范金月　邵梦德　熊　健　孙运德　贾龙辉　胡森源
朱炜炜　张含玉　曾乾坤　方运军　李泽贤　张　帅
贾瑞锋　卢　闯　路　扬　郭相凯　张　乐　周俊坤
汪亚平　李卓宇　何长江　朱东东　卢立明　王顺利
宋　磊　刘　磊　林卓凡　张　宾　黄炳达　武顺利
王　彬　毛　立　乔红石　赵　健　李静卢　李晓维
郭海永　郭金辉　郭树旺　肖喆臻　何慧豪　郑　真
刘大明　王东升　韩岂凡　梅清华　何顺龙　刘文磊
谭淇方　杨柳君　秦彬华　胡庆祥　单怀北　李成浩
杨　葳　陈明兴　李路宽　李　莹　陈雅楠　赵祥宇
王克睿　杨　贺　李勇智　赖昌勤　张　欣　石雨昊
张中伟　黄　杨　王雄建　乔军豪　桑红浩　张天扬
孙亚魁　王晨晨　张祥安　王中原　黄　亮　姜晓迪
杜林强　康少朋　韩　冲　刘时雨　张振东　朱梦宇
田应飞　宋　雅　路　高　刘晓怡　杨旭坤　王　璐
李雪阳　朱嘉远　马丹阳　孟祥意　张　祥　李腾达
申欢欢　李素来　范　振　杨海晖　张雅雯　关　冲
李　鑫　时伟锋　许胜博　岳雪生　冀申萌　李崇杨
李　梦　杨光煜　彭　康　刘桂君　范晓灿　胡梦涛
代晓伟　徐　浩　许冠中　叶经阳　刘路路　夏明皎
韩明亮　李鹏雲　林　彬　高秋晨　夏济宇　李二兵
陈　立　田贤军　王　显　方程浩　于　洋　梁亚楠
瓮　超　张俊伟　赵文杰　王　震　程堃曦　刘高蒙
刘碧涛　杨　可　段锦茹　史一蓓　谢朝阳　张子有
崔　超　赵明博　王　璐　罗钟山　郝雅芬　张小清
谢钦辉　任炫知　张阳佩　杨啸天　侯志强　袁　庶
张军辉　王　强　赵亚敏　宋会涛　王　耀　孙志涛
刘彦伟　和　祥　刘　达　王瑞浩　刘泽生　曾　政
尚建波　朱俊轩　赵福建　吴彩云　闫　洁　张宏凯
李　莹　袁新国　黄亚光　柯　康　杨安伦　申　超
姚一迪　胡鹏帅　韩行行　王威然　马　涛　田　甜
聂自豪　王　凯　何玉龙　付志明　董建锋　王智林
王　涛　范鹏飞　陈真利　刘飞飞　周长明　谢书泽
衡培文　赵星魁　吴海飞　潘彦达　李绍飞　刘　杰
景　瑞　牛泽栋　陈文乐　闫国斌　朱云辉　原子然

李　博　张天鹏　王守飞　宋琪慧　赵　夺

外语学院

本科

赖礼绪　邵海燕　秦文艳　冯子宇　杨镕基　刘雪锋
李纪元　曹苏亚　魏安钰　张　佳　钟茜歌　韩梦柯
刘　贝　张建文　陈林燕　杨歌星　孙可可　高晓曼
胡梦格　曾文君　朱清涛　王潇潇　葛晋豫　陈肖洒
张冀川　刘智超　许乐元　韩晓轩　许开源　李　蕊
张莉萍　张　燕　李　英　姜亚萍　刘　璐　张启迪
候晓豪　郭洋洋　孔德颖　张毅萌　田　歌　黄嘉琪
马彩艳　郜铮铮　王亚琪　徐甜雨　李登辉　彭妙碧
仵亭亭　任小平　杨志芬　丁　柯　赵雨雨　王福鹏
程亚杰　殷　曙　崔　鑫　王玉贞　张　琪　刘　燕
马晓笛　胡慎芳　陈婷婷　王冬雪　郭　瑞　周国灿
王炎霞　张田田　袁娟娟　杜　敬　康晓静　刘义可
刘东帆　杜增辉　袁晨曦　王秋叶　魏佳鑫　章　燕
张丽娜　李明明　王亚萌　刘应杰　王　丹　隗一航
石玲玲　刘琼宁　李小洁　徐俊朋　刘媛媛　李　蒙
樊瑞琪　于晨辰　王银鸽　王洪伟　李雁冰　荀艳强
赵美洋　杨余斌　闫春媛　颜家慧　孟　磊　吴利红
贾雅倩　柯妙妙　阮卫霞　高　鑫　周　然　罗　芳
刘　芳　牛艺璇　何方方　侯文宁　谢　静　谢基岱
王子凡　田文倩　张登基　谢　涵　李佳佳　谢碧云
朱冰玉　田婧文　郑格林　刘慧婷　钱岫妍　陶　然
曹泽宇　张梦蝶　胡殿龙　李天舒　张功福　杨春雨
许柳翠　段亚丽　李佳豪　张倩倩　杜姣姣　乔　颖
查明艳　王　珍　崔宝石　杨惠东　李　宁　潘　明
邹柯柯　刘佳泓　王　慧　杨亚涛　张　洁　王聪聪
周亚苹　彭孟婷　肖青华　刘　雯　王　迪　梁萌萌
李倩倩　张　羽　罗　霞　党欢欢

新闻与传播学院

本科

樊梦婷　胡晓迪　张嘉澎　裴景龙　曹萱露　李孟冉
郝　旺　姚　嘉　李昱泽　李东晨　程立言　汤浩博
朱月华　张　猛　宋　燕　陈鑫阳　马一鸣　刘昌东
李林涛　吴　垚　吴一凡　马婷婷　孙晓妍　王许许
洪　瑶　裴晨晨　刘亚璇　李　欣　王若兰　卢明慧
杨　爽　郭昕昕　刘　梦　张　晴　童芷菡　王　瑶
张辰一　刘昭含　殷梦月　王　凯　杨旭川　张　倩
宋子健　李欣原　高　宁　胡　阳　徐渊豪　於许愿
王亚慧　于　鹏　申菲儿　邹　青　高静茹　马丽华
王　程　张文娜　陈燚新　陆怡静　段佳奇　马琳婧
杨　洁　徐玉婷　郑颖颖　李佳佳　周　娅　程　镜
牛文心　籫晓盼　董　璐　李娇雨　武恒岩　刘玉娇
秦少帅　马靖钧　李明远　张恩祺　於许添　蒲　妍
鲁自轩　张富强　郭文静　钱奕李　单佳良　张博博
王　燕　王彬扬　于家鑫　赵雅琳　赵慧丹　郭怡辰
徐方方　王　璐　薛　晨　彭安娜　王　蕊　樊丹丹
张琪敏　边赛铭　冯思雨　杨潇航　王浩民　付静思
王　卉　孙瑜蔓　彭　叶　张东红　刘哲磊　吕景坡
王　超　孙芽芽　王笑月　罗　云　周婷婷　寇梦珂
刘梦雅　廖文静　郭　俏　张　婧　张倖崎　方梓祎
郑　令　邢中奎　伍子璇　王爽爽　张少鹏　胡俊林
陈　嘉　白宸睿　莫昌慧　魏圣力　胡晓晴　桂在峰
王慧慧　张　颖　李金金　贺艳丛　郭花丹　周鹏举
黄　蒙　闫帅飞　张　贺　孙润浩　张亚雪　刘亚婷
燕梦瑶　杨璐垚　陆发娜　程　楠　李芳芳　朱焕章
林尤翔　石　亮　刘兴宇　易茹梦　侯怡帆　高雯雯
白必卿　王朝阳　陈闻文　夏羽云　刘凌博　贺江伟
刘铭沂　陈建辰　景　磊　李培源　刘冰雪　周文倩
曹朋飞　徐　珊　罗怡静　王影超　刘冰润　李霞玲
王晶玉　邹德鹏　田兵广　朱　浙　罗路秀　程书芳
刘柳燕　吕　品　吕夏茹　衡　帆　郭云艳　徐梦梦
彭双双　武灿灿　张子煜　程少博　梁培东　张双双
尚　芳　朱佳怡　张旭卉　彭　静　汪　洋　宋艳欣
杨思司　高玲玲　李敏瑞　马玉莹　王启航　郭一鸣
唐苏雅　张子良　路蒙蒙　朱旭静　徐文文　韩婷花
苏少欣　白云飞　王　喆　李　蕊　贾阳阳　王双双
韩　健　葛黎辉　徐子懿　沈　悦　刘林薇　徐云燕
梁　杰　宗攀攀　郜洁洁　熊宗英　张　翱　陈　蕾
谭　敏　高天欣　杨琳琳　李宝红　王远倩　吴瑞瑞
陶治婷　贺子宸　程文文　刘文娟　宋青青　于申申
刘亚红　季顺青　孙　爽　沈玉航　梁乐民　刘美辰
孙明月　肖世联　司言语　李中正　刘洪涛　李　真
李全英　林婷婷　林世界　刘　政　李　雯　赵家轩
李小强　李萌迪　曹　颖　徐一一　陈符英　刘　果
王乾婧　尹耀奎　王　尧　黄　沁　李传浩　王家强
邓学宁　陆二超　李红振　邓晓丞　李　蒙　李明杰

邝亚光 李文琪 郭超超 董 瑜 张东园 刘 颖
丁 姗 孙慕兰 杨 晨 李娜瑛 王亦博 秦 双
李诒瑞 田 璐 蔺 烈 翟旭燎 王贵宾 关苏鹏
董亚军 霍 亮 杨鑫阳 邓格龙 贾 伟 原琦峰
高建超 张琳钰 许 建 梁倩文 郭胜南 杨海丽
李 颖 李 雪 赵 倩 兀艳红 王苏萌 姬 曌
王卓慧

信息科学与工程学院

本科

侯文林 胡志刚 黄昌鹏 赵 凯 张延昭 朱维忠
李思源 王宇辰 汤心敬 葛诗磊 李佳荣 孟凡浩
范志标 黄 思 朱思宏 李艳伟 彭 聪 魏宏彬
郭亚磊 马广付 连佳欣 杨 帆 于世英 许海波
娄 雨 李西康 朱振华 易 育 卓先好 胡俊超
贾振杰 陈小康 姚文凤 武旭鹏 闫文杰 方星星
李 苗 林 玲 李凤河 郭萍萍 孙景星 潘扬明
毛忠伟 张 严 柳黑子 肖克强 喻雄涛 张 森
张帅涛 王亚斌 龚鹏辉 高超超 陶 满 朱 琰
杨秉晨 倪瑞峰 朱凌云 王朋飞 赵寅甫 扈棋玮
马 璇 朱向桦 陈 含 江 莉 唐媚阳 黄 星
王家梁 左海洋 解旭剑 于业达 王 禹 黄巍巍
王振华 鲁国锋 刘俊雄 任国华 杨 韶 周振宇
陈佳佳 刘禹兵 李明冉 陈 帅 许奥飞 谭叶漠
张立祥 冯世界 陈万鹏 陈亚敏 焦亚杰 祖亚南
张品茜 耿常鸽 吕 婧 张浩杰 郑孙结 张留鹏
张久瑞 张广德 连伟龙 孙欣欣 朱德培 张名华
周创彬 李 振 刘 睿 唐 琦 路建昆 黄 威
于 洋 谭元霸 郭骆凯 夏冬春 朱瑞芳 闫莉莉
李显瑶 胡 凡 赵佳宁 王 杰 袁前程 梁 浩
瓮 强 云 腾 王彬宇 姚琳琳 孔德达 张 鹏
熊 腾 李 亮 曾小权 左 栋 张振龙 李增光
席远波 张靖宇 郝元杰 胡海洋 马掌印 王战伟
袁丽君 张 强 宋 妍 唐 璐 翟晨曦 杜瑞丽
张 雷 方博冉 王来富 卢海东 曹进征 刘奇辉
闫超权 蔡海晨 熊 浩 程俊华 张永胜 田昂昂
田汉林 黄乾洺 夏亚东 史广洋 周超柯 魏振松
尹钰昊 王向远 田跃鹏 董景涛 王星浩 郭柯胜
张来宝 丁俊铭 刘立志 郎 磊 王超超 金 靖
于彦贞 刘呈志 曾 平 孟昂昂 武汉卫 吴 浩
李 普 吕 涛 陈关照 郑 鹏 叶 超 庞启俊
杜金昊 孙仕伟 李 博 胡孔旺 郑 浩 田 明
秦明阳 张建华 王亚波 曹万红 范 虎 王 状
罗晓鑫 徐彩虹 刘 敏 杨 帆 张渊博 肖恢勤
张 杰 武宗叶 胡椿荣 刘传浩 何宝康 亓自杰
张浩波 常 鹏 杨 飚 李亚飞 王 锐 袁卫平
耿小海 张 威 冉启明 刘修波 赵文博 李 飞
韩 羿 黄士权 李 备 陈 通 张 爽 高瑾馨
王文浩 苏强男 葛浩然 仇文文 董长城 邓亚鹏
王文飞 杨 杰 吴翠连 董伟超 王一夫 贾民征
凤培航 彭 众 邱军龙 詹声杰 张浩天 宋雨佩
郑子翔 张明辉 周庆文 连浩然 王耀辉 杜田丽
金帅兵 张建建 谢倩倩 尚晓杰 马国珍 王鑫尧
景晨阳 梁成浩 邢增伟 孙 崇 冯亚非 聂云龙
刘 娟 魏 翔 程梦娇 马 倩 郝 曦 李智强
丁庆立 魏腾飞 董朝辉 张 垚 贾如霞 汤贵雅
胡君林 李征宇 莫余生 谢德松 王雪彦 董 杰
吴小龙 程璐瑶 周 梅 司如言 申清仟 何 勋
冷天阳 杨明翰 张 梦 刘 亲 吴厚坤 杨海迪
周 航 乔雪丽 张凯恒 罗 金 裴林平 万志孩
刘诗豪 李梦琦 李颖杰 洪海华 王祥明 徐欣欣
韩 磊 赵德龙 汪雨婷 李家航 王保成 张高菠
杨名山 侯飞宇 蔡 尧 李海风 张杨袭芳
雷 洋 王祎波 董宇强 余金梁 梁凌郁 蔡金炀
向俊旗 洪志鹏 王子川 桑亚苹 黄 钰 李梓翔
李东阳 冯柏菘 张文涛 陈理浩 周 林 杨翟基
李任哲 杜大明 李龙龙 王 森 王 羿 易海成
袁细文 王 晨 冯文锋 张东伟 袁东辉 孙 玲
彭松婷 王亚兴 蓝俊宇 刘 强 牛帅克 雷强强
刘 畅 张红利 赵晓阳 王恒基 马忠良 刘 天
黄振远 赵文昊 岳一洁 薛 轲 潘 婷 王梦宇
李明月 岳宗喜 孙迎飞 阮文兵 段世明 王星凯
张翰宇 孙一鸣 郑 舵 郭留洋 李幸强 姬金程
徐占威 张静雯 滕 婧 姚婷婷 罗雪山 杜博为
葛宁玉 孟凡谦 冯 景 牛 晨 张 猛 于成龙
谢彦飞 陈兆征 李雪明 常新志 吴展开 姚子源
符志江 田 猛 谭文慧 赵 萍 张 彪 郝优壮
付子佳 赵帅钦 刘 帆 于福扬 潘少华 温宁磊
何 孟 徐俊才 李宏亮 张中伟 郑传海 卢 迪

秦　闯　唐　涵　王振波　张念忠　侯万万　李雨环
黄卫东　尚金奎　郭云浩　王亚南　林文浩　王雷栋
柴方博　杨旭浩　胡志旺　理金龙　廖文哲　郭　昊
黄　帅　武　星　张宗波　杨志君　张广武　母　召
万　莹　赵凯文　吴照振　李晓乐　徐路路　尹华涛
胡志俊　王召建　张　凯　周金龙　沈红彬　王洋洋
张因鹏　邵亚坤　周　密　傅　锐　郝亚军　周　宇
陈　浩　陈　哲　吴明超　张长胜　王小康　刘懿宽
唐　林　段保涛　慕汇源　徐赛赛　王　磊　陈贵龙
彭新成　熊风武　关　健　郑菲菲　勇智雯　李永涛
张建伟　徐华伟　秦田甜　郭付杰　杨帅贤　张春伟
娄金亮　张　楠　杜　康　臧天才　翟开放　秦广哲
郑洪建　王保华　罗刚龙　吴凯伟　易先进　郝瑞敏
李丽莎　习媛玲　陈俊亘　钱双双　刘世琦　刘帅洲
姚俊博　薛云龙　王宁伟　赵朋亚　岳银涛　朱鑫磊
姜海波　王永森　张松晚　杨雨朋　陈海举　吴金灿
高佳伟　赵亚鲜　贾子瑶　杨忠信　许晓东　邢志鹏
赵富午　霍光恩　韩璐璐　何淑宁　王新闯　李　城
李继宇　杨　超　马向苗　马骁尧　王增辉　陈　辉
王飞飞　钟军毅　郭嵩浩　周亚辉　刘　欢　朱武威
庄建伟　李　波　王献昭　李　征　庞保亮　赵冰琪
王浩浩　刘纪林　尹真杰　张立新

专升本

李展旭

河南辅读职业学校联办

专科

李　鹏　麻运永　王　震　郭世雄　易玉海　郭丹伟
肖端阳　任乐乐　王康振　李明康　张兵闯　王会丰
姚　闯　赵恒生　张晨阳　马全省　张豪杰　徐玉鹏
岳二庆　王平宇　郭红光　张　宇　亓胜亮　宋　童
王烁金　李志远　范耿磊　潘旌东　史云妍　林　楠
马雨茹　焦茹娜　闫凯华　宋禹宁　冯云龙　李少鹏
赵展展　谷　壮　梁　航　郭明明　孔　宇　景欣欣
程世建　夏　鲲　何　军　王铭阳　宋银来　郭培琳
许文涛　吴世权　管　磊　李宗河　毕一航　喻繁振
张天龙　魏孟琦　董　晨　潘洪涛　高　阳　陈军帅
魏正胜　杨士林　蒋彦伟　魏自强　王鹏鑫　田　甜
樊孟瑶　赵贝贝　王　鑫　彭润阳

职业技术学院

专科

李玉栋　杨崇崇　张忠伟　刘浩升　郎　萌　王　元
李炯炯　徐一帆　刘培楠　宋前成　季兵瑞　李宏杰
李广亮　王　旭　王俊贤　梁景轩　李登科　刘　坤
王　帅　钱星昊　李雪涛　刘　莉　李梦飞　张力元
张看看　贾艳龙　刘安东　芦方可　李凯倪　张亚杰
王一博　何曼绮　余　娜　李　佳　魏帅强　赵　鹏
武昭臣　祝文彬　韩　晗　苗子仪　齐宇彬　庞富强
黄西亚　张舒奕　张毅雷　蔡兴梁　蒋梦杰　王伊博
张天星　李正杰　张乾坤　张梦乾　李应许　董文杰
田雳勐　叶书亮　范丽娟　岳朝鑫　彭　浩　袁晨阳
孙妙翰　孙娇娇　李恬静　焦光辉　寇瑞瑞　李莹垒
杨丽萍　聂千策　张春雷　王璟琦　张　轩　刘　建
王天明　于富荣　宋广明　孙明坤　赵启隆　胡琪琛
陈　阳　李雪杰　李高飞　潘璐洋　李济雨　刘家利
赵新林　王继儒　朱嘉惠　赵士博　王得志　王泽玮
刘瑞丽　张笑笑　徐靖茹　孟　新　刘晨辉　闫竹明
韩春苗　张龙飞　付瑞波　秦胜凯　范永宁　张传彪
李　孟　魏昆仑　杨　阳　张艺超　邵晨爽　谭永帅
王琼义　李英鹏　王　静　张　寒　王亚培　付国钢
张　彦　丁颢宸　郝金明　李天胜　吕俊博　马丰田
彭　刚　黄笑宇　苏　勇　李传超　姜忠帅　张贝嘉
高　远　梁　豪　刘帅伟　李磊磊　王鹏辉　李继康
翟高远　苌博源　张　迪　王常合　张　奎　陈宬志
刘世超　董保国　谢文博　杨剑清　李泽帅　党孟雷
张春波　王嘉宁　杜帆帆　王　森　康　鼎　余　航
韩宜轩　常蒙恩　马　芸　姚子彪　葛昆阳　赵俊舟
王　馨　李　琰　李　宁　朱德贵　付明浩　白云龙
董传进　李鹏涛　尚保柱　高　飞　宋武志　程瑞廷
丁文杰　王绍辉　何宇辰　王　冻　胡华鑫　焦涌奇
樊东亮　何雨奇　侯守一　杨言祥　史镇源　闫永浩
钟世文　丁世林　常玉琳　付婉婉　赵赟龙　陈文明
宋劭扬　巴　铎　王团结　齐鹏宇　王　腾　郑稼祥
李俊阳　雷　泽　贺一飞　邹晓晓　赵宣朴　李旭铜
崔赵磊　吴昊峰　赵晨旭　许德云　路　浩　支博崇
胡晨曦　吴航舰　樊家荣　王梦娜　杨青芝

中英国际学院

专科

郁　猛　张烜宁　陈　耀　杨海龙　王　冉　陈卓翔
琚恒毅　关坤阳　宋鑫宇　崔　晗　谢一村　李　霄
房朝钦　赵　焱　赵　君　王　磊　吴伟杰　李明洋
李章辉　梁立东　张敬昆　姚　江　李子临　茹康辉
李旭东　孙钰镔　郑月鹏　荆林昊　纪霄杰　蒋傲然
李腾达　吴家宝　苏　畅　赵文朋　刘鹏飞　张玉良
王亚盈　于晓丹　郭　歌　杨　芃　吴龙鑫　陈建英
黄雨虹　贺金瑞　李芳芳　牛亚琪　陈金曼　吕　森
廖家鑫　万铭淇　李家旺　左　蓬　陈亦然　李　炎
王晨曦　申志鹏　张晓雪　姚汉卿　何其超　邢栋铭
张　鹏　蔡俊奎　崔腾飞　邓钰缤　潘啸韬　范明超
郑　毅　张　赟　周山棚　宋　宇　徐壮壮　郭逸凡
王硕宁　刘英英　陈刘宁　宋雨露　杜江萍　夏龙宇
王帅君　黄靖雯　赵宇航　王云霄　王　威　汤晨辉
秦　耀　韩　垒　党　帅　刘　展　陈鹏飞　石　帅
崔福源　刘　威　程　威　吕振飞　牛　盾　樊子琛
马　贺　张　良　张　哲　刘朝阳　孔令辉　贺孝帅
程　皓　李秦龙　练　博　李乾坤　赵炳元　鲁美辰
贺　爽　易香圆　方晨旭　闫　素　周　怡　赵　璐
张亚雯　陈继高　张言平　范英楠　刘东旭　陈　顺
赵晓东　李　洋　马铭宏　宁宇鑫　徐　铮　刘　洋
康子丰　张云帆　臧文森　孔德川　宋博洋　朱梦豪
李帅科　吕鹏源　吕晓琳　李仁杰　王　树　李迎涛
刘　宸　兰郁芊　李鹏飞　陈　华　马鹏霄　张志军
刘一辉　于昕雨　赵政辉　黄梦迪　张景研　金　月
陈　宁　沈春旭　张罗南　秦龙政　王　煊　刘　鹏
匡一尚　于培德　杨建业　姚新超　杨瑞鹏　张绍洲
王佳辉　郑运昊　王文豪　吕超兵　水晓明　娄彦博
李晨晨　张逸飞　闵安娜　贾文军　贺如心　李昊颖
吴佩佩　张世佳　马潇锋　杨　燕　李樟楠　刘　倩
黄天鑫　刘子禾　张越昊　宗琦翔　赵　原　董俊良
李文敏　吴观潮　吴金涛　雷　鑫　李泽丞　陈茂坤
张　震　钞孟龙　苌沛祺　杨继凯　王　鹏　白世博
朱傲松　任家妤　孙　帅　于　洋　张璐璐　宋凌宇
王　琳　张冰冰　任　莹　孙云月　王　伟　黑涵硕
路振雷　张雨青　赵　锴　程大驰　康华春　李瑞豪
秦昭阳　杨统帅　陶　源　王炳蔚　郑懿恒　蒋伟明
赵晨阳　吕　栋　李坤伦　刘晓迪　宣晓雨　张　鑫
王　鑫　唐　路　李政阳　李艺艺　王晓明　阙彦磊
胡春惠　王旭阳　姜昊翔　王丹丹　姜　迎　丁　浩
刘　阳　田　径　崔万航　智嘉慧　高健庭　李　想
赵欣浩　王艺杰　刘笑辰　杨锦瑞　江　毅　赵紫悦
吕淑楠　李维康　冯帅杰　毕向阳　王一伊　陈冰茹
刘姬坤　徐元华　周志杰　王　伟　甘润益　王小宁
王少闯　孙天齐　闫孝可　姜晓钰　王彦博　李　帆
宋　洋　孙　磊　杨尚明　刘　恒　闫　越　裴　政
王雪杨　杨　硕　段皓天　崔继泽　史甜甜　王婉钰
叶向阳　邓冠冰　梁　右　和佳豪　徐　凯　孙瑛培
阮梦阳　付晓晓　陈晓雪　王　萌　刘　璐　董婷婷
丁　坤　张　歌　许子钰　刘俊江　王则宇　杨世豪
马曙晖　陈柯佳　李金平　鲁　楠　匡其臣　周　源
闫鑫运　张佳蕾　刘雅文　吕晨颖　张书莉　陈　滢
张超杰　韩甜甜　侯　蕊　喻孟洁　孔令倩　吴莉伟
路旭可　高雪薇　张文博　陈　丰　刘莹嘉　李楚颖
刘　菲　王秋月　李朋艳　杨青青　蒋孟爽　范儒强
赵天禄　姜　涛　薛俊祥　袁　浩　马　涛　霍亚坤
冯远超　洪宝锦　李晨灏　宋　燃　刘露露　窦一笑
秦雨菲　苗真真　陈奕帆　张　旭　高凡钦　曲桐立
张小雨　吕欣然　赵　宁　刘昕鑫　袁梦馨　穆　青
梁路遇　于溪溪　朱梦霜　翟淑清　吴志刚　徐婉婉
贺唯一　王　博　张孟怡　林　明　赵祥安　徐孟博
郭鹏飞　屈钰斌　黄浩楠　张梦花　阮宇星　徐元哲
陈思宇　李苏育　朱胜男　王梦南　李　倩　张谷雨
宋宇宁　徐真钰　陈佳佳　李文博　崔妮平　张丁凡
刘利静　陈祖菊　张璐璐　郭亚南　王鑫宇　侯　萌
刘晴宜　张青梅　陈昕童　朱泽奇　刘　凡　贾晓玉
党　皓　齐　博　高李胤　何艺翔　杨家豪　李青龙
陈明奇　宜　光　王　伊　禹　婕　李培华　赵璐璐
焦春晓　张　倩　刘　曼　薛韩玉　夏亚辉　孔嘉慧
周小倩　马亚兰　孙怡雯　王易冰　贾高鹏　张胜楠
王　冠　王晨彬　陈家豪　杨昊东　郭晓玉　苑东玉
谢明明　陶　莎　陈家杰　荆　瑞　弯畅畅　宋丹丹
侯璐莹　王　煜　杜浩然　鲁　俊　陈孜君　王婧毅
王国梁　武婷雨　韩郑琪　崔天福　苏　莹　孙玉景
卢　瀚　吕诗楠　夏慧霞　王　盼　郭佳琳　冯思雨
曾　博　冯沛垚　张洋洋　蒲靖坤　唐雨梦　李一航

王治娟 施利珍 张安妮 陈梦鸽 丁文卉 张心悦
汤黎明 周航 李洪成 梁浩天 李宁杰 罗雨晴
闫宸凡 张楚研 王洁 王文龙 刘子晖 李硕
王宏 任振锴 张万钧 秦雨顺 崔师源 乔正
靳童 彭啸啸 茹一帆 魏修颖 韩时闯 田志杰
张庆琪 辛吕冰 顾磊 王锞 皇甫家兴
高稳超 林玮奇 周晶润 彭强 王玉龙 毛俊捷
杜晨宏 王金贺 司雨 张贺琳 窦健强 董浩
王山 白如玉 郭松山 王贾东 王耀磊 成路
李尚斌 杨世钰 潘思源 陈强 王文健 罗昆鹏
陈金 王乐 王越铭 张昂琦 于坤鹏 武威
薛源 黄家明 李艺林 郭梦森 杨皓程 武德志
韦行书 潘志鹏 王志扬 王豪 段应鑫 刘友圆
李培华 祁航 王少蕾 许来临 周阳 武文略
朱鑫昊 李荣吉 王玮博 陈永亮 郑帅帅 张景辉
刘景远 张磊 毛利锋 张现珺 崔萧何 朱峰
王子椿 马宇乐 李佩东 段广达 陈喆 田红阳
吴迪 芮成龙 李泳 张修硕 任怡坤 高鹏
刘文龙 胡钢 田苏豫 肖振凯 梅宇 王明亮
刘春成 武永兴 杨志远 王小磊 刘鑫 王辉
杨一帆 蔡大鹏 刘蒙 邹猛 张倩倩 刘辰
赵帅宇 何川 高田田 党嘉瑶 谢禹朵 杜金鹏
彭安琪 程春杨 石珠峰 常超 孙文敬 周泽营
侯琳 许超峰 苏相文 宋昱熹 朱添意 艾政睿
徐鸿博 张红凯 蔡兴栋 王鑫蝶 刘燚龙 左耀纲
王克峰 王宸 陈晨 赵琰 李明哲 马鑫
刘婵 郭肖肖 杨嘉琦 孙承宇 胡珂珂 董龙辉
郭田 司培 马玲宇 刘宛玥 潘亚 王文哲
董睿增 齐子谕 黄晓尧 郝赛维 杜明泽 李响
赵祖宁 邢政 景珂 沈运 崔天一 李政
贾明旺 杨斌 王文贤 朱德康 孟祥科 苏一凡
侯尚岚 张梦琪 姚良玉 赵润 王婷婷 葛婉琼
李宣 马君 孟龙龙 赵振涛 杨云龙 王子豪
刘毅凯 靳鑫 张梦诗 贺谊博 金天 杨丹阳
王姗 史晓宇 王小雯 栗挺 王玉婷 顾鑫
许江涛 赵孟 张雨 李嘉琛 胡鼎伟 张芹芹
刘昱慷 张振斐 邢晨 郭文琪 闫明磊 赵一铭
郝骥烺 白虹阳 李阳 司楠 刘莹辉 张桐
冯惠坤 穆静 王柳萍 郭燕 陈业 杨恒毅
王蕾 孙立元 赵亚东 陈明辉 田嘉祥 邓冬麦
杨坤 李文浩 王哲 孙鹏飞 王仲仲 孟祥辉
顾康迪 张焱坤 王子豪 王琦超 左涛 冯永琪
李洋洋 梁英旭 杨柯 刘卓 张玉安 李仕伦
李乐飞 高利民 张润丰 弓晨皓 王昕宇 张昊
王继洲 李艺行 刘明涛 李符灵 候海茜 葛懿家
朱袁 梁瑞丽 朱晨思 王贺令 卢慧敏 李达
张浩 孙乾 申高攀 孟庆轩 韩宏 王亚楠
丁克旗 周瀛 赵鑫 郭新磊 蒋文超 谷梦铖
葛好 谢鹏 张争西 傅元超 翟一宸 彭婷
史心蕊 谢锦锦 陈静 刘姝含 焦苗苗 朱振鑫
王安阳 张鹏辉 宋彧 付梦恩 王子明 张森阳
钱超群 马巍 王亚飞 娄帅 张雪 赵翔
厉亚茹 王满 薛竟男 龚维东 李幸峰 高艺卓
师健博 徐伟建 陈雨 周楠 吴闽 刘晨尧
张鹏程 郭辉 徐琦 熊固川 李承易 张浩
张苏亚 郑曼曼 靳萌轩 岳学涛 祁思远 程坤
章峰源 阎则亨 付曦津 王鸿涛 陈功 车世豪
李琰 吕冰 董克程 务森 田玉莹 王懿颖
徐悦 于雅璟 徐露 吴晓瑞 魏璐 李紫廷
赵娜 陈濛 钱雨 韩昕莹 梁遇臣 邱娜娜
李英姿 张丹 张夏榕 李岩 李书凯 刘硕
李朝辉 高胜利 王志成 张闯 孟坤鹏 曹戈
张明豪 赵思琦 杨景焜 杨子正 何雨桐 吕梓航
刘勇 李梓铭 丁聪 苗华阳 李梦星 马梦娅
张耀增 刘灵灵 谢伊墨 王存 李健辉 左奇君
赵振凯 李晓晓 梁朝阳 刘洋 杨振 孙南辉
王洋 赵宇宁 南瑞钢 杨泽霖 刘娅 李鹏飞
袁琦 陈争鸣 卓雅 潘紫垚 宋红敏 马莹雪
周雨恬 聂豆豆 薛羚羚 马宁杰 赖思涛 底兴美
程慧娟 李园园 周梦 毛媛祺 乔娇娇 付豪
杨万里 王智 范崇浩 郝臻琪 郭葳 郑粟裕
刘晨曦 李帅超 田立鹏 季建轩 张成 李海乾
马原驰 蔡慧琪 李梦馨 田杰 宋婷婷 张静
丁格格 王晶 张倩 王梦妍 张锐锦 郭爽
王梦阳 曹俊 孔珊珊 李博文 孙桐 高航
南马思捷 袁志鹏 任嘉穆 彤彤 李阳宽
杨卓 王一朝 崔寒 燕中原 黄曦 郭斌
张健豪 赵孟茜 熊双双 史会琳 李莹 曹文静

王珍茹 刘晶晶 朱珈锐 周嘉贝 陈晓瑞 赵文华
丁　琳 李　冰 岳　蓉 彭宇晨 宋玉乐 王喻盟
高　森 盛　振 杨移琛 张名扬 杜秀阳 王嘉鋆
许　蒙 李佳宸 王冠莹 肖文博 杨　悦 祖一洁
凡鹏艳 贾丰丰 李丹阳 郭春美 张雪纯 张羽佳
韩凤霜 赵云梦 康佳梁 毛　昭 李永宇 田梦珂
孙天阳 王亚龙 侯世伟 申展鹏 赵子萍 裴　珂
王靖雯 朱敏男 张　哲 徐亚笛 晋晓路 王亚洁
靳　远 于志伟 路雅婷 杜娜娜 孙　格 周婷云
王　超 王　成 车广明 尹　路 王宸雨 高　嫚
李婧颉 刘梦琪 陈嘉栋 李子阳 刘奉晓 王晨熙
孙海峰 彭书莹 韩莉敏 曹　鸣 胡　晴 刘泽慧
付姗姗 王晨阳 崔碧玉 王　潇 李　帅 弥　悦
王莹瑞 周　昊 孙泽军 徐　馨 王　磊 段倩芸
武英帅 周龙龙 桂　森 李晓帆 霍荣林 田逢源
楚天闻 高慕华 莫潇博 刘君阳 连凯选 毛焕婷
党贝妮 王文静 胡月月 仝丹阳 谷淑慧 王晓颖
杨　柳 贾　佳 张誉方 靳晓郴 徐　婧 郝晶晶
刘慧敏 王美杰 夏秀丽 杨思思 司翔宇 杨婧雯
张秋园 王文静 何　梅 赵琳琳 周　肖 王露瑶
邹志博 王耀辉 孙浩然 王　猛 刘丰源 田鑫涛
孙菁若 冯丽君 葛芳媛 杨力帆 杨　迎 李　倩
姜春会 李勇萍 魏　童 王慧杰 李悦秋 石　岩
张霄霄 李　佳 闫　颖 李媛媛 孙文鑫

双学位

法学

安　宁 王英奇 吕海婷 张静雅 贾慧丽 孙玉杰
郑雨萌 刘栩菡 曹志斌 赵甜甜 宋　雪 张月欢
肖欣雨 何炜思 冯　硕 汪田野 颜晓玉 李晓旭
葛亦胤 潘泽禹 孙濛奇 崔　童 周舒婷 边　高
刘晓蕊 岑　钰 艾萌萌 张星奕 孙小斌 徐晓辉
陈　梁 廖凌枫 王蒙蒙 刘琳琳 牛欢月 郭　颖
谢佳申 王冠懿 郭红利 刘小健 李晓美 马文军
魏凌锟 马明哲 蒋梦绮 杨　新 马奔康 王　健
闫　晨 鲁　迪 王书影 李　明 原　森 于恒晨
沈　莹 雷　昊 赵培霖 王慧敏 李倩倩 许乐元
吴一凡 寇梦珂 吴　垚 童芷菡 李欣原 申菲儿
高静茹 于家鑫 爨晓盼 王　燕 王　璐 董　瑜
杨　晨 王一夫

工商管理

刘　成 付朝拓 田立君 闻　昊 杨昊天 吴金龙
张高阳 武闯只 白　珺 朱海林 聂广康 孙　宇
侯艳辉 周洋洋 桑伟科 陈家栋 王　磊 郑　燚
喻山州 张　宇 张泽夏 杜春虎 闫腾飞 朱品璋
李书伟 李彩阳 李之振 雷超凡 赵川曦 秦建伟
于帅杰 李自帅 史玉娟 张　森 朱亚男 张大伟
魏尚昊 邓金良 万　盈 李　辉 郑晓竹 王　亮
杨　琨 李夏层 刘婉婷 杨　婷 王中原 孙　瀚
张莉萍 崔　鑫 王秋叶 周亚苹 梁倩文 张　倩
宋子健 段佳奇 周　娅 沈　悦 刘铭沂 李敏瑞
兀艳红 薛　轲 徐彩虹 马国珍 贾振杰 左　栋
岳一洁

国际经济与贸易

齐　崇 魏　超 陆久君 李乐鲜 黄奇鹏 王梦韩
曹苏亚 钟茜歌 张　佳 刘琼宁 韩梦柯 刘　贝
杨歌星 张　燕 石玲玲 王子凡 崔宝石 周　梅

金融学

石其坤 王晓宇 马　涛 张文梳 陆海洋 冷　瑞
王　曼 李瑞飞 张玲玲 黄鹤宇 苏　卉 王　伟
周晓明 陶行知 刘　萌 张　洁 韩　站 孙佳雯
孙心怡 董　莹 夏　旻 高　雅 罗　妍 赵梦青
王　帅 李　欣 高曼玉 王璐瑶 田　雅 原康丽
朱紫睿 张笑笑 王艺锦 朱艺菡 岳　煜 陈正弘
穆　晨 杨军杰 赵梦薇 李佳佳 王一哲 李逗逗
陈　婧 李芳芳 康淑敏 李　娜 金星航 刘梦珂
林家兴 陈建超 徐梦圆 王子凌 朱天娇 李丹颖
范佳丽 李　威 张大勇 李千千 班　岚 张莹莹
张明慧 王苑力 王　潇 尚文杰 苗庆文 罗　霄
王洁琨 陈　奎 赵心怡 康佳宁 杨玉鑫 王姗姗
李丹青 范丽娟 张亚宝 张仲玺 张　豪 陈金良
游宇嵩 郭　坤 刘玉春 闫小孩 宋　淼 陈　颖
武金城 王　凯 李卓宇 王亚琪 秦文艳 孙可可
高晓曼 曾文君 张启迪 朱清涛 李梦杰 隗一航
周　然 王亚萌 孟　磊 吴利红 阮卫霞 杨春雨
冯思雨 裴晨晨 马婷婷 王若兰 刘　梦 殷梦月
王　瑶 程　楠 马琳婧 马靖钧 张博博 王彬扬
赵慧丹 张东园 薛　晨 赵　倩 张靖宇 蓝俊宇

市场营销

毕道广 徐 迪 徐楚天 安 鑫 崔印怀 冯张国
任冠一 高塬博 姬 曌 郭昕昕 李明远 张恩祺
张琳钰 赵雅琳

英语

屈 静 张钟天 刘昕欣 刘秀珍 黄 珍 王 磊
赵 然 张玲玲 张 琪 王玉莹 田 颖 符新冬
安云云 杨秋爽 郭培丽 潘 翠 孟颖颖 周舒熠
滕杨杰 孙 冉 李 彤 郭媛媛 夏 玮 沈方圆
叶晓雯 王安宁 赵 旭 沙 宇 雷 敏 邵逸锋
张小芳 任晓格 何桑炜 魏晓雨 孙 刚 闫 佳
马若楠 吴赞涛 贾新齐 黄秋蕊 郝佳丽 杨明达
裴 杰 张 旭

继续教育学院

函授专科

高俊丽 刘 位 陈 波 戚爱超 苗雪娟 吕程灏
张晓明 张效武 张欣朋 张 星 张 星 张兴鑫
宋文玉 宋文波 孟 振 张东东 冯阳磊 于 航
张秀丽 张 栩 张旭霞 张学超 张 雪 张雪龙
杨留云 梁宝文 段利云 王俊桥 康孟茹 杨彤彤
张雪梅 张训虎 张亚飞 张亚丽 张彦峰 张彦伟
宋 磊 王 超 姚 艳 苑学潮 闫俊洁 李晶晶
张艳花 张艳娟 张艳灵 张艳明 张艳松 张艳涛
王 云 康海波 李国乾 赵亚楠 谢丽娜 王 宁
张艳艳 张燕子 张 洋 张毅力 张茵亚 张英俊
李丰基 姚清敏 史晓娇 胡嵌瑜 徐丽霞 罗雅婷
张莹莹 张永刚 张永辉 张永杰 张永奎 张 泳
李 珍 李小静 付林彦 杨 帆 张 月 陈 鑫
张 宇 张玉冬 张玉航 张玉霞 张玉珍 张媛媛
陈志刚 刘超囡 康新艳 梅 雪 潘 飞 王艳芳
张运超 张增风 张增强 张占省 张珍珍 张桢煜
万瑞涛 邓瑞洲 王 雷 钱武俊 常 鹏 何龙康
张振宇 张正森 张志方 张志杰 张志军 张志立
周庆菲 周慧慧 许鸿瑜 王 琳 贾西西 李海磊
张智武 张中杰 章利峰 赵爱平 赵 博 赵 丹
王文杰 李壮壮 常豪豪 高朋飞 赵帅宗 刘创举
赵丹丹 赵东升 赵冬冬 赵方方 赵 芳 赵飞飞
赵志鑫 张彩霞 姚 远 瞿 梦 卢俊刚 王 勇
赵付军 赵付松 赵光辉 赵光辉 赵国庆 赵海强
李 欣 常 鑫 严 昊 李 成 李月阳 翟文军
赵海青 赵海洋 赵欢欢 赵辉慧 赵会纳 赵纪刚
赵瑞刚 韩文豪 王霄航 王俊如 王鑫慧 刘欣欣
赵 杰 赵军为 赵科勤 赵 雷 赵利超 赵利霞
蔡鹏博 袁森森 石贝贝 郑 颖 邓旭楠 杜志康
赵琳琦 赵龙刚 赵龙基 赵鹏举 赵茜茜 赵 倩
杜学方 宋永见 樊志强 葛庆顺 鲁照山 蒋中阳
赵秋玲 赵全仓 赵上华 赵少帅 赵 帅 赵思源
朱 丽 李彪恒 许 迪 赵 栋 李锦响 平易鑫
赵松义 赵苏平 赵伟宁 赵 文 赵 霞 赵 翔
孟德宇 林 涛 娄宗昊 胡云朋 龙马振东
芦天鹏 赵鑫旺 赵鑫宇 赵秀云 赵雪枚 赵艳茹
赵 燕 王旭亮 吕金凯 侯金鹏 吕宗各 祁工厂
张培杰 赵一隆 赵 翌 赵迎迎 赵应志 赵玉娇
赵玉洁 万森森 张旭普 居 涛 程 凯 万 业
孙贵林 赵 远 赵月玲 赵云亮 赵振亚 赵 志
赵志涛 王坤雷 安建新 宋振伟 陈书磊 马彬宾
张少华 赵志伟 赵中伟 甄聪聪 郑传明 郑东亮
郑芳芳 徐万里 赵湘茹 孙宾凯 刘冬秋 景泽东
董文龙 郑飞翔 郑海俊 郑惠文 郑军林 郑清珍
郑 婷 赵艳丽 陈青青 张志博 王冬霞 范留杰
贺鹏丽 郑卫华 郑文龙 郑文鹏 郑小红 郑运朋
郑 珍 高新玲 杨文博 张亚星 李笑萌 杜鹏超
闫振月 智雨露 钟 丁 钟梦田 周 航 周化军
周慧娟 郭成龙 胥超男 李良顺 杨易江 王新辉
连攀攀 周建超 周 洁 周金柱 周靖强 周君阳
周俊楠 马 力 易小翔 王增毅 张嘉伟 陈 宇
马帅科 周礼鹏 周立波 周丽静 周丽莉 周 林
周留剑 许华冉 许星星 潘帅杰 任志强 付晓宝
田 野 周美珠 周 密 周 鹏 周启帆 周卫青
周晓锋 李 琪 王亚杰 郝小强 贺向阳 汤春丽
张付华 周 鑫 周 旋 周亚磊 周艳伟 周俞先
周治辉 沈自豪 詹麒麟 赵 康 尹亚坤 李 玲
夏晨杰 周子纲 朱福文 朱高鹏 朱和瑞 朱建兰
朱金涛 董格格 费鲜慧 罗 甜 张明扬 刘佳妍
赵红有 朱景栋 朱峻宏 朱 琳 朱鹏娟 朱青松
朱上青 李玉琪 周振宇 陈 旭 焦慧娜 段哲学
何彩华 朱先浩 朱向增 朱晓媛 朱亚雪 朱彦豪
朱 昱 郭学历 李广伦 李鸿基 刘钰泽 乔敬博

李思雨 朱云飞 朱钊旭 朱真真 祝花言 祝文书
祝自成 刘开心 秦文杰 夏杉宇 张清清 张田利
朱明真 庄彦玲 邹凯凤 邹威威 邹晓恒 邹新德
左帅峰 丁小青 杜燕燕 陈希从 任俊俊 王家豪
杨晓宁 左文宣 毕清越 陈 良 顾 磊 韩 燕
李书豪 胡少林 陈广灿 赫一博 吴卫振 杨振林
张 斌 刘建静 孟祥东 秦海天 石建辉 吴建新
杨 林 朱江涛 智鹏起 张志伟 雷凯锋 李亚坤
郭 迪 袁萌军 增 浩 朱会勤 朱亚军 蔡雨阳
陈大帅 王培丞 张亚飞 王德鹏 朱胜旗 郭留伟
杨明远 褚 菲 崔宏宇 金 涛 李光耀 李鹏飞
刘 娟 李灿辉 郑冠军 程彦芳 佘 百 刘振阳
王志民 渠 康 孙华涛 孙秀娟 田家祥 王 亮
魏传玉 胡海瑞 杨银夏 卢梦函 马孟佳 牛千金
高青芝 吴晓倩 武 燕 徐 健 徐 强 杨 焜
于珍珍 刘 应 韦永情 许玉昌 王 恒 张浩东
张万林 张 欣 种 莉 周丽薇 朱述永 朱响响
祝汉忠 伊向阳 陈俊飞 张山豹 邓志远 石凯文
赵 虎 陈 玲 陈明秀 陈瑞远 陈婉宁 陈亚莉
陈 阳 尚 璐 张素青 李婉玉 孙亚楠 宋 超
郭思莹 程亚楠 楚营营 崔 凯 崔凌玮 代秋玉
代文玲 张梦杰 张静静 孟凡宁 李锦绣 程远广
杜丽鲜 代长明 杜凤仙 杜 轲 段 萍 范西茹
高寒冰 张奇奇 杨宗贤 袁云洋 曹彦超 邵晨曦
郃豪鹏 高少峰 郭朝锋 郭 雷 郭子鑫 韩珺彦
韩朋晟 赵全峰 刘 帅 刘梦圆 刘 杨 叶银蓬
邓祺康 韩向举 韩新尧 贺圣明 侯延容 胡 佳
霍红红 杨德坤 李乐乐 曹林林 陈 雨 郭 磊
魏世玉 贾淑萍 蒋文强 金 铎 金乐乐 金 鑫
金雅婷 黄培祥 尚雪丽 李博文 侯俊杰 方 律
韩 星 兰梦华 雷佳佳 李凤月 李建明 李 俊
李明阳 滑龙波 乔纪茗 汪志豪 王梓豪 薛海宁
闫道献 李 瑞 李瑞萍 梁翠红 梁约翰 刘春丽
刘冬冬 阎森森 翟振伟 赵 凡 查晓光 陈 磊
陈亚运 刘 静 刘俊杰 刘 薇 刘 莹 卢晓光
录 岩 陈焱红 段志磊 冯冰冰 冯房平 冯志红
付俊芬 路文婷 吕改洋 吕韶雷 吕耀军 马春霞
马清波 高 楹 葛志超 郭宝晶 郭书敏 韩金钢
郝常海 马松涛 马旭进 孟 言 倪紫伦 牛初晨

牛慧琪 和 阳 侯建兵 靳瑞芳 荆露娟 李安飞
刘玉恒 牛艳珍 潘 茹 秦 草 秦荣钏 邵宇皓
申超楠 孟 威 墨天龙 桑心芬 申丽燕 宋亚东
孙美云 申鹏宾 师慧芯 时梦韦 时明帅 史梦超
宋桂一 孙昭敏 王风英 王合飞 王明芳 王天兵
王雁翔 宋魏静 苏 杭 苏鑫康 孙晓娜 唐建杰
万刘洋 魏聪聪 吴 扬 谢建光 谢莹利 邢晓琪
徐 娜 王定坤 王飞超 王 峰 王吉祥 王家宝
王蓝天 闫镇伟 杨文江 张风珍 张书芳 张庭义
张威光 王鹏宇 王 旭 王 悦 王子威 卫汉洋
吴芳威 张卫忠 张友琦 张志方 赵建勋 赵远辉
朱海玲 武振生 谢佳新 谢云飞 徐杜萍 徐 华
徐瑞芳 朱少章 朱 毅 祝启轩 艾琛路 白文超
常兰杰 徐亚南 许 佳 许炜璐 杨光耀 杨 澜
杨龙杰 陈犇驰 陈丽晨 陈璐瑶 陈炎强 陈 阳
程 婧 杨鑫鑫 杨艳杰 叶健美 阴硕硕 于海梅
郁高梅 崔恩光 崔伟鹏 丁 豪 丁 宁 董晨泽
豆斗斗 袁 飞 臧可可 张 贝 张 楚 张 迪
张国许 豆红飞 杜博文 范明晨 范明彦 冯传杰
冯增辉 张贺文 张 杰 张凯强 张 柯 张丽君
张 亮 付佳尧 高丽燕 耿慧霞 弓新如 谷惠杰
郭玉宾 张梦佳 张倩文 张胜楠 张 新 张 莹
张 瑜 郝素芳 郝一博 何 李 贺珍珠 胡瑞文
皇俊勇 张煜乾 张 悦 赵 备 赵璐瑶 赵小利
赵阳博 黄高辉 黄晗涛 黄士高 姬迎庆 吉伟胜
蒋 涛 赵 月 赵 越 郑静静 郑露轩 郑一方
郑跃东 金浩圣 康晓宾 孔姣姣 兰向前 雷志浩
李 变 周璐琪 朱保盛 朱瑞平 朱亚赛 艾子旋
白如冰 李超飞 李晨晨 李 恩 李富艳 李慧燕
李金森 包航宇 薄成亿 毕远洋 蔡海涛 蔡佳轩
蔡齐恒 李路洋 李 琦 李 倩 李少辉 李书聪
李淑琳 蔡泽昆 曹豪磊 曹俊歌 曹俊磊 曹萌萌
曹兴凯 李文姝 李泽达 刘建博 刘军涛 刘磊娜
刘 帅 曹志明 曾兆行 柴玉龙 常晶晶 常梦益
常世辉 刘 欣 刘鑫鑫 刘云娟 吕少娟 马草源
马晓东 车岳升 陈柄佑 陈栋梁 陈芳芳 陈佳琪
陈金彪 马云超 孟行建 苗义铭 牛星星 庞玮琳
钱 俊 陈 凯 陈 琳 陈梦园 陈清刚 陈松洋
陈新桐 钱 丽 宋沈沈 孙 佳 汤 朋 唐二周

唐松源 陈旭阳 陈玉航 程晨晨 程 浩 程念念
程伟科 陶敬霖 汪宏磊 王 斌 王常营 王光辉
王浩龙 程子洋 楚华蓥 楚建坡 楚美玲 崔少华
崔馨方 王佳琛 王佳荷 王兰兰 王宁宁 王 森
王世鹏 崔鑫涛 崔玉亭 崔紫阳 丁 帆 丁丽勤
丁永斌 王 帅 王帅猛 王新杰 王雅淇 王源浓
王源泽 董昌帅 董 宏 董肖鹤 董肖雅 杜华航
杜 孟 魏 豪 吴佰嘉 吴纪新 吴若宇 谢子韩
邢 波 段 旭 樊萌浩 樊斯斯 樊秀珍 方军洲
房舒雅 邢雪清 徐成龙 徐 迪 徐贺洋 徐永康
徐重阳 冯春林 冯 吉 冯 龙 高超鹏 高军阳
高肖杰 闫俊俊 闫学林 姚彦军 姚志豪 岳世豪
岳 祥 高彦鑫 高艳霞 高迎迎 耿明超 龚豪杰
龚玉梅 张兵慧 张陈晨 张富强 张会杰 张军超
张立柯 顾富豪 顾江昱 郭晨雨 郭钧霖 郭梦楠
郭文龙 张龙飞 张 路 张梦瑶 张朋雨 张祺臻
张威威 郭 雯 郭鑫龙 郭垚垚 郭钰威 郭政凯
海菲菲 张 扬 张 阳 张泽楠 张 珍 赵晨旭
赵非凡 海梦莹 韩聪聪 韩浩冉 韩 威 韩文婷
韩晓明 赵凤仙 赵令琪 赵圣龙 赵守政 赵文静
赵 新 韩心雨 韩 鑫 郝嘉维 何 京 贺 适
侯春雷 赵永恒 郑 晨 郑庆豪 郑志宾 郅祯舒
周胜利 侯双凯 侯宗斌 候静文 候明朋 胡高峰
胡孟娜 周翔宇 朱继合 朱嫚雪 朱猛猛 朱相金
常裕鑫 胡梦想 胡芊柱 胡卫东 胡银鑫 黄浩鹏
黄利霞 陈亚莉 崔珂泽 冯少辉 高帅琦 高松森
顾绍歌 黄守阳 黄 帅 霍明飞 姬小妮 吉建康
贾东霖 郭水生 韩文博 何淑娟 何小俞 李惠敏
李军伟 江金康 姜荣鑫 姜文龙 姜勇杰 蒋梦雨
焦晨阳 李少帅 李 扬 蔺 轲 刘浩勇 刘亚冲
刘亚飞 焦江涛 焦静蕊 焦鹏飞 焦奇旺 焦亚东
金惠子 孙少武 唐卫武 唐武闯 王锦花 王紫嫣
吴 哲 金坤旗 金新宝 金一鸣 金 雨 靳玉松
康 壮 徐浩博 弋丹丹 张辉展 程广峰 杜志新
范文哲 孔 方 李朝阳 李臣辉 李富慧 李高建
李 鸽 黄跃辉 李 备 李国强 李 强 李 耀
林占华 李 根 李昊天 李浩杰 李家宇 李嘉豪
李嘉鑫 刘登彪 吕文智 孙鹏辉 陶艺伟 王纪辉
王学志 李静雯 李柯佳 李坤隆 李丽娜 李路洁

李孟悦 徐宣宣 燕鹏辉 杨复员 张 栋 张浩龙
张晓旭 李梦君 李梦瑶 李梦云 李明亮 李潘阳
李鹏会 张艳武 张志强 周曾晖 朱文彬 黄明明
黄旭东 李鹏瑶 李 琦 李瑞娟 李森森 李 莎
李姗姗 姬云星 雷海玉 李 论 林亮亮 刘义强
乔伊超 李帅奇 李帅帅 李拓键 李 文 李 翔
李小峰 阮 旭 舒久念 孙利平 王高生 吴海明
徐 峰 李晓红 李晓雷 李 鑫 李星佩 李 雪
李亚东 翟 美 张丽军 张 伟 张旭敏 朱小帅
陈 宇 李亚楠 李妍姣 李艳玲 李洋洋 李 祎
李 沂 丁兴平 杜蓉霞 胡 刚 景麟惠 李芳文
李 婷 李永奎 李宇航 李昱华 李阵龙 李振来
李治权 李 阳 刘 欢 杨 蓉 张小碧 胡东龙
胡小鹏 李智辉 栗克祥 连 昊 连丽彬 连 梦
梁苗苗 姚 刚 蔡静诗 曾 正 陈 朝 陈美芳
陈文杰 梁孙阳 刘福珍 刘浩洋 刘 欢 刘会涛
刘 慧 陈应荣 陈佐彤 封富诚 何 敏 金洁彬
李丽娟 刘 曼 刘孟雪 刘梦洋 刘 淼 刘鹏飞
刘 琦 李 婷 李西北 梁嘉欣 梁志健 林佳豪
刘碧俊 刘 婷 刘文祥 刘 新 刘新圆 刘亚莉
刘亚楠 刘高志 刘 松 刘小湘 刘永骏 罗 莎
罗子欢 刘 岩 刘艳博 刘 洋 刘正洋 刘忠响
刘子燕 沈初锐 石锦杰 谭陈忠 唐 彪 王茜茜
王桥发 柳玉丹 卢世英 卢 伟 卢亚兵 鲁记全
鲁楠楠 王雪琳 王雪梅 温汉宏 吴佳凌 伍秀珍
谢美芬 鲁献伟 路超迪 路 浩 吕晨明 吕军勇
吕盛森 徐琪琪 袁鑫攀 张 波 张盛楠 赵丹吟
周 鑫 马浩天 马 恒 马精虎 马梦丽 马梦婷
马 淼 周 扬 周珠莲 朱文杰 卓康鑫 何卫红
胡春枝 马世杰 马燚炜 马永帅 马长春 毛松琰
毛晓锋 黄滴娜 姜夏韵 康传清 康雪梅 黎 海
李佳珍 毛钰镯 毛泽宇 毛壮壮 梅兰兰 孟繁华
孟雪静 梁雁兴 梁渝苓 刘 宁 刘淑勤 刘小阳
龙素秋 苗洪银 闵恒婧 宁继超 牛丽凡 牛丽霞
汤晓华 唐 蜜 杨可韵 张金云 欧阳丽歌
张圣荣 郑纯招 潘晓冰 潘 兴 裴惠源 彭培哲
齐梦娇 乔 斌 曹小兰 陈圣美 仇青云 仇争红
董肖肖 蓝 敏 秦金卫 秦庆国 秦世洋 秦宇航
秦泽政 邱 波 李翔宇 刘小娟 石 振 宋志兴

唐芳芳 唐　湾 屈鹏飞 阙成森 任华昭 沙　鑫
申梦瑶 申文达 王建湘 王启军 徐　玲 杨　畅
姚晓娟 张高中 申彦仪 石　博 石　雷 石玉忠
史丰慧 史弘浩 张海波 朱　佳 白洪杰 白文垒
白亚飞 常智鹏 史同普 宋　超 宋浩瑞 宋佳星
宋鹏展 宋伟革 常竹峰 陈松涛 陈雯露 陈宇超
程宝宁 程文海 宋魏聃 宋亚倩 宋赢政 宋雨玲
苏鹏飞 苏　翔 代国鹏 高　建 葛　睿 巩　一
郭超凡 郭江涛 苏　莹 孙晨阳 孙梦雪 孙念念
孙千森 孙新杰 海金鑫 韩家豪 黄相葵 黄振乾
贾志斌 景鹏旭 孙鑫鑫 孙艳婷 孙燕平 孙　瑶
田厚才 田　华 李傲山 李奇哲 李祥俊 李亚鹏
刘　超 刘霄宇 田青峰 田忠华 万丽芳 万彭芳
万子铭 王　朝 刘晓玉 刘振江 栾苏辉 罗晨星
罗　鑫 孟祥阳 王成龙 王　川 王传州 王　从
王丛勇 王　帆 邱亚威 任林涛 任云凯 尚志豪
史俊杰 史如雨 王海川 王浩然 王　杰 王俊峰
王俊杰 王俊敏 史亚强 宋林志 苏文珂 田龙飞
万亚涛 王　博 王俊洋 王　凯 王莉娜 王琳佳
王留通 王茂林 王凤雪 王江苗 王金阔 王明辉
王　琴 王伟杰 王　梅 王孟琦 王梦杰 王明珠
王　宁 王庆可 王　鑫 王耀辉 王耀璞 魏朋格
谢宾魁 杨依帆 王书红 王　帅 王　顺 王　涛
王天佑 王　田 袁小萌 张金阳 张锦鸿 张宁紫
张亚坤 张振亚 王　童 王文龙 王　新 王新可
王鑫磊 王鑫磊 邓春英 关同擂 姜　振 靳留成
靳文涛 靳莹莹 王鑫鑫 王兴动 王雪莹 王彦威
王亿静 王艺文 雷京朝 雷明锐 李小西 刘丽君
柳志慧 马艳云 王永雅 王　宇 王　悦 王智广
王子钦 王自信 孟　晋 秦　学 曲晨阳 吴应选
邢志远 闫　斌 韦鑫桐 魏　骞 魏龙飞 魏一博
闻朝霞 吴汉卿 杨　艳 姚嘉欣 原阳阳 赵丽娟
单晓路 郭特文 吴沛东 吴鹏帅 吴　奇 吴　钊
吴珍珍 武献琪 王　立 原超超 曹　伟 李　静
刘征兵 孙小菊 席　鹏 谢贺超 谢钰坤 徐存恒
徐　欢 徐嘉璐 王小燕 薄玉萍 蔡晓华 曹　俊
曹　远 曾庆梅 徐晓航 徐耀武 徐益凤 许奥博
许　新 许永恒 陈　冉 陈亚港 程党伟 程亚涛
崔浩楠 邓玉豪 许志伟 薛　庚 薛环宇 薛　康

薛　珂 薛　萌 段佳音 范乾阳 付绍东 郜　丽
关艳红 郭先祝 闫建华 闫良臣 闫梦钰 闫　雪
闫亚茹 燕浩雅 郭志普 何林峰 黄　冬 惠亚林
姬建峰 江　波 杨晨晓 杨得山 杨芬娜 杨功成
杨红磊 杨家俊 蒋艳芳 靳琳静 靳肖依 景利波
康娜娜 康治伟 杨　炯 杨凯锋 杨梦奇 杨庆源
杨人维 杨文龙 李明月 李显坤 李小竹 李晓飞
李玉琴 李云杰 杨向阳 杨雪莹 杨智杰 姚志勇
尹付斌 应　珂 刘存良 刘书娟 刘献诚 刘晓鹏
卢勇超 陆乐乐 于其正 禹珊珊 喻　环 袁　阁
袁胜楠 袁　帅 陆圆圆 骆玉兵 吕俊芳 吕文华
吕志慧 马冰杰 袁　晓 袁杜萍 原伟杰 岳路瑶
翟黎明 翟帅兵 马闯杰 马海燕 马　龙 毛吉华
屈姝利 桑明瑜 翟帅康 张　斌 张辰辰 张晨辉
张大鹏 张港福 盛美玲 宋晓莉 苏靖宇 苏雅萍
孙华山 孙　萌 张　歌 张广州 张国庆 张海明
张豪杰 张浩杰 孙明净 汤　敏 王红健 王　欢
王洁玲 王书焕 张　恒 张红美 张　虎 张慧芳
张　杰 张　杰 王溪月 王晓恩 王耀祖 王振鑫
吴　珞 夏艳敏 张　金 张　静 张　璐 张璐瑶
张　曼 张蒙丹 夏雨辉 向勇军 谢丽丽 谢　梅
邢晓凤 徐英博 张孟奇 张梦圆 张梦媛 张明杰
张明哲 张　宁 许瑞华 许瑞静 杨　萍 姚远亚
岳恒乐 翟新菊 张鹏飞 张　权 张　锐 张胜楠
张世荣 张　帅 詹　芳 张德锋 张建彪 张　莉
张晓燕 周利萍 张　雯 张欣欣 张星汉 张旭东
张　选 张雪静 朱俊雅 朱献涛 左梦圆 曹程杰
曹凌超 陈　超 张雅婧 张　岩 张艳红 张耀杰
张银玲 张玉齐 陈海婷 陈甜甜 党万豪 丁莉君
董　磊 董石坤 张玉莹 张振威 张中源 赵　铂
赵博文 赵高强 董兴华 杜金明 杜　鲜 樊银浩
冯阿欣 高汝星 赵　杰 赵金鸽 赵　军 赵　珂
赵　磊 赵留金 郭丹亚 郭志鹏 郭志强 韩可禹
胡名星 皇鹏威 赵　龙 赵漫漫 赵朋坤 赵　鹏
赵鹏飞 赵鹏伟 黄国权 黄影影 霍明超 贾项项
蒋文杰 李东长 赵士龙 赵士威 赵婉颖 赵小豆
赵晓文 赵　鑫 李盼杰 李文彬 李新建 李元元
梁恒志 刘　璨 赵亚辉 赵亚琳 赵艳如 赵艳艳
赵永辉 赵　云 刘创业 刘鹏霄 刘乾龙 刘　瑞

刘泰鹏　刘　甜　赵志豪　赵梓薇　赵自瑾　郑　浩
郑　恒　郑帅强　刘小影　刘晓东　刘　哲　刘政权
刘志顺　刘梓恒　郑越飞　郑志豪　周　航　周世昌
周守村　周卫东　麻小涛　马帅博　马张翼　马　桢
芈鸿鑫　苗一凡　周文博　朱慧岷　朱潘婷　朱顺利
朱文辉　朱欣玥　欧健伟　潘炳言　潘东东　秦建齐
沙敬一　邵　峰　祝瑞元　邹诗亚　曾尔佳祥
陈海波　陈嘉玲　陈沛安　宋旭良　孙天天　田　敏
童康琪　汪利宾　王聪聪　陈修杰　陈玉成　戴振风
邓　璐　高二毛　何　彬　王东亮　王富强　王　童
王小青　王雪浩　王　震　何丽如　贺小龙　胡华丽
胡建峰　胡拥国　胡　哲　卫咚咚　武肖尚　辛　静
辛翘楚　徐海祥　徐蒙蒙　黄嘉懿　黄玲红　吉晋国
蒋翠萍　蒋林武　蒋学琴　薛璐明　杨聪聪　杨勇士
佑平霞　余万红　袁　林　李邦宁　李东旭　李　归
李佳明　李　靖　李上成　张春峰　张翰羿　张会敏
张美月　张　明　张伍强　李文良　李　喆　廖　琦
廖志成　林　威　刘　浩　张笑林　张艳慧　张燕囡
张永祥　赵红丹　赵云云　刘鸿基　刘来安　刘民杨
罗家宝　罗梦倩　罗平阳　郑乾坤　周　超　朱红芳
艾世彪　安　邦　安红卫　罗　权　马　璇　毛德贤
宁　鑫　彭柱钱　申润强　安红卫　安琳琳　安士刚
安士苗　安志学　白艳辉　宋　文　苏　芃　粟丽艳
谭楚雄　谭景东　唐　军　拜　婷　包春燕　薄生吉
蔡建军　蔡培元　蔡昕航　王　帅　王伟明　王　翼
王有权　王远康　吴秀尤　蔡　阳　曹　蓓　曹春利
曹端端　曹海红　曹　娜　夏海兰　肖城城　肖　瑛
谢　锋　谢观福　徐斌斌　曹朋涛　曹倩倩　曹思林
曹笑笑　曹阳义　曹一卓　颜家生　杨炳乾　杨福丽
姚　军　易　强　易友浩　曹永萍　曹跃辉　曾　佳
曾　洋　柴琳琳　柴文婷　于成林　张华康　张智勇
赵　斌　赵建峰　赵　俊　柴文肖　柴园园　柴宗斌
常宏亮　常俊丽　常盼盼　赵宗泽　郑　沅　郑子祥
周建光　周叔梅　周晓鹏　常绍青　常书文　常晓亮
常杨杨　常　洋　常玉杰　祖丽丽　蔡　恒　曹　爽
常　梅　常书恒　陈　坤　常中文　车广力　车卢云
陈得勇　陈改样　陈贵飞　陈　玲　陈　强　陈银玉
程月月　崔杨浩　代悦悦　陈　昊　陈　浩　陈宏倩
陈洪董　陈晶晶　陈　静　邓　杰　段向华　方莹莹

房远远　冯亮亮　付鑫隆　陈静伊　陈俊强　陈凯琳
陈康霞　陈　坤　陈　雷　顾文军　何森强　黄　虎
黄振明　霍金岭　李　春　陈　磊　陈　鹂　陈丽敏
陈　亮　陈　琳　陈满媛　李东海　李建华　李柯齐
栗超杰　梁妞妞　刘明珠　陈蒙蒙　陈明刚　陈娜娜
陈佩琦　陈　平　陈启锋　刘　想　刘毅豪　马丽丽
马路鹏　马战胜　彭基玉　陈山林　陈少娜　陈素理
陈婷婷　陈　微　陈伟铭　乔成建　乔成瑞　孙　涛
孙　雪　孙　振　田　娜　陈香丽　陈晓琳　陈晓盟
陈雅东　陈延飞　陈　艳　万　伟　王　豪　王　华
王　涛　王　讯　王耀伟　陈艳平　陈英豪　陈长松
陈政伟　陈志鹏　陈志蕊　魏建珂　魏勇强　吴青山
夏堂清　肖　雪　邢家豪　陈宗航　程彬彬　程国川
程国华　程立朝　程　楠　熊　鑫　徐　静　许松松
许振英　杨明远　尹　坤　程清华　程庆录　程向丽
程晓晓　程永宾　迟华建　张二奎　张　晗　张　猛
张　想　张　艳　赵　阳　楚赛锋　楚爽爽　楚秀云
楚艳玲　崔端阳　崔花玲　郑慧琼　朱勇强　白春梅
白海东　曾培源　陈　超　崔会丽　崔健壮　崔　珂
崔利敏　崔姝霞　崔少华　陈清睿　陈桐同　程刘杰
楚桂珍　党江威　邓军伟　崔天祥　崔　同　崔晓慧
崔晓亮　崔亚静　崔彦斌　丁伟伟　杜军四　杜权伟
段欢欢　段晓鹏　范松涛　崔紫燕　代贝宁　代二丹
戴修平　单全威　党东洋　房芒果　冯风仙　冯钰惠
伏修磊　高　飞　高　强　党　赟　党梓晨　邓　森
邓晓林　邓玉松　邓玉珠　葛广旗　关静雯　关梦鑫
郭江波　郭　鹏　郝倩青　邓祖光　丁　凡　丁皓斌
丁佳佳　丁君君　丁帅帅　黄长江　姬国洋　贾钰辉
蒋　华　蒋耀祖　琚利红　丁小雨　丁雪刚　丁　玉
董　彪　董飞昌　董国亮　孔令雯　李豪杰　李花梅
李会敏　李　猛　李楠楠　董静静　董　凯　董　琦
董秋丽　董新意　董杏利　李　鹏　李　帅　李文轩
李亚娟　廉　波　刘　丹　董秀丹　董艳艳　董伊梅
董永彪　董玉龙　董珍珍　刘京京　刘京伟　刘君宇
刘　路　刘孟华　刘佩佩　董志云　都鹏飞　杜宝娜
杜　峰　杜凤君　杜丽姣　刘四锋　刘永杰　陆雪良
马　芳　孟潞潞　裴晓东　杜祥坤　杜晓晒　杜雅丽
杜永伟　段海朋　段江华　祁成月　乔　林　乔彦欣
秦增伟　申丽芸　宋朋飞　段江涛　段琳琳　段向义

段阳阳 段宇龙 段玉军 宋　品 苏建英 孙金锦
陶俊红 陶山鑫 万　震 段玉倩 段志军 樊恩耀
樊梦丽 樊卫全 樊永杰 王榜庆 王军令 王军民
王丽莉 王明明 王亚琼 范蕾蕾 范珅珅 范书军
范文静 范艳涛 范营会 王　哲 吴佳辉 吴亚坤
武　娟 夏玉川 谢　峰 方会林 方　婷 房东哲
费倩倩 冯国文 冯国泽 谢富饶 谢红元 徐斐帆
徐光军 徐莹莹 徐玉杰 冯会杰 冯林林 冯平平
冯迁迁 冯倩倩 冯巧丽 严　鹏 杨博文 杨光华
杨广庆 杨军伟 杨　鹏 冯瑞霞 冯绍成 冯卫东
冯晓霞 冯艳芳 冯燕坡 杨文君 杨运生 姚志明
姚子刚 殷云开 于洋洋 冯志峰 付东洋 付好好
付　建 付建增 付靖雯 余　翔 袁书平 岳　水
展　聪 张宝杏 张东阳 傅海波 高芳芳 高　菲
高海涛 高鸿鑫 高静源 张富音 张佳琪 张金龙
张　凯 张　坤 张亮亮 高　磊 高　森 高盼盼
高丕鑫 高　锐 高　旭 张　宁 张鹏宇 张　芮
张　威 张云飞 赵　冰 高言歌 高自洁 郜丽南
葛　磊 葛林琳 葛新建 赵兵兵 赵丹蓉 赵　刚
赵红杰 赵红强 赵明明 葛正祥 耿　磊 辜胜杰
谷青师 顾玉龙 顾宗良 赵佩佩 赵苒利 赵彦虎
赵银朋 郑友兰 郑　云 关金芳 管雪林 郭彩霞
郭成亮 郭春红 郭冬清 仲继文 周海亮 周　靖
周　静 周帅旭 周资昌 郭飞飞 郭风珍 郭富强
郭高君 郭歌星 郭海彦 朱瑞瑞 邹　豪 安泰衡
白久阳 白银昌 班庆松 郭红丽 郭洪甫 郭怀亮
郭继松 郭家松 郭　建 蔡高赟 曹　煜 柴乾坤
常晨阳 陈超杰 陈华杰 郭建坡 郭建伟 郭　杰
郭晋辉 郭　炯 郭九连 陈　磊 陈　鹏 陈小凡
陈雪磊 陈长瀛 程超远 郭军为 郭俊华 郭　科
郭兰卓 郭　雷 郭锂华 程　莹 崔邴淇 崔玉龙
代阳辉 董方杰 董建新 郭　曼 郭梦杰 郭明磊
郭鹏飞 郭倩倩 郭　强 董孝康 董孝政 杜超超
杜宗麒 段宁宁 段帅杰 郭书松 郭淑芳 郭桃会
郭晓焕 郭学坤 郭彦阳 段肖凡 樊　宇 方龙伟
房江岩 房令博 冯彬彬 郭艳斌 郭　印 郭永峰
郭宇峰 郭玉海 郭振涛 付玉龙 高黎明 高展昭
耿平森 耿雯琦 关冲冲 郭镇豪 郭志芳 郭志刚
郭志俊 郭志良 郭重阳 桂　帅 郭大壮 郭理想

郭松涵 郭稳基 郭展博 郭子恒 国大爽 过　鑫
韩蓓蕾 韩超锋 韩东爱 韩孟宇 韩素娟 韩永乐
何子文 贺永亮 侯佩余 韩广州 韩国朋 韩宏山
韩鸿达 韩进利 韩军飞 胡浩冉 胡金金 胡俊鹏
胡舒冉 皇刘阳 皇自博 韩凯丽 韩　璐 韩沐春
韩荣杰 韩胜利 韩书娟 黄　新 黄旭东 黄玉林
姬　栋 姬锦隆 菅梦瑶 韩小霞 韩小燕 韩晓辉
韩雅飞 韩伊宗 韩永娜 焦智慧 金吉峰 靳雯晴
靳亚坤 李　博 李成威 韩宗育 杭　贞 郝付刚
郝建雄 郝鹏宇 郝伟量 李春旭 李高朋 李豪杰
李金霖 李静杰 李　昆 郝晓亮 郝晓婷 郝晓艳
郝玉鹏 郝运旺 何好利 李龙龙 李　萌 李　猛
李梦涛 李丕博 李　品 何建伟 何　亮 何林玉
何鹏海 何鹏亮 何普耀 李世豪 李树江 李帅帅
李帅阳 李　爽 李松磊 何士江 何学俊 何应峰
贺高攀 贺明远 贺文会 李腾飞 李文阳 李熙帅
李显文 李　翔 李晓聪 贺亚丽 贺亚齐 贺毅帆
贺　震 洪利丽 侯保永 李　新 李新峰 李新强
李　岩 李云鹏 李泽华 侯存江 侯东洋 侯　凡
侯广宇 侯国栋 侯景峰 李志行 李志远 李中原
李子旺 梁　利 梁蒙蒙 侯静国 侯军亮 侯朦朦
侯松鹤 侯湾湾 侯文然 梁圣欣 林　盟 刘蓓蓓
刘成长 刘国梁 刘　行 侯晓丽 侯馨茹 侯　璇
侯志鹏 侯志宇 呼国玺 刘华伦 刘继平 刘嘉晨
刘　晶 刘俊伟 刘　昆 呼俊奎 呼玲燕 呼永朝
胡宝钰 胡兵兵 胡翠英 刘　强 刘荣旭 刘少帅
刘维超 刘文光 刘文瑞 胡芳盟 胡国松 胡瀚书
胡计华 胡建军 胡露露 刘宪滨 刘新玲 刘雪可
刘亚鹏 刘　元 刘　源 胡倩蝶 胡双成 胡涛涛
胡文佳 胡肖肖 胡　晓 刘　源 刘泽旭 刘真锋
刘　震 鲁世杰 罗季嘉 胡雪峰 胡亚娟 胡　屹
胡永宽 胡玉龙 户玉青 吕飞飞 吕　鹏 吕　旭
马洪涛 马家俊 马乾宇 黄　聪 黄丰硕 黄昊天
黄红霞 黄莉阳 黄梦鸽 马壮虎 梅　威 聂榕楠
潘顺超 潘周龙 庞礼亚 黄明欣 黄培培 黄　爽
黄万军 黄　宪 黄晓利 平梦瑶 平永博 戚浩博
齐　凯 齐全福 屈猛猛 黄星钤 黄兴韦 黄秀霞
黄燕子 黄　振 惠　倩 冉英健 任俊杰 任　康
任　磊 任晓伟 任怡朴 霍艳阁 霍远鹏 姬　瑞

纪园红　季瑞希　冀露露　茹寒冰　商　斌　沈　奇
师超军　师　帅　石恩点　贾粉粉　贾桂涛　贾　华
贾立学　贾璐琰　贾晓红　史来福　史新港　史鑫凯
宋晨阳　宋金来　宋士林　贾艺鸽　贾玉军　贾　云
贾云爱　贾志刚　贾志江　宋子威　孙家乐　孙金玉
孙巍荣　孙文杰　孙　媛　訾淑琪　骞亚楠　江　峰
江　维　姜双双　姜　铁　唐　铭　田权威　田威威
田远航　王　贝　王　彬　姜亚佩　姜懿珍　蒋孝林
蒋志康　焦海涛　焦明慧　王成龙　王翠翠　王丹锋
王　迪　王　飞　王家庆　焦石蕾　介永旺　金慧玉
金孟江　金　鹏　金瑞杰　王嘉威　王建森　王　俊
王　琨　王梦真　王倩倩　金希斌　金喜顺　金秀娟
金亚静　晋素素　靳　浩　王青云　王　蓉　王润超
王　帅　王谈博　王文松　靳　军　靳文华　靳彦军
荆鹏宇　荆　涛　井　方　王文赞　王小龙　王晓洁
王晓静　王　岩　王瑶瑶　井玉杰　景改丽　景郡超
敬　陈　敬丽丽　鞠　静　王耀欣　王意茹　王毅斌
王银恒　王玉龙　王　钰　阚红乐　康嘉斌　孔爱梦
孔垂云　孔德胜　寇　娜　王泽瀚　王泽康　王兆鹏
魏晨雨　魏　浩　魏鑫伟　兰云林　兰占峰　雷佳豪
雷少旭　雷　雯　雷小磊　翁雪松　吴文博　吴跃光
武心宇　席胜军　谢雅欣　黎玉飞　李　宝　李贝贝
李兵阳　李帛纹　李　博　徐　超　徐　奎　徐新宇
许崇敬　许龙辉　许向阳　李博为　李灿灿　李朝军
李　晨　李成军　李成龙　闫亚飞　杨　恒　杨恒康
杨建雨　杨俊博　杨林林　李承阳　李承洋　李　闯
李春莉　李德普　李东东　杨　龙　杨　森　杨少京
杨顺雨　杨鑫鑫　杨照明　李东方　李东胤　李冬冬
李　栋　李端端　李芳媛　杨振宇　姚　凯　尹祥祥
于超杰　袁永豪　原旭光　李飞飞　李非非　李风轮
李付强　李富宽　李高婧　云健康　翟文婧　张　彪
张朝宽　张海滨　张海鹏　李广生　李国华　李国强
李海亮　李航星　李豪杰　张建彬　张林帆　张胜伟
张炜帆　张啸宇　张鑫磊　李昊龙　李　浩　李红彬
李红伟　李　洪　李花欣　张修玉　张旭哲　张亚磊
张　义　张育宁　张元举　李怀忠　李会杰　李会霞
李慧玲　李佳佳　李佳秀　张原康　张云冬　张振亚
张震秋　赵成彬　赵俊杰　李嘉震　李见光　李建党
李建国　李江华　李　杰　赵丽丽　赵瑞华　赵　鑫

赵　卓　周高锋　周　浩　李　杰　李杰锋　李金涛
李　进　李晶晶　李　静　周琳琳　周世天　周星宇
朱威杰　朱云浩　朱志超　李炯桦　李　娟　李娟娟
李娟娟　李军军　李俊涛　左　慧　曹万云　冯清华
冯学超　高　照　郭志浩　李　凯　李凯歌　李康迅
李　柯　李　科　李可乐　靳俭治　李超凡　李朝阳
李　梅　李玉芬　梁　敏　李来森　李　磊　李　磊
李　磊　李　磊　李　丽　刘高旭　刘　康　刘　旭
娄雅静　卢美婷　马兴成　李丽娟　李丽娜　李　莉
李　莉　李　亮　李　琳　任玉平　申文帅　申亚新
沈　聪　沈复兴　宋　哲　李玲玲　李玲玉　李　岭
李　领　李留璐　李流杉　孙金锋　孙启军　谭明星
王　聪　王志杰　徐志华　李隆伟　李　鲁　李　路
李梦恩　李梦云　李　珉　杨　磊　于松亚　袁成辉
张　峥　赵　凯　蔡建芳　李明柯　李　娜　李　娜
李鹏波　李鹏杰　李鹏举　曹　楠　柴广艳　常　莹
陈新阳　程盼盼　程霄燕　李鹏亮　李琪巍　李　强
李青敏　李　晴　李庆锋　崔建芳　崔丽云　崔双双
邓军政　董　超　董素利　李庆惠　李榕娟　李瑞红
李瑞丽　李瑞敏　李瑞瑞　都国英　高　辉　高　杰
高忠良　葛存花　耿改素　李赛楠　李闪闪　李尚瑞
李少娜　李绍千　李淑婧　贵　玉　郭保军　郭建苹
郭庆杰　郭　姗　郭省辉　李淑暖　李舒宁　李　帅
李　硕　李　涛　李　涛　郭　洋　韩素利　韩晓妹
何鹏玲　侯芳芳　侯海青　李　桐　李维霞　李伟杰
李伟松　李　玮　李卫军　胡巧欣　纪彦宇　姜亚茹
焦佳杰　井梓沣　康志远　李卫霞　李　文　李文建
李文娟　李文俊　李文琪　亢帆轲　李丙卫　李晨玮
李丹丹　李　航　李豪强　李习习　李　霞　李现红
李　翔　李小娜　李晓东　李文博　李晓君　李志辉
李宗奇　栗会平　刘改芳　李晓芳　李晓军　李晓阳
李笑晗　李效朋　李新功　刘　欢　刘静波　刘俊凤
刘利娟　刘艳玲　刘永真　李新新　李新州　李　星
李学超　李学民　李雅博　刘振亚　逯鹏程　路晓川
马合江　马会云　马　佳　李亚辉　李亚龙　李亚鹏
李妍菲　李　岩　李　岩　马佳佳　马　蕾　马思洁
牛丽娜　牛明凤　牛小磊　李岩昊　李彦丽　李艳艳
李　阳　李洋洋　李祎朦　秦　汉　申潘英　沈现利
施华兵　宋保学　宋　举　李邑鸿　李莹莹　李永刚

李永岗 李　勇 李　宇 宋振亚 苏秀玲 孙　超
孙文红 唐东晓 田勇军 李玉波 李玉建 李玉伟
李媛媛 李远航 李云波 王芳芳 王广庆 王　晗
王合军 王合龙 王　静 李昀婷 李增瑞 李长林
李召峰 李　哲 李振毅 王霖如 王佩佩 王　晴
王小妮 王新捷 王　沄 李　震 李政昌 李　值
李志刚 李志豪 李志浩 王　征 吴昊颖 吴丽杰
吴素伟 肖　楠 徐素虹 李志勇 李治青 李智强
栗东凯 栗　全 栗中州 许红军 许志静 杨丹丹
杨兰富 杨　勇 于　利 廉福强 梁菲菲 梁　歌
梁海鸥 梁　昊 梁佳辉 袁丽华 岳大发 张得财
张海越 张　柯 张　磊 梁金丹 梁　攀 梁旭琳
梁志广 梁志坤 廖　东 张利平 张　敏 张　全
张笑英 张　雨 张中慧 廖　俊 林丽娜 凌建勤
凌利飞 凌玉杰 刘备战 赵爱红 赵金风 赵丽芳
赵亚男 郑安祺 周爱萍 刘　超 刘朝霞 刘　冲
刘春磊 刘丛辉 刘德超 周　丽 周庆娥 黄　颖
梁晓玉 刘中霞 潘　洁 刘丁辉 刘东錡 刘栋梁
刘　芬 刘广超 刘广庆 袁　竹 陈　聪 陈　贺
邸　磊 丁甲恒 傅　平 刘国栋 刘国学 刘国义
刘海军 刘红波 刘红密 高　珊 胡亚萍 黄　颠
菅雪婷 孔　亮 李　昊 刘红卫 刘鸿宇 刘　华
刘华磊 刘　欢 刘建辉 李朋朋 李士博 李　艳
练颖熠 刘华锋 马倍倍 刘　江 刘江伟 刘今宵
刘金山 刘　静 刘静晓 申杨杨 苏志伟 孙佳楠
孙振宇 王　珂 王　宽 刘军伟 刘俊波 刘俊峰
刘俊强 刘俊伟 刘　阔 肖利静 徐继续 张晨晨
张　慧 张蓝之 张　汛 刘黎明 刘丽霞 刘林林
刘林荣 刘　璐 刘　嫚 赵　芳 赵　琳 赵永钊
朱可可 蒋梦奇 李桂兰 刘妹丽 刘　猛 刘　敏
刘　敏 刘　敏 刘明明 李建春 李　娇 李奇旗
李清云 李贞梦 李紫微 刘　娜 刘　佩 刘　鹏
刘鹏超 刘倩倩 刘　琴 刘家丽 刘永杰 任　琼
施春梅 石金翠 汪明飞 刘勤慧 刘勤双 刘荣彩
刘蕊瑞 刘山山 刘少锋 王　静 王　强 熊霆庭
杨岑敏 杨　方 杨　璐 刘少星 刘胜君 刘世伟
刘舜禹 刘松伟 刘随闪 杨　娜 尹天宇 袁胜丽
张红莹 张　洁 张　靖 刘　涛 刘　通 刘　威
刘　威 刘　伟 刘卫峰 张丽君 张　呐 张　亚

郑文贤 周德兴 朱晓旭 刘喜林 刘相英 刘小青
刘晓飞 刘　欣 刘　旭 陈　婉 丁兆玉 董林海
胡　蕾 李　珂 李明坤 刘　亚 刘亚军 刘亚蕊
刘　岩 刘岩岩 刘彦召 李智海 梁　录 刘　欢
苏新跃 孙原野 杨正坤 刘艳红 刘　阳 刘　阳
刘　洋 刘　洋 刘一博 云　龙 左黎明 沈进印
张茂汉 曹竞超 常　鹏 刘依妹 刘怡君 刘怡冉
刘印辉 刘玉杰 刘玉龙 常园园 陈贵凯 陈　璞
陈思思 陈　醉 崔航旗 刘玉强 刘玉山 刘　源
刘召利 刘兆凤 刘振文 崔　鑫 崔要冰 代晓洁
代新欣 董澜涛 董文创 刘志鹏 刘志伟 刘钟元
刘祖旭 柳文涛 柳晓元 杜倩倩 郭　晗 郭世林
郭　旺 韩红飞 韩万超 龙　雷 娄新磊 娄迎伟
卢方丽 卢　杰 卢胜强 贺海潮 贺祥祯 侯旭阳
黄　博 季保鲜 季瑜伟 卢亚超 芦豫纬 鲁冰雪
鲁　健 鲁俊杰 鲁书源 贾海晨 姜　坤 焦海波
寇家傲 李春杰 李　航 鲁玉启 陆　健 陆　鑫
逯秦平 路保国 路方平 李嘉辉 李　烁 李松昌
李汶哲 李义波 李　翼 路海燕 路建刚 路小虎
路旭丹 栾立丽 栾毛妮 李永强 李玉亭 李志卓
梁意凡 刘　锐 刘　霄 罗晨祎 罗青青 罗未未
罗稳稳 骆海峰 吕超群 刘　洋 刘　云 刘　骛
卢梦祥 罗运龙 满莹莹 吕高飞 吕国辉 吕国旗
吕国涛 吕建增 吕　静 苗增博 宁少奇 牛　雨
欧学聪 裴家仪 彭星秋 吕　凯 吕　玲 吕喜娟
吕晓青 吕新娜 吕新顺 乔明明 邵智鹏 时文胜
宋　杭 宋宁宁 随帅阳 吕艳芳 吕永祥 吕袁超
马　彪 马彬彬 马　成 孙　浩 孙欢聚 孙梦豪
汤　剑 王家豪 王　沛 马　驰 马海方 马浩阳
马继眩 马佳兵 马静静 王胜利 王亚蕊 王玉林
王治文 韦洋洋 吴连礼 马军委 马俊腾 马　柯
马　力 马利纳 马　敏 吴幸涛 吴　琰 武　杰
徐　纶 徐梦珂 徐小洋 马　强 马士杰 马　万
马伟霞 马晓梅 马晓亚 杨　帆 杨金标 杨金州
杨俊杰 叶　凡 殷元鑫 马兴亚 马　杨 马英杰
马永红 马玉杰 马云雅 殷转运 袁宁宇 云小旭
张　本 张德华 张桂源 马运锋 毛建恒 毛蒙恩
毛　松 梅　俊 门　伟 张　攀 张润元 张　艇
张洋洋 张泽端 张　州 孟德闯 孟凡君 孟　飞

孟海燕 孟 杰 孟 磊 赵 轲 赵清涛 赵耀辉
赵勇轩 郑华栋 郑江涛 孟立峰 孟林珂 孟庆海
孟晓倩 孟新华 孟 雪 郑江伟 朱 磊 白静一
蔡雪霞 曹 景 曹六新 孟昭林 米嘉兴 米俊敏
苗春勃 穆军霞 穆 童 陈 航 陈俊峰 陈楠楠
陈 攀 陈四文 陈文静 南保军 宁静静 牛福恩
牛海芳 牛海峰 牛海平 陈相娟 陈 雪 陈阳存
陈源源 程传义 程东子 牛妞妞 牛万有 牛永松
牛志军 潘继辉 潘俊卓 程建峰 揣元辉 崔梦丽
代慧敏 代世磊 单乾龙 潘 睿 潘 胜 庞海平
庞纪立 裴洋平 彭 晨 邓婷婷 丁利娜 董静静
杜 冰 杜会娜 杜松霞 彭聚才 彭瑞芳 彭抒媛
彭彦华 彭 震 皮小宁 段要锋 方国栋 冯瑞娜
冯亚丽 付 超 高 攀 平大勇 平彤彤 戚晓婷
齐定强 齐金金 齐亚霄 葛可汇 葛颜颜 谷赛赛
郭敬湍 郭燕青 韩营营 齐芸芸 乔利明 乔 其
乔清远 乔新超 乔新玲 郝丽暖 郝新鸽 洪鑫源
侯建鑫 侯南南 侯玉垒 乔志业 秦富刚 秦富伟
秦戈阳 秦海彬 秦海瑞 胡兵毅 胡新宇 贾 凯
贾丽丽 贾文玺 贾晓歌 秦浩杰 秦合江 秦建华
秦金兴 秦俊强 秦兰兰 蒋希坡 解天飞 金贵钧
金 娜 康 可 冷 贺 秦 乐 秦买学 秦倩倩
秦向勇 秦秀明 秦秀清 黎 楠 李 超 李凤利
李改改 李 辉 李俊男 秦院红 秦增亮 秦振立
秦志超 屈光源 屈帅锋 李梦然 李鹏沛 李伟红
李晓龙 李兴斌 李学阳 璩川川 曲建兵 权博杰
权明明 权小利 冉佳宵 李亚强 李艳梅 李营营
李 谆 连俊燕 梁烨煜 饶云浩 任保旺 任奋勇
任林林 任琳琳 任鹏潮 林锦涛 刘柏潇 刘丹萍
刘金金 刘 静 刘 磊 任青青 任庆娜 任 冉
任邵恒 任胜辉 任文倩 刘落君 刘 敏 刘培东
刘 鹏 刘 润 刘 文 任小源 任扬春 任瑛琦
任志华 任志肖 桑 敏 刘晓莉 刘雪茹 刘 洋
刘 洋 刘珍珍 刘 志 桑晓强 桑宗浩 山石贝
尚鸿祥 尚 俊 尚庆辉 鲁玉娟 路会芳 罗 鹏
吕欣欣 马凤霞 马文涛 尚文朝 尚 迎 尚永禄
尚用平 尚玉芬 邵森枫 孟沙沙 苗雨欣 潘 薇
庞建华 彭 利 戚九星 邵润景 邵雪珂 申朝威
申光辉 申鹏翔 申彦茹 戚世友 齐慧星 钱伟锋

钱宜娜 乔慧平 秦志华 申艳丽 沈 卿 沈书阁
沈晓飞 沈艳丽 绳 敏 任立军 任晓婷 任智超
申梦丹 沈艳平 石付玉 胜国人 师彩虹 师晨洋
师伟晶 施英荣 施志娟 时 颖 宋 佳 宋明新
宋文涛 孙付强 孙俊曼 石风城 石 静 石利强
石亮亮 石松林 石 伟 孙太涛 陶 魏 田珊珊
田张全 王安龙 王国华 石晓斌 石焰明 时盼盼
史崇龙 史方枝 史锦慧 王浩冉 王红霞 王鸿科
王 华 王会丽 王继涛 史 凯 史黎峰 史亚丽
司曼菲 司绍彬 宋兵丹 王俊芳 王 可 王丽萍
王利平 王莉娟 王倩倩 宋泊睿 宋成龙 宋 丹
宋东霞 宋海峰 宋宏照 王 琼 王绍清 王卫燕
王曦伟 王小雨 王晓阁 宋 欢 宋会霞 宋嘉磊
宋姣姣 宋 婕 宋君发 王晓龙 王 星 王彦明
王宜明 王毅华 王银峰 宋俊英 宋丽君 宋明明
宋千欣 宋瑞丽 宋珊珊 王永亮 王玉珍 王振峰
王振杰 魏素曼 魏永涛 宋绍锐 宋思远 宋文旭
宋向锋 宋小发 宋晓锋 吴凤兰 吴 静 吴 桐
吴小龙 吴月丽 谢文峰 宋阳涛 宋云亮 宋振海
宋志鑫 苏 佳 苏 里 邢彩芳 熊巧琳 熊旭彬
徐 婵 徐亚伟 徐豫蒙 苏 龙 苏松鹤 苏 伟
苏伢飞 苏影丽 苏 悦 徐振兴 闫留中 颜天天
杨 兵 杨合香 杨笑凯 苏振兴 孙保星 孙春枝
孙德强 孙东利 孙广锋 杨新伟 姚金光 姚 琪
殷颖华 于楠楠 余雪苹 孙国浩 孙红美 孙继红
孙嘉琦 孙敬霖 孙军潍 袁纪卫 袁肖可 臧俊卿
翟晓乐 张 东 张 歌 孙玲玲 孙留威 孙梦思
孙明明 孙 宁 孙茹梦 张海军 张浩敏 张宏飞
张欢欢 张佳宇 张晶晶 孙瑞芳 孙少勇 孙申松
孙世超 孙苏拉 孙亚雷 张俊丽 张俊鹏 张 磊
张利娜 张琳溪 张楠楠 孙亚男 孙亚亚 孙彦军
孙艳语 孙艺航 孙永峰 张瑞瑞 张姗姗 张闪闪
张亚琼 张艳萍 张艳艳 孙玉奇 孙玉伟 孙 豫
孙元元 孙园丽 孙云鹏 赵春云 赵 晗 赵康乐
赵 蕾 赵萌萌 赵晴晴 孙兆彬 孙 中 孙梓淇
索东静 谭怀超 谭俊枝 赵小静 赵垚文 赵跃卫
赵正琪 郑 姣 周复兴 谭儒勇 谭蕊蕊 谭亚楠
汤 进 汤 倩 汤 争 周豪杰 周 剑 周娴雅
朱豪杰 葛广俊 胡寒佳 唐 宾 唐纯艳 唐丹华

唐慧娟 唐军平 唐　凯 黄建东 李　军 李　凯
李绍燃 李　威 梁喜鹏 唐平静 唐迎伟 陶鋆淇
田　斌 田　驰 田　川 刘瑞强 刘欣欣 刘　颖
宁朵朵 宋福磊 孙帅峰 田方圆 田福生 田高静
田高燕 田海卫 田好伟 唐克金 陶志忠 王超亚
王金坤 王雅莉 吴　宽 田红佩 田隆宾 田文娟
田晓蓬 田雅平 田尤尤 薛　森 张翔民 张兆鑫
蔡清臣 曹源浩 柴雯祥 仝家萌 仝　帅 涂帮传
万春红 万东帅 万红芬 常　旭 常洋洋 陈　飞
陈　鹏 陈希全 陈先宏 汪海澄 汪　茂 汪燕玉
汪滢滢 王　彬 王　彬 程中麒 楚恒玉 楚志辉
崔淋健 丁海洋 董　浩 王　斌 王丙森 王丙寅
王灿辉 王　超 王超洁 董泽鑫 豆浩洋 杜好杰
杜乾乾 杜莹杰 段少东 王超群 王超然 王超义
王闯闯 王春华 王春平 樊子磊 高孟泥 郭　佳
郭军伟 郭　阳 郭子凡 王春晓 王聪利 王寸寸
王大海 王　单 王登基 海义龙 韩旭航 侯启明
侯稳稳 户安冲 黄云翔 王东彩 王东纪 王东亮
王栋平 王栋玉 王　凡 姬忠阳 贾兴林 贾泽宇
蒋亚祥 焦龙伟 兰向阳 王　芳 王国红 王国振
王海峰 王海军 王海利 李　超 李俊明 李　康
李　明 李朋飞 李巧鸽 王海平 王海涛 王好立
王　红 王宏宇 王洪涛 李　伟 李文茜 栗子骅
栗子淼 林道凡 刘昂阳 王　辉 王　卉 王慧娟
王继辉 王继森 王嘉琦 刘春蕾 刘　冬 刘茂林
刘　明 刘永亮 刘郑权 王建新 王　洁 王金水
王锦涛 王进超 王景让 娄渊博 吕　斌 马　俊
莫文飞 牛浩东 牛　静 王　靖 王静益 王军宏
王军亮 王军伟 王俊朝 牛鑫辉 齐云飞 秦世英
史豪贝 孙亚栋 孙亚歌 王俊皓 王俊礼 王俊龙
王俊明 王开选 王　凯 王奔奔 王　勃 王富超
王海洋 王　洁 王人杰 王　魁 王　兰 王　磊
王立恒 王立艳 王丽丽 王　帅 王帅昊 王文超
王　心 王鑫浩 王振山 王丽萍 王利锋 王利伟
王　莉 王莉莉 王廉政 魏培元 魏一行 吴广辉
武鸿飞 徐　波 闫少杰 王琳娜 王留营 王　洛
王美玲 王蒙蒙 王敏强 袁宇航 翟金航 张　彬
张　行 张连喜 张明辉 王铭煦 王　南 王　宁
王攀蝶 王盼盼 王盼盼 张朋飞 张旭阳 张雪阳

张　宇 张振峰 张振山 王朋帅 王　齐 王　前
王前进 王　倩 王　倩 赵贺鑫 朱华磊 朱江峰
朱文涛 朱志聪 毕经群 王倩倩 王强强 王青振
王　清 王　庆 王庆敏 卜庆福 陈　闯 陈建波
陈俊轲 陈良勇 陈鹏飞 王庆威 王瑞峰 王赛赛
王少青 王少伟 王胜军 陈全亮 崔海滨 豆欢欢
段　翔 樊传亮 范林林 王胜岭 王世超 王世林
王　帅 王帅兵 王双燕 范仁杰 冯　彬 冯高友
冯科科 冯忠昂 付全友 王　顺 王顺成 王苏娟
王素霞 王太勤 王　涛 付　一 高　峰 高　宁
谷　伟 郭留阳 郭绍帅 王天勇 王　薇 王巍巍
王伟玲 王伟霞 王伟霞 韩　梦 韩跃龙 贺　军
侯慧勇 胡铁军 黄梦辉 王伟正 王卫根 王文飞
王文静 王文克 王文生 黄世杰 黄雪健 姜　涛
孔润梓 孔尚武 雷英杰 王文涛 王文文 王文雅
王西平 王锡民 王献强 李　倡 李　晨 李城树
李春阳 李大全 李韩雷 王相东 王相鹏 王香利
王　向 王肖丽 王小飞 李豪奇 李建东 李　凯
李龙飞 李龙飞 李欠欠 王小凯 王小丽 王小鹏
王小延 王晓方 王晓件 李世琛 李帅坤 李晓龙
李鑫阳 李　炎 李志恒 王晓静 王晓倩 王　笑
王心宏 王新春 王　馨 林国华 刘　府 刘峻宏
刘　宁 刘少卿 刘　鑫 王　鑫 王　鑫 王鑫鑫
王　兴 王兴爱 王雄伟 刘亚龙 刘杨日 刘玉龙
刘忠斌 路耀凯 吕轩轩 王　雪 王亚栋 王亚军
王亚龙 王亚鹏 王严飞 吕振鹏 麻俊辉 马德胜
马胜新 马孝康 马振华 王炎君 王彦辉 王彦伟
王彦云 王　艳 王　艳 梅　冲 苗晓鹏 潘泽晨
庞彦皓 秦意棚 邱清龙 王艳波 王艳臣 王阳阳
王要坤 王耀丽 王银智 任绍阳 任新刚 邵伟杰
申佳鑫 沈豪杰 沈建华 王英驰 王永强 王永轩
王永臻 王于洋 王玉林 时鑫鑫 宋文超 苏培林
苏伟杰 孙　斌 孙　琦 王玉玲 王玉龙 王玉明
王玉增 王元召 王　园 孙勇善 汤　品 陶子越
田庆肖 汪立杰 王保琦 王悦霖 王跃鹏 王　云
王云鹏 王云霞 王增辉 王彬彬 王　浩 王　凯
王　磊 王路通 王其娣 王战雷 王招凯 王兆朝
王照凯 王　哲 王真真 王晓兵 王　鑫 王修恒
王银河 王永毅 王振东 王振刚 王　铮 王志强

王智国　王智鑫　王中华　王振朋　王峥华　魏东淇
魏开胜　吴　尚　武江伟　王中军　韦欢欢　卫丽静
卫明明　蔚爱民　魏爱景　武　松　肖永壮　谢　全
熊冲冲　徐东耀　徐祖强　魏冰欣　魏焕雷　魏姜鹂
魏军锋　魏棋辉　魏　瑞　闫　森　杨金萌　杨鹏洲
杨　琦　杨勤藤　杨赛亚　魏诗涛　魏世明　魏双星
魏文博　魏　霞　魏　瞻　杨士豪　杨树静　杨宇恒
杨泽光　于　洋　余　涛　温俊川　温礼升　巫春华
吴　彬　吴道云　吴芳芳　余祝胜　袁克新　袁利芳
袁四宝　原永行　苑鹤龙　吴　刚　吴龙珠　吴孟娇
吴全周　吴淑静　吴天钰　岳家杰　岳运杰　翟玉龙
张　博　张大献　张怀宇　吴　维　吴熙勇　吴向辉
吴雪贤　吴雪雪　吴雪渊　张慧慧　张建祥　张　剑
张凯博　张琳祥　张　朋　吴雅仙　吴英豪　吴玉玲
吴志伟　武　林　武书竹　张　乾　张　腾　张天立
张　文　张晓磊　张彦斌　武　月　夏成洋　夏春林
夏云翔　缐多彬　肖林宇　张永成　赵佳乐　赵江川
赵　康　赵旭涛　郑成伟　肖　森　肖素珍　肖　伟
肖　晓　肖艳霞　谢凤楼　郑佳乐　周腾飞　周一龙
周　瑜　朱小胜　白鑫磊　谢公伟　谢贵玉　谢路路
谢梦儒　谢帅强　谢伟豪　薄晓倩　鲍树旺　卞俊凯
蔡亚楠　曹　箫　柴迎迎　谢亚娜　谢云霄　谢郑浙
谢忠才　邢加加　邢金海　常　贝　常　晔　常梓耕
陈　婵　陈　辰　陈佳鑫　邢蒙蒙　熊建丰　熊奕川
徐　聪　徐德南　徐桂云　陈静静　陈梦杰　陈晓晓
陈旭升　陈振平　崔国旺　徐国文　徐会娟　徐精华
徐静静　徐礼松　徐萍萍　崔李鹏　崔　旭　崔艳峰
崔盈盈　崔元元　邓晓月　徐少博　徐少华　徐文强
徐献荣　徐心愿　徐　洋　丁林歌　丁睿显　杜　豪
樊家雯　范石磊　范新梦　徐运锋　徐振召　徐志伟
徐致民　徐智勇　许阿英　范　鑫　方佳丽　房　勇
冯　帆　冯可汗　冯伟杰　许兵兵　许　慧　许　晶
许举方　许　珂　许　磊　高　丰　高明静　高　旗
高紫昂　部建岭　管中华　许　亮　许　林　许如意
许汝方　许守伟　许帅印　郭俊华　郭刘欣　郭鹏程
郭世豪　韩　冰　韩玉莹　许威威　许卫土　许长春
轩宁霞　轩志刚　宣喆奇　何志锋　和晓勇　贺　昱
洪　洋　侯东升　胡海洋　薛建伟　薛凯凯　薛利利
薛珊珊　薛晓冬　薛亚飞　胡　康　胡梦莹　黄含含

黄　婧　黄　猛　黄兆鑫　闫辞臣　闫　聪　闫存超
闫国超　闫甲栋　闫建博　黄子怡　霍东原　姬　晨
姬倩倩　纪重阳　冀恒炎　闫静翠　闫利娟　闫娜娜
闫鹏鑫　闫腾飞　闫　玄　蒋楠楠　焦振亭　金　昊
金洧东　靳豆豆　靳潇涵　闫亚楠　闫依琳　杨邦君
杨　彬　杨成龙　杨春兵　荆润鹏　景振飞　李　朝
李红飞　李会会　李慧萍　杨东海　杨　芳　杨　菲
杨　峰　杨　光　杨海峰　李建华　李柯微　李　乐
李　莉　李　美　李珮旋　杨海全　杨核武　杨佳鹏
杨建莹　杨金英　杨九龙　李世超　李淑娜　李思文
李　彤　李雪珂　李延龙　杨军峰　杨军凯　杨　凯
杨　磊　杨　丽　杨丽绍　李言涛　李艳迪　李银行
李莹莹　李正园　梁淑仪　杨林丽　杨琳琳　杨路遥
杨曼丽　杨楠楠　杨　能　林广平　刘　斌　刘凤玺
刘　歌　刘光远　刘　航　杨彭程　杨　茜　杨巧娟
杨青芝　杨全喜　杨树梅　刘浩南　刘　恒　刘慧雅
刘利平　刘梦雨　刘仕昊　杨　帅　杨帅高　杨帅印
杨松燕　杨所成　杨万利　刘晓萌　刘晓雯　刘鑫磊
刘旭东　刘艳杰　刘洋洋　杨小凤　杨小珍　杨晓聪
杨晓明　杨筱雪　杨新庆　刘一鸣　刘　宇　刘雨欣
柳佳雨　卢　想　罗　娟　杨亚静　杨亚星　杨　洋
杨永东　杨勇朝　杨雨军　罗文洁　吕春艳　吕凤月
吕婷婷　马　杭　马浩航　杨雨龙　杨玉会　杨智红
杨自立　杨宗兵　杨宗莹　马　俊　马晓培　马振豪
孟云静　米亚凯　牛鹏浩　姚怀阳　姚姣梅　姚　举
姚　旋　姚　瑶　姚永超　牛皖豫　庞泽仁　彭钰栋
蒲　媛　乔　丹　乔惠源　姚钰杰　姚运魁　姚珍珍
叶晓辉　叶晓扬　叶秀芳　秦诗杨　任　浩　尚　浩
邵春风　申晓敏　申　鑫　叶亚利　阴鸣燕　殷丹丹
殷　飞　殷用增　闾　港　沈何伟　石梳培　史志超
宋奥雷　宋佳芯　宋　宁　尹君茹　尹文静　尹晓斐
应超龙　应兴良　尤国刚　苏晓玲　苏亚斌　孙　豪
孙　娇　孙　静　孙　康　尤　浩　尤玲琳　尤树林
尤月霞　游家辉　游金玲　孙　楠　孙睿智　孙学芳
汤　露　仝文静　仝艺飞　于保玲　于丹丹　于高升
于弘涛　于俊征　于　雷　童欣悦　王　宾　王　冰
王常恒　王　丰　王　帼　于　森　于文艳　于小艳
于燕武　于永强　于子斌　王佳宁　王　凯　王　坤
王　宁　王鹏飞　王琦璠　余东弘　余海龙　余江龙

余鹏涛 余小瑞 余耀俊 王秋园 王瑞洁 王淑敏
王　硕 王思彤 王思雨 喻晓丽 元国臣 元海军
元金鑫 元玉兰 员军玲 王　涛 王甜甜 王伟明
王亚如 王亚茹 王延博 袁翠艳 袁利娟 袁书杰
袁文君 袁玉丰 原俊丽 王漪秋 王怡方 王　宇
王育捷 王　卓 魏　民 原俊学 原树芳 原卫华
原中华 苑志武 岳广青 魏　鑫 毋瑞娟 吴佳怡
武宇霞 向硕颖 校梦雪 岳国正 岳海明 岳海周
岳建宏 岳丽华 岳宁宁 谢　娜 谢卫龙 徐宵云
徐志鑫 许海翔 许梦梦 岳蕊婷 岳田雨 岳亚东
岳艳霞 悦　月 云　虎 许柔静 薛呈昊 薛喜路
闫军伟 闫　勇 杨　涵 臧秀云 翟艾军 翟成龙
翟东旭 翟高杰 翟梦银 杨　静 杨　梅 杨　霞
杨欣月 杨　栩 杨雅涵 翟　帅 翟　伟 翟云鹏
张爱礼 张保利 张贝贝 姚　鑫 殷　珂 尤　浩
尤素素 于　洋 袁　航 张冰冰 张彩娜 张　超
张　超 张朝华 张朝军 袁　慧 袁如星 袁　野
岳媛媛 翟永杰 张奥迪 张朝阳 张晨晨 张传华
张传林 张春燕 张翠霞 张　冬 张浩源 张　恒
张红豆 张　佳 张　静 张德坤 张　迪 张丁丁
张东杰 张东凯 张栋杰 张立坤 张　亮 张林林
张梦真 张明慧 张明龙 张斗斗 张二超 张芳芳
张芳芳 张　飞 张飞翔 张　妮 张　宁 张思玉
张　婷 张酮茂 张薇薇 张峰梅 张高阳 张　戈
张　耿 张冠康 张冠强 张　伟 张位霞 张小平
张晓蓉 张　欣 张雪珂 张光辉 张光远 张广成
张国彬 张海东 张海峰 张雪婷 张　阳 张　阳
张　耀 张　原 张真真 张海锋 张海花 张海钧
张海丽 张海涛 张　浩 张　振 张振军 赵国标
赵慧琳 赵剑冬 赵凯丽 张浩浦 张浩强 张浩扬
张红伟 张宏炬 张华强 赵梦梦 赵乾钦 赵文慧
赵　翔 赵玉龙 赵志浩 张　焕 张　慧 张建国
张建乐 张姣姣 张　杰 甄继彪 郑梦园 郑品品
郑亚琼 郑子丹 周　盼 张　杰 张金满 张净净
张　静 张　静 张　静 朱　琳 朱明明 朱鹏浩
崔恩会 韩改杰 皇超宁 张静静 张　娟 张娟丽
张军旗 张俊晓 张开翔 贾威威 刘浩鹏 宋崇庆
王世强 运少军 张志坤 张凯波 张　珂 张　雷
张立超 张　丽 张　丽 陈佳会 陈秀华 崔山英
段治怀 郭俊良 郭铁生 张丽娟 张丽敏 张利军
张莉莉 张莉莉 张琳芳 郭钇辰 郭垠秀 韩晨夕
贺凤枝 胡凤丽 解金霞 张　龙 张　龙 张龙生
张路交 张路遥 张　璐 李芳芳 李士林 李婷婷
李卫华 李晓霖 李永东 张美贤 张　眯 张明明
张明新 张　楠 张年红 梁振茹 刘明旺 刘瑞阳
刘武洋 刘雨昊 刘政一 张　盼 张鹏博 张鹏飞
张鹏歌 张　倩 张倩倩 卢民彩 卢卫涛 鲁亚东
路广超 路广明 马超宇 张倩倩 张　强 张钦宁
张清源 张秋霞 张全威 木　梦 宋风丽 宋帅堂
苏瑞华 孙冬冬 田永超 张　蕊 张瑞芳 张瑞格
张　睿 张　珊 张少鹏 童亚南 万秋红 王国辉
王华飞 王华伟 王文杰 张胜伟 张石磊 张世博
张世杰 张帅兵 张帅龙 王晓卫 吴腾腾 徐怀停
许亚威 闫玉齐 杨慧青 张帅男 张松涛 张天增
张　恬 张甜甜 张万玺 张建力 张　敏 张四苹
赵要永 周　丹 周玉环 张　伟 张　伟 张伟杰
张文斌 张文强 张文燕 朱红瑞 陈淑一 张昊天
王明明 李　坤 包　丰 张　雯 张　稳 张喜乐
张喜梅 张现伟 张相禹 张　雅 李　通 刘丹奇
王洪涛 景忠跃 吴　昊 张小娟 张小鑫 张晓江
张晓静 张晓君 张晓丽 李　行 刘增裕 石　腾
陈东伟 薛　阳 张晓晓 王　元 程宫芳子

函授本科

穆　青 张金磊 刘利平 常鹏鹏 王　鹏 梁　静
任艳阁 施前进 苏　蕾 谭显曦 唐晓龙 田会冬
王冬艳 李　敏 曾海燕 李　静 时宝慧 张卫娜
汪　垒 汪艳杰 王建强 王明伟 王　琪 王雪艳
王　威 李　斌 许先锋 杨慧攀 陈超然 陈　浩
王　颖 相　娜 邢卫刚 徐铁君 闫柏霖 杨东洋
程小辉 樊丽丽 管海彬 何慧慧 黄　涛 贾春丽
杨晓辉 杨玉峰 张建刚 张晶晶 张　纳 张文利
姜　俊 蒋艳艳 景华星 李文明 李晓婧 鲁军波
张永涛 张　瑜 赵绍星 赵彦帅 朱　琳 曹春想
陆腾飞 马卫东 梅言剑 皮诗扬 齐向阳 秦云剑
郭彩玲 姜　爽 石祖飞 郑双领

函授专升本

刘　茹 邓飞跃 岑永洋 周　雪 武效飞 白肖明
王磊鑫 王黎鑫 王　立 王　莉 王莉杰 王连续

段淑凤　刘志佳　郑凯丽　周金财　刘爱娟　吴晓利
王　亮　王陆民　王猛超　王　森　王　敏　王　敏
李婉贞　吴晓龙　杨　磊　段飞飞　王　刚　梁红宾
王敏娜　王　明　王明礼　王明明　王明政　王娜娜
王　琦　李　彬　彭沛鑫　蔡文龙　李中贤　朱　伟
王盼盼　王　培　王鹏飞　王鹏飞　王　坡　王启锋
代玉成　顾振华　许　雯　王景贤　马兴辉　肖　龙
王　茜　王侨侨　王庆义　王　琼　王秋实　王　瑞
何瑞娟　闫竞波　李亚辉　赵保营　李早锋　许广宇
王　瑞　王　赛　王　森　王少康　王胜昌　王淑静
衡　军　刘　冬　张　帅　付海丽　孙长杰　王万里
王　帅　王松增　王素霞　王　涛　王　涛　王　田
马军锋　周亚磊　李　新　边　杨　柴君利　陈瑞江
王　桐　王　威　王薇薇　王维静　王　伟　王伟明
陈肖雪　程世发　程晓璐　单阳光　董海瑞　甘艳敏
王卫亮　王文超　王喜中　王　霞　王宪民　王献锋
郭海霞　韩世晓　郝军强　何春喜　黄　坤　晋爱鹃
王小波　王小芳　王晓东　王晓利　王晓林　王晓茹
李　昂　李　翯　李　婕　李　明　李墨文　李婷婷
王晓晓　王晓阳　王　啸　王　欣　王新安　王星月
李　伟　李卫国　李晓娜　李艳红　李永杰　刘向辉
王旭曼　王旭伟　王学雷　王雪峰　王雪琪　王雅晴
刘艳芳　刘振瑞　卢　琳　卢永浩　鲁梦蕊　罗　浩
王　亚　王亚东　王亚勤　王　妍　王　岩　王炎生
孟庆雷　乔松霞　任　凯　邵　超　申淑民　沈　鹏
王彦亮　王艳浩　王艳楠　王燕超　王燕凤　王阳阳
石宏妍　宋冰丽　宋苗苗　宋明军　宋宁宁　宋　琼
王　洋　王　垚　王映雪　王永华　王　勇　王勇强
孙河江　王阿慧　王保华　王　凡　王付刚　王海亮
王雨利　王誉瑾　王　媛　王月华　王　云　王再兴
王海庆　王林林　王龙飞　王文龙　王文霞　王永亮
王在龙　王湛源　王昭君　王　哲　王　振　王振宇
温丽锋　夏九才　许鹏斐　许志家　薛　静　杨建国
王争辉　王正勤　王志昌　王志聪　王志飞　王志锋
杨柳清　杨新凯　杨　洋　杨震坊　张家荣　张锦楠
王智兴　王子良　王自伟　韦丹萍　韦绍鹏　韦晓冬
张静宇　张娟娟　张林峰　张逸伦　张嵎峦　张　哲
韦　涌　卫倩南　卫原东　未长健　位高见　魏　粒
赵　丹　曾发展　董庆亚　董晓鹏　段晨阳　郜文丽

魏　乾　魏威宁　魏文科　魏新生　魏艳武　魏影超
郭会强　康莉婷　李静静　李旭洪　李琰洁　李颐芳
魏　云　温爱君　温拴有　文洪昌　巫红姣　吴超南
李银村　刘　畅　刘　晗　娄昭宇　牛亚蝶　宋晓娜
吴庚洋　吴红宝　吴洪海　吴　娟　吴少杰　吴雅丽
王喜乐　王亚歌　王亚培　王宜乐　张继鑫　张静静
吴莹莹　吴宇彤　吴忠祖　伍昭来　武华西　武华云
张晓庆　张正阳　龚　帅　梁欢欢　王晓东　王笑峰
武喜佩　席金婷　夏　虎　夏云驰　肖少影　肖　文
魏　伟　徐　鸽　赵　奇　庄俊峰　黄　元　梁红玉
肖小艳　肖　豫　肖月玲　谢　芳　谢桂玲　谢红伟
刘成龙　张锦飞　杨海燕　陈　晨　陈　权　成三龙
谢建立　谢金华　谢晶晶　谢俊秀　邢彬彬　邢海艳
高晓霞　胡　勇　黄奋玲　黄　颖　黎　彻　李建波
邢利孟　邢　姗　邢现力　邢云阁　熊新志　徐　虎
李玉婷　梁国新　廖凯钧　廖子扬　刘立波　罗利华
徐建伟　徐江怀　徐凯旋　徐利侠　徐　曼　徐楠楠
马育佳　邱子耀　谭龙峰　王璐飒　王　院　温玉峰
徐青兰　徐清轩　徐胜强　徐素婷　徐晓延　徐　彦
向延清　熊晓丹　杨　荣　于晓波　詹雪琴　钟柳霞
徐　垚　徐银强　徐玉洋　徐站国　许成林　许改革
朱文杰　朱妍红　蔡　丽　何　威　胡其云　黄彩红
许家凤　许金鑫　许静茹　许磊前　许熙成　许新玉
廖潇潇　刘　财　刘　芳　马依平　申志云　王翔宇
许莹莹　许远省　许中洲　许周恒　宣白玉　薛　芳
吴平佩　肖　笛　于欢欢　余润铭　周　倩　朱　浪
薛　斐　薛琳月　薛鹏飞　薛笑林　薛雅雅　薛艳丽
蔡　熠　陈永杰　程秋龙　单苗苗　冯明福　冯志超
薛　阳　荀自强　闫存金　闫　芳　闫会霞　闫　丽
高　伟　郭金津　何　进　胡绪华　姜玲玲　姜兴兴
闫姗姗　闫银辉　闫正君　严昆仑　阎伟平　晏存款
康焦生　康魏魏　李德顺　李国斌　李军霞　李　晓
燕乐乐　杨贝贝　杨兵兵　杨　超　杨超超　杨东东
李　欣　刘安朗　刘娟娟　刘林芳　刘　强　刘晟天
杨东江　杨　芳　杨高航　杨洪涛　杨华杰　杨华丽
马　坤　马艳丽　庞慧娟　邱晓海　任慧霞　申　楠
杨华丽　杨　杰　杨晋勇　杨景龙　杨军强　杨俊峰
仝贝贝　王空勋　王　利　王　利　王　炜　肖桂莲
杨　乐　杨丽辉　杨利军　杨利真　杨　敏　杨敏玉

徐杏利 杨莉莉 杨灵军 杨青莎 张 虹 张建磊
杨明青 杨铭宇 杨 朋 杨 权 杨汝宝 杨 瑞
张 洁 赵秋花 赵振星 崔庆华 任 捷 魏桃蕾
杨守稳 杨思利 杨太伟 杨 威 杨伟君 杨伟英
靳战蛟 李便利 刘俊娜 杨承睿 陈开胜 陈孝林
杨文明 杨 旭 杨绪方 杨雪峰 杨艳涛 杨永得
代莉莉 都 昂 杜 娟 范柳阳 高晓兵 耿莹莹
杨 云 杨昀昊 杨 卓 姚 晨 姚春辉 姚 聪
韩永川 韩远驰 韩志成 郝士伦 侯东琴 胡军强
姚 聪 姚 凯 姚 雷 姚 梁 姚 茹 姚双峰
季好朋 阚 义 李 博 李博达 李禄辉 李路峰
姚晓兰 姚晓林 姚一心 叶海领 叶海朋 叶晓红
李 璐 李文秀 李向前 李向涛 李小双 李兴雷
弋靖昉 殷世民 殷屹东 尹成建 尹 豪 尹利楠
李耀东 刘 飞 时 琳 孙超杰 孙建华 孙向南
尹梦媛 尹星焱 尹 业 尤华丽 尤晓培 于春霞
田 英 汪旭博 王斌杰 王 芳 王建军 王 龙
于东明 于高燕 于焕霞 于克芝 于苗苗 于世浩
王婷婷 王文峰 王新民 王艳叶 王 贞 魏崇岭
于旭辉 于艳丽 于志勇 余 锋 余鸿雁 余卫东
魏仁乐 吴蒙奇 翟文龙 张 军 张 轲 赵慧晓
禹智强 袁 豪 袁留兴 袁晓方 袁 欣 袁亚飞
周 瑞 左慧琴 白利强 鲍言峰 高娜娜 郭 浩
袁亚妮 原江云 岳 超 岳盼盼 岳秀娟 岳振宇
郭志学 郝保兴 何云庆 焦叶霞 李 超 李付国
云 龙 翟贺辉 翟珺怡 翟文涛 翟 鑫 翟战营
李庆丽 李艳梅 刘丽娜 马甲闯 牛亚龙 彭红超
张宝磊 张宝威 张贝贝 张 波 张层层 张陈艳
商江涛 孙金焕 孙 亮 孙 林 王东洋 王 菲
张春雨 张聪聪 张丹迪 张东平 张 帆 张凤娟
王亚君 王 远 王运华 谢振于 杨霄博 杨 阳
张凤梅 张功伟 张广征 张贵锋 张国华 张海东
尤云军 岳晓莉 张晨洋 张密英 张亚楠 张彦超
张海宽 张海南 张浩磊 张红果 张 欢 张欢欢
张玉强 赵 静 赵 娟 赵雪锋 钟先海 周东伟
张欢欢 张 辉 张辉辉 张 慧 张慧娟 张 佳
周国猛 邹丽荣 安世旭 白 冰 白丽娜 白丽晓
张佳奇 张建光 张 杰 张 瑾 张 静 张俊杰
白棉棉 白婷婷 白 洋 白 玉 班康立 班欣然

张俊杰 张俊英 张 科 张坤峰 张 琨 张 琨
包宁波 毕 磊 毕少东 卞鹏飞 蔡礼欣 蔡巧玲
张兰兰 张利霞 张 莉 张 靓 张林航 张 玲
蔡 帅 蔡玉鹏 蔡紫薇 曹兵伟 曹海霞 曹金涛
张玲玲 张玲玲 张龙飞 张 萌 张明亮 张乃涛
曹晶晶 曹俊强 曹 亮 曹 倩 曹 冉 曹魏平
张宁宁 张宁宁 张盼盼 张 鹏 张 鹏 张鹏鹏
曹云敬 曹志凯 曹中孚 曾加梁 曾艳辉 柴海芳
张泉涛 张仁举 张胜利 张仕隆 张帅雷 张松波
柴新杰 常 芳 常国文 常 凯 常猛猛 常娜杰
张 涛 张万通 张 伟 张卫彬 张卫仓 张文革
常少阳 常雅娟 常艳芳 车寒冬 车开放 陈保利
张文杰 张文静 张文亮 张文启 张文强 张文晓
陈 峰 陈 国 陈汉超 陈宏伟 陈华苹 陈慧萍
张文馨 张现波 张宪峰 张潇文 张小核 张小虎
陈 佳 陈佳佳 陈甲秀 陈静静 陈久长 陈凯东
张晓凯 张晓盼 张晓鹏 张晓鹏 张欣欣 张新刚
陈 坤 陈 磊 陈丽平 陈 亮 陈 满 陈明飞
张新坤 张鑫珂 张星星 张 兴 张 旭 张玄桑
陈铭川 陈 倩 陈 瑞 陈少旭 陈 胜 陈世雷
张学杰 张学全 张亚威 张 娅 张艳娜 张一文
陈向锋 陈小惠 陈晓刚 陈欣欣 陈学敏 陈亚琴
张义龙 张艺文 张 熠 张永梅 张永祥 张永远
陈右利 陈元文 陈 云 陈 桢 陈振楠 成怡阳
张宇星 张玉锋 张 远 张 钊 张哲琴 张振朋
程 莉 程 璐 程 娜 程攀登 程倩倩 楚登科
张 镇 张 铮 张 政 张志浩 张志娇 张志杰
楚俊杰 楚玉洋 崔保伟 崔宏州 崔 杰 崔 乐
张治峰 张重好 张子显 章宏伟 章梦龙 赵彩玲
崔璐璐 崔明显 崔世界 崔 帅 崔素朴 崔 伟
赵春华 赵大伟 赵登华 赵冬青 赵福军 赵海华
崔雯园 崔新铖 崔园园 崔振龙 代培友 代阳阳
赵 辉 赵建军 赵 洁 赵锦程 赵军辉 赵军伟
代振龙 代志成 单会莹 党 克 邓国玺 邓鹏玉
赵军一 赵俊丰 赵俊丽 赵俊阳 赵 凯 赵凯旋
邓 蕊 邓耀鑫 狄生欣 丁春丽 丁春晓 丁会丽
赵 乐 赵 乐 赵利娟 赵茂盛 赵 娜 赵 鹏
丁 玲 丁鹿杰 丁慢慢 丁庆浩 丁晓辉 丁彦超
赵 萍 赵 奇 赵启云 赵欠楠 赵少芳 赵圣龙

丁庄原 董春燕 董　刚 董会娜 董家锣 董顺利
赵树昆 赵　爽 赵　婷 赵文超 赵文胜 赵文霞
董肖辉 董小宁 董晓明 董悠悠 冻伟伟 都红奎
赵　霞 赵现顺 赵小兵 赵晓丹 赵　欣 赵新杰
豆孝珍 窦　静 窦晓光 杜博宇 杜方平 杜方蕊
赵新蕾 赵　鑫 赵　星 赵　彦 赵彦立 赵艳涛
杜　辉 杜丽娟 杜婉婉 杜万立 杜文文 杜　洋
赵艺宁 赵永虎 赵政伟 赵志灵 赵志阳 赵忠翔
杜振亚 杜智坡 杜中壘 段利军 段蒙蒙 段云峰
赵子栋 肇爱云 甄　冰 甄祥菊 郑保段 郑崇茜
樊佳佳 樊梦雲 樊艳艳 范海燕 范　玲 范　沛
郑　杰 郑萌箐 郑蒙蒙 郑培涛 郑　冉 郑少帅
范若男 范　韶 范树均 范玉飞 范志强 方桂秀
郑　伟 郑　宣 郑学明 郑亚芳 郑亚芳 郑　莹
费亚宁 冯　峰 冯梦晓 冯明良 冯　韬 冯兴伟
郑永强 职雪利 智路路 钟龙辉 钟生涛 周东良
冯沿铺 付　强 付巧娜 付雪林 付莹莹 付　勇
周　帆 周红涛 周俊浦 周克伟 周苗苗 周庆臣
付玉坤 付张瑜 付志锴 高芳芳 高恒阳 高慧营
周姗姗 周珊珊 周锁宝 周天勇 周　通 周许杰
高锦华 高萌皎 高梦晓 高明星 高祺森 高晓燕
周杨坤 周叶飞 周长琳 周　振 朱冲冲 朱豪杰
郜明远 郜晓航 葛继娜 耿辰见 耿玲玲 耿　天
朱　江 朱乐楠 朱润杰 朱向东 朱新平 朱新鲜
耿新峰 弓　帅 龚世威 龚世银 巩晓玉 古丹丹
朱　鑫 朱彦军 朱永义 朱占虎 朱中亚 祝冬坡
谷慧君 谷　璐 谷陪锋 谷青平 谷武亮 谷晓乐
祝　瑞 庄　倩 卓现敏 邹旭凤 左红伟 曹　强
谷艳芳 关新芳 管泽武 郭登科 郭鼎毅 郭东起
邓　璐 郭　楠 库姗姗 雷　雳 栗媛媛 刘阳平
郭官海 郭会明 郭慧杰 郭　家 郭锦辉 郭俊晶
苏　升 孙张帆 王喜平 吴亮亮 徐显磊 徐晓威
郭俊俊 郭　梁 郭林军 郭琳琳 郭　品 郭　瑞
闫元海 张聪荷 郑　烨 蔡斌斌 陈　琦 代文强
郭　瑞 郭少芳 郭世同 郭世祥 郭书强 郭思瑞
高　玲 葛君宁 何　利 胡安强 李　刚 李　娟
郭腾霄 郭小娟 郭晓君 郭　鑫 郭亚兵 郭艳秋
李　哲 刘　超 罗志山 马士龙 牛文青 屈　歌
郭　祎 郭玉山 郭占光 郭珍珍 郭正洁 郭政杰
邵庆光 孙秀菊 王　刚 王明泰 王秀云 王兆峰
国春晖 韩保磊 韩丙楠 韩继焜 韩　璐 韩木林
相思宇 邢　婧 徐治道 杨程翔 殷志强 张丽华
韩市伟 韩幸姣 韩旭日 韩亚杰 韩永杰 韩予龙
张　平 张文博 张文娟 张新昌 周　璐 左　峰
韩玉龙 郝保周 郝好平 郝江伟 郝　琼 郝永刚
安新杰 陈　沛 付　豪 韩金龙 韩婉婧 胡晨浩
郝由甲 何高蹬 何冠鸿 何慧强 何建国 何凌云
靳红风 李宸曦 李海潮 李姣霞 李晶晶 李秋莹
何　鹏 何　冉 何　婷 何晓乐 何　洋 和延青
李孝存 李周孝 刘萍萍 刘世楠 鲁东旭 潘利敏
贺东恒 贺相祯 贺晓锋 洪长江 侯冰瑾 侯冬冬
史胜奎 苏东方 王　东 王金花 王琳玮 王秀兰
侯芳芳 侯纪凤 侯　杰 侯静静 侯小静 侯晓蒙
徐　博 杨　帆 张孟孟 黄志强 李剑峰 刘玥婷
侯亚云 侯中敏 胡栋梁 胡锋亮 胡佳林 胡　杰
彭南将 安旭东 蔡合林 柴文杰 陈怀亮 陈　娜
胡君岩 胡兰兰 胡　林 胡启行 胡蕊蕊 胡少华
陈双喜 陈文军 陈小瑞 陈　晓 陈晓慧 陈亚迪
胡伟娜 胡亚鹤 户春田 花　志 怀志永 皇凡湜
陈迎春 范亚钦 方梦露 方　书 房　浩 房卫永
皇甫超 黄　波 黄　程 黄　河 皇甫秋丽
冯小龙 付方园 付阳阳 葛晓东 耿　娟 郭淑娜
黄君方 黄　茹 黄书利 黄　薇 黄玉冰 惠　萌
韩铁良 何思阳 和卿卿 胡小莉 胡小鹏 黄容地
霍　锋 姬东华 姬　洁 吉瑞朋 贾海燕 贾红格
纪恒攀 贾海霞 靳启龙 雷　宇 李华兴 李慧敏
贾　珂 贾立业 贾柳柳 贾　毅 贾玉环 简　佳
李俊毫 李林林 李龙威 李　宁 李盼盼 李世伟
江　昊 姜　波 姜　春 姜海洋 姜锦乐 姜　浦
李晓伟 李银山 李英杰 栗　军 梁园深 林永亮
姜跃杰 姜占力 姜综威 蒋　恒 蒋雪萍 焦丽丽
刘磊磊 刘天奇 刘永帅 刘　雲 刘振玲 罗健楠
焦丽萍 解雷阳 解铁锁 金洋洋 金云雷 靳林峰
马光耀 马文丽 马文强 马晓利 马燕丽 毛茜茜
靳伟芳 靳志玉 荆　峰 荆天琪 康静静 康晓丰
毛义波 梅刚刚 孟祥娜 潘卫莉 秦慧娜 邱思雨
康智豪 克超杰 孔丹华 孔浩胆 孔令河 孔庆根
尚　鹏 申玉林 沈　宁 师率军 司芳杰 宋虹屏

寇敬龙 寇现威 兰婉晴 兰香丽 兰泽生 郎 涛
宋骁萌 宋宗鹏 孙浩举 孙宵阳 孙旭阳 孙 源
劳振强 雷 成 雷 刚 雷鹏程 雷 涛 李保珠
万红方 万龙鑫 王继辉 王金莎 王 军 王俊华
李 贝 李 彬 李兵章 李采霞 李 超 李超峰
王俊华 王俊卿 王 奇 王少瑄 王 帅 王帅龙
李超军 李朝华 李朝蕾 李 晨 李成林 李成全
王文丽 王小洁 王旭辉 王亚南 王延昭 王艳娜
李成伟 李 川 李 川 李 春 李聪慧 李翠翠
王玉伟 魏书杰 魏 祯 武文尊 谢孔超 谢 蕊
李 丹 李二朋 李芳芳 李 飞 李非莉 李 刚
谢晓峰 邢贝贝 许玉萍 轩 丹 杨俊杰 杨梦云
李冠男 李广华 李广开 李桂香 李国龙 李国平
殷若羲 应盈盈 于鹤娜 俞 昊 詹 楠 张春林
李 果 李海花 李海涛 李 豪 李红波 李红峰
张聪聪 张冬慧 张 果 张金龙 张 林 张路路
李红辉 李宏杰 李宏伟 李花阳 李欢欢 李会兵
张 帅 张伟涛 张亚楠 赵 丹 赵 宁 赵烨星
李集凝 李纪盼 李继峰 李佳伟 李建威 李江涛
赵 峥 赵志远 郑 辉 郑雪敏 周 刚 周 莉
李杰华 李 娟 李 军 李军法 李军旗 李军强
周文欣 周晓晓 陈现瑞 董宏伟 郭晓勇 和俊平
李俊利 李俊伟 李 魁 李雷震 李 垒 李 磊
胡 月 惠雅俊 靳亚鑫 康静静 李 享 刘重阳
李 磊 李 蕾 李丽苹 李利民 李美玉 李 猛
齐海杰 石景全 司亚光 孙艳平 王东曦 王娟娟
李孟云 李梦丽 李苗苗 李 明 李明明 李明贞
王晓晨 王 勇 杨 波 杨帅博 杨晓瑞 翟向华
李 楠 李 鹏 李茜雯 李倩倩 李青波 李全峰
张世浩 郑舒匀 杜婷婷 高 超 梁晶晶 刘 强
李 忍 李瑞华 李瑞阳 李赛赛 李少博 李时乐
宋海涛 孙文峰 王雪澄 曹长鑫 陈大卫 陈市伟
李书军 李 帅 李 帅 李帅朴 李松松 李 涛
董 磊 杜 威 范 颖 高赞文 顾黎明 郭晓宇
李 涛 李腾飞 李天月 李团伟 李 伟 李伟红
侯静雯 李工磊 刘家暄 刘世堂 刘星辰 鲁超杰
李伟强 李蔚兰 李文龙 李文龙 李现伟 李肖南
吕 静 毛新展 孟 玲 裴飞飞 史淮南 孙威威
李小改 李小炬 李小伟 李 晓 李晓聪 李晓军

田 华 王青梅 王元庆 夏 飞 夏宗慧 谢少博
李晓莉 李晓庆 李晓珍 李 鑫 李 星 李雪生
徐 萍 杨桂花 袁 川 张 洁 张 静 张媛媛
李 勋 李 妍 李 扬 李阳阳 李迎艳 李颖超
赵 昊 黄雪梨 孔宇飞 李玉梅 普丽仙 陶正鹏
李 永 李玉锋 李园林 李源槟 李月丽 李芸芸
向晓蓉 杨 莉 杨双梅 杨知富 左新龙 曹 昊
李 运 李占勇 李哲龙 李振钊 李正荣 李志波
陈 凌 陈明忠 陈 鹏 戴宇晓 何方啸 黄淞淼
李志涛 李 智 廉 璟 梁保刚 梁超超 梁功臣
黄章乐 季雪根 江元冬 刘益云 毛一郎 秦 川
梁进仓 梁景化 梁九霄 梁英俊 梁 政 林艳辉
沈尔桑 沈火军 童骁君 夏 琦 夏志根 徐素华
林耀雄 林玉锁 蔺丽男 蔺丽莹 蔺瑞川 凌 飞
於亿颂 余永红 虞 慧 张 玲 张启峰 张晓晗
凌少武 刘阿荔 刘 宝 刘保民 刘 斌 刘兵杰
张云峰 郑红明 郑土斌 周琛恺 周 宇 朱 丹
刘 博 刘 超 刘翠红 刘丹宁 刘东丽 刘 冬
艾贝利 白丽洁 贲 跃 边瑞军 蔡海波 曹玉轲
刘冬霞 刘二旺 刘 帆 刘芳丽 刘 锋 刘改芹
曾照星 常俊果 常晓东 陈桂林 陈海勇 陈红娟
刘广鑫 刘广珍 刘国栋 刘国峰 刘海宾 刘海军
陈 华 陈龙娇 陈 瑞 陈世欣 陈双双 程浩军
刘红光 刘 宏 刘洪豪 刘厚忠 刘华勤 刘会玲
程建伟 楚根豪 戴晶晶 单伟伟 邓 剑 丁 娜
刘继翔 刘 佳 刘 瑾 刘 静 刘 兰 刘利娟
杜 丽 杜明珠 杜艳辉 杜昱兴 樊 强 范艳艳
刘凌光 刘明阳 刘 娜 刘 娜 刘 娜 刘 琴
方义磊 冯德原 冯鹤青 冯晓莉 冯 严 罡文文
刘清帅 刘少华 刘少林 刘 双 刘松涛 刘素娟
高喜宝 高智慧 葛 峰 弓浩然 龚 磊 关彩莉
刘婉婉 刘文君 刘文涛 刘希勇 刘宪中 刘晓斌
郭杭燕 郭 佳 郭晓晴 韩海明 韩太乐 韩园超
刘欣欣 刘新利 刘秀丽 刘旭静 刘亚民 刘亚男
韩志斌 郝 帅 何慧婷 何 靖 何 宁 贺闻超
刘亚州 刘 阳 刘 颖 刘 宇 刘 源 刘志鹏
侯青峰 侯小霞 胡金丽 胡晓明 黄佳楠 黄 凯
刘中磊 娄芳静 娄金杰 娄俊杰 娄砚北 卢俊杰
黄振宇 霍明慧 霍思思 姬生辉 姬晓伟 江孝志

卢　鹏　卢亚强　芦海山　芦俊华　芦思玉　鲁飞飞
蒋可可　蒋世平　焦俊召　金　超　荆倩倩　康瑞萍
鲁艳阳　陆　程　陆团结　鹿站立　鹿子敬　路其林
匡　珂　兰　静　兰丽娅　郎林萍　李昌锋　李程辉
路青丽　罗娟娟　骆可平　吕广宇　吕红霞　吕嘉文
李海广　李　贺　李　华　李　灰　李玲杰　李梦洋
吕　捷　吕　玮　吕亚楠　吕　洋　吕永强　麻惠林
李南南　李　楠　李培雷　李如冰　李士祥　李双印
马斌斌　马　超　马　超　马晨阳　马峰涛　马海峰
李炜丽　李　响　李晓洋　李新珂　李秀珍　李雪花
马　红　马慧方　马　洁　马　露　马露露　马世茹
李　岩　李彦钊　李英贤　李玉玲　李长江　厉孟杰
马文玲　马小琪　马岩磊　马艳虹　马　悦　毛行领
梁梦强　梁卫卫　刘凤会　刘宏强　刘江彦　刘俊楠
毛金生　毛　艳　毛　月　毛振坤　蒙石瑞　孟凡朵
刘俊伟　刘　玲　刘美娜　刘　朋　刘世强　刘世振
孟　浩　孟红云　孟　杰　孟令友　孟庆超　孟淑洁
刘帅磊　刘　爽　刘素萍　刘卫军　刘小轩　刘　欣
孟祥丽　孟宗伟　明海川　明　涛　穆攀婷　倪卫红
刘耀华　刘玉佳　刘岳风　鲁向晋　路金旺　罗亚勇
倪献峰　聂金涛　宁　强　牛朝晖　牛春营　牛广建
吕为云　马建平　马　乐　马　帅　马雨萌　孟丽娜
牛建杰　牛磊磊　牛乃贵　牛素红　牛向阳　欧丰鸽
聂晓璐　牛东东　牛亚丽　潘昊勇　潘启峰　潘晓晨
欧泽亚　潘广宇　潘金玲　潘梦伟　潘明明　潘清恩
潘云霄　彭丹华　乔　培　裘　晓　屈亚丹　全永鹏
潘尉宁　潘彦超　裴凤朝　裴轲轲　裴　磊　彭　博
冉信飞　任　亮　任小康　申剑创　石雷杰　时大玉
彭茗媛　彭文伟　彭章章　齐光业　齐海社　齐　涛
宋　怡　宋志远　宋自恒　苏春英　孙利红　汤红霞
齐铁牛　齐文明　祁安峰　钱万磊　乔冰冰　乔丰玲
汤　萌　唐　静　田红艳　田亚飞　王爱华　王成玲
乔鹏飞　乔小红　乔艳芳　秦保珍　秦海朝　秦开放
王东杰　王东旭　王改红　王海峰　王　静　王静晓
秦　柯　秦丽萍　秦利刚　秦林玉　秦龙梦　秦　森
王　娟　王可丽　王丽丽　王丽霞　王利梅　王　龙
秦晓蕊　秦　臻　秦振凯　邱前程　屈　瑞　屈树旗
王曼曼　王　明　王　鹏　王小梅　王晓晨　王　星
渠天天　曲　朔　权深深　全　明　任保磊　任丙祥

王修芝　王亚利　王艳红　王英杰　王　瀛　王玉洁
任翠平　任坚强　任敬龙　任乐万　任平坡　任庆三
王　越　魏保忠　吴东阳　吴　亮　吴占江　武敬远
任善超　任向伟　任小展　任晓晨　任晓莉　任兴华
武　乐　武　瑕　肖艺华　谢红雨　谢小娟　熊志文
任永刚　任予飞　任　悦　阮　景　阮景峰　阮永清
徐成龙　徐福利　许宪军　薛永涛　闫瑞萍　阎　亮
尚广海　尚克宁　尚旭凯　邵志坤　佘爱丽　申挺克
燕舒灵　杨刘杰　杨露珠　杨　松　杨向阳　杨远峰
申永胜　沈博文　沈家山　沈　阳　沈占鹏　胜宏垒
杨　悦　杨洲瑜　姚延武　冶凯军　尹　爽　尹喜亮
盛娟娟　盛艳蕾　石常青　石洪飞　石　磊　石瑞恒
于菲菲　于　省　余　培　员瑛伟　岳容玉　张东长
石亚楠　石艳丽　时京燕　时　昱　史冲锋　史春红
张华磊　张华伟　张建敏　张　杰　张丽珺　张　培
史洪生　史可丽　史龙辉　史文宝　史旭霞　士威峰
张倩华　张淑景　张帅统　张松燕　张婷婷　张文艳
束晨辉　水江丽　司李培　司晓敏　司马海莉
司永强　张夏朦　张晓歌　张兴成　张旭峰　张营营
张云清　宋爱娥　宋朝辉　宋红伟　宋会丽　宋　佳
宋建强　张志鹏　赵芬芬　赵静波　赵　雷　赵　丽
赵萌萌　宋俊林　宋　抗　宋培岗　宋伟旺　宋晓云
宋艳明　赵　强　赵亚飞　赵　燕　赵怡琛　赵永丹
赵政辉　宋一芳　宋永鑫　宋勇军　宋宗泽　苏　卿
苏胜峰　郑风高　郑广磊　郑开拓　郑　茵　郑真珍
周继伟　苏卫娜　苏愉乐　孙朝军　孙翠娟　孙国栋
孙海建　朱高峰　朱　娟　左　佳　左泽阳　樊师锋
雷冬旭　孙翰宾　孙　辉　孙　骞　孙　静　孙静源
孙军伟　刘燕廷　梅　影　师　娜　唐　凯　王奋强
吴洋洋　孙俊华　孙珂珂　孙琳琳　孙世杰　孙帅燎
孙万森　徐　克　许　帅　张青天　毕景博　曹　倩
车瑞锋　孙伟胜　孙文娟　孙晓玮　孙旭峰　孙　郁
孙振川　陈　奇　陈文龙　程攀攀　程伟刚　董久灵
董永霞　孙志恒　索振锋　唐贵开　唐萍萍　唐甜甜
唐笑萍　方亚涛　付安伟　高　楠　谷英颖　郭华龙
洪会民　陶　娜　陶鹏飞　陶威威　陶小彦　滕鹏飞
田　超　侯　宁　胡　祥　贾钧涵　李趁玲　李德强
李梦娟　田红娜　田社红　田永芳　田永军　仝茉莉
童丽美　李卫启　李晓琪　李亚州　李艳慧　李艳萍

连帅龙　万安舸　万海涛　万向科　万晓旋　万亚利
万志捷　刘建功　刘　坤　路亚楠　路永星　路　跃
马振风　汪华彬　汪会勤　王　博　王常伟　王超峰
王朝祥　孟祥光　曲佳佳　任朝功　施乾坤　史　杰
孙　琦　王晨名　王晨熙　王晨阳　王晨悦　王　川
王　闯　索长周　王爱琼　王　贝　王春平　王翠珠
王飞鹏　王春红　王春磊　王春玲　王春龙　王聪聪
王聪聪　王　莉　王璐璐　王宁宁　王月霞　向亭雨
谢翠莲　王　翠　王　丹　王德才　王德亮　王德鹏
王东莲　徐　杰　徐孟玲　许　斌　许亚飞　闫翠玲
张　帅　王　帆　王　芳　王斐军　王凤娜　王富民
王高铭　张　帅　赵　萍　周　杰　朱志广　左　羽
李晓光　王高原　王光涛　王桂娟　王国闯　王国庆
王海燕　张　帅　周志远　孙利峰　张　凯　杨　鹏
张亚楠　王晗晗　王　浩　王　浩　王浩淼　王皓睿
王恒超　任文龙　陈东普　张世杰　康晓辉　王洋洋
康龙江　王红霞　王红燕　王鸿建　王欢欢　王辉辉
王会杰　王旭升　张　伟　杨　伟　孙志朋　杜　凯
赵志强　王会乾　王甲磊　王　建　王建斌　王建周
王　杰　郭瑞嘉　张钦邵　任明明　党　村　田新磊
吕绍攀　王　杰　王金阳　王聚轩　王军辉　王军杰
王军强　贺二龙　奈亚伟　牛牧原　王亚克　刘　斌
于江松　王　俊　王俊锋　王俊涵　王俊杰　王　珂
王坤鹏　李幸峰　李　冰　陈　青　张秀东　王云凯
魏相芸　孙晓娟　王晓宁　汤晓梅　卢春苗

· 2017 年大事记 ·

1 月

1 月

在共青团中央和全国大学生志愿服务西部计划项目办共同组织开展的“2015—2016 年度西部计划”绩效考核工作中，学校被评为“优秀项目办”。

1 月

在河南省首届“打击传销 净化校园”文化作品征集大赛中，学校选送的作品荣获漫画类比赛唯一的一等奖，学校荣获优秀组织奖。

1 月 9 日

学校申报的“高校团学系统重构之‘一心双环’”案例入选“第二届全国基层团建创新典型案例”，成为全国 8 个获奖大学之一，是河南省唯一获此殊荣的高校。

1 月 10 日

学校 1 个班级、2 名教师和 3 名学生分别获评河南省教育系统 2016 年度“河南省文明班级”“河南省文明教师”“河南省文明学生”荣誉称号。

1 月 11 日

学校吴建军、陈亮入选“2016 年全国粮食行业青年拔尖人才”。

1 月 13 日

河南省高校共青团改革研讨会在学校举行。共青团中央学校部副部长李骥、团省委副书记王笃波、学校党委常务副书记王玉斌等领导以及全省百余所高校团委书记参加了本次研讨会。

1 月 15 日

学校粮食储运工程中心召开粮食储藏安全河南省协同创新中心学术委员会会议。

1 月

学校参加国家“2011 计划”河南粮食作物协同创新中心进行验收考核会议。学校副校长卞科代表粮食作物绿色储藏与加工技术创新平台进行了建设情况汇报。

2 月

2 月 21 日

学校经济贸易学院“小树苗志愿服务队”荣获河南省“大学生志愿服务团队之星”称号，1 名学生荣获“大学生志愿者之星”称号。

2 月 23 日

学校李星宇和赵帅成功入选由团中央学校部、全国学联秘书处联合主办的寻访 2016 年大学生创业英雄活动“2016 年大学生创业英雄 100 强”。

2 月

学校谢文磊教授带领的“河南省农副产品资源高效利用创新型科技团队”和张旭教授带领的“河南省城市交通仿真创新型科技团队”，认定为 2016 年度河南省创新型科技团队。

2 月 27 日

全球著名出版集团爱思唯尔(Elsevier)发布了“2016 年中国高被引学者(Most Cited Chinese Researchers)榜单”，学校化学化工和环境学院谢文磊教授、学校河南省特聘教授秦庆华分别入选“能源”学科领域和“材料力学”学科领域榜单。

2 月 27 日

学校李刚同志依法当选郑州市中原区第十六届人大代表。

2 月 27 日

学校尚恒志教授应邀出席第一届“讲好中国故事”创意传播国际大赛启动仪式暨专家研讨会，并被聘为大赛评委。

2 月

学校在全省高校廉政文化建设征文、廉洁教育优秀案例、廉政文化作品评选活动中被评为“2016年度全省高校廉政文化建设征文评选优秀组织奖”,并获得一等奖、二等奖、三等奖各 1 项。

3 月

3 月 1 日

学校书香校园建设基地——博雅·悦揭牌仪式在图书馆二楼大厅举行。

3 月 2 日

河南省批准建设 28 个重点实验室,依托学校申报的“河南省粮油食品安全检测与控制重点实验室”位列其中。

3 月 3 日

河南省维稳安保考核组一行 5 人莅临学校,进行维稳安保工作检查考评。

3 月 6 日

学校获 5 项第六届河南省发展研究奖,其中,二等奖 3 项,三等奖 2 项。

3 月 13 日

学校参加河南省第四届中小企业与高等院校产学研合作对接活动启动大会,会议公布了 2016 年省级产学研合作试点项目(58 个)名单。学校有 5 个项目入选,是全省入选项目最多的高校。

3 月 14 日

学校校长张元代表学校在河南省高校毕业生就业创业工作会议作典型发言。学校 10 名同学被评为全省首届大学生创新创业标兵。

3 月 17—19 日

在第八届全国大学生数学学科竞赛中,学校理学院许蔚同学获全国非数学专业二等奖。

3 月 21 日

英国班戈大学商学院院长 Jonathen Williams 教授一行 3 人到访学校。

3 月 23 日

学校举行第二届教职工代表大会第三次会议。对《校长工作报告》及《学校 2016 年财务决算和 2017 年财务预算报告》进行了审议,通过了《河南工业大学第二届教职工代表大会第三次会议决议》。

3 月 24 日

第 9 期“工大高教论坛”邀请北京大学副教务长方新贵教授做了题为《北京大学本科教学改革的实践》的学术报告。

3 月 29 日

在第四届“共享杯”全国大学生科技资源共享服务创新实践大赛中,学校信息科学与工程学院代表队参赛作品《智慧校园新生服务系统之掌上工大》荣获三等奖。

3 月 30 日

学校校长张元会见学校省级特聘讲座教授、加拿大皇家科学院院士 Dennis Salahub 教授。

3 月

学校被评为“2016 年度全国教育后勤系统信息宣传工作先进单位”。

3 月 30 日

学校与粮油市场报签订战略合作协议。根据协议,双方在科研成果宣传、校企对接、专家智库、人才培训及交流等方面开展深层次的战略合作。

4 月

4 月 1 日

学校第一期统一战线“同心沙龙”成功举办。

4 月 7 日

“燃青春 聚能量”2016 年第一届全国大中专学生社团影响力评选活动结果揭晓,学校新闻与传播学院新传通讯社荣获“全国大中专学生最具影响力新媒体社团”称号,1 位老师获评“优秀指导教师”。

4 月 11 日

河南工业大学 2017 春季留学生暨全英授课土木工程本科专业开学典礼在莲花街校区举行。

4 月 11 日

学校 SCI 期刊《Interdisciplinary Sciences:Computational Life Sciences》编辑部召集海内外编委,召开了第一届编委会会议。

4 月 12 日

河南省仪器仪表学会 2017 年常务理事工作会议在学校召开。

4 月 10—12 日

中国和平发展基金会办公室主任柏安民及巴基斯坦项目组一行 3 人到访学校。

4 月 12 日

民盟河南工业大学委员会被盟省委授予"先进基层组织"称号。

4 月 14 日

第 169 期"工大讲坛"在莲花街校区学术报告中心举办。山东大学副校长、博士生导师胡金焱教授为师生做了题为"从需求侧改革到供给侧改革——我国宏观经济形势与政策取向"的讲座。

4 月 15 日

台湾民法学泰斗王泽鉴先生参加学校法学名家座谈会。

4 月

学校图书馆被河南省高等学校图书情报工作委员会授予"2016 年度管理与服务创新"先进单位。

4 月 13—14 日

学校作为主办单位之一,组织筹划 2017 中国地铁产业暨智慧城市国际峰会。

4 月 14 日

学校《博雅悦真人图书馆》《河南工业大学图书馆微信公众号》2 项阅读推广项目,双双荣获河南省高等学校图书馆阅读推广一等奖。

4 月 18 日

由 CarDesignNews、Ultima Media Ltd 主办的 2017 中国汽车设计大赛 Car Design Awards China 奖项揭晓。学校设计艺术学院参赛的作品《轨道换乘共享系统》,荣获最佳出行解决方案奖 Best Mobility Solution。

4 月 20—21 日

学校召开第十一届田径运动会。教工项目打破学校纪录 6 项。

4 月 22 日

学校首届 ACM 程序设计竞赛成功举行。来自郑州大学、河南大学等 11 所省内高校的 117 支编程队伍热情参与。解放军信息工程大学、河南工业大学和郑州大学的三支参赛队伍分别获得冠、亚、季军。

4 月 21—22 日

由学校理学院、河南省量子功能材料国际联合实验室、鸿之微科技股份有限公司(上海)联合主办的"首届中原地区材料计算设计与量子输运学术研讨会"在郑州召开。

4 月 25 日

高校(河南)网媒专业学科建设与教材编写研讨会在学校召开。

4 月 25 日

《小麦》国家标准及《碎米》行业标准制修订研讨会在学校召开。国家粮食局标准质量中心秘书长龙伶俐、国家粮食局调控司、农业部市场司及海关总署广州海关等单位 30 多位专家和科技人员参加了研讨。

4 月 26 日

由泰国教育部组织来自泰国十六所中学的校长、教师组成的百校联盟代表团一行 30 人莅临学校访问。

4 月 27 日

全国粮油标准化技术委员会 2017 年度标准立项研讨会在学校召开。国家粮食局仓储与科技司副司长谭本刚、国家粮食局标准质量中心秘书长龙伶俐、国家粮食局规划财务司副处长王业东等负责同志,国家粮食局信息中心、南京财经大学等有关单位 30 多位专家参加了会议。

4 月 27 日

学校荣获"河南十大领军高校"。粮油食品学院刘玉兰教授的"食用植物油风险因子控制关键技术与应用"项目荣获 2017 年度河南高校十大科技创新项目。

表队获得三等奖 2 项。

5 月

5 月 3 日

河南省首届大学生创新创业标兵巡讲会在莲花街校区会议中心举行。

5 月 4 日

郑州市高新区党工委书记、管委会主任王新亭等一行，到学校走访调研。

5 月 6—7 日

由河南省计算机学会主办、学校信息科学与工程学院承办的河南省第十届 ACM 大学生程序设计竞赛在莲花街校区成功举办。本次比赛学校派出 6 支参赛队伍，共获两金一银一铜。

5 月

河南省人社厅、共青团河南省委联合发文表彰了一批在 2016 年度工作突出的先进集体和先进个人，学校机电工程学院团委获评“河南省五四红旗团委”，粮油食品学院食品科学与工程专业 1503 班团支部获评“河南省五四红旗团支部”，2 人分别获“河南省优秀团干部”和“河南省优秀共青团员”。

5 月 10—12 日

在 2017 年全国第九届 SAMPE 超轻复合材料设计与制作竞赛中，机电工程学院吴海宏教授和巴文兰博士指导的 10 名学生组成的代表队获得三等奖 2 项。

5 月

学校马克思主义学院的《中国近现代史纲要》课程被评为 2017 年度河南省高校思想政治理论课优秀课程。

5 月

学校足球协会入选“全国百佳校园足球社团”。

5 月 14 日

学校留学生纳赛姆受邀参加“一带一路”国际合作高峰论坛，并现场接受央视主持人董卿的采访。

5 月 13—16 日

信息融合与故障诊断创新方法与先进技术全国研讨会在学校召开，中国科学院自动化所、清华大学、北京大学、浙江大学等全国 30 多所高等院校、科研院所及企事业单位的 60 余位专家代表参加了会议。

5 月 19 日

学校荣获第二批国家级“节约型公共机构示范单位”称号。

5 月 16—20 日

在全国啦啦操联赛、全国全民健身操舞大赛（河南赛区）暨第六届河南省学生健身操舞锦标赛中。学校荣获团体总分特等奖、获得单项特等奖 2 项、一等奖 2 项。2 名教师被评为“优秀教练员”，1 名学生被评为“最有价值运动员”，4 名学生被评为“优秀运动员”。

5 月 18—21 日

在第十三届“挑战杯”河南省大学生课外学术科技作品竞赛中，学校 6 项作品获得特等奖，喜捧“优胜杯”。

5 月 23 日

2017 年全国粮食科技活动周科研机构会场活动在学校举行。

5 月 21—23 日

学校校长张元教授率队参加了由国际谷物科技协会（ICC）与中国粮油学会（CCOA）共同举办的“第一届 ICC 亚太区粮食科技大会”。

5 月 22—24 日

学校电子信息工程专业顺利通过全国工程教育认证现场考查。

5 月 23 日

学校副校长卞科教授在“第一届 ICC 亚太区粮食科技大会”上当选为国际谷物科技协会研究院院士。

5 月 24 日

学校电气工程学院孙丽君教授荣获“河南省创新争先奖状”。

5 月 25 日

学校荣获全国“2017 年教育后勤新科技应用领跑单位”称号。

5 月 26 日

教育部社科中心主任、全国高校思政教学指导委员会副主任王炳林教授,教育部社科中心副处长冯留建等专家,在河南省委高校工委专职副书记郑邦山陪同下,莅临学校听评思想政治理论课。

5月

在2016年度校园足球主题文化作品征集活动中。学校荣获一等奖2项、二等奖3项、三等奖9项、优秀奖2项,以16项的获奖总数位居全国第一,并获得奖金共计11500元。

5月24—26日

全国建筑学专业教育评估委员会对学校建筑学本科教育进行中期检查。

5月26日

学校荣获郑州市"科技创新工作先进集体"称号,1名教师荣获"科技创新工作先进个人"称号。

5月27日

学校图书馆被河南省图书馆学会授予"2016年度全民阅读先进单位"称号。

5月30日—6月4日

在河南省高等学校"工行杯"第13届乒乓球锦标赛上。学校运动员取得女子单打亚军、女子团体季军,荣获"体育道德风尚奖"。2名学生被授予"优秀运动员"称号,1名教师被授予"优秀教练员"称号。

6月

6月9日

河南省高校心理健康教育示范性单位评审专家组一行3人莅临学校,对学校心理健康教育示范性单位创建进行实地考察。

6月8—10日

学校材料科学与工程学院高分子材料与工程、材料科学与工程两个专业顺利通过全国工程教育专业认证现场考查。

6月

学校计算机科学与技术、机械设计制造及其自动化两个专业通过工程教育专业认证,有效期为3年。

6月9—10日

学校学生在2017年全国科普讲解大赛决赛中获得优秀奖。

6月11日

学校"河工大"队在2017年度中东南十省区"正大杯"双创营销大赛河南赛区决赛中获冠军和5000元奖金,将代表河南省参加中东南十省区决赛。

6月12日

学校成立"河南工业大学经营性资产管理委员会",设立"河南工大资产经营有限公司","经资委"由学校领导和相关职能部门负责人组成,对"资产公司"履行"股东会"职权,并召开第一次会议。

6月13日

学校在全省高校2015—2016年度学生资助工作考核中被评为优秀。

6月13日

以省人大常委会教科文卫委员会副主任委员白建国为组长的检查组一行12人莅临学校,就学校贯彻执行《中华人民共和国科技成果转化法》和《河南省促进科技成果转化条例》进行检查调研,并就学校科技成果转化相关工作进行指导。

6月

学校通过全国高等学校建筑学专业教育评估中期检查,有效期为4年(2015年5月至2019年5月)。

6月15日

学校信息科学与工程学院和美国印第安纳大学普渡大学-印第安纳波利斯校区(Indiana University-Purdue University at Indianapolis)计算与信息学院签订合作交流协议。

6月17日

学校举行2017年校园开放日暨高招咨询活动。活动主要包括四个部分:活动启动仪式、高招政策宣讲及现场咨询、校园重要场馆展示、学术文体活动及大学生活体验。

6月20日

在2017年中国大学生跆拳道(品势)锦标赛中,学校大学生跆拳道代表队获:女子团体总分冠军,女子团体品势冠军、女子个人冠军,混双冠军,获得段位赛第二名;获男子团体总分第三名,男子个人第三名、男子团体品势第三名。并被组委会评为"体育道德风尚奖优秀运动队"称号。

6月20日

2017年度"正大杯"双创营销大赛中东南十省区决赛在学校举行,学校"河工大"队获冠军、6000元奖金和正大集团泰国总部7日游学。

6月20日

学校李立平、吕刚、王乐、吴兰4位教师获得2017年度河南省教育厅学术技术带头人荣誉称号。

6月

学校获批河南省普通高校首批心理健康教育示范单位。

6月24日

CCF YOCSEF 西安-太原-郑州三地联办"政务数据公开难在哪里?"专题论坛暨CCF YOCSEF 郑州2017—2018年度换届会议,在学校学术报告中心举办。

6月26日

河南省教育厅"平安校园"检查验收工作组一行3人莅临学校,对学校省级"平安校园"创建工作进行检查验收。

6月30日

马来西亚教育部官员 Azhibeko 等一行4人莅临学校进行访问。

6月30日

广州大学校长魏明海教授来学校讲学。讲学期间,学校校长张元教授、副校长陈复生教授分别同魏明海校长会谈,就研究生教育以及学科建设等问题进行了深入交流。

6月30日

中国工程院院士、华中科技大学教授李德群莅临学校,以"塑料注射成形模拟——从中面模型到表面模型"为题,为学校师生带来了一场精彩报告。

7月

7月4日

2017年度学校共有5个国家社科基金项目获准立项,资助总经费达100万元,分布在马列·科社、应用经济、新闻学与传播学、管理学4个学科。

7月

河南省教育厅公布2017年度大学生创新创业项目评选结果,学校抗性糊精生产及其产品开发等9个项目获得总金额58万元的资金扶持,获批项目数和获扶持金额均居省内高校前列。

7月7日

奥克兰大学教育和社会工作学院副院长 Marek Tesar 教授、副院长张军教授等一行3人到访学校。

7月

国家新闻出版广电总局同意学校创办《Grain & Oil Science and Technology》,即《粮油科技(英文)》期刊。

7月

学校获批教育部"丝绸之路"中国政府奖学金项目。

7月10日

河南省首届虚拟仪器设计大赛在学校举办,学校荣获一等奖2项、二等奖2项、三等奖3项,2名教师被评为"优秀指导教师"。

7月

学校获批"河南省粮食大数据分析与应用工程研究中心"。

7月14日

学校图书馆被确定为河南省五家全国专利文献服务网点之一。

7月15日

泰国曼谷皇家理工大学校长 Sathit Puttachaiyong、副校长 Pisit Leeahtam 等一行5人莅临学校进行访问。

7月19日

学校离休干部刘四麟、刘延辉分别荣获全省离退休干部优秀共产党员、时代老人称号。

7 月 22 日

在第七届全国大学生电子商务“创新、创意及创业”挑战赛全国总决赛上,学校管理学院代表荣获大赛一等奖。

7 月 23 日

在第十届“高教杯”全国大学生先进成图技术与产品信息建模创新大赛中,学校机电工程学院机械类代表队获得机械类建模一等奖 1 项、二等奖 2 项,尺规绘图二等奖 3 项。

8 月

8 月 1 日

学校“红十字志愿服务队”“机电工程学院党员志愿服务先锋岗”被授予“河南省教育系统学雷锋活动先进集体”,1 名教师、4 名学生被授予“河南省教育系统学雷锋活动先进个人”荣誉称号。

8 月 4 日

经教育部批准,2017 年学校成为具有推荐优秀应届本科毕业生免试攻读研究生权的普通高等学校。

8 月

学校征兵工作荣获 2016 年度“河南省征兵工作先进单位”称号。

8 月 11 日—13 日

在“第九届中国发酵面食产业发展大会”暨“首届全国发酵面食优秀科技工作者”评选活动中,评选出十名“首届全国发酵面食优秀科技工作者”,学校退休教师朱克庆教授名列榜首。

8 月 23—27 日

在 2017 世界机器人大会格斗机器人大赛中,学校代表队获得一等奖 1 项、二等奖 2 项。在无差别轮式机器人 1V1 项目中,获得亚军。

8 月 26—27 日

在“中国大学生机械工程创新创意大赛——‘卓然杯’第八届过程装备与实践大赛”中,学校机电工程学院代表队以全国第 6 名的好成绩荣获大赛特等奖。2 名教师荣获大赛“优秀指导教师”称号。

9 月

9 月

2017 年度河南省社科规划重点项目、年度项目和决策咨询项目学校共有 21 个项目获准立项,涉及马列和科学社会主义、经济学、法学、语言学、新闻学、文学、艺术学、历史学共八个学科。

9 月 7 日

国际谷物科技协会(ICC)主席、土耳其哈希德佩大学教授 Hamit Koksel 一行 2 人到访学校。

9 月 7 日

学校机电工程学院机制 1505 班荣获“河南省文明班级”称号;2 名教师荣获“河南省文明教师”称号;3 名学生荣获“河南省文明学生”称号。

9 月 7—9 日

由中国面粉信息网、河南工业大学、国家粮食加工装备工程技术研究中心和国际谷物科技协会联合主办的“第二届国际面粉产业高峰论坛”在开封召开。

9 月 8 日

MIT 美国麻省理工学院教育委员、Silicon Beach Innovation Lab 创始总监、Cranehill Learning Services 董事长、美国麻省理工学院和德州大学博士 Bruce Huang 做客工大讲坛,为学校师生带来主题为“winning through innovation”的讲座。

9 月 12 日

学校召开会议,宣布中共河南省委关于学校领导班子调整的决定。张元同志任河南工业大学党委书记,免去戚世钧同志河南工业大学党委书记职务,卞科同志任河南工业大学校长、党委副书记,赵榴明同志任河南农业大学党委副书记,李学雷同志任河南工业大学副校长。

9 月 14 日

英国雷丁大学国际处主任 Steve Tomas 及其助理 Matin 到访学校以进一步加强合作。

9 月 14 日

学校经济贸易实验教学中心被批准为河南省高等学校实验教学示范中心,机械工程虚拟仿真实验教学中心被批准为河南省高等学校虚拟仿真实验教学中心。

9 月 16—21 日

在第九届中国焦作国际太极拳交流大赛上,学校发展中国家武术援外培训班组成 2 个代表队参赛,陈氏太极拳班获得 13 枚金牌、23 枚银牌和 24 枚铜牌和集体项目一等奖,少林武术班获得 10 枚金牌、10 枚银牌和 9 枚铜牌。

9 月 27 日

在教育部、中央军委国防动员部召开的学习贯彻习近平总书记给南开大学新入伍大学生回信精神座谈会上,学校军训教官、化学化工与环境学院环境工程专业 2014 级学生郑泽政,作为全国唯一在校大学生代表交流发言。

9 月

英国文化教育协会(British Council)授予学校"普思考试示范学校"和"雅思认可机构"两项称号,并颁发牌匾,"普思考试示范学校"为河南省首所。

10 月

10 月 10 日

学校图书馆荣获中国图书馆学会授予的"2016 年全民阅读先进单位"称号。

10 月

学校共有 16 名教师被国家留学基金委出国研修项目录取。

10 月 12 日

汤森路透中国高级顾问万跃华研究馆员应邀来校做了题为"ESI 学科评价与 SCI、SSCI 论文撰写"的学术报告。

10 月 16 日

"第 37 个世界粮食日和全国爱粮节粮宣传周活动"河南分会场系列活动启动仪式在学校举行,河南省粮食局党组成员、副局长刘大贵出席。

10 月 17 日

由河南省生物物理学会主办、学校承办的第四届(2017)河南省生物物理学会学术年会在学校召开。

10 月 18 日

全体校领导和机关第一党总支、第二党总支党员、干部一起,在学术报告中心集中收看十九大开幕会。

10 月 23 日

学校张宝强、于亦文 2 名教师及聘请的 5 位校外创新创业导师入选教育部首批万名优秀创新创业导师人才库。

10 月 27 日

河南高校共青团新媒体工作联盟暨河南手机报大学生版上线仪式在学校举行,共青团河南省委副书记王笃波出席。

10 月 30 日

学校在学术报告中心召开全体处级以上干部会议,传达学习党的十九大精神,安排部署全校学习宣传贯彻党的十九大精神工作。

10 月 31 日

2017 年度粮食行业标准审定会暨第二届粮油储藏及物流标准化工作研讨会在学校召开,国家粮食局标准质量中心副主任、全国粮油标准化委员会秘书长龙伶俐出席会议。

11 月

11 月 1 日

河南省档案局档案行政执法监督检查组到校,对学校档案工作依法进行监督检查,并现场出具书面反馈检查结果。

11 月 6 日

学校信息科学与工程学院学生发起成立了"习近平新时代中国特色社会主义思想学研社"学生社团。

11 月 7 日

材料科学与工程学院分别邀请仝立勇、陈斌、张衡中 3 名国家千人计划专家、海外教授进行学术交流和科研合作。

11 月 8 日

学校荣获“2017 年全国大中专学生志愿者暑期‘三下乡’社会实践活动优秀单位”,这是学校近年来首次获此荣誉称号。

11 月 8 日

按照全省驻村第一书记轮换工作要求,学校新任驻村第一书记保卫处副处长杜鹏,如期入驻郑州市张村镇冠军村,实现了新老第一书记顺利对接。

11 月 8 日

学校陆启玉教授获得“中国食品科学技术学会科技创新奖——突出贡献奖”。

11 月 2 日—10 日

河南省大学生“华光”体育活动第十六届足球锦标赛在学校举行,中共河南省委高校工委专职委员陈垠亭,河南省学生体育总会主席、郑州轻工业学院党委书记俞海洛出席开幕式,学校荣获“体育道德风尚奖”。

11 月 15 日

省高校纪工委书记、省纪委驻教育厅纪检组组长李莉华,省高校纪工委副书记、省纪委驻教育厅纪检组副组长王瑜等一行 4 人莅临学校调研指导工作。

11 月 15 日

学校谭波教授受聘河南省人民政府法律顾问。

11 月 13 日—15 日

应国际谷物科技协会(ICC)官方邀请,学校校长卞科教授赴奥地利维也纳参加全谷物世界峰会,并出席国际谷物科技协会在维也纳市政厅举行的研究院院士授予仪式。卞科教授当选国际谷物科技协会研究院院士,是我国首位谷物科学家获此殊荣,标志着我国在谷物科技研究领域取得了公认的国际水平。

11 月 17 日

学校召开河南工业大学新媒体联盟成立大会,审议通过《河南工业大学新媒体联盟章程(试行)》,选举产生了新媒体联盟第一届理事会。

11 月 18 日

在第十五届“挑战杯”中国银行全国大学生课外学术科技作品竞赛决赛中,学校代表队获得二等奖 3 项,三等奖 3 项,并荣获校级优秀组织奖,团体总分继续领跑河南省高校。

11 月 23 日

学校卞科教授、王殿轩教授分别负责的 2 个创新领军团队获批入选郑州市第二批“智汇郑州 · 1125 聚才计划”。

11 月 23 日

河南省教育厅专家组莅临学校,对学校标准化学生食堂和学生公寓创建工作进行评估验收。

11 月 26—28 日

由中国自动化学会粒计算与多层次分析专业委员会、河南省自动化学会主办,河南工业大学承办的“第八届语言动力系统研讨会暨新一代人工智能技术高峰论坛”在学校举行。

11 月 28 日

河南省委宣讲团成员、郑州大学校长刘炯天院士为学校师生作深入学习贯彻党的十九大精神专题报告。

11 月 30 日

河南省教育厅成人高等教育评估专家组到校,对成人高等教育进行评估检查。

11 月

学校档案馆被河南省档案学会评为 2017 年度先进单位,2 名老师被评为先进个人。

12 月

12 月

2017 年高教社杯全国大学生数学建模竞赛结果揭晓,学校代表队获得国家二等奖 1 项,省级一等奖 3 项、二等奖 6 项、三等奖 13 项。

12 月 4 日

学校过程装备与控制工程、软件工程、化学工程与工艺、环境工程和土木工程五个专业分别被中国工程教育专业认证协会和高等教育土木工程专业评估委员会成功受理。环境工程专业是河南省高校首次受理专业。土木工程专业是学校进行复评的专业。

12 月 5 日

由团中央指导的“2017 年阿克苏诺贝尔中国大学生社会公益奖”获奖名单公布，学校获得银奖 1 项、铜奖 1 项。

12 月 8 日

河南省委高校工委基层党组织专项评估专家组一行 6 人莅临学校，对学校基层党组织建设情况进行实地评估。

12 月 11 日

河南省委高校工委、河南省教育厅专家考核组一行 3 人莅临学校，对学校作为“高校统战工作示范单位”参评高校进行实地考核。

12 月 12 日

河南省高校关工委南片区 2017 年工作交流研讨会在学校举行，河南省教育厅关工委主任王日新、副主任赵国河出席会议。

12 月 9—10 日

由中国自动化学会过程故障诊断与安全性专业委员会主办，河南工业大学承办的“新时代人工智能创新方法与应用技术全国研讨会”在学校举行，来自清华大学、北京大学等全国 30 多所高等院校、70 余位专家代表参加会议。

12 月

学校获评河南省 2017 年档案行政执法监督检查先进单位。

12 月

学校校友、理学院 2006 届数学与应用数学专业毕业生何建平入选第十四批国家“千人计划”青年项目。

12 月 18 日

学校获河南省科技进步奖壹等奖 1 项、贰等奖 6 项，叁等奖 7 项。

12 月 26 日

河南省教育厅督导检查组一行 5 人莅临学校，对 2017 级新生入学资格复查、学籍学历管理工作暨《普通高等学校学生管理规定》，贯彻落实情况进行全面督导检查。

12 月 21 日

韩国仁荷大学金正昊教授一行 5 人访问学校，校长卞科与对方函签了研究生联合培养协议。

12 月 26 日

学校范量副教授获评“2017‘感动中原’年度教育人物”。

12 月

“河南工业大学工业设计中心”被评定为省级工业设计中心。

12 月 27 日

学校获 2017 年度“河南省高等学校基层党组织建设先进单位”荣誉称号。

12 月

学校被评为全省“大学生宣讲团”基层巡演暨网上展播活动先进单位，全省仅 2 所高校获此殊荣。

·附　录·

2017年河南工业大学十大新闻

1. 学校留学生纳赛姆受邀参加"一带一路"国际合作高峰论坛

5月14日，"一带一路"国际合作高峰论坛在北京隆重举行。在"增进民心相通"平行主题会议上，学校留学生纳赛姆登台讲述了他的中国故事和在学校的学习生活情况。央视新闻频道作了专题报道。2017年，学校加强国际交流与合作，留学生工作快速发展，留学生总规模达到357人。

2. 学校荣获第二批国家级"节约型公共机构示范单位"称号

学校高度重视节约型校园建设，多措并举，努力推进管理科学精细、资源利用高效、崇尚勤俭节约、践行绿色低碳，成效显著，被评为全国第二批"国家级节约型公共机构示范单位"。

3. 学校2017年招生9119人　省内53个专业一本录取

2017年，学校将原普通收费本科二批37个专业在河南省招生录取批次全部调整为本科一批，省内本科一批录取专业总数达到53个。近年来，学校积极推进专业调整与优化工作，基本形成了"以工为主、理工结合、文理渗透、特色鲜明"的学科和专业结构。

4. 学校召开第五次党建与思想政治工作会议　深入贯彻落实中央31号文件精神

6月29日，为深入贯彻落实全国和河南省高校思想政治工作会议精神，进一步加强和改进工作，实现"建设高水平大学，办人民满意的教育"的目标，学校召开第五次党建与思想政治工作会议，表彰先进集体和先进个人，出台贯彻中央31号文件精神的意见，谋划今后一个时期的党建与思想政治工作。

5. 学校获批研究生推免资格　开展了首届推免工作

根据教育部办公厅《关于2017年新增推荐优秀应届本科毕业生免试攻读研究生普通高等学校予以备案的通知》，学校成为全国54所2017年新增推荐优秀应届本科毕业生免试攻读研究生普通高等学校之一。下半年，组织开展了首届推免工作。

6. 2017年度学校荣获国家自然基金42项　再创历史新高

学校认真贯彻落实创新驱动发展战略，精心组织，深挖潜力，获批国家级科技项目立项数量和获批经费双创新高。国家自然基金项目获批42项，社科基金获批6项。2017年科技创新竞争力位居全国百强。

7. 学校召开干部大会　宣布省委关于学校领导班子调整的决定

9月12日下午，学校召开会议，宣布中共河南省委关于学校领导班子调整的决定。张元同志任河南工业大学党委书记，戚世钧同志因年龄原因不再担任河南工业大学党委书记，卞科同志任河南工业大学校长、党委副书记，赵榴明同志任河南农业大学党委副书记，李学雷同志任河南工业大学副校长。

8. 学校以多种形式认真学习宣传贯彻党的十九大精神

学校认真组织开展了学习、宣传、贯彻党的十九大精神系列主题活动，建立专题网站，策划系列报道，开展宣讲活动，组织师生收看收听大会实况。校党委中心组和二级单位中心组多次开展集中学习。全校师生员工以奋发向上的精神状态学习宣传贯彻党的十九大精神，为学校教育事业的发展和中华民族的伟大复兴而努力奋斗。

9. 第十五届“挑战杯”竞赛落幕　学校成绩继续领跑河南高校

学校一直以来高度重视学生科技创新工作，通过多种形式培养学生的科技创新意识，提高科技创新水平。在第十五届“挑战杯”全国大学生课外学术科技作品竞赛中，获得二等奖3项，三等奖3项，荣获校级优秀组织奖，团体总分继续领跑河南省高校，位居全国高校前列。这也是从2001年第七届“挑战杯”以来，学校连续九届竞赛成绩领跑河南高校。

10. 校园文化建设成果丰硕　获得多项荣誉和表彰

学校积极推进“文化铸校”战略，成效显著，获河南省首届普通高校校园文化建设优秀成果一等奖、二等奖各一项，并参加了展演活动。获河南省高校“礼敬中华优秀传统文化”系列活动成果一等奖一项、三等奖一项。在全省高校廉政文化建设活动中，获多项奖励，学校被评为优秀组织奖。荣获全国“2016年全民阅读先进单位”称号。

2017年河南工业大学十大“年度人物”

王进兴　党委宣传部副部长，驻村第一书记
王海阔　材料科学与工程学院副教授
刘玉兰　粮油食品学院教授
刘延辉　离休干部
孙英男　经济贸易学院金融F1507班学生
杜月华　后勤集团学寓中心副经理
何伟业　化学化工与环境学院应化1403班学生
尚宇红　学生心理健康教育中心副教授
范　量　土木建筑学院副教授
秦海敏　管理学院教授

·后　记·

《河南工业大学年鉴(2018)》按照党委的安排,对2017年学校的历史印迹和发展进程做了客观的记录,许多老师对年鉴编纂工作提供了无私的帮助。

在《河南工业大学年鉴(2018)》出版发行之际,我们对关心、支持、参与年鉴编纂、出版、发行工作的领导和老师表示由衷的谢意。

由于我们人员少、水平有限,缺漏和不妥之处在所难免,请专家和读者不吝指教。

各组稿件单位供稿及审稿人员名单如下:

张新州	鲍　辉	余传杰	唐　燕	孙国俊	李晓沛	丁达安	赵维华	张宝强	王晓宇
李新和	杨　莹	李焕锋	李国仓	刘亚伟	薛　明	张浩军	黄晓玉	惠延波	郜双汭
于建华	钱　怡	田　勇	薛中海	杨艳萍	刘　刚	刘国仕	张爱峰	田少君	许　速
彭昌喜	秦　渝	王振松	杨超雄	杜　鹏	杨　曦	郑峰才	杨正华	宋　伟	王喜贞
刘永霞	林秀元	王志山	崔希文	王恒胜	李　科	梁　朗	余汉华	琚学周	宋文超
程建会	邵　靓	孙志明	李漫男	周　芳	邓鹏辉	周志强	汤东晓	张红梅	张建华
赵俊廷	李　珂	乔发东	卢　凯	栗正新	朱　贺	刘楠嶓	李沛沛	魏明侠	王爱玲
徐朝晖	马　强	王建辉	张晓萍	邹凤羽	焦万堂	王庆斌	彭德富	尚恒志	赵志洋
宋芙晖	鄢　焱	李海涛	赵均明	于亦文	鲍宇茹	曹利强	刘　杰	刘广明	姚艾东
王　放	闫多多	马传国	程建民	王殿轩	闫　磊	许德刚	王　珂	周显青	李欢庆
杨延林	王向军	牛彦绍	周凤航	付晓炎	隋　飞	师高民	谷创业	钱向明	王国栓
赵永强	陆　坤								

《河南工业大学年鉴(2018)》编委会

2018年5月